U0731882

高等院校信息管理与信息系统专业系列教材

信息经济学教程
（第2版）

陈 禹 王明明 编著

清华大学出版社
北京

<h2 style="text-align:center">内 容 简 介</h2>

本书比较全面地介绍了信息经济学的主要内容,包括微观信息经济学、宏观信息经济学和信息系统经济学。微观信息经济学,也称理论信息经济学。它是从信息分布的不对称出发,对于经济学的基本问题的重新思考。其要旨在于对现实经济生活的深入认识与理解。宏观信息经济学则以信息产业为研究对象,从整个国民经济的大系统角度,探讨信息经济发展的测度、道路、方向及策略等问题。信息系统经济学则以各级各类信息系统的建设与管理为背景,研究其中的成本、效益、费用以及产品、价格等经济问题。

本书适用于大学财经管理专业本科生的教材及广大信息经济学研究工作者的重点参考书。

本书封面贴有清华大学出版社防伪标签,无标签者不得销售。

版权所有,侵权必究。侵权举报电话:010-62782989 13701121933

图书在版编目(CIP)数据

信息经济学教程/陈禹,王明明编著. —2 版. —北京:清华大学出版社,2011.7(2019.7 重印)
(高等院校信息管理与信息系统专业系列教材)
ISBN 978-7-302-25763-9

Ⅰ. ①信… Ⅱ. ①陈… ②王… Ⅲ. ①信息经济学－高等学校－教材 Ⅳ. ①F062.5

中国版本图书馆 CIP 数据核字(2011)第 104010 号

责任编辑:战晓雷 李玮琪 白立军
责任校对:时翠兰
责任印制:宋 林

出版发行:清华大学出版社
   网 址:http://www.tup.com.cn,http://www.wqbook.com
   地 址:北京清华大学学研大厦 A 座   邮 编:100084
   社 总 机:010-62770175   邮 购:010-62786544
   投稿与读者服务:010-62776969,c-service@tup.tsinghua.edu.cn
   质 量 反 馈:010-62772015,zhiliang@tup.tsinghua.edu.cn
印 装 者:三河市龙大印装有限公司
经 销:全国新华书店
开 本:185mm×260mm   印 张:19.25   字 数:444 千字
版 次:2011 年 7 月第 2 版   印 次:2019 年 7 月第 8 次印刷
定 价:29.50 元

产品编号:040258-01

出版说明

20 世纪三、四十年代,一直摸索着前进的计算技术与刚走向成熟的电子技术结缘。这一结合,不仅孕育了新一代计算工具——电子计算机,还产生了当时谁也没有料到的巨大效应:电子计算机——这种当初为计算而开发出来的工具,很快就超出计算的范畴,成为"信息处理机"的代名词。

信息能促成管理系统的优化,促进组织创新,绩效不断上升;信息能提高计划与决策的科学性和及时性,是信息时代组织生存、发展、竞争制胜的有力武器;信息能革新企业内部的生产力要素结构,使资源转换系统的生产率大幅度提高,并同时以不断增加的柔性适应市场需求结构和消费结构的快速变化。

随着信息技术的发展与广泛应用,人类开始能够高效率地开发并利用信息,信息资源对人类社会的作用得以有效的发挥,并逐步超过材料和能源成为人类社会的重要支柱,信息化成为一个时代的口号。与此同时,信息资源开发与管理人才越来越广受社会青睐。

信息管理与信息系统专业是一个培养信息化人才的专业,是一个培养信息资源开发与管理方面的专门人才的专业。从知识结构上看,它处在管理学、信息科学与技术和有关专业领域的交叉点上。它对技术有极高的要求,又要求对组织有深刻的理解,对行为有合理的组织,反映了科学与人本融合的特点。这种交叉与融合正是信息管理与信息系统专业最重要的特征,是别的学科或专业难以取代和涵盖的。但是,它从 20 世纪 70 年代末开始创办到90 年代初,尽管国内设有该专业的院校已经上升到 150 多所,但还没有形成很好反映自己特色的一个教材体系。1991 年全国 10 所院校的信息管理专业的负责人在太原召开第一次研讨会,异口同声地谈起创建一套符合专业需要的教材体系话题。以后,又经过 1993 年在大连、1995 年在武汉,又有更多的院校参加到了这一研讨之中。这些研讨活动得到了国家教委有关部门的赞许和支持。通过研讨,大家在建设具有专业特点的教材体系、改变简单照搬其他专业教材上取得了共识。1996 年正式启动这个项目,协商由张基温教授担任主编,由魏晴宇教授、陈禹教授担任顾问。在清华大学出版社的大力支持下,从 1997 年起这套我国信息管埋与信息系统专业的第一套系列教材陆续问世。迄今已经 10 年多,当初规划的七八本教材已经扩展到 30 多本,形成了一套品种多样、影响面广的系列教材,不仅为信息管理和信息系统专业建设作出了贡献,而且也被许多计算机专业所选用。这些都是编委会全体同仁和作者、广大使用本系列教材的师生以及出版社的编辑们辛勤劳动的结果。

同时,我们也欣喜地看到,10 年来,信息管理与信息系统专业也有了较大的发展,不仅其规模已经发展到 500 多个点,而且随着信息化的纵深推进,随着电子商务、电子政务和企业信息化的发展,专业的教学内容也与时俱进地深化和更新,从过去的围绕信息系统分析与设计,已经延伸到信息资源的开发与管理;专业的定位也逐步明晰,即为信息化建设与管理培养人才。同时,近年来围绕提高教学质量,许多学校开展了精品课程建设和教材建设。这些都标志着这个专业正在走向成熟。

成熟的专业,需要优秀教材的支持。我们重新审视并修订这套教材。在这套教材问世10周年之际,我们再一次表示一个心愿:希望与全国的同行共勉,在教材和专业建设上齐心协力,作出更大贡献。我们将在原来的基础上,重新审视,不断补充,不断修改,不断完善。对于它的任何建设性意见,都是我们非常期盼的。为此,这一套教材将具有充分的开放性:每一本教材都是一个原型,每一位有志者对它的建设性意见都将会被采纳,并享有自己的知识产权,以使它们逐步成为精品。

《高等院校信息管理与信息系统专业系列教材》编委会

第2版前言

这本教材的修改拖了很长时间，算起来已经13年了。造成这种状况的原因是多方面的。参与的作者由于工作的变动，分散到了全国各地，忙于各自的工作，很难聚到一起静下心来写作和修改。当然这只是次要的原因，甚至只不过是本人拖沓的借口而已。主要的、根本的原因还是这件事情本身的难度。

正如第1版的前言中所说过的，相对于经济学的其他领域来说，信息经济学是一个新的、正在形成中的分支。对于其基本概念的理解、方法的适用范围、研究问题的界定，以致学科本身的定义，都存在着不同的观点。上个月，《乌家培文集》的首发式在北京举行。这10卷巨著汇总了乌家培教授50年来的丰硕的学术成果，其中相当部分是与信息经济学直接相关的。我建议，有志于信息经济学的读者不妨阅读一下该书中的相关部分，从中可以体会和领略到信息经济学的由来和源流，也就可以明白为什么我们要坚持对于信息经济学的广义理解。当人们从经济、管理、计算机、通信、情报检索、图书档案等不同领域，不约而同地进入信息经济学的时候，当一个新的交叉学科正在形成的过程中的时候，过早地、武断地给它加上单方面的限定是不利于新学科的形成和发展的。正是乌家培教授海纳百川、兼容并蓄的治学风格，吸引和引导了众多学者和研究人员，经过20多年的努力，形成了今天信息经济学的蓬勃发展局面。

基于这样的理解，我们把与信息资源、信息管理、信息技术有关的经济学议题，都归纳到信息经济学的范围内，加以考察和研究。我们坚信，这不仅是学科发展和建设的需要，而且是社会和经济发展的实际工作的需要。正因为这样，从经济学的基本概念到经济政策的机制设计、从宏观的社会意义到微观的管理理念、从资源的评估到技术进步的作用，都在我们的视野之中。正如读者从本书的安排中所看到的那样。就像乌家培教授所归纳的那样，在信息作为要素进入经济学以后，经济学的方方面面都需要重新审视，需要做的事情很多，我们现在还只是刚刚开始。

当然，一门学科总要有范围和边界，不能什么都是。简单地说，我们的研究范围就是：在充分认识和考虑信息不对称（包括从信息资源、信息管理、信息技术等切入点）作为一个基本假定进入经济学的基础的情况下，与经济学的理论和实际应用直接相关的所有议题。

然而，作为教材的难度也就由此而来。要把如此广泛的议题，在一门入门课的时间内，尽可能地客观地、全面地呈现出来，这实在是一个自讨苦吃的、几乎无法完成的任务。这大概就是这 版一拖再拖的根本原因。

近期重读冯·诺依曼在1944年的一段话，颇有感触。他说："鉴于经济学家们对其所处理的问题的认识非常有限，而且对有关事实的描述又很不全面，所以经济学是一门太过困难的科学，绝不可能很快就建立起来。只有那些不了解这种情况的人，才有可能试图建立统一的经济理论体系。即使是远比经济学先进的科学，比如物理学，目前也没能得到什么统一体系。"他还说："在经济学的某些分支里，最有成效的工作也许是耐心的解释描述；事实上，在目前和今后一段时间内,这种工作将占经济学研究的绝大部分。"(原文出自《博弈论与经济行为》,读者可以参看大连理工大学出版社 2009 年出版的文集《数学在科学和社会中的作用》一书的第 54 到 55 页。在文集中,该段的标题为"经济学中的数学方法"。)

请看我们现在的学术界,动辄创新、动辄建立体系的事情实在太多了,而"耐心的解释描述"的工作又太少了。从冯·诺依曼说这段话到今天,66 年过去了。如果说有变化的话,那就是由于现代信息技术的迅速发展和普及,使得我们有可能作更深入的"耐心的解释描述"的工作,而不必像冯·诺依曼所说的那样穷毕生精力去收集数据。这是我们比冯·诺依曼幸运的地方,也是我们应该做的事情。

薛定谔在"科学与希腊"一书中,引用了第二次世界大战以后德国的一份关于教育改革的文件里的一段话:

"每个理工大学的老师都应该具备以下能力:

(1)看到他的学科的局限。在教学中让学生明白这些局限,告诉他们,超越那些局限,某些力量就会发生作用,它们不再是完全理性的,而是来自生命和人类社会本身。

(2)在每一门课程,让学生学会突破学科的狭窄界限,开拓更广阔的视野,等等。"

(见湖南科技出版社 2007 年评注原文版的第 119 页,译文采用评注者李冰在后记中的译文。)

我想,一本好的教材,也应该如此。

正是因为得到这些伟大的科学家的鼓励,我们才下决心,不管我们的看法多么肤浅、多么挂一漏万,还是坚持把这本教材改完了。因为我们并不想建立完整的体系,更充分认识到自己的片面性和局限性。显然,这本教材和国内许多已有的、将出的教材肯定是有许多不一样的。由于作者的背景和能力所限,我们只是想为有兴趣的读者和学生们,提供一些我们的学习心得和体会作为入门时的参考。如果要说有特定的对象和特点的话,那么由于我们自己的背景和知识,可以说主要是针对信息管理专业的学生的。另外,各章之间的相对的独立性也比第 1 版强,使用本教材的教师和读者完全可以根据自己的需要选用。既然我们没有想形成完整的体系,那么这种开放性也就是不言而喻的了。

就像一开始所说的,第 1 版的作者早已各奔东西,难以聚首,所以这一版是由王明明和我修订的。第 1 版中谢康教授、李国峰教授、张剑平教授执笔的部分,大部分保留了原来的内容。在修改和重写的内容部分,前 6 章由王明明副教授完成和定稿,后 3 章由我执笔。修改过程中,我们尽可能地寻找和参阅了国内外的各家的教材和专著,也得到了许多同行的关注和帮助,在此一并致谢。清华大学出版社的范素珍编辑和战晓雷编辑,多年来对于本书的出版和修订付出了极大的热情和精力,没有他们的辛勤劳动,这本书的再版是不可能完成的。在此向两位编辑表示衷心的感谢。

陈 禹

2010 年 10 月 1 日

于 北京 世纪城

第1版前言

如果从 1959 年雅各布·马尔萨克发表著名的《信息经济学评论》算起,信息经济学作为一门学科出现,已经有近 40 年的历史。随着 20 世纪下半叶人类社会发生巨大而深刻的变革,这门学科也经历了从萌芽、形成、发展,直到逐步成熟的发展过程。今天,它已经成为经济科学中得到普遍重视的、不断取得新的成果与进展的活跃的前沿之一。只要举出 1994 年和 1996 年诺贝尔经济学奖的评选结果,就可以证明这一点。国内不少院校已经陆续开展有关的研究工作,并已开设了研究生或本科高年级的有关课程。许多同行认为,有必要编写一本教材,以便更完整、更准确地传播人类在这方面的知识成果,为我国有志于这一领域的学子,提供一些帮助。在他们走向信息经济学的浩如烟海的文献之前,有一个大致的轮廓。本书就是为此目的编写的。

然而,作为一门学科来说,40 年的时间的确是非常短暂的,加上这门学科本身的丰富内涵和日新月异的发展,对于其实质、内容、范围存在多种不同的理解和认识,这是毫不奇怪的现象。因此,在这里有必要简略地说明一下,我们在这方面的看法,一方面是与同行探讨,另一方面提供读者在阅读与使用本书时参考。

首先,信息经济学是经济学的一个分支,它是经济学科自身发展的必然产物。换句话说,不论外界环境对经济学科有多么大的影响或作用,这些外部原因都只是在与学科内部的固有的、本质的要素相互联系起来的时候,才能产生出具有生命力的分支或部门。从本质上来说,经济学研究的对象是人类及社会在生产与交换中的行为和规律,包括个体(个人或企业)、行业以及作为一个大系统的宏观经济体系。在生产与交换的过程中,信息无疑是一个基本的、不可回避的要素。信息的分布状况、流逝状况、应用状况显然直接影响到个体、群体以致系统全局的行为与规律。只不过生产与交换的范围还不够广,生产力发展水平还没有达到一定程度的时候,人们对此还没有切身的体会与认识。即使一些敏感的学者已经指出了这个问题,但是在相当长的一段历史时期内,这并未引起普遍的重视,也未得到深入的研究。这种情况在第二次世界大战之后发生了关键性的变化。经济全球化把原先处于现代商品经济之外的上十亿的人口卷进了统一的全球市场,行业与地区的分工得到空前的发展,生产的社会化程度达到了前所未有的水平。另一方面,各种物质财富的有限性日益为人类所认识,土地、矿产、能源已经不再像我们的前辈那样,被看做是取之不尽,用之不竭的大自然的赐予物了。人类必须学会合理地安排与使用有限资源,这已经成为关系到人类生存与发展的紧迫问题。这两方面事实的自然而然的推论,使信息的作用与地位大大增强了。与物质因素相比,信息的收集、处理与应用,在经济活动中越来越显得重要。如果说,在几十年之前,人们还可以在信息安全的假设下,比较抽象地讨论经济规律的话,那么在今天的实际生活中,这种做法与现实的差距已经绝对无法回避了。信息的不完全,信息分布的不均衡,信息服务业和信息系统在经济活动中的作用,都已是经济学家必须面对的基本事实。在这种情况下,经济科学的必然发展趋势就是:正视这些客观情况,把信息不均衡的基本事实纳入经济理论的框架,重新思考与审视经济学的一系列有关问题,从而为现实生活提供更符合实际的理论观点、方法和政策建议。正是在这个意义下,我们认为,信息经济学的产生与发展是经济科学自身发展的必然趋势与产物。

当然,这样讲决不是否认社会、技术等外部环境的制约与影响,也不是忽视其他学科的进步对经济科学的推动和促进。人类文化本身就是一个整体。人类生活的各方面不能相互分割,它们之间必然存在着相互促进、相互制约的密切关系,正是这种相辅相成的、错综复杂的关系网,形成了不同的文化、不同的时代。在这方面,信息技术的迅速发展与普及无疑是最重要的方面之一。以计算机和现代通信技术为核心的现代信息技术,在近几十年中,迅速地发展并普及到社会生活的各个领域,产生了极其深刻的影响,使人类社会的各个方面都发生了巨大的变化。信息传递的速度成千成万倍地加快,信息比以往多得多,而且获得信息和信息服务的代价也越来越低廉。同时,由于社会分工的进一步发展,个人与企业的生产活动、经济活动以及其他社会活动,都需要更多地依赖于信息交流和信息处理。这样就既有需要又有可能使信息化浪潮的到来顺理成章。这是几十年来,社会变革的基本趋势。信息经济学正是在这种背景下产生与发展起来的,正是这种环境使人们对信息的作用与影响给予更多的关注,正是这种情况造成了现代信息产品制造业和信息服务业,使得经济活动中的信息要素突出地显现出来。从这种意义上讲,信息技术的普及与应用推动了信息经济学的产生与发展。

作为信息时代的文化思想的一部分,信息经济学与其他各学科的关系也十分密切。统计学与信息经济学的密切关系是众所周知的。许多从事信息经济学研究的学者,如肯尼思·阿罗等,大多是从统计和不确定性的研究进入信息经济学领域的。统计方法在信息学中起着十分重要的作用。运筹学,特别是近年来对策论在信息经济学中的应用得到飞速发展,并取得引人注目的成果。管理科学中的决策学派把信息作为决策的依据,对于信息的作用给予极大的重视,赫伯特·西蒙是这一方向的代表,他既是管理科学的典型代表,又是信息经济学的重要代表之一。从更广泛的意义上讲,经济系统是一种复杂的大系统,信息的流通与处理是这个大系统得以保持有序与平稳的重要因素。所以,现代系统科学的各种思考与探索,对于信息经济学的研究也提供了有益的启发和帮助。

总之,我们认为,信息经济学是经济科学在信息时代的发展和延续,是在新的社会与技术环境中对于经济学基本问题的进一步研究。

根据这样的理解,我们对于信息经济学的内容与范围持有比较广义的看法。也就是说,既把信息当作生产要素来看待,也把信息当作特殊的商品去对待;既从一般经济活动去考虑信息,也从信息产品制造业和信息服务业的产业角度去观察;既考虑信息在任何经济组织中的地位,也考察信息系统和信息产业中的各种经济问题。从本书的编写来说,这样做的理由来自两个方面。首先,从理论上说,目前在这个问题上学术界存在不同看法。任何一门新的学科,人类总需要经过一个探索、认识的过程才能提炼出其精髓,形成为多数人所公认的理论体系。对于信息经济学来说,似乎还没有到这种时候。在这种情况下,为了开拓思路、发展学科,作为一本教材,在内容的选择上,宁可失之于过宽,不可失之于过窄,而把选择的余地,留给教师和读者。另一方面,从实践的角度来说,上面涉及的各种问题,都是有待认识和解决的现实问题,中外学者在这些问题上的探索和研究,对于我们都是值得认真分析与借鉴的。这不仅是经济科学理论研究的需要,更是信息化建设实践的需要。

根据这样的考虑,本书从三个方面介绍这个学科的内容:微观信息经济学,宏观信息经济学,信息系统经济学。微观信息经济学,也称为理论信息经济学,是指从信息分布的非对称这一基本事实出发,对于传统经济学在完备信息假设下所提出的论点及命题(以及由此提出的一些新问题)进行重新思考。这些问题包括市场机制、资源配置、竞争均衡、统计决策、委托人-代理人、风险与不确定性、不利选择和道德风险等。其核心在于深化对微观经济活动的理解。宏观信息经济学,也称为实践信息经济学,则是指把信息产业作为研究对象,从国民经济的整体上去探讨产业良性发展的测度、道路和策略等问题。它的重点在于对宏观经济体系的认识,以及相应的政策研究。信息系统经济学与前两者有较大区别。它的内容是对于信息系统的建设与管理中有关的经济问题进行研究,如信息系统建设中的成本问题,信息系统的效益问题,信息系统进行管理中的费用,信息产品与信息服务的价格问题等。这些研究显然是和各种类型的信息系统的建设和管理密切相关的,如近年来开展的有关信息化建设的许多重大工程,就很需要这方面的理论知识。

本书的酝酿过程较长。不少兄弟院校的同志对于本书的编写提供了有益的建议和启发,在多次研讨的基础上,我们形成了上述基本框架与思路,并进行了具体分工。由中山大学岭南(大学)学院谢康副教授负责编写微观信息经济学,以及部分宏观信息经济学内容(第1至6章,第9章第9.1、9.3节,第12章),山东经济学院李国锋同志负责编写宏观信息经济学部分(第9章第9.2、9.4节,第10章,第11章),浙江师范大学张剑平同志负责编写信息系统经济学部分(第7章,第8章),最后由我进行总体修改和统稿。

在本书的编写过程中,我们得到山西经济管理学院张基温教授、北方交通大学陈景艳教授的大力帮助,在此谨表示衷心的感谢。此外,我们还应感谢国内许多同行学者对我们工作的各种直接或间接帮助。在编写本教材过程中,我们参考和吸收了国内学者在经济学类和图书情报学类杂志,以及在社会科学研究类杂志上发表的大量相关研究成果,由于编写体例的原因,我们没有在每章内容的后面一一列出文章出处,我们在此一并致谢。

应当承认,把这几部分内容统一编为一本教材,在国内尚属初次尝试。不当之处,以致错误之处肯定有许多。我们真诚地希望得到兄弟院校同志们的批评指正,以便共同推动学科的建设与发展,为我国的现代化与信息化建设培养更多更好的急需人才。

中国人民大学信息学院　　陈　禹

1997 年 10 月于北京

目　　录

第一部分　基　础　理　论

第三部分　信息资源与信息管理

第一部分
基 础 理 论

第1章 信息经济学基础

本章介绍信息经济学的基本概念和假设,包括风险和不确定性、风险效用理论,以及信息的基本形式。社会经济系统是不确定性系统,对这一类系统的管理与对确定性系统如力学系统的管理是不一样的。在不确定性条件下,"实施某种具体的经济活动成了生活的次要部分,而首要的问题或功能是决定干什么及如何去干"。由于社会经济系统不断向复杂性方向发展,人们在某些情况下希望尽可能地转移风险,以便将注意力集中在更重要的问题上,各种风险转移制度和机制发展起来了。但风险是不可能完全转移出去的,人们的多数决策要在风险环境中做出,风险态度是影响决策的重要因素,风险效用理论因此成为经济学研究的重点,在借鉴和吸收心理学等其他学科研究方法及成果的基础上,取得了长足的进步。风险和不确定性归根结蒂是信息问题,在社会经济系统中,完全信息、对称信息几乎是不存在的,信息不完全、不对称才是常态,信息分布的形式是影响经济效益和决策的重要因素,对因信息而引起的问题分析、研究和相应的制度机制设计是信息经济学发展的基础。

1.1 风险、不确定性与利润

1. 不确定性

当一项决策产生且只产生一种可能的结果时,决策的结果是确定的,没有不确定性可言。例如在一个力学系统中,给定物体当前的位置、状态,施加一个力,物体运动的速度、方向是可以计算的唯一的值。但许多社会经济问题决策具有不确定性。例如,当一个企业决定投资于一个新产品开发项目时,其结果可能是新产品大获全胜,或者反应平平,甚至以失败告终,各种可能性都存在。经济学中用"环境状态"(或称"自然")描述决定决策可能结果的控制因素。

经济学将决策的环境状态划分为已知环境状态和可能环境状态两种形式。在已知环境状态中,决策的结果是唯一和确定的。在可能环境状态中则会出现不确定性,会有多种可能的结果出现,人们只能根据对成功和失败的判断来决策。

当面临不确定性时,决策问题需设定以下要素。

(1) 可选择的行动集$(x_1, x_2, \cdots, x_n)$。

(2) 自然会发生的一个状态集$(s_1, s_2, \cdots, s_n)$。

(3) 显示所有行动和状态组合所构成的结果的一个结果函数$c(x_i, s_i)$。

(4) 表达决策者信念(关于自然选择某个状态的可能性)的一个概率函数$\pi(s)$。

(5) 度量决策者对不同的可能结果的满足程度的一个基本效用函数(关于效用函数将在下节介绍)。

对于可能环境状态,依据对所研究系统边界的划分,又可以将不确定性分为外生的不确定性和内生的不确定性两种。通常将生成于某个系统自身范围之外的不确定性称为外生不确定性。例如,对于企业家而言,自然灾害等意外事故可以被看成是经济环境状态中的外生不确定性。在现代经济中,还存在着一种对经济运行有明显影响的特殊形式的外生不确定性,就是政策不确定性。那些对经济发展、税收体制、利息率、社会公共财货的保护等方面有重大影响的经济政策,对于企业来说都是不容忽视的不确定性。政策不确定性在中央计划程度较高的经济体制中表现得尤为明显。

内生不确定性则是生成于某个系统自身范围之内、影响系统操作效用的不确定性。例如,技术研发能否成功,产品投放市场后是否受消费者欢迎都是不确定的。内生不确定性的变化比外生不确定性的变化更为敏感,同时也更为复杂。专业性保险公司不会愿意为企业的内生不确定性进行承保,因为保险公司无法估计出企业内生不确定性的各种变化状态和偶然结果。

2. 风险与利润

在经济学中,风险与不确定性的概念是有区分的。如果一个随机状态可以用具体的概率值表示,这种随机状态就称为风险;如果一个随机状态不能够(至少在目前条件下还不能够)以具体的概率值表述,这种随机状态就称为不确定性。即风险是指那种结果不确定,但每种可能的结果出现的概率是可知的或可被估计出来的情况。在这种情况下,人们可以运用涉及风险的决策和选择理论。

在现实经济中,市场是不完全的,企业面对的是一个不确定性的环境,企业家在作出一项决策时、特别是创新性决策时,对未来的结果无法准确预知,存在一定的风险。原因就是企业不可能在完备信息的基础上,通过仔细计算进行理性决策,而只能在现有已知的、不完全的信息条件下作出决策。企业的行为与结果之间不存在已知的、唯一的对应关系,任何决策都包含着成功与失败的可能。美国经济学家奈特(F. H. Knight)认为,只有在不确定性条件下,"实施某种具体的经济活动才成了生活的次要部分,而首要的问题或功能是决定干什么及如何去干"。奈特认为利润就是企业家处理经济环境状态中的各种不确定性的经济结果。随着经济的发展,市场分工的深化,市场专业化程度的提高,市场的不确定性和市场风险也随之加深了。在不确定的环境中,存在着巨大的利润机会,激励着企业家的创新。不确定性和信息缺乏也是企业存在的一个重要前提,在企业这种组织结构中,企业家进行决策与管理,其他成员服从企业家的领导,企业家按照合同规定保证向他们支付固定报酬。

奈特在其《风险、不确定性和利润》一书中,将处理不确定性的基础放在人类的知识上。由于认识到知识(信息)可以用于处理经济活动中的各种不确定性,因而企业家或厂商也就自然而然地收集各种可以为厂商经营带来利润的信息。市场竞争越激烈,企业家所面临的不确定性或不可保风险也就越多,为保持市场竞争优势,或者压倒竞争对手的竞争优势,企业家必然会考虑更多的信息处理问题。这样,大量的资金,将被投入到企业的信息处理活动中。结果,人们对信息(系统)价值认识的加强和经济竞争活动的日益发展,经济组织在利润和竞争优势地位的刺激和推动下,逐渐由纯粹工业生产活动转向信息活动。奈特的这些观点,预见了自 20 世纪 60 年代以来被马克卢普和波拉特等人证实的信息经济的发展事实。

3. 风险转移

由于现代社会经济活动中风险不确定性复杂多样,多数市场参加者愿意或喜好风险转移。许多市场制度都具有转移风险的作用。在现代社会中,保险制度和股票市场是通过市场以十分明确的形式来转移风险的两种最成熟的风险转移形式,此外,期货市场中的套期保值、成本保利合同、企业的有限责任制和破产法,以及企业向上和向下的垂直一体化等也都是常见的风险转移形式。

1) 保险制度

保险公司为社会提供两类保险市场:完全保险市场和不完全保险市场。所谓完全保险市场,即当投保人为风险厌恶者而保险公司为风险中性者,对于保险公司来说,在投保人未来财产期望值具有确定性,且保险公司利润期望值不发生改变的情况下,保险公司使投保人无论是否发生损失其所获受益都等于投保人未来期望值。

例如:假定市场参加者初始资产价值为 3500 元,且损失 1000 元的概率为 $P=0.01$。则他面临的概率分布为:拥有 2500 元资产的概率为 0.01;拥有 3500 元资产的概率为0.99。假定保险合同规定每 1 元可承保 10 元,且该市场参加者决定花 100 元购买 1000 元的保险。那么,当可能性为 1‰ 的损失发生时,市场参加者的受益为:3500－1000＋1000－100＝3400(元);当损失没有发生时,市场参加者的受益为:3500－100＝3400(元)。显然,无论是否发生损失,市场参加者最后的财富都是一样的。

而在不完全保险市场上,投保人在发生损失时从保险公司获得的补偿略小于投保人稍微努力就能不发生损失所获的受益。在一般情况下,保险公司更愿意为社会提供不完全保险市场。保险市场实现的风险转移,为企业家的冒险进取提供了必要的社会保障条件。

保险制度在转移可保风险上具有其自身的限制。首先,可保风险的范围随保险公司经营能力的大小而有所不同,因而产生了对可保风险的专业和种类上的限制;其次,可保风险的数量也是有限制的,保险公司常常对保险责任的总数加以限制,最为明显的事例就是私人医疗保险;最后,保险公司还将对投保人施加某些直接控制。

2) 股份制度

股份制是企业转移风险的重要制度。通过股票市场,企业家可以在一定限度上将大量的不可保风险可能带来的损失转移出去,使企业的风险损失部分地由企业的股东来承担。企业家做到这一点的代价是允许他人共同分享企业的利润。企业盈利是企业承担的风险所致,所以,不同的股票证券含有不同的风险水平,同时也含有不同的盈利水平。在这里,股票的风险水平与盈利水平之间是对等的。

股票风险水平与盈利水平之间的对等关系与企业经营管理制度相联系,形成了现代社会中的股份制:按照股东承担企业风险的份额来决定是否对企业的经营发展具有决策权或具有多大的决策权。同时,按照股东承担风险的份额分享企业利润。

然而,股票市场也不可能承担企业的全部不可保风险,股票发行数量和流通领域的限制使股票市场承担企业风险的水平是有限的,不是所有希望通过发行股票转移风险的企业或企业家都可以成功地使投资者愿意以股东身份加入到企业中来,分担企业经营的风险。事实上,在某些情况下,企业家有可能并不希望以股票的形式转移风险。例如,当某个企业家对某种新技术的前景有很强的信心时,如果该企业家以发行股票的形式来降低企业生产和销售过程中的风险,就意味着他也必须同时与其他股东一起分享新技术带来的丰厚利润。在这种环境状态下,企业家一般会独自承担起生产和销售中的全部风险,不愿意向社会转移风险。

3) 期货合同

期货市场的操作中,有一种非常重要的风险转移方式,即套期保值。套期保值可以分为两种最基本的操作方式:买入套期保值和卖出套期保值。

买入套期保值就是指套期保值者先在期货市场上买入与其将在现货市场上买入的现货商品数量相等、交割日期相同或相近的该商品期货合约。然后,当该套期保值者在现货市场上买入现货商品的同时,在期货市场上进行对冲,卖出原先买进的该商品的期货合约,用对冲后的期货盈利来弥补因现货市场价格上涨所造成的损失,进而为其在现货市场上买进现货商品的交易进行保值。

买入套期保值是那些准备在将来某一时间内必须购进某种商品时价格仍能维持在目前自己认可的水平上的买者常用的保值方法,他们最大的担心是当他们实际买入现货商品时,价格上涨。例如,面粉加工企业为了防止日后购进小麦时价格上涨在期货市场进行保值;粮食购销企业已经与加工企业签订好现货供货合同,将来交货,但该企业此时尚未购进货源,担心日后购进货源时价格上涨;粮食购销企业认为目前现货市场的价格很合适,但由于资金不足不能立即买进现货,担心日后购进现货,价格上涨等,都可以采用买入套期保值转移市场价格波动的风险。

卖出套期保值是指套期保值者先在期货市场上卖出与其将要在现货市场上卖出的现货商品数量相等、交割日期也相同或相近的该种商品的期货合约。然后,当该套期保值者在现货市场上实际卖出该种现货商品的同时或前后,又在期货市场上进行对冲(买进与原先所卖出的期货合约),用对冲后的盈利弥补因现货市场出售现货所发生亏损,进而实现为其在现货市场上卖出现货保值。

卖出套期保值的目的在于为了回避日后因价格下跌而带来的亏损风险。那些准备在未来某一时间内在现货市场上售出商品的生产经营者,他们最大的担心就是当他们实际在现货市场上卖出商品时价格下跌,希望日后在现货市场售出实际商品时所得到的价格仍能维持在当前合适的价格水平上,可以采取卖出套期保值方式来保护其售出实物的收益。例如,农场手头有粮食即将收获,担心日后收获时价格下跌;粮食购销企业手头有库存粮食尚未出售,担心日后出售时价格下跌;面粉厂担心库存小麦价格下跌等。

做套期保值交易时,所选用的期货合约的交割日期应当与交易者将来在现货市场上实际买进或卖出现货商品的时间相同或相近,套保的数量必须与交易者将要在现货市场上买进或卖出的商品数量相等。套期保值不一定是在期货市场抛实盘或接实盘。保值者只要能达到规避现货市场风险的目的,完全可以通过平仓了结期货持仓。

4) 成本保利合同

成本保利合同就是购买者补偿生产者的全部生产成本,并且同意付给生产者一个双方都接受的利润额的购买合同形式。在某些生产成本极不稳定的生产行业中,或关系重大的科技或军事发展的探索性研究和制造中,如成本昂贵但数量不多的作战飞机的研究与生产,将没有企业愿意独自承担巨大的风险,这时可能会由政府出面利用成本保利合同的形式完成。如果生产和研究取得了成功,收益由政府获得;如果失败了,损失也由政府承担。实际生产者能够得到成本的补偿和适当的收益,而不承担风险。

5) 有限责任制度和破产法

实行有限责任制度的企业,投资者在其投资额的限度之内承担企业的风险。企业在市场中是具有独立利益的竞争主体,有生死存亡的危机,而股东作为企业的所有者,即使企业破产了,也并不意味着其所有者也要破产,无论这个所有者是自然人、法人还是政府。有限责任制度具有减少和转移风险的功能。有限责任使股东的投资风险能够预先确定,即投资者能够预先知道其投资的最大风险仅限于其出资的损失,这就给予投资者一种保障。另一方面,有限责任促使股东将其投资自由转让。假如风险是无限的,公司的责任与个人的责任难以分开,则股份不能随意转让,证券市场也难以形成。所以,有限责任也对投资者的广泛参与投资形成了有效的刺激。

破产法也是一种有效的减少风险的制度。从债权人角度看,对于因经营管理不善造成严重亏损、不能清偿到期债务而被法院宣告进入破产还债程序的企业,将被强制以其最大偿债能力,即以该企业的全部资产作为偿债的客体,尽早清偿债务,有效防止相互拖欠的连锁反应,以及负债企业的根本不打算还款的恶意欠债,保护债权人的合法权益;当债务人的清偿能力不足以偿还所有债权人的债权时,破产制度规定了要依照不同性质的债权获得不同的清偿,体现了对债权的完善保护。从债务人一方看,随着破产制度的发展,已从主要保护债权人利益发展为同时保护债权人与债务人的合法权益,尤其是免责主义和非惩罚主义的广泛应用,使企业破产为债务人摆脱过分的沉重债务、轻装上阵、东山再起提供了一种机会和可能。当债务人陷入不能清偿的困难境地时,应将其全部资产提供给所有债权人,依照法律程序公平地分配,破产程序结束后,债权中未能清偿部分则不再予以清偿。

6) 垂直一体化

企业经常需要做出这样的选择:即是在市场上从上下游企业购买,还是在自己企业的内部将其制造出来。在市场上,资源的配置由非人格化的价格来调节,而在企业内,则通过权威关系来完成。当市场风险较大时,即买方或卖方力量强大,造成市场不稳定性增强,企业将趋向于向上或向下一体化。垂直一体化使上下游厂商置于统一的管理之下,从而确保了厂商之间信息的有效交流,减少了上下游厂商协调问题而产生的风险。但需要指出的是,纵向一体化虽然能够传递更好的成本信息并产生更有效的决策,但却损害了被一体化企业管理者降低生产成本的积极性。非一体化与一体化之间的转换其实就是扭曲的生产决策与扭曲的管理者激励之间的转换。

1.2　风险决策理论

人们在做出具有不确定性结果的经济决策例如投资决策时,依据是什么?风险态度将如何影响经济决策?本节介绍风险效用理论的发展。通过对风险效用理论发展的回顾,可以看到,当代经济学的研究越来越放松了传统经济学中关于经济人、完全理性等假设,吸收了心理学、行为科学的研究成果,风险决策理论越来越符合现实的社会经济生活。

1.2.1　期望值理论

期望值理论认为,人们是根据风险决策的期望值大小来进行选择的。期望值理论的一个重要的假设是认为人们都是风险中立的,即人们只考虑一个选择的期望值,而不考虑它的风险大小。

这里用一个例子来说明期望值的经济含义。A先生是一家公司的法人代表,他打算购买一些药品生产商雷利公司的股票。根据他的估计,如果雷利公司得到食物与药品管理局的许可,向市场投放其研制出的一种新药,那么此项购买可给他带来2万美元的收益;相反,如果得不到许可,他将会损失1.2万美元。据他判断,雷利公司得到和得不到许可的概率都是0.5。A先生应当如何决策呢?

这是一种普通的、可能出现各种不同结果的情况,每一结果都会使人们获得或损失一定数量的货币,并且每一结果的概率都可被看成是已知的。

面对这种情况,可以很容易想到计算这种投机的期望货币价值。期望货币价值等于所获得或损失的每种货币量乘以其各自出现的概率之后的加总值。

在这个案例中,购买雷利公司股票,A先生的期望货币价值为

$$2 \times 0.5 + (-1.2) \times 0.5 = 0.4(万美元)$$

如果不购买雷利公司的股票,A先生的收益为0。

按照期望值进行决策,A先生应当购买雷利公司的股票。

但是,购买行为的期望值0.4万美元的经济含义是什么呢?所谓期望货币价值,其经济含义是:如果决策者重复进行某种投机活动,期望货币价值就是其所赚(或所失)的平均值。

在上述例子中,实际上存在着两种可能的结果:雷利公司获得将新药投放市场的许可和雷利公司得不到这种许可。计算所得的期望货币价值的经济含义是:如果A先生不断重复购买雷利公司股票这种行为,且上述条件保持不变,雷利公司有时得到食品与药物管理局的许可,有时得不到。给定上述概率,即在长期内,得到许可和得不到许可的情况各占一半。这样,A先生每次都采取购买行为,将赚得的收益的均值是0.4万美元,如果每次都不买,收益为0。

在特定条件下,人们选择那种有着最大期望货币价值的活动或投机行为是合乎理性的。然而事实并非总是如此。在下一小节中讨论利用期望货币价值最大化进行决策所遇到的问题。在此之前,先来介绍一个概念:完全信息的期望价值。

在许多情况下,决策者能够获得可使其规避相关风险(至少是某些风险)的信息。如果决策者能够获得完全的信息,其价值是多少?为回答这个问题,将完全信息的期望价值定义为:在决策者能够获得有关事件结果的绝对准确的信息所增加的期望货币价值。

在关于A先生决定是否购买雷利公司股票的事例中,完全信息的期望价值就是在他能够得到关于食物与药品管理局是否允许雷利公司在市场上销售新药的信息时,期望货币价值的增加。

计算完全信息的期望价值有两个步骤。首先,计算能够获得完全准确的信息时的期望货币价值;之后计算这一期望价值超过基于原有信息的期望货币价值的程度。

仍以上述购买股票决策为例:如果A先生能够获得完全信息,不管食物与药品管理局

是否允许雷利公司销售其新药,他都能做出正确的决策。如果允许,他知道购买股票;如果不允许,他也会知道不购买股票。这样,在他能够获准确的信息条件下期望货币价值为

$$0.5 \times 2 + 0.5 \times 0 = 1(万美元)$$

为什么这是在他能够获得完全信息条件下的期望货币价值呢?食物与药品管理局给予许可的概率为 0.5,在这种条件下,他将购买股票,并且收益将为 2 万美元;不给予许可的概率也是 0.5,在这种条件下,他将不会购买股票,并且得到的收益为零。因此,在他能够获得完全信息的条件下,期望货币价值是 1 万美元。

如果 A 先生根据原有的信息做出决策,期望货币价值为 0.4 万美元,而不是 1 万美元。二者之间的差额为

$$1 - 0.4 = 0.6(万美元)$$

0.6 万美元就是完全信息的期望价值。完全信息的期望价值是完全信息的价值尺度,它显示因 A 先生能够知道准确的信息而引起的期望货币价值的增量。换句话说,完全信息的期望价值是他为获得完全信息而应支付的最大金额。

在许多情况下,了解完全信息的价值都是非常重要的。检测机构、研究部门、新闻机构及其他各种各样的组织都在不断地向人们提供信息,但人们常常感到对是否购买以及以何种价格购买信息做出理智的决策十分困难,因为除非知道某种信息的价值有多大,否则人们无法判定信息的价值是否高于其成本。完全信息的期望价值为解决这一问题提供了思路。

1.2.2　期望效用理论

期望值理论假定决策者追求期望货币价值最大化。但是,这个结论在现实决策问题中并不总是可信。

假如在某一场合下有以下两种选择。

(1) 肯定得到 100 万美元。

(2) 从事投掷硬币的赌博活动。如果正面在上,将获得 210 万美元,而如果反面在上,将输掉 5 万美元。

如果依照期望货币价值最大化决策,需要首先计算出两种选择的期望货币价值。

第一种选择具有确定性的结果 100 万美元。第二种赌博活动的期望货币价值为

$$0.5 \times 210 + 0.5 \times (-5) = 102.5(万美元)$$

按照期望货币价值最大化决策,应当选择赌博。然而,实验证明,大多数人(在我们所作的教室实验中,几乎全部学生)会选择具有确定性的 100 万美元,因为赌博有 50% 的可能性输掉 5 万美元,这是一个不小的数目,而稳定的 100 万美元收益也具有相当大的吸引力。

显然,利用期望货币价值最大决策并不总是符合实际。根据冯·诺依曼和摩根斯坦提出的理论,理性的决策者追求预期效用最大化,即决策者将选择能够给其带来最大预期效用的行动路线。

所谓效用,是与决策的每一个可能的结果相联系的数,每一结果都可能有不同效用。将效用与每一具体的货币价值相联系的原因是,许多人并不认为每一货币单位都具有相同的重要性。例如,有的人可能会认为赚得 100 元钱不足以补偿损失 100 元钱而造成的伤害。

1. 冯·诺依曼-摩根斯坦效用函数

可以根据决策者对风险所持的态度为其建立一个冯·诺依曼-摩根斯坦效用函数,如图 1-1 所示。该函数表示决策者所认为的每种可能结果的效用,显示了决策者对于风险的偏好。在考虑了决策者的风险偏好后,就可以将决策原则从期望货币价值最大化转变为期望效用最大化。这里的期望效用,是指与每一结果相联系的效用乘以每一结果发生概率之后的加总值。

例如,如果某一情况有两种可能的结果:S 和 T,结果 S 的效用是 5,结果 T 的效用是 10,两种结果出现的概率都是 0.5,则期望效用为

$$0.5 \times 5 + 0.5 \times 10 = 7.5$$

构建效用函数的过程,就是要确定决策者所认为的每一可能结果的效用。这一效用可以通过两个步骤获得。

首先,任意地设定两个货币值的效用,较好结果的效用高于较坏结果的效用。例如,可以设定货币值为 -50 的效用等于 0,即 $U(-50)=0$,货币值为 500 的效用等于 20,即 $U(500)=20$。由于目的是比较不同货币值效用的大小,为决策提供依据,即虽然效用值表现出来的形式为基数型,事实上其作用只是为行动带来的效用排序,本质

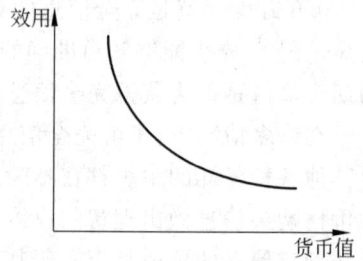

图 1-1 效用函数曲线

是序数型。因此,最终结论并不依赖于所选择的两个数字,如果设定 $U(-50)=1$,$U(500)=10$,也不会影响最终结论。但这里假设人偏好更多的货币值而非更少的货币值,这意味着 $U(c)$ 是货币值的增函数,一阶导数为正。

其次,请决策者在两种行动中进行选择:稳赚某种数量的货币,或从事投机活动。以确定某一货币值的效用。例如,在设定 $U(-50)=0$,$U(500)=20$ 后,要找出货币值为 0 的效用即 $U(0)$,可以问决策者是否更喜欢确定性的 0 收益,而不喜欢赚得 500 万元和损失 50 万元的概率分别为 P 和 $(1-P)$ 的投机活动,尝试 P 的不同取值,直到找到一个他认为在确定性的 0 收益和投机活动之间不存在差异的 P 值为止。

假设经询问后确定某决策人的这一 P 值为 0.25,即在这一概率上,决策者认为确定性 0 收益与投机活动是无差异的,因此,对他而言,确定性 0 收益的预期效用等于投机活动的预期效用,即有

$$U(0) = 0.25 \times U(500) + 0.75 \times U(-50)$$
$$= 0.25 \times 20 + 0.75 \times 0$$
$$= 5$$

按照同样的方法,可以获得如 50 的效用。请决策者在两种行动中进行选择:稳赚 50 万元,或从事赚得 500 万元和损失 50 万元的概率分别为 P 和 $(1-P)$ 的投机活动,尝试 P 的不同取值,直到找到一个他认为在确定性的 50 收益和投机活动之间不存在差异的 P 值为止。假设这一 P 值为 0.4。那么可以据此求解出 $U(50)$ 的值

$$U(50) = 0.4 \times U(500) + 0.6 \times U(-50)$$

$$= 0.4 \times 20 + 0.6 \times 0 = 8$$

重复使用上述方法,可以找出该决策者的效用函数上的几个点,只要有耐心,可以找到足够的点值,绘制出一条效用函数曲线。

一旦某一决策者的冯·诺依曼-摩根斯坦效用函数被建立起来,就可以用它来说明决策者是否应该从事(或放弃)某一具体的风险活动。看下面的例子。

假设 B 先生必须决定是否对在某地点钻探油井进行投资。他拥有关于钻探成本、石油价格的信息以及地理学家对出油可能性所做的报告。根据地理学家的报告,他相信,如果钻探油井,采不到石油的概率为 0.80,可采到 10 万桶石油的概率为 0.12,可采到 100 万桶石油的概率为 0.08。假设进行投资采不到石油带来的损失为 5 万元,采到 10 万桶石油带来的收益是 5 万元,采到 100 万桶石油带来的收益为 50 万元。

根据这些信息,B 先生应该进行投资吗?如果他追求期望货币价值最大化,通过比较投资与不投资的期望货币价值,他就能够回答这个问题。根据上述估计,投资的期望货币价值为

$$0.80 \times (-5) + 0.12 \times 5 + 0.08 \times 50 = 0.6 (万元)$$

如果他不投资,预期货币价值为 0。

因此,如果 B 先生追求期望货币价值最大化,他就应该对油井钻探进行投资。

但这样的结论没有考虑 B 先生的风险态度,因此并不可靠。如果知道 B 先生的效用函数如图 1-2 所示。

即 $U(-5)=0, U(5)=9, U(50)=20$。

根据冯·诺依曼与摩根斯坦提出的理论,B 先生将按照预期效用最大化原则,决定是否投资于钻探油井。如果投资,他的期望效用为

$$0.80 \times U(-5) + 0.12 \times U(5) + 0.08 \times U(50)$$
$$= 0.80 \times 0 + 0.12 \times 9 + 0.08 \times 20 = 2.68$$

如果不投资,B 先生的预期效用是 $U(0)$,依据图 1-2,$U(0)$ 等于 5。

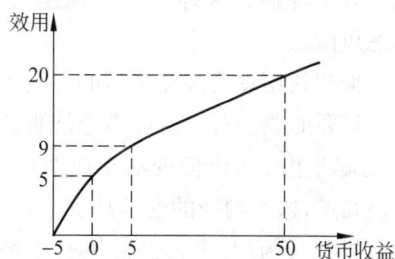

图 1-2　B 先生的效用函数

因此,B 先生不会投资,因为如果不投资,他的预期效用是 5,而如果投资,他的预期效用是 2.68。按照预期效用最大化原则,他会选择有着较大预期效用的行动。请注意,这不是追求期望货币价值最大化的决策。如果 B 先生追求期望货币价值最大化,他就应该投资。但针对 B 先生对于风险的偏好(如他的效用函数所表示的那样),这并不是他的最好决策。

2. 风险偏好

事实上,上述例子中的 B 先生是一个风险厌恶者。尽管效用随决策者的收入增加而提高,但效用函数的形状可能存在着相当大的差异。这源于人们对风险所持的不同态度,一般地,存在 3 种形式的效用函数。

风险爱好型效用函数(见图 1-3):效用随着所获得的货币值的增加而以递增的增加率增加的效用函数。即随着货币值增加,每增加 1 元相应的效用的增加越来越多。效用函数的二阶导数为正,即 $U''(c)>0$。拥有这种效用函数的人是风险爱好者。当面对着两种具有

相同期望货币价值的活动时,他喜欢结果不那么确定的活动甚于喜欢结果较为确定的活动。

风险厌恶型效用函数(见图1-4):效用随收入的增加而增加,但增加率是递减的效用函数。即随着货币值水平的提高,与每增加1元货币值相应的效用的增加越来越少。效用函数的二阶导数为负,即 $U''(c)<0$。具有这种效用函数的人是风险厌恶者。当面对着两种具有相同期望货币价值的风险活动时,他会选择结果较为确定的那一种。

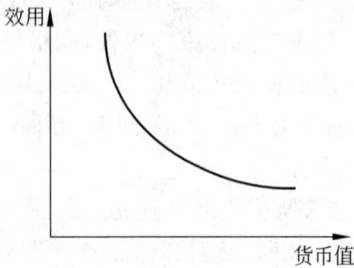

图 1-3　风险爱好型效用函数　　　　图 1-4　风险厌恶型效用函数

风险中性型效用函数(见图1-5):具有效用随收入增加而增加,但增加率不变的效用函数。即随着收入越来越多,与每增加1美元收入相应的效用的增加不变,收入和效用之间存在线性关系。效用函数的二阶导数为0,即 $U''(c)=0$。具有这种函数的人是风险中性的。这种人追求期望货币价值最大化,而不考虑风险。

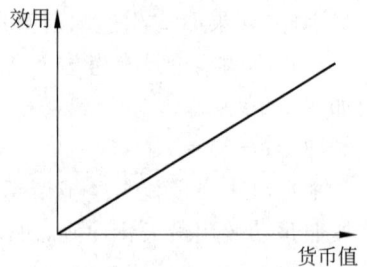

期望效用理论是经济学的一大进展,是微观经济学的一个重要的奠基石。在许多经济理论中,假定选择那种有着最大期望货币价值的活动或赌博是合乎理性的。那么应该知道,这个判断的前提是决策者必须是风险中性的。

图 1-5　风险中性型效用函数

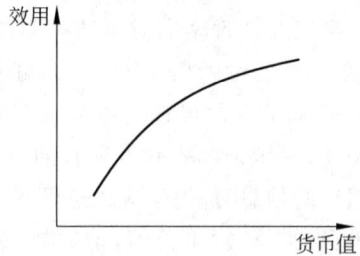

投资行为中,个人经常持有多种资产,或多样性的证券组合,被认为是出于风险回避。假设某人是风险中性的,那么他会忽视不同投资选择的风险性,而只考虑与每一种投资选择或资产相联系的收入的数学期望值,即他不会在乎资产的风险,只要能带来最大的货币期望值,就会把所有财富都投向这种资产,但是,这样的行为类型很少见,由于与不同资产联系的风险总是会部分抵消,因此资产的多样性会减少达到极端最低收入的机会。但要达到这种安全性,必须接受一个整体更低的货币期望收入。

应当指出的是,人们的风险态度不是一成不变的。事实上,经常可以看到,同一个人在某些情形下行为比较保守,如对自己的房子投保,持有多样化的资产,而在其他情形下却接受公平的甚至不利的博弈[①],例如去买彩票。诺贝尔经济学奖得主米尔顿·弗里德曼与

----

① "公平博弈"一词用来描述数学期望为0的不确定前景。负期望值的博弈称为"不利的博弈",正期望值的博弈称为"有利的博弈"。例如,以5：1的赌注对一个均匀骰子出现的点数进行赌博就表示一个公平博弈,因为要的点没有出现如果损失1元钱的话,那么要的点一旦出现则获得5元钱。这样期望收益值为 $(-1)\dfrac{5}{6}+5\left(\dfrac{1}{6}\right)=0$。一个风险回避的人会拒绝一个公平博弈,风险爱好者会接受公平博弈,而风险中性者认为拒绝和接受一个公平博弈是无差异的。

L. J. 萨维奇假设，人们关于收入的冯·诺依曼-摩根斯坦效用函数的典型形状如图 1-6 所示。

具有上述效用函数的个人，其承担风险的行为随财富的不同而不同。在 OK 和 LN 两段曲线上，$U''(c)<0$，表明个人在这两段范围内是正常的风险厌恶者；但在 KL 的中间段曲线上，$U''(c)>0$，表明个人在这一段范围内是风险爱好者。

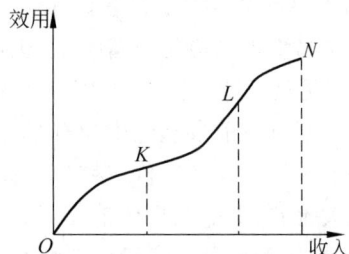

图 1-6　人们关于收入的一般效用函数

1.2.3　前景理论

20 世纪 50 年代，法国经济学家阿莱斯通过一系列可控实验，提出了著名的"阿莱斯悖论"(Allais Paradox)，对期望效用理论构成了挑战。考虑这样的问题：如果有两个投资机会 A 与 B，A 会稳赢 3000 元，机会 B 会以 80%概率获 4000 元，20%的概率得零。重复实验发现，大多数人会选 A。再考虑投资机会 C 与 D，C 会以 20%的概率获 4000 元，80%的概率得零，而 D 会以 25%的概率得 3000 元，75%的概率得零。重复实验发现，这时，上述在 A 与 B 中偏好 A 的大多数人又会选 C。其实，机会 D 只是 0.25×A，而机会 C 也只是 0.25×B，显然，人们在 A、B 之间的选择与在 C、D 之间的选择发生了不一致。

再看一个例子，会更清楚地发现在实际的风险决策中，期望效用理论难以解释的现象。请人们在 3000 美元的确定收益和 80%可能的 4000 美元收益中选择，实验的对象往往选择了前者，而不喜欢后者的 20%的一无所有可能性。这说明受试者是风险厌恶的。而接下来，在 80%可能的 4000 美元损失和 100%可能的 3000 美元损失中选择，这时 92%的实验对象决定赌一把。受试者的风险态度变成了风险爱好。

阿莱斯由于提出这一悖论以及与该悖论相关的对人类选择行为的一系列研究，而获得了 1988 年的诺贝尔经济学奖，然而经济学家们，包括阿莱斯本人，并没有对这个悖论给出合理的令人信服的解释。

直到 1979 年，卡尼曼与特沃斯基(Kahneman & Tversky)提出前景理论(Prospect Theory)，对效用理论的发展做出了重大贡献。传统经济学一直以"理性人"为理论基础，通过一个个精密的数学模型构筑起完美的理论体系。卡尼曼与特沃斯基则从实证出发，从人自身的心理特质、行为特征出发，揭示影响选择行为的非理性心理因素，他们通过实验的方法，对这一领域进行了广泛而系统的研究。强调人们的行为不仅受到利益的驱使，而且受到多种心理因素的影响。前景理论把心理学研究和经济学研究有效结合起来，揭示了在不确定性条件下的决策机制，开拓了一个全新的研究领域。卡尼曼因"将来自心理研究领域的综合洞察力应用在了经济学当中，尤其是在不确定情况下的人为判断和决策方面作出了突出贡献"而摘得了 2002 年度诺贝尔经济学奖的桂冠。

前景理论与期望效用理论的差别可以归纳为以下几点[①]。

第一，传统的期望效用理论认为，人们对含不确定性的经济事件的效用评估是根据该事件给自己带来的财富绝对水平作出的，而卡尼曼与特沃斯基这两位心理学家，从大量的认知

---

① 平新乔. 真实世界决策者的行为. 经济观察报，2003-3-13.

心理实验的结果中发现，人们效用评价是基于一个参照点 W_0 的，是按未来事件带来的结果 W 与参照点 W_0 的偏离幅度与方向来评估的。即按 $\Delta W=(W-W_0)$ 来评估的。参照点 W_0 可以是当事人当前的财富水平，也可以是决策人期盼的财富水平，超过 W_0，就是好的，低于 W_0，则是负面的。按 $(W-W_0)$ 来评估效用就形成了"价值函数"。

参照点在前景理论中拥有很重要的地位，也在实际商业社会中屡见不鲜。例如，商家在促销的时候往往将原价（参照点）标得很高，将折扣后的价格标得很低，从而形成远离参考点的较大价差，吸引客户作出购买的决策。

第二，卡尼曼与特沃斯基从心理实验中发现，人们在"参照点"左右，价值评判的行为是不一致的。若结果 W 大于 W_0，则效用函数曲线为凹；若结果 W 小于 W_0，则效应函数曲线为凸。这说明，对于大于参照点的"赢项"，人们认为其边际效用递减；而对小于参照点的"输项"，则认为其边际负效用加速。这种不对称意味着，人们的决策是遵从"损失规避"准则，而不是"风险规避"准则。而且，人们对于"赢"显示的是"风险规避"态度，而对于"输"，显示的则是"风险喜欢"态度。因此，在"参照点"上，效用函数有"拐点"或"折点"。

这一点给人们一个启示，即改变人们在评价事物时候所使用的参照点，可以改变人们的风险偏好。举例来说，假定一家公司面临两个投资决策，投资方案 A 肯定可以盈利 200 万。投资方案 B 有 50% 的可能性盈利 300 万，50% 可能盈利 100 万。如果公司的盈利目标定得比较低，比方说是 120 万，那么方案 A 看起来好像是多赚了 80 万，而 B 则是要么完不成任务，要么多盈利 200 万。员工一般是风险规避的，会选择方案 A。但是如果公司把盈利目标提高到 300 万，那么方案 A 就像是少赚了 100 万，而 B 则是要么刚好达到目标，要么少赚 200 万。这个时候两个方案都是损失，所以员工会抱着冒冒风险，说不定可以达到目标的心理，选择有风险的投资方案 B。

第三，传统的期望效用理论是对效用函数用概率加权，而期盼理论则要求对事件发生的概率 (P) 本身再指派一个"概率函数" $\pi(P)$。"概率函数"对较高的概率指派较小的权数，而对小概率则指派较大的权数。卡尼曼和特沃斯基认为，这同样是基于真实世界中人们的决策行为，因人们对胜算很大的事件往往认为理所当然，而将其轻视；但对突发的小概率事件则猝不及防，从而将其高度凸现，痛加思索。

根据上述观点，价值函数的形态如图 1-7 所示。

价值函数具有以下 4 个特征。

（1）单调递增。价值函数是一条单调递增的函数曲线，表现为收益越大价值越高，或损失越大价值越低。并且，在任何情况下，收益总是好于损失。

（2）价值函数考察的是增量，而不是存量。价值函数是相对于不同参考点的收益或损失水平，而不是传统理论所重点考察的期末总收益或总损失。没有收益或损失（$x=0$），就没有价值（$v(x)=0$）。

（3）价值函数是 S 型曲线。价值函数是以原点为中心向收益和损失两个方向偏离的反射状曲线，呈 S 型。当收益出现时，价值函数是凸函数，反映了投资者对风险的厌恶倾向（$x>0$，$v''(x)<0$）；当损失

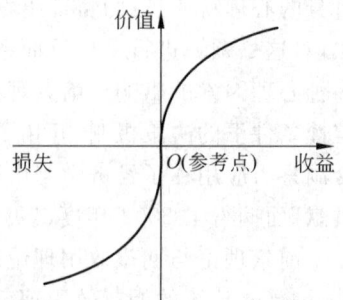

图 1-7　价值函数的 S 型曲线

出现时,价值函数是凹函数($x<0,v''(x)>0$),反映了投资者对风险偏好的倾向。

(4)损失部分的斜率绝对值比收益部分的斜率绝对值要大。价值函数曲线表现在 S 型图形中,$|v'(-x)|>|v'(x)|,x>0$,即在同等大小的收益和损失中,损失相对应的斜率的绝对值要大于收益相对应的斜率的绝对值。卡尼曼对"损失厌恶"的程度给出了经验的估计值 2,这意味着:放弃某样东西损失的效用是获得它增加的效用的两倍。

1.3 信　　息

微观信息经济学从研究信息对经济行为的影响及其后果出发,将信息的理论定义近似地表述为:信息就是传递中的知识差(谢康,1998)。在经济活动过程中,经济知识差是存在于信息源与用户之间经济知识度的逻辑差,它表明经济信息存在的事实和度量。该定义反映了信息发生的基础与过程,并揭示了信息价值的基础所在。信息之所以存在价值,关键在于存在知识差,后者能使经济代理人改善决策环境而获得预期收益。

在不同的学科领域,作为研究对象的信息被划分为不同的存在形式,在这里,将信息按照完全信息和不完全信息、公共信息和私人信息,以及对称信息和不对称信息进行讨论。

1.3.1　完全信息与不完全信息

经济环境中存在的事件,大都是具有不完全信息的经济事件,具有完全信息的经济事件在经济环境中为数不多。尽管如此,完全信息概念在信息经济学分析中却很重要,因为要想真正认识和理解不完全信息的重要性,首先必须要对完全信息以及以完全信息为隐含条件的经济理论有充分的理解和认识。

所谓完全信息,就是市场参加者对于某种经济环境状态的全部知识。在现实经济中,没有人能够拥有各个方面经济环境状态的全部知识。

新古典经济学理论的瓦尔拉斯一般均衡体系隐含着完全信息假定,即消费者在每个时点上都了解市场上各种商品的全部可能价格,以及他自己的偏好、存货,并能够在每个个人的环境状态(偏好和资本)和市场价格的基础上计算出需求。同样,厂商也知道生产要素、价格与投入产出之间各种形式的可能组合配置。这样,消费者和生产商之间在任何时点上都能了解市场各种商品的供求状态,于是,出现市场均衡价格。

瓦尔拉斯描述的是一个静态的理想经济世界。在这个世界中,具有完备信息的信息体系被每个市场参加者无偿免费使用,并且,市场将出现一位拍卖人,他根据市场供求状况提出多组市场价格。由于拍卖人和市场参加者都具有完全信息,所以,市场价格将灵敏地反映出市场的供求变化,而供求也能服从价格指导进行合理调节,这样,经过拍卖人所谓"错了再试"的不断调试,价格将最终处于均衡位置,当然,这个均衡价格在某些时候有可能会发生轻微波动,但价格体系在总体上完全承担管理市场供求和指导市场出清的责任。

显然,瓦尔拉斯一般均衡模型是以环境状态中存在完全信息为条件建立起来的。与瓦尔拉斯一般均衡体系隐含的完全信息条件相对应的市场,必然是完全市场的有关概念。微观经济学"完全竞争"假设包含有"纯粹竞争"和"完全市场"两个具体假设命题。纯粹竞争意味着产品同质,厂商和消费者数量不受控制,且能够自由地进出市场。完全市场则指市场参加者对于环境(产品价格和质量)具有完全信息,市场参加者在任何时间和地点都能拥有任何希望获得的信息。显然,完全市场假设中的信息是这样一种信息:它像空气那样,是人们不需要支付任何成本就能够免费获得的自由财货。所以,完全市场的信息没有可能成为商品,也没有市场价格,同时,信息在市场参加者之中不受任何形式阻滞而广泛及时地传播,使每个市场参加者都能同时接收到同样的信息。显然,在完全信息经济中,卖主不能以高于市场均衡价格出售商品,而买主也不能以低于市场均衡价格购得商品,因为完全市场中同质商品的单一价格(均衡价格)完全支配着市场的全部交易。

有关完全信息经济的分析清楚地表明,完全信息经济所假设的环境状态和经济条件与现实环境和社会可能提供的条件相距甚远,这种差距导致完全信息经济理论存在难以克服的缺陷。

不完全信息经济比完全信息经济更具有经济现实性,市场均衡理论必须在不完全信息条件下予以修正。在现实经济中,信息的传播和接收都需要花费成本代价,而市场通信系统的局限和市场参加者施放市场噪音等客观和主观因素的影响,也将严重影响市场信息的交流和有效的传播。结果,价格信息不可能及时地传递给每一个需要信息的市场参加者,而每个市场参加者所进行的交易活动以及结果也不可能及时地通过价格体系得到传递,因而市场价格不可能灵敏地反应市场的供求状况,市场供求状况也不可能灵敏地随着价格的指导而发生变化,市场机制因此可能失灵。

1.3.2　公共信息与私人信息

市场信息还可划分为公共信息和私人信息。公共信息是指这样一种信息:所有的相关信息都能被所有的市场参加者获取。在市场体制下,市场价格体系正是通过市场参加者的共同知识来实现其支配力的。没有市场参加者的共同知识,市场价格体系就不可能有资源配置的调节和指导功能。举一个最简单的例子,如果人们对某同质商品单价是 60 元还是 70 元两者之间的价格高低争论不休,那么,价格体系就会因为这种因逻辑的混乱导致的共同知识的丧失而无法操作。可以认为,价格对于每个以自我利益为中心的市场参加者的指导和协调,是以市场的共同知识为基础的。简单地说,市场公共信息导致了市场支配力。

总之,从严格意义上说,市场中不能没有公共信息,即使这种信息表现为市场参加者的初始平均公共知识。

市场信息的另外一种重要形式是私人信息,它是指个别市场参加者所拥有的具有独占性质的市场信息。私人信息可以划分为 3 种类型:①个人自身特征的知识,如个人身体状况或工作能力等。②个人行为的知识,如努力程度、工作热情等。③个人对环境状态的理解和认识方面的知识,这主要是指个人对市场信息的掌握和认识程度。

私人信息与公共信息之间没有严格界限,私人信息可能会随着时间的推移而成为公共信息。但是,如果在某个时点上,市场参加者所具有的私人信息优于市场公共信息,市场参加者就具备了对于其他市场参加者的信息优势或信息领先。相反,某个时点上的市场参加者所具有的私人信息落后于或在质量上劣于市场公共信息,该市场参加者就在信息上处于劣势或不利的位置,信息经济学将这种环境状态称为信息劣势。信息优势使市场参加者易于获取市场价格体系等信息系统所传播的最新信息,从而能够对市场资源实施更为有效的配置。反之,信息劣势则使市场参加者难以获取新信息,从而在资源配置中处于不利的位置。

在劳动市场和法律合同等经济活动中,拥有私人信息,可以获得贸易过程中的收益,因此人们用各种形式的市场信号传达自己拥有的私人信息。如在谈判和讨价还价等过程中拖延签订合同的时间,或以某种借口将议案搁置等行为,都可能是希望或要求传递私人信息的信号,因为谈判、讨价还价等经济对策就是一个对策双方以初始信息差别为条件的信息交流过程。这就是所谓的"私人信息假定"。

"私人信息假定"的中心就是假设拖延行动和其他具有成本的活动为市场参加者提供了一种简单的经济信号。在传播途径上,私人信息通过个别交际网络而实现其对市场参加者的影响。就其传播频率与效率而言,虽然私人信息没有公共信息那样同时在众多厂商中传播,但它们往往比公共信息更能引起厂商的注意。从私人信息的预期效用来看,它大多将导致偶然市场的形成,并可能相应地提高市场运行效率。所以,通过非正式渠道传递经济信息,或者收集与释放低成本的"小道消息"等活动,并非是愚蠢的经济行为,尽管这些小道消息常常不足信。

私人信息分析表明,在个别或非正式场合真实地显示私人信息,可以极大地提高市场效率。例如,工会如果十分容易地同意低工资水平,就很可能导致厂商采取低工资策略,结果是即使工会工人的劳动力价值非常高,也可能只能领取低工资;而厂商如果隐瞒或伪造工人收益的期望值,即表示只能付这么多报酬,工会将认为得不到可行的高工资,那么将会刺激工会组织罢工。为了避免这两方面的风险,在理论上和实际事务中,一般是通过谈判解决,并在多次重复谈判中建立起来的诚实的名誉基础上,双方直接显示私人信息。在这里,中间商,如经纪人、代理人的作用是他们拥有的信誉,长期利益驱使他们不愿意在经济活动中从事"一锤子"买卖,而宁愿遵守职业道德,从而建立起信誉,这是他们从事这一职业必备的要求。

从上述分析可以得出以下结论:公共信息使市场参加者成为市场活动中以自我利益为中心的价格受支配者;而私人信息则推动市场参加者成为以自我利益为中心的价格支配者。在这组互相矛盾的信息交流中,社会稀缺资源得到不同效率的配置。

所有市场参加者的信息集合中可以被这些参加者自由获取的信息构成公共信息,而私人信息则仅是某个市场参加者可以单独获得的信息形式。公共信息是市场运行的基础,而私人信息是市场存在的基础。如果只有公共信息而没有私人信息,市场将可能没有交易,如果只有私人信息而没有公共信息,市场将难以进行交易。所以,公共信息与私人信息对于市场的存在与交易活动来说都是必不可少的。

1.3.3 共同知识[①]

在博弈论中,共同知识具有比公共信息更严格的定义,同时,是否具有共同知识对博弈结果也有很大的影响。

用比较直观但并不很严格的说法,共同知识"就是每个人都知道的事实,每个人都知道

---

① 谢识予.纳什均衡论.上海:上海财经大学出版社,1999.

每个人都知道的事实,每个人都知道每个人都知道每个人都知道的事实……"。因而,"共同知识"是一个关于知识的无限推理链,是"交互知识"概念中的一种,是高秩信息,有比"大家都知道的事情"丰富得多的内涵和高得多的要求。

共同知识是博弈论中一个非常强的假定,不仅涉及有关该事情的信息的传播和识别,而且涉及该范围内所有个体对相互之间信息获得和识别的机会和能力的了解和信心。即使在所有人都绝对相信其他人的分析推理能力的前提下,共同知识也是一个"信息结构"问题,而不仅仅只是一个"信息问题"。

可以用一个有趣的例子说明共同知识的含义及其作用。这是一个推理问题,称为"信封中的困惑"(Puzzle of the envelope)。父亲给他的两个儿子每人各一个信封,并告诉他们两个信封中分别装有 10^n 元和 10^{n+1} 元钱,n 是 $1\sim6$ 的任意整数,并且这 6 个整数出现的可能性相同。究竟谁的信封中钱较多也是随机的,可能性各 1/2。假设两个儿子都是风险中性的。结果大儿子打开信封,发现其中有 10 000 元,二儿子打开信封,发现其中有 1000 元。此时父亲分别私下问两个儿子,愿不愿意与对方交换信封。结果两个儿子都说愿意,然后父亲将每个儿子的回答公布出来,再重复一遍上面的问题,即愿不愿意交换信封,两个儿子仍然都说愿意。父亲再把这个回答公布出来,并第三次问同样的问题,两个儿子的回答仍然是愿意。但当父亲再次公布两个儿子的回答并第四次问相同的问题时,第二个儿子的回答仍然是愿意,但第一个儿子的回答却不再是愿意,而是不愿意。

可以用共同知识的作用来分析这个问题。由于假设两个儿子都是风险中性的,所以他们的决策原则是使自己的期望货币收益最大化。当父亲第一次问双方是否愿意交换信封时,大儿子的判断是,自己的信封中有 10 000 元钱,那么弟弟的信封中可能有 1000 元钱,也可能有 100 000 元钱,而且这两种可能性是相同的。因此,如果交换信封,那么他的期望货币收益值为 50 500 元,而不交换的收益值为 10 000 元,所以交换是合算的。二儿子的思路也一样,交换的期望货币收益为 5050 元,高于他信封中的 1000 元,因此二儿子也愿意交换。

因此,两个儿子愿意交换信封是合理的。但为什么父亲第四次发问时,大儿子不愿意交换了呢? 由于 n 的取值是有限的,最高是 6,因此,信封中最高的钱数就是 10^7,这是两个儿子的共同知识,如果他们之中有谁拿到这个钱数的话,就会知道自己拿了多的那一个信封,而不愿意交换。基于此,当两个儿子对父亲的第一次交换提议都表示同意的时候,没有一个信封中有 10^7 元成为两个儿子的新的共同知识。也就是说,n 等于 6 的可能性被排除了。需要特别注意的是,即使在父亲没有做交换提议并得到两个儿子的回应之前,没有一个信封中会装有 10^7 元钱就是双方都具有的知识,因为每个儿子根据自己信封中的钱数就可以很容易判断出这一点,但这个事实却并不是共同知识。因为有 10 000 元的大儿子不能排除他的弟弟有 100 000 元的可能性,这就意味着他不能排除他的弟弟以为哥哥有 1 000 000 的可能性,进一步他就必须考虑到他的弟弟以为自己会以为弟弟有 10 000 000 即 10^7 元的可能性。因此,没有一个信封中有 10^7 元的事实,并不是两个儿子之间的共同知识。而正是因为父亲的第一次提议被两个儿子积极响应,才使得"没有一个信封中有 10^7 元"这个事实成为两兄弟间的共同知识。

在双方具有"没有一个信封中有 10^7 元"这样的共同知识基础上,父亲的第二次提议仍然得到两个儿子都愿意交换的响应,又进一步说明了"没有一个信封中有 10^6 元",因为此时

两兄弟知道 10^6 元是较大的钱数,任何一方拿到都不会愿意交换。并且这个事实也成为了共同知识(而这个事实在此之前并不是共同知识,理由与上述"没有一个信封中有 10^7 元"原来不是共同知识的理由是一样的)。进一步,在双方具有新的共同知识的基础上,第三次仍然都表示愿意交换,又进一步揭示出"没有一个信封中有 10^5 元"的事实,并随着父亲的公布而成为两兄弟的共同知识。因此,在下一轮的选择中,大儿子当然不会再选择交换了,因为他现在已经很清楚,他所得到的信封中的 10 000 元钱,是两个信封之中钱数较多的那一个。

这个问题的推理过程生动地反映了共同知识的重要作用,以及共同知识与"知识"、"大家都具有的知识"之间的不同。父亲把两个儿子对于交换信封的态度不断公布出来的同时,不断地创造着有关信封中钱数上限的"共同知识"。这些共同知识的出现不断改变作为两个儿子推理基础的信息结构,最终导致第一个儿子可以首先判断出两个信封中实际的钱数。

通常来说,某些事实或事件要成为某些人的"知识"并不难,要成为某些人"都具有的知识"也不算很困难,因为只需要这些人都有获得这些事实或状态相关信息的,可以是各自独立和不相关的条件和机会,以及自身有识别这些信息的基本能力就可以了。但要成为共同知识,则要困难得多。因为这不仅要求所有参与人都能够获得相关信息并对信息具有识别能力,而且要求所有的这些信息渠道都是相互了解的,以及了解这些信息渠道的渠道也必须是大家都相互了解的,要求所有人的识别能力都必须是相互都了解的,以及相互之间有足够的信心等。

那么共同知识是如何产生的呢?公共事件是共同知识最明显的候选者,如果所有人都通过同一公开渠道了解到某一个事件,那么这个事件一般可能会成为这些人中间的共同知识,但是要使他成为真正的共同知识,还要求人们具有获取这些信息的主观意识和能力。任何一人对信息的错误理解,或者缺乏对多层次交互理性的意识,或者怀疑其他人没有足够理解能力或意识,都会使得共向知识定义中的推理链在有限的层次或者很低级的层次就中断,从而不符合共同知识的意义。

人们自己创造的事件,如博弈的规则和合同,可以看成是共同知识。关于人的本性的某些信念,如经济学家的假设"所有人都是追求最大利润的",在其理论的逻辑推导中是被看成共同知识的。如果几个人进行长时间的对话或相互观察,那么他们各自将要做什么,经常会成为他们中间的共同知识,即使他们各自行为的理由可能仍然很难分辨。

共同知识显然是一种很高的要求,事实上许多情况下这种假设很难成立。因此有时必须考虑更符合现实的、人们之间的知识或交互知识水平的概念。这就是"N 级知识"概念。"N 级知识"实际上就是关于共同知识的无限推理链只成立前面 N 级意义上的交互知识。

共同知识的存在或出现,可以帮助人们从似乎没有信息的地方发现信息,作出正确的判断。由于现代社会经济活动是以人们的推理、判断和决策为前提和基础的,因此,作为推理和决策的基础和出发点的"知识"、"交互知识"和包括有特殊作用的"共同知识"成为现代经济理论中的一个重要因素。实际上,不管人们多么理性,通常都只能在不完全信息的基础上行为。而反过来,追求最大利益并相互作用的人之间的许多行为,也只能在信息不完全和不对称的基础上加以解释。

如果人们是理性的,他们会在采取行动之前,仔细地考虑自己知道什么和不知道什么。更进一步,当理性的人们相互打交道时,采取行动之前还会考虑其他人知道什么和不知道什么，以及其他人对他们知道什么的了解程度。而当人们考虑其他人知道什么，并将其他人的知识也作为决策的参考依据的时候，相关的事情是否是各相关人员的共同知识，就有了十分重要的意义。

1.3.4 对称信息与非对称信息

对称信息与非对称信息是经济信息的重要的基本形式，它们是完全信息与不完全信息的一种结构延伸，但是，其表现出来的经济特征和影响与完全信息与不完全信息的经济影响有所区别。

对称信息是指在某种相互对应的经济人关系中，对应双方都掌握有对方所具备的信息度量，即对应双方都了解对方所具备的知识和所处的经济环境。这样，对称信息环境有 3 类：一是市场参加者双方都没有掌握有关信息的信息环境，即双方都处于无知状态；二是市场参加者双方都掌握有度量一致或度量相似的信息环境；三是市场参加者双方都掌握有完全信息的环境。

可以举出许多对称信息的实例，如在一般商品市场上，买主了解卖主所掌握的有关商品的信息，卖主也掌握买主具有的知识和消费偏好等信息。在厂商与雇员的关系中，当厂商的技术收益被厂商和在该厂商中受雇的雇员同时观察到时，可以说这种信息环境是对称信息环境；而当厂商的技术收益仅仅被厂商观察到而没有被雇员观察到时，则称这种信息环境是不对称信息环境。因此，信息的对称性可以定义为，可供利用的有关风险类别的信息同时被买卖双方观察到，并对实际双方都发生作用的环境状况。

所谓非对称信息，就是在相互对应的经济人之间不做对称分布的有关某些事件的知识或概率分布。在现实经济生活中，信息非对称性的存在是由于代理人获得不同的信息所致，而获取不同的信息又与人们获取信息的能力相关。因此，基本的信息非对称性是以人们获取信息能力的非对称性为基础的。从社会存在的角度来看，人们获取信息的能力与多种社会因素相关，然而，无论怎么说，社会分工和专业化都可以称得上是其中最为重要的社会因素。

社会劳动分工使不同行业的劳动者之间产生了巨大的行业信息差别。一个显而易见的事实是，在不同行业的劳动者之间，本行业劳动者所掌握的本行业信息平均要多于其他行业的劳动者所了解的本行业的信息。这样，不同行业的劳动者在不同的信息领域或不同的时期，产生了不同的信息优势或信息劣势，意味着信息非对称性的存在。专业化产生的信息差别也同样严重地导致了信息非对称性的存在。专业化使个人在其自身的专业领域比其他专业领域的个人了解更多的专业知识，而其他专业的个人则平均地比该专业的个人了解得更少，从而导致专业性的信息优势和信息劣势。这样，专业信息就在不同专业的个人之间形成非对称性分布。结果，专业信息的分布总是偏重于某些部门、行业或个人。

因此，一般均衡理论隐含着完全信息假设，事实上是与现代经济生活的基础——社会分工与专业化——相违背的。在劳动分工不明显、专业化程度不高的低级经济体系中，社会成员之间的信息差别并不十分明显，因而信息差别导致的经济利益上的差距还没有被人们普遍认识和重视。随着分工的发展和专业化水平的提高，人们发现，信息差别是社会生产与分配中不可忽视的基本经济因素，当这种观点成为社会成员的共识时，初级经济也就转化为高级经济。显然,社会劳动分工越发展,专业化程度越高,在每个领域或行业中专业人员与非专业人员之间的信息差别也越大,社会成员之间的信息分布也就越不对称。信息非对称程度越高,在竞争性市场上产生垄断的可能性也越大,而且这种由信息差别产生的垄断难以被消除。由于某些市场参加者对于另外一些市场参加者具有某种信息优势,具有信息优势的市场参加者很自然产生了对那些信息劣势的市场参加者的有利地位,由此形成的市场权力构成了垄断的根本基础之一。对于这些客观发展的不断深化的认识,正是信息经济学发展的动力源泉。

从另一方面看,劳动分工和专业化发展的程度越高,对深化成员之间的生产合作和互相协调的要求也就越高。结果,劳动分工一方面使信息差别的程度加深,另一方面又使社会产生信息组合和信息联合的必要。这也是信息服务业发展的根本动力。

由对称信息而产生的对称性市场的最为典型的形式可以归纳为如下 3 类:相互对称的市场参加者双方都缺乏信息的对称性市场;相互对称的市场参加者双方都具有不完全信息,且双方掌握的信息的不完全程度大致相同的对称性市场;相互对称的市场参加者双方都具备完全信息的对称性市场。

在市场参加者双方都缺乏信息的对称性市场中,买卖双方由于都处在信息无知状态,他们无法进行相互之间的正常交易。这样,具备不完全信息的市场专家就自然而然地在买卖双方之间充当中间人的角色,他们为买卖双方提供信息和相应的服务,从中收取一定的佣金。例如,在现代社会的风险投资领域,保险、股票、期货经纪人多以市场专家的身份出现,从中协调买卖双方由于信息缺乏而产生的交易无知问题。不难理解,当市场信息中间人的规模发展到一定程度——社会普遍认识到市场信息能够给集团或个人带来高额利润时,具有相当规模的信息厂商也就随之出现,并且因此而创造了一种新的市场形式——信息市场。事实上,在买卖双方都缺乏信息的对称性市场中,市场专家往往不仅仅满足于充当信息中间人或信息分配者的角色,他们更经常地是在市场交易中发挥价格制定者的作用,从中获取由于信息垄断而得到的垄断利润。例如,历史上的大批发商、大贸易公司,以及大多数拍卖商、不动产经纪人和古董经纪人等。

有必要在此特别指出的是,在市场参加者双方都缺乏信息的对称性市场中,市场参加者能否在市场交易或风险投资中获利,一方面取决于买卖双方能否通过市场专家实现信息交流而达成互利协议,另一方面,也是更为重要的方面,买卖双方能否搜索到掌握高质量信息的市场专家。可以认为,拥有高质量信息的市场专家是头卖双方在缺乏信息的对称性市场上能否获利的最为重要的因素之一。如果市场专家不能满足买卖双方对市场信息的基本要求,例如,不合格的股票和期货经纪人,那么,买主或卖主就会因此而蒙受经济损失。特别在风险投资市场中,由于市场本身具有较高的风险,如果加上由于经纪人掌握信息的极不完备产生的外生性风险,委托人损失的平均概率将会人人超过获利的平均概率。

因此,在买卖双方都缺乏信息的对称性市场中,政府的作用十分重要,这种作用表现为通过制定一系列的经济法规,保障买卖双方及市场专家的合理利益,并在其中充当调解人的角色。例如,市场专家制度就是政府为保障市场专家的合法利益,同时又保障因缺乏信息而可能受到市场专家不公平对待的买卖双方利益的经济制度。政府不但是这些制度的制定者,而且是这些制度的解释者和监督者。

在相互对应的市场参加者都具有不完全信息,且双方掌握的信息的不完全程度大致相同的对称性市场中,买卖双方所面临的环境与双方都缺乏信息的对称性市场中的境况大体相似。所不同的是,在双方都具有同等程度的不完备信息的对称性市场中,买卖双方对于市场专家的依赖程度极大地减弱了,甚至可以不受市场专家的约束而进行相互交易。然而,由于买卖双方处在信息不完全的环境中,他们不可能掌握他们所需要的全部或绝大部分信息。因此,为了在信息市场上获得垄断地位,或者在信息环境中取得比其他竞争厂商更为有利的地位,规模大的厂商往往在利用社会所提供的市场专家之外,还在企业内部独自建立专职的市场专家队伍,如厂商高薪聘任有经验的经纪人,或建立为厂商服务的智囊团等。

在买卖双方都掌握有不完备程度大致相同的信息的条件下,很可能出现不完全的双边垄断。不完全双边垄断的一个典型事例是社会的技术市场。在技术市场上,买卖双方都拥有不完全信息,买主只表现为对那些与其技术相配套的或相适应的技术感兴趣;而卖主也只对拥有与其技术相配套的或相适应技术的厂商感兴趣,这样就形成了不完全的双边垄断。不完全的双边垄断可能会随着市场专家的介入而消失或减弱,也有可能随着市场专家的出现而增强。

在互相对称的市场参加者都具备完全信息的对称性市场中,市场形式一般表现为完全的双边垄断特性。所谓市场参加者都具有完全信息,可能纯粹地指双方都掌握有关事件的完全信息,也可能指买卖双方在市场交易中都很精明。一般认为,当完全双边垄断的双方产生矛盾或发生冲突时,作为市场中间人的市场专家难以或无法充当中间人的角色,因为他们自身在此时也代表着一定社会集团或个人的利益,在这种情况下,唯有政府才能起到协调或仲裁买卖双方交易的市场中间人作用。

从以上分析可以看到,对称信息创造的是一种极端形式的市场,对这种极端形式市场的认识,将会使人们更好地了解在现实经济生活中普遍存在的非对称性市场的实质和效用。

非对称性市场也有 3 种典型的形式:卖主与买主之间的信息差别产生的非对称性市场;买主与买主之间的信息差别产生的非对称性市场;卖主与卖主之间的信息差别产生的非对称性市场。

正如对称信息产生对称性市场那样,非对称信息也构成非对称性市场的主要存在力量。在市场发育的初期,市场内部就已经存在了不完善的发展因素,这种不完善的因素主要表现在市场参加者所掌握的信息是不完善的、非对称的。就一般的产品市场而言,市场上存在着不同品种、不同类别、不同质量的产品,而这些产品的具体特点和价格也千差万别。如果人们能够将这些产品进行分类、分级,并按一定的标准化方法统一产品价格,而后将上述结果列成统一的市场表,那么,买卖双方都掌握这份市场表就意味着市场参加者处于完全信息状态下,市场信息同时也在买卖者之间做对称分布。但是,做出上述的市场表需要花费许多时间和精力,即使不以货币形式来计算,市场参加者为此也需要付出极高的社会代价,这并不是所有市场参加者都认为是值得做的事。这样,当某些市场参加者在这方面做得更好,而另外一些市场参加者在这方面做得较差时,或认为不值得这样做时,市场信息就自然而然地在市场参加者之间做非对称分布,产品市场也就因此而出现非对称的特性。

不仅如此,买卖者之间对产品质量信息观察的非对称,买主之间对同一产品质量和价格信息掌握程度的非对称,卖主之间对市场需求信息观察的非对称,以及买主之间与卖主之间对市场需求(供给)、产品质量、价格和非价格竞争信号观察的概率组合的非对称,都是非对称性市场存在的主要原因。买卖者之间表现为非对称形式的信息差别,以及由此在不同水平上的讨价还价,并由于讨价还价而导致相互信息差别的缩小而采取的相互退让对策,构成非对称性市场重要的基本特征。

在传统经济理论中,非对称性市场这个普遍存在的基本特征被忽略了,主要有两方面的原因:①社会劳动分工和专业化在以往的经济发展中不显著,市场参加者之间的信息差别直到现代经济中才越来越明显。正如赫伯特·西蒙(1960)所言,在亚伯拉罕·林肯的那个时代,由于信息缺乏,个人之间的信息差别并不明显,人们有足够的能力处理设法收集到的信息,也能够通过努力消除或基本消除市场参加者之间的信息差别。但是,今天,人们已经难以处理能够获得的大部分信息,也无法简单地消除个人之间的信息差别。②以往的经济学家希望从理想经济状态中排除市场的垄断力量,使市场成为完全的竞争性市场。由于信息差别有力地构成了市场垄断的重要基础,为了使市场能够成为完全竞争的市场,简单的办法就是假定每个市场参加者都了解市场信息,从而将非对称信息产生的垄断力量排除在市场竞争之外。这个假定在 18 世纪也许能够被接受,但在今天看来却是荒谬的。

将非对称信息的透视方法引入各种传统的经济分析领域,为人们分析市场失败是如何产生的,以及政府的或非市场形式的协调是否能够改善社会福利等问题,提供了新的观察角度和分析视野。

在公共经济学领域,非对称信息分析得到了广泛应用。如对"搭便车"现象的解释。一般地,社会成员了解他们对于公共财货的认识和评价,但不了解其他社会成员对于公共财货的认识和评价。同样,个人对于政府政策和变革的了解比政府对于个人状况或个人对于政府政策和变革的意见的了解平均要多得多,同时也具体得多。由于政府难以确切了解每个社会成员的具体能力、需求和偏好方面的信息,这样,社会成员往往愿意表示自身对公共财货需求不高,以此作为减少或不承担社会公共义务的理由。但是,政府又不能对那些宣称对公共财货需求不高的社会成员的具体信息进行有效的控制,而这些社会成员就可以在少付出或不付出成本的前提下享受社会提供的公共财货。这就是所谓的"搭便车"现象,研究表明,"搭便车"现象是非对称信息的必然经济结果之一。

阿克洛夫(1970)从信息不对称的角度分析了二手车市场上的市场失败(阿克洛夫二手车市场分析将在第 4 章详细介绍)。在旧车市场上,旧车的质量有好有坏,而这些旧车的质量究竟怎样只有卖主自己最清楚,买主从外表或一般的检测很难确切把握某一辆旧车的质量。假设某人想把自己使用过的一辆旧车卖掉,潜在的买主虽然不了解具体某一辆车的质量,但他可以通过各种渠道了解到该旧车市场的平均质量,那么他的理性选择就是按照平均质量出价买车。这意味着那些高于平均质量的旧车价格被低估了,而低于平均质量的旧车价格则被高估了。那些拥有高质量旧车的车主将不愿意将他们的旧车以平均质量的价格出售,从而将高质量的旧车撤出市场。由于这部分高质量旧车的撤出,使真正进入市场交易的旧车的平均质量下降了,买主经过一段时间的滞后,必然会察觉到这一点,因此他们会理性地降低出价,这又会使那些较高质量的旧车被卖主撤出市场,从而使旧车市场的平均价格进一步下降。如果市场没有有效的方法解决信息不对称问题,即旧车的质量信息无法传递给买主的话,旧车市场的规模会缩小甚至不存在。

信息不对称会导致市场失灵。市场参与者的销售决策、消费决策等经济决策的正确性依赖于信息的对称性，如果市场参与者的信息不对称，决策者就会做出错误的决策，经济资源的配置便不可能达到最优。具体来说，信息不对称将可能会造成以下不良的经济后果。

（1）劣货驱逐良货。在市场信息是对称的情况下，消费者能够辨清真货与假货、优品与次品，价廉物美的商品是完全能够赢得市场的。但在交易者无力分辨真货与假货、优品与次品的情况下，即信息不对称的情况下，好的商品并不能赢得市场。因为如果真货与假货、优品与次品价格相同，由于真货、优品的生产花费的成本高于假货、次品，因此生产者得到的盈利就会少于假货、次品，甚至毫无盈利。在这种情况下，生产真货、优品显然处于劣势。真货、优品的生产就会减少，甚至消失。因此，若无外力约束，在消费者无力辨别真货与假货、优品与次品的市场上，将会出现劣货驱逐良货的现象。

（2）使市场缩小或使市场不存在。由于在市场交易中，对交易物，买方拥有的信息一般总是要少于卖方，买方为了获取最大化的经济利益或为了最大限度地减少损失，对某类商品在无力辨别真货与假货、优品与次品的情况下，会对所有商品采取拒买行为，其结果会使这类商品的交易市场消失或不存在。如在英国发生"疯牛病"后，就曾使许多国家在许多地区牛肉市场消失，因为消费者分不清到底哪些牛肉不带病菌，从而只能拒买所有牛肉。在现实中，很多质量很好的产品却不能形成市场，原因之一就在于消费者缺乏对这种产品的信息，不知道产品的性能究竟如何。另一种可能的也是经常出现的经济后果就是消费者因担心买到假货、次品，而尽可能地减少购买量，其结果是商品市场将不到应有的扩张，或导致市场的萎缩。

（3）造成需求缺口与供给过剩并存。在信息不对称的市场中，由于市场参与者对交易双方资信等的信息缺乏，就往往会减少交易量，其结果是造成一些产品和服务的需求得不到满足，而另一些产品却供给过剩。例如在信贷市场上，由于贷款人对贷款申请人的品德、能力、未来收入等的真实情况难以准确判定，就会采取对许多贷款申请人采取拒绝贷款或减少贷款的行为，这样就会出现一方面社会贷款需求得不到满足，而另一方面银行体系又存在大量的过剩资金。

（4）造成不公平交易和不公平竞争。信息对称是公平交易和公平竞争的前提条件之一。在市场交易中，如果交易双方的信息不对称，信息优势方就会利用其信息优势欺诈对方，实行不公平交易行为，损害对方的经济利益；而信息的劣势方则会因信息劣势而做出不合理的经济决策。在信息严重不对称的经济环境中，买方之间和卖方之间是不可能有公平竞争的。如在产品市场上，在消费者对所有产品采取拒买或少买的行为时，真货、优品的生产者在竞争中显然处于不利地位。公平交易与公平竞争是经济资源得到最优配置的必要条件，信息不对称会导致不公平交易、不公平竞争，从而也就不能使经济资源得到最优配置。

（5）造成消费者和生产者行为扭曲或不能合理决策。企业提高生产率的内在动力是获取最大化的利润。在信息对称的市场上，消费者可以做出最优的消费决策，选择价廉物美或价高质优的产品，从而给生产者技术创新、产品创新，提高管理水平，从而提高产品质量、降低成本提供正面激励。但在信息严重不对称的市场上，消费者却可能因为缺乏信息而选择质次价高的假冒产品和劣质产品。产品价格太低，消费者会担心其为假货、次品而不敢购买，即使其确实是真货、优品；价格太高，消费者也不敢购买，因为价格高的产品可能是真正的优品、真货,但也有可能是假货、次品。这样,消费者的购买可能会出现扭曲,继而在市场上形成劣货驱逐良货、不公平交易和竞争等现象。消费者的理性选择行为给企业提高生产率提供了负的激励,生产者的投资、生产、销售等决策也会变得无所适从,因为争先创优不一定就能赢得市场和利润,从而将会损害企业提高生产效率的积极性,甚至在某些情况下,会导致生产劣货的竞争。因为在不对称信息市场中,生产假货、次品越早、越多,获利越大,刺激了生产者大量生产假货、次品。不仅损害了真货、优品的生产者,而且损害了消费者的利益,并导致经济资源配置的严重扭曲。

小　　结

本章介绍了信息经济学的理论基础和基本概念。

(1)经济活动一般是在风险和不确定性环境中做出的,风险水平与盈利水平之间存在着对等关系。由于信息在处理经济活动中各种不确定性的作用,大量的人力、资金被投入到信息处理活动中,经济组织在利润和竞争优势地位的刺激和推动下,逐渐由纯粹工业生产活动转向经济信息活动。

(2)现代经济体制发展出各种风险转移制度,如保险市场、股票市场、期货市场、有限责任制企业、破产法等。

(3)经济参与人在风险环境下做决策时,不仅受到利益的驱使,而且受到多种心理因素的影响,包括风险态度、期望的参照点、获得或损失等。

(4)信息在经济活动中存在的形式可以划分为完全信息和不完全信息、公共信息和私人信息、对称信息和不对称信息,信息存在的不同形式对经济过程和结果有着重要影响。

复习思考题

1. 当面临不确定性时,哪些因素会影响决策?
2. 如何解释"利润是企业家处理不确定性的报酬"?
3. 现代社会中风险转移的主要方式有哪些?
4. 风险决策理论的发展经历了哪些阶段?阐述各阶段的主要发现。
5. 什么是完全信息和不完全信息?为什么不完全信息比完全信息更具有经济现实性?不完全信息意味着什么?
6. 什么是公共信息和私人信息?公共信息与私人信息之间的关系如何?
7. 什么是共同知识?共同知识是如何产生的?
8. 什么是对称信息和不对称信息?信息不对称将可能会造成哪些不良的经济后果?

练　习　题

1. 说明具有下列效用函数的人是风险厌恶、风险爱好还是风险中性?

(1)$U = \ln c$

(2) $U = ac - bc^2$（a，b 为正的常数）

(3) $U = c^2$

(4) $U = c^{\frac{1}{2}}$

(5) $U = 100 + 6c$

(6) $U = 1 - e^{-c}$

2. 王先生正在考虑购买一家奶业公司的股票。他认为购买这家公司的股票赚得 12 万元和损失 6 万元的机会都是 50%。

(1) 如果王先生追求期望货币价值最大化，他应否购买这只股票？

(2) 如果王先生认为 6 万元损失的效用是 −10，零收益的效用是 0，12 万元收益的效用是 8。他应否购买这只股票？

(3) 王先生的风险偏好如何？（风险中性、风险爱好、还是风险厌恶？）

3. 某公司总经理 B 先生的冯·诺依曼-摩根斯坦效用函数可用下列方程式表示

$$U = 12 + 3M$$

其中：U 为效用；M 为货币收益。B 先生正在考虑投资 25 万元建设公司信息系统，他认为，损失全部投资的概率为 0.5，而得到 32 万元的概率也是 0.5。

(1) 如果进行投资，他的预期效用是多少？

(2) 他应该进行这项投资吗？

第2章 博弈论与决策行为

博弈论(Game Theory)是研究决策主体的行为发生直接相互作用时候的决策以及这种决策的均衡问题的。换句话说,博弈论研究当某一经济主体的决策既受到其他经济主体决策的影响,而且该经济主体的相应决策又反过来影响到其他经济主体时的决策问题和均衡问题。

在经济学的完全竞争市场结构中,消费者的个人效用函数和厂商的利润函数,都只依赖于自己的选择,而与其他人的选择无关。虽然经济作为一个整体,各个经济主体的选择是相互影响的,但对于单个的消费者或厂商来说,所有其他经济主体的行为都被包括在一个参数里,这个参数就是价格。因此经济主体在决策时,面临的似乎是一个非人格化的东西,经济主体既不需要考虑他人的选择对自己选择的影响,也不需要考虑自己的选择对他人的影响。而在博弈论中,个人的效用函数不仅依赖于自己的选择,而且依赖于具体的某一个或某一些其他经济主体的选择,个人的最优选择是其他人选择的函数。在传统微观经济学中,寡头市场的分析不同于完全竞争市场的分析,而对寡头市场的行为分析正是博弈论的典型应用领域之一。

事实上,人们之间决策行为的相互影响广泛存在于社会经济活动中,博弈论在决策问题中已成为应用越来越广泛的重要分析方法。本章介绍 4 种基本的博弈形式,即完全信息静态博弈、完全信息动态博弈、不完全信息静态博弈、不完全信息动态博弈,学习各种博弈问题的一般分析方法和典型应用。

2.1 博弈论的基本概念

本节将首先从博弈参与人、策略、得益、信息等基本概念入手,对博弈问题的特征和类型进行初步的讨论。

1. 博弈参与人

博弈参与人(player)是博弈中选择行动以最大化自己效用的决策主体。参与人可以是自然人,也可以是企业、团队、国家,甚至是国家组成的集团(如欧盟、OPEC 等)。除一般意义上的参与人外,博弈论中还有"虚拟参与人"(pseudo player)——自然(nature),"自然"是指不以博弈参与人意志为转移的外生事件,"自然"选择的是外生事件的各种可能现象,并用概率分布来描述"自然"的选择机理。也可以说,自然就是决定外生的随机变量的概率分布的机制。

由于博弈问题的根本特征是具有策略依存性,不同参与人策略之间有复杂的相互影响和作用,参与人的数量越多,策略依存性就越复杂,因此参与人的数量是博弈结构的关键参数之一。

根据参与人的数量将博弈分为"单人博弈""两人博弈"和"多人博弈"。单人博弈实质上是个体的最优化问题,因此参与人拥有的信息越多,即对决策的环境条件了解得越多,决策的准确性就越高,得益也就越好。

两人博弈就是两个各自独立决策,但策略和利益具有相互依存关系的博弈方的决策问题。两人博弈是博弈问题中最常见,也是研究得最多的博弈类型。在两人及两人以上的博弈问题中,掌握信息较多并不能保证利益也一定较多,这一点与单人博弈不同。例如信息较多的参与人常常更清楚过度竞争的危险,为了避免不理智的恶性过度竞争,避免两败俱伤,只能采取较为保守的策略,从而也只能得到较少的利益。而那些信息较少,对危险了解较少的参与人却可能因此而得到更大的利益。

多人博弈中策略和利益的相互依存关系更为复杂,例如对三人博弈中的一个博弈方来说,其他两个博弈方不仅会对自己的策略作反应,而且他们相互之间还有作用和反应。此外,三人以上博弈中可能存在所谓的"破坏者",其策略选择对自身的利益并没有影响,但却会对其他博弈方的得益产生很大的有时甚至是决定性的影响。

2. 行动

行动(action or move)是参与人在博弈的某个时点的决策变量。一般地,用 a_i 表示第 i 个参与人的一个特定行动,$A_i = \{a_i\}$ 表示可供 i 选择的所有行动的集合。参与人的行动可能是离散的,如在囚徒困境的博弈中选择"坦白"或"抵赖";也可能是连续的,如寡头厂商关于产量的博弈中,行动变量就是连续分布的产量。在 n 个人的博弈中,n 个参与人的行动的有序集 $a = (a_1, a_2, \cdots, a_i, \cdots, a_n)$ 称为"行动组合"(action profile),其中的第 i 个元素 a_i 是第 i 个参与人的行动。

与行动相关的一个重要问题是行动的顺序。静态博弈与动态博弈就是依据行动的顺序进行区分的。所谓静态博弈,就是指参与人同时选择行动,或虽然不是准确意义上的同时,但后行动者并不知道先行动者采取了什么具体行动;动态博弈则是指参与人的行动有先后顺序,且后行动者能够观察到先行动者所选择的行动。

行动顺序对博弈的结果非常重要。同样的参与人,同样的行动集合,行动的顺序不同,每个参与人的最优选择就不同。在不完全信息博弈中,后行动者还可以通过观察先行动者的行动来获取信息。

3. 战略

博弈中各参与人的行动规则称为"战略"(strategy),它规定参与人在什么情况下选择什么行动。各参与人可以选择的全部战略或战略选择的范围称为"战略空间"。一般用 s_i 表示第 i 个参与人的一个战略,$S_i = \{s_i\}$ 代表第 i 个参与人所有可选择的战略的集合。如果 n 个参与人每人选择一个战略,则形成一个 n 维向量 $s = (s_1, \cdots, s_i, \cdots, s_n)$,称为一个战略组合(strategy profile)。

战略与行动是两个不同的概念,战略是行动的规则而不是行动本身。在静态博弈中,参与人同时行动,没有任何人能够获得其他参与人的行动的信息,这时参与人的战略选择就是行动选择,战略与行动是没有区别的。但在动态博弈中,战略规定了参与人在每一种可能的情况下的行动选择,即如何对其他参与人的行动做出反应。

如果一个博弈中每个参与人的战略数都是有限的,则称为"有限博弈"(finite game),如果一个博弈中至少有某些参与人的战略有无限多个,则称为"无限博弈"(infinite game)。有限博弈只有有限种可能的结果,因此理论上有限博弈总可以用矩阵法、博弈树或简单罗列的办法,将所有的战略、结果及对应的得益列出,而无限战略博弈就不可能用列举方法来表示博弈的全部战略、结果或得益,一般只能用数集或函数式加以表示。这使得这两类博弈的分析方法也常常有很大的差异。

4. 得益

得益(payoff)是指在一个特定的战略组合下参与人从博弈中所获得的利益,是参与人追求的根本目标,也是他们行为和判断的主要依据。博弈的一个基本特征是参与人的得益不仅取决于自己的战略选择,而且取决于所有参与人的战略选择,因此参与人的得益是所有参与人战略组合的函数。一般地,每个参与人的得益函数记为 u_i,它是对应于每种战略组合 $s = (s_1, \cdots, s_n)$ 的效用值。博弈中的得益有正有负,负效用即损失或失败。

在两人或多人博弈中,每个参与人在每种战略组合下都有相应的得益,可将每个参与人在同一结果中的得益相加算出所有参与人得益的总和,称为"社会总得益"。根据博弈的"社会总得益"的特征,可以将博弈划分为"零和博弈"和"非零和博弈"。

零和博弈是指使得对所有 s 有 $\sum_{i=1}^{n} u_i(s) = 0$ 的博弈,也称为"严格竞争博弈"(strictly competitive game),即任何一个参与人的赢得都是另一个参与人的损失。常和博弈(constant-sum game)可以看作零和博弈的扩展,即所有参与人的得益总和始终为一个非零常数。零和博弈是被研究得最早的博弈问题,但在社会经济活动中人们更感兴趣的是非零和博弈。

非零和博弈中,不同战略组合下各参与人的利益之和即社会总得益是不同的。从社会总得益的角度对博弈结果进行分析,可以把各种结果分为"有效率的"或"无效率的"、"低效率的",也就是说,可以站在社会利益的立场上对博弈结果作效率方面的评价。这也意味着参与人之间存在相互配合,争取较大社会总利益和个人利益的可能性,这里的配合并不是指串通,而是指各博弈方在利益驱动下各自自觉、独立采取的合作态度和行为。

5. 信息

信息指的是参与人在博弈过程中能够了解和观察到的知识,这些知识包括"自然"的选择、其他参与人的特征和行动等。

博弈中最重要的信息之一是关于得益的信息,即每个博弈方在每种策略组合下的得益情况。一般地,将各博弈方都完全了解所有博弈方各种情况下得益的博弈称为"完全信息(complete information)博弈",而将至少部分博弈方不完全了解其他博弈方得益情况的博弈称为"不完全信息(incomplete information)博弈"。不完全信息通常也意味着博弈方之间在对得益信息的了解方面是不对称的,因此不完全信息博弈也是"不对称信息(asymmetric information)博弈"。是否了解所有博弈方的得益情况显然是一个非常重要的差别,因为这会影响对其他博弈方行为的判断,并最终影响各博弈方自己的决策和行为,影响博弈的最终结果。

博弈中另一类重要信息是关于"过程"的信息。动态博弈的行为有先后次序,如果参与人在轮到自己行为时对博弈的进程完全了解,称为具有"完美信息"(perfect information),如果动态博弈的所有参与人都有完美信息,则称为"完美信息的动态博弈"。动态博弈中轮到行为的参与人不完全了解此前全部博弈进程时,称为具有"不完美信息"(imperfect information),有这种博弈方的动态博弈则称为"不完美信息的动态博弈"。是否具有完美信息,对参与人的决策、行为和博弈结果也有很大的影响。没有关于博弈进程的完美信息,意味着决策和行为必然有一定的盲目性,只能依靠对博弈进程的"判断"、概率期望进行决策。因此,区别动态博弈的完美不完美信息问题也是很重要的。

6. 合作博弈与非合作博弈

合作博弈(cooperative games)与非合作博弈(non-cooperative games)的区别,主要在于博弈的当事人之间能否达成一个有约束力的协议。如果有,就是合作博弈;反之,就是非合作博弈。例如,如果几家寡头通过订立并实行协议,限制产量,制订垄断高价,则称这种博弈为合作博弈。若寡头们在市场竞争中没有达成有约束力的协议,每个企业仅仅是在考虑到竞争对手可能采取的行为的条件下,独立地进行产量与价格的决定,则称这种博弈为非合作博弈。

在非合作博弈中,决策主体根据自己的利益来决定自己的选择,核心问题是战略选择,即研究人们如何在利益相互影响的情况下作出最有利于自己的选择。非合作博弈强调的是个人理性和个人最优决策,其结果可能是有效率的,也可能是无效率的。

合作博弈假设了参与人之间的合作协议是可强制执行的,战略选择问题就不再重要,合作博弈的核心问题是利益分配,研究人们在达成合作之后如何分配利益。合作博弈强调的是团体理性,强调的是效率、公正和公平。

当前,非合作博弈是博弈论研究的主流领域。本章介绍的也仅限于非合作博弈的基础理论和方法。一般地,非合作博弈按照参与人的信息状态和行动顺序两个角度进行划分,得到 4 种不同类型的博弈:完全信息静态博弈、完全信息动态博弈、不完全信息静态博弈、不完全信息动态博弈,下面分别对这 4 种类型的博弈进行简要分析。

2.2　完全信息静态博弈

完全信息静态博弈理论是非合作博弈理论的基础。博弈分析的两个最基本的问题是:如何表述一个博弈局势,以及如何求这个博弈局势的解,因此本节从完全信息静态博弈的表述方式和基本求解方法开始介绍。

2.2.1　博弈的标准式表述和求解

1. 博弈的标准式表述

博弈标准式表述含有以下 3 个要素:①参与人集合。②每一个参与人可供选择的战略集。③针对所有参与人可能选择的战略组合,每一个参与人获得的收益。

用 G 表示一个博弈,如果 G 有 n 个博弈方,每个博弈方的全部可选战略的集合称为"战略空间",分别用 $S_1,\cdots,S_n$ 表示,$S_{ij}\in S_i$ 表示博弈方 i 的第 j 个战略,其中 j 可取有限个值(有限战略博弈),也可取无限个值(无限战略博弈);博弈方 i 的得益用 u_i 表示,是各博弈方战略的多元函数,n 个博弈方的博弈 G 写成 $G=\{S_1,\cdots,S_n;u_1,\cdots,u_n\}$。

这里借用一个经典的例子"囚徒困境"说明博弈的标准式表述。两个合伙作案的小偷被抓住了。警方怀疑他们作了许多的案子,但警方手中并没有他们作案的确切证据,因而对这两个小偷事实的认定及相应的量刑取决于他们自己的供认。假定警方对两名小偷实行隔离审讯,二者无法订立攻守同盟。同时警方局明确地分别告诉这两人,他们面临着以下后果。即如果两人都供认其全部犯罪事实,那么,由于其罪行的严重性,两人各判 8 年徒刑;如果某一人供认其全部犯罪事实,而其同伙抵赖,则供认者坦白从宽,可不予判刑,而不供认者抗拒从严,从重判处 10 年徒刑。如果两人都不供认警方所不知道的犯罪事实。那么,根据已经掌握的证据,只能判处他们每人 1 年徒刑。

小偷面临的问题可用表 2-1 所示的双变量矩阵表来描述,这个双变量矩阵可以由任意多的行和列组成,表格中的数字表示参与人在每个战略组合下的收益,正数值表示参与人有所得,负数值表示参与人有所失。一般横行代表的参与人(此例中为囚徒 A)的收益在两个数字中放在前面,列代表的参与人(此例中为囚徒 B)的收益置于其后。

表 2-1　囚徒困境博弈

		囚徒 A	
		坦白	抵赖
囚徒 B	坦白	$-8,-8$	$0,-10$
	抵赖	$-10,0$	$-1,-1$

2. 占优战略均衡

在表 2-1 中,每个犯罪嫌疑人都有两种可供选择的战略:坦白或抵赖。但不论同伙选择什么战略,每个犯罪嫌疑人的最优战略是坦白。以犯罪嫌疑人 A 为例,当犯罪嫌疑人 B 选择坦白时,A 如果也选择坦白,将被判处 8 年徒刑,如果选择抵赖,则将被判处 10 年徒刑。因而 A 选择坦白比选择抵赖好。当犯罪嫌疑人 B 选择抵赖时,A 如果选择坦白,将被判处 0 年徒刑,如果选择抵赖,则将被判处 1 年徒刑。因而 A 选择坦白还是比选择抵赖好。因此,坦白是犯罪嫌疑人 A 的占优战略。对于犯罪嫌疑人 B 来说,坦白同样也是他的占优战略。

在博弈中,如果所有的参与人都有占优战略存在,博弈将在所有参与人的占优战略的基础上达到均衡,这种均衡称为占优战略均衡。在表 2-1 中,"A 坦白,B 也坦白"就是占优战略均衡。

应该指出的是,占优战略均衡只要求所有的参与人是理性的,而并不要求每个参与人知道其他参与人也是理性的。因为,不论其他参与人是否理性,占优战略总是一个理性参与人的最优选择。

在表 2-1 中,如果每个犯罪嫌疑人都选择抵赖,则每人将被判处 1 年徒刑。对于两个犯罪嫌疑人来说,这显然比每人判处 8 年徒刑要好。但由于 A、B 两人均从个人角度出发,如果不存在某种约束,他们不可能在"A 和 B 一起抵赖"的基础上达到均衡。

囚徒困境反映了一个深刻的问题,这就是个人理性与团体理性的冲突。现实社会经济活动中的许多问题都可以用囚徒困境的分析方法去解释,如军备竞赛、交通拥挤、公共资源滥用、中小学生"减负"与各学校的加班补习、市场竞争中的价格战、团队生产中的偷懒等。

3. 重复剔除劣势战略均衡

在大多数博弈中,占优战略均衡是不存在的。可以通过逐步剔除劣势策略找出博弈的均衡。这里以博弈论中另一个著名的"智猪博弈"(boxed pigs)为例。

猪圈里有两头猪,大猪和小猪。猪圈的一头有一个猪食槽,另一头安装着一个控制着猪食供应的按钮。按一下按钮,将有 8 个单位的猪食进入猪食槽,供两头猪食用。可供大猪和小猪选择的战略有两种,自己去按按钮,或者等待另一头猪去按按钮。如果某一头猪作出自己去按按钮的选择,它必须付出下列代价:第一,它需要支付相当于 2 个单位猪食的成本;第二,由于按钮远离猪食槽,它将成为猪食槽边的后到者,从而减少能够吃到的猪食数量。若大猪先到食槽,则大猪吃到 7 单位食物,而小猪仅能吃到 1 单位食物;若小猪先到,则大猪和小猪各吃到 4 单位食物;若两猪同时到,则大猪吃到 5 单位,小猪仅吃到 3 单位。以上博弈可以用表 2-2 表述如下,表中的数字表示不同情况下每头猪所吃到的猪食数量减去按按钮的成本之后的净收益。

表 2-2　智猪博弈

		小猪	
		按按钮	等待
大猪	按按钮	3,1	2,4
	等待	7,−1	0,0

根据表 2-2,在这个博弈中,无论大猪选择什么战略,小猪的占优战略均为等待。而对大猪来说,其最优战略依赖于小猪的选择。如果小猪选择等待,大猪的最优战略是按按钮;如果小猪选择按按钮,则大猪的最优战略是等待。换句话说,大猪没有占优战略。

在寻找智猪博弈的均衡解时,可以使用这样的方法:首先找出某一博弈参与人的严格劣战略,将它剔除掉,重新构造一个不包括已剔除战略的新的博弈;然后继续剔除这个新的博弈中某一参与人的严格劣战略;重复进行这一过程,直到剩下唯一的战略组合为止,该战略组合就是博弈的均衡解,称为"重复剔除的占优战略均衡"(iterated dominance equilibrium)。

这里所说的劣战略(dominated strategies),是指在其他博弈参与人战略为既定的条件下,某一参与人可能采取的战略中,对自己相对不利的战略。严格劣战略(strictly dominated strategies)则是指无论其他博弈参与人采取什么战略,某一参与人可能采取的战略中,对自己相对不利的战略。

在智猪博弈中,假定小猪是理性的,它就会发现无论大猪选择"按按钮"还是"等待",自己去"按按钮"的收益总是小于"等待"的收益,因此小猪肯定会选择自己的占优战略——等待。再假定大猪知道小猪是理性的,则大猪会正确地预测到小猪会选择等待,根据小猪的这一选择,大猪选择了在此前提下自己的最优战略——按按钮。

在智猪博弈的均衡求解中,首先剔除了小猪的严格劣战略"按按钮"。在剔除掉小猪的这一选择后的新的博弈中,小猪只有等待一个战略,而大猪有两个战略可供选择。再剔除新博弈中大猪的严格劣战略"等待",从而得到重复剔除劣势战略的均衡。

与前面讨论的占优战略均衡相比,重复剔除劣势战略均衡不仅要求博弈的所有参与人都是理性的,而且要求每个参与人都了解所有的其他参与人都是理性的。在上例中,如果大猪不能排除小猪按按钮的可能性,按按钮就不一定是大猪的最优选择。

在现实社会经济活动中也有许多智猪博弈的例子。例如,在股份公司中,股东承担着监督经理的职能。但不同的股东从监督中得到的收益大小不一样。在监督成本相同的情况下,大股东从监督中得到的收益显然多于小股东。因此,股份公司中监督经理的责任往往由大股东承担,小股东则搭大股东的便车。公共品提供中也存在搭便车问题。

4. 纳什均衡

上面通过对两个典型博弈例子的分析,对均衡的概念有了初步的了解。设想在博弈论预测的博弈结果中,给定每个参与人选定各自的战略,为使该预测是正确的,必须使参与人自愿选择理论给他推导出的战略。这样,每个参与人要选择的战略必须是针对其他参与人选择战略的最优反应,这种理论推测结果可以称为是"战略稳定"或"自动实施"的,因为没有参与人愿意独自离弃他所选定的战略,通常把这一状态称为纳什均衡(Nash Equilibrium)。

定义:在博弈 $G=\{S_1,\cdots,S_n;u_1,\cdots,u_n\}$ 中,如果由各个博弈方的各一个策略组合 $(S_1^*,\cdots,S_n^*)$ 中,任一博弈方 i 的策略 s_i^* 都是对其余博弈方策略组合 $(S_1^*,\cdots,S_{i-1}^*,S_{i+1}^*,\cdots,S_n^*)$ 的最佳策略,即 $u_i(S_1^*,\cdots,S_{i-1}^*,S_i^*,S_{i+1}^*,\cdots,S_n^*)\geqslant u_i(S_1^*,\cdots,S_{i-1}^*,S_{ij},S_{i+1}^*,\cdots,S_n^*)$ 对任意 $S_{ij}\in S_i$ 都成立,则称 $(S_1^*,\cdots,S_n^*)$ 为 G 的一个纳什均衡。

求解博弈的纳什均衡有一个简单的方法:划线法。首先,考察参与人1的最优战略。对于参与人2的一个给定战略,也就是在双变量矩阵的每一列中,找出参与人1的最优战略,并在相应的收益下面划一条横线。然后,用类似的方法找出参与人2的最优战略。最后,如果双变量中某个单元的两个收益值下面都被划了横线,那么这个单元对应的战略组合就是一个纳什均衡。

以另一个典型博弈"性别战"为例解释划线法。谈恋爱中的男女通常是共度周末而不愿意分开活动的。但对于周末干什么,男女双方各自有着自己的偏好。男方喜欢看足球比赛,女方喜欢看歌剧。不同选择下男女双方的收益见表 2-3。

在这个博弈中,先站在女方的立场上选择最优战略,如果男方选择看歌剧,女方选择看歌剧的得益是 2,选择看足球的得益是 0,因此女方的最优选择应当是看歌剧,则在女方看歌剧的收益值下划一道横线;如果男方选择看足球,女方选择看歌剧的收益是 0,选择看足球的收益是 1,因此女方的最优选择是看足球,则在女方看足球的收益值下划一道横线。同样地,站在男方的立场上,女方看歌剧时,男方的最优选择是看歌剧,女方看足球时,男方的最

表 2-3 "性别战"博弈

		男方	
		歌剧	足球
女方	歌剧	<u>2</u>,<u>1</u>	0,0
	足球	0,0	<u>1</u>,<u>2</u>

优选择是看足球,则在相应的收益值下划横线。两个收益值下具有横线的战略组合,表明这是博弈双方的选择都是对对方战略的最优反应,构成了纳什均衡。

在"性别战"博弈中存在着两个纳什均衡。男女双方或者一起去看足球,或者一起去看歌剧。如果没有进一步的信息,就无法确定男女双方在上述博弈中会作出什么选择。这说明有些博弈没有唯一的纳什均衡解,在这样的博弈中,纳什均衡用于预测博弈将如进行以及结果会是什么的作用就极大地减弱了。

5. 无限策略博弈分析

划线法的适用范围是可以通过策略之间的比较进行分析的有限策略博弈,但是,纳什均衡概念的有效性并不因为策略数量的增加而受到影响,在无限策略、连续策略空间的博弈中,仍然可以以纳什均衡概念为基础进行博弈分析。下面以"古诺双寡头垄断博弈"为例进行分析。

古诺(1838)的双寡头垄断模型被认为最早提出了纳什所定义的均衡。这里研究的是古诺模型最简单的情况,在完全信息动态博弈、不完全信息静态博弈条件下的研究将对这个模型进行不同的变形。

由于市场容量总是有限的,在一定的价格水平上一个市场能够销售出特定产品的数量肯定是有限的。如果向该市场投放的商品超出该数量,则必须降价才能全部销售出去。换言之,在任何一个市场上,能够将商品全部销售出去的价格,也称为市场出清价格,是投放到该市场上商品数量的函数。

设市场有 1、2 两家厂商生产同质产品,厂商 1 的产量为 q_1,厂商 2 的产量为 q_2,则市场总供给为 $Q = q_1 + q_2$,市场出清价格 P(可以将产品全部卖出去的价格)是市场总供给的函数 $P = P(Q) = a - Q$(更精确的表述为:$Q < a$ 时,$P(Q) = a - Q$;$Q > a$ 时,$P(Q) = 0$)。设两厂商生产 q_i 的总成本 $C(q_i) = cq_i$,即企业不存在固定成本,且生产每单位产品的边际成本为常数 c,这里假定 $c < a$。根据古诺的假定,两厂商同时决定各自的产量,他们在决策之前都不知道另一方的产量。

在该博弈中,博弈参与人为厂商 1 和厂商 2,两博弈方的战略空间是他们可选择的产量,因为产量是连续可分的,因此两厂商都有无限多种可选策略。该博弈中两博弈方的得益是两厂商各自的利润,即各自的销售收入减去各自的成本,即

$$u_1 = q_1 P(Q) - c_1 q_1 = q_1 [a - (q_1 + q_2)] - cq_1$$

$$u_2 = q_2 P(Q) - c_2 q_2 = q_2 [a - (q_1 + q_2)] - cq_2$$

两博弈方的得益(利润)都取决于双方的产量水平。

利用纳什均衡的概念,如果两博弈方的一个策略组合(q_1^*, q_2^*)满足其中的q_1^*和q_2^*相互是对对方的最佳策略,就构成一个纳什均衡。如果可以证实它是该博弈唯一的纳什均衡,则可以预言理性的博弈方(厂商)将分别选择这两个产量。

根据纳什均衡的定义,(q_1^*, q_2^*)应当是下列最大值问题的解

$$\max_{q_1} q_1[a-(q_1+q_2^*)-c]$$

$$\max_{q_2} q_2[a-(q_1^*+q_2)-c]$$

利用微积分求极值的方法,可以知道,该问题的解就是对每个厂商的收益函数求一阶导数并令其等于零,即可求出纳什均衡

$$q_1^* = \frac{1}{2}(a-q_2^*-c)$$

$$q_2^* = \frac{1}{2}(a-q_1^*-c)$$

解这一对方程组得

$$q_1^* = q_2^* = \frac{a-c}{3}$$

这一对产量组合就是古诺双寡头垄断模型的纳什均衡。可以对这一结果进行效率评价。

在这个双寡头垄断市场上,每个厂商都从自身利润最大化出发选择了最优产量$(a-c)/3$。市场总产量为$2(a-c)/3$,每个厂商的纳什均衡利润为$(a-c)^2/9$。

可以将这个结果与完全垄断市场做一比较。在完全垄断市场上只有一个厂商,这时他会选择q_i使自己的利润$u_i=q_i(a-q_i-c)$最大化,容易解出其垄断产量应为$q_m=(a-c)/2$,并可赚取垄断利润$u=(a-c)^2/4$。

当市场上有两家企业即双寡头垄断时,要使两家厂商总的利润最大化,两厂商的产量之和q_1+q_2应当等于垄断产量q_m,比如$q_1=q_2=q_m/2$时就可以满足这一条件。这时每个厂商的利润为$(a-c)^2/8$,大于上述纳什均衡利润。因此,从两厂商的总体来看,根据总体利益最大化确定产量效率更高,如果两厂商考虑合作,联合起来决定产量,先定出使总收益最大的产量,然后各自生产一半,则各自可分享到比只考虑自身利益的独立决策行为更高的利润水平。

但是,在独立决策、缺乏协调机制的两个企业之间,上述合作的结果并不容易出现,即使出现了也往往是不稳定的。因为各生产一半实现最大总利润的产量组合不是纳什均衡,每一家厂商都有动机单独偏离它;因为垄断产量较低,相应的市场价格就比较高,在这一价格下每个厂商都会倾向于提高产量,而不顾这种产量的增加会降低市场出清价格。因此,产量博弈的古诺模型也是一种囚徒困境。

6. 无限策略博弈分析的反应函数法

求解纳什均衡的划线法的思路是找出每个博弈方针对其他博弈方所有策略的最佳对策,然后在找出相互构成最佳对策的各博弈方的策略组合,也就是博弈的纳什均衡。

在上面讨论的两寡头古诺模型中,对厂商2的任意产量q_2,厂商1的最佳对策产量q_1

就是使自己在厂商 2 生产 q_2 的情况下利润最大化的产量, 即 q_1 是最大化问题的解

$$\max_{q_1} u_1 = \max_{q_1} q_1 [a - (q_1 + q_2^*) - c]$$

$$q_1 = \frac{1}{2}(a - q_2 - c)$$

这样就得到了对于厂商 2 的每一个可能的产量, 厂商 1 的最佳对策产量的计算公式, 它是厂商 2 产量的一个连续函数, 称这个连续函数为厂商 1 对厂商 2 产量的一个反应函数 (reaction function)。记为

$$q_1 = R_1(q_2) = \frac{1}{2}(a - q_2 - c)$$

同样的方法, 可以求出厂商 2 对厂商 1 产量 q_1 的反应函数

$$q_2 = R_2(q_1) = \frac{1}{2}(a - q_1 - c)$$

两个反应函数构成的方程组的解, 即满足纳什均衡的条件: 两厂商的产量选择(战略)均是对对手战略的最优反应。

这一思路可用图 2-1 表示。

对于一个一般的博弈, 只要得益是策略的多元连续函数, 都可以求每个博弈方针对其他博弈方策略的最佳反应构成的函数, 也就是反应函数, 解出的各个博弈方反应函数的交点就是纳什均衡。这种利用反应函数求博弈的纳什均衡的方法称为"反应函数法"。

7. 作为学习和进化结果的纳什均衡

古诺模型的结果在现实中是如何实现的? 可以用学习调整过程来解释该均衡结果。假定参与人反复逐个设定它们的产量, 每个参与人所选择的产量是对其对手在前一阶段选择产量的最优反应。因此, 如果参与人 1 在阶段 0 中行动, 并选择 q_1^0, 则参与人 2 在阶段 1 的产量是 $q_2^1 = r_2(q_1^0)$, 其中 r_2 是厂商 2 的反应函数。继续迭代这一过程

$$q_1^2 = r_1(q_2^1) = r_1 [r_2(q_1^0)]$$

这一过程可能终结在一种稳定状态上, 其产量水平是常数。图 2-2 表现了在初始条件 q_1^0 下的古诺调整过程或反复试验过程。这一过程可以从每一个开始点均收敛到纳什均衡。也就是说, 纳什均衡是全局稳定的。

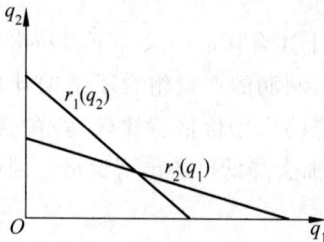

图 2-1 古诺模型的反应函数图示

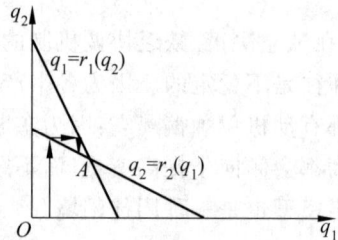

图 2-2 作为学习和进化结果的纳什均衡

2.2.2 完全信息静态博弈的典型应用

可以用完全信息静态博弈的分析方法解释许多经济现象, 古诺寡头竞争就是最古老而

典型的博弈分析,本小节再介绍几个经典的博弈模型。

1. 豪泰林价格竞争模型

在古诺模型中,产品是同质的。在这个假设下,如果企业的竞争战略是价格而不是产量,伯川德(Bertrand)证明,即使只有两个企业,在均衡情况下,价格等于边际成本,企业的利润为零,与完全竞争市场均衡一样。这便是所谓的"伯川德悖论"(Bertrand Paradox)。

解开这一悖论的方法之一是引入产品的差异性。如果不同企业生产的产品是有差异的,替代弹性就不会是无限的,此时消费者对不同企业的产品有着不同的偏好,价格不是他们唯一感兴趣的变量。在存在产品差异的情况下,均衡价格不会等于边际成本。

产品差异有多种形式,经典的豪泰林(Hotelling)模型考虑了一种特殊的差异,即空间上的差异(实际上,可以将消费者的位置差异解释为一般性的产品差异)。在模型中,产品在物质性能上是相同的,但在空间位置上有差异。因为不同位置上的消费者要支付不同的运输成本,他们关心的是价格与运输成本之和,而不仅仅是价格。

假定有一个长度为 1 的线性城市,消费者均匀分布在 $[0,1]$ 区间里,分布密度为 1。假定有两个商店,分别位于城市的两端,商店 1 在 $x=0$ 处,商店 2 在 $x=1$ 处,出售性能相同的产品。每个商店提供单位产品的成本为 c,消费者承担每单位距离为 t 的交通成本。这样,住在 x 处的消费者如果在商店 1 购买,要花费 tx 的交通成本;如果在商店 2 购买,要花费 $t(1-x)$ 的交通成本。假定消费者具有单位需求,即或者消费 1 个单位,或者消费 0 个单位。

考虑两商店之间价格竞争的纳什均衡,即行动变量为价格 p_i($i=1,2$),需求函数 $D_i(p_1,p_2)$($i=1,2$)。

如果住在 x 的消费者在两个商店之间消费成本是无差异的,即满足

$$p_1 + tx = p_2 + t(1-x)$$

那么,住在比 x 距离近的消费者都会在商店 1 购买,住在比 x 距离远的消费者都会在商店 2 购买。则需求函数分别为

$$D_1(P_1,P_2) = x = \frac{p_2 - p_1 + t}{2t}$$

$$D_2(P_1,P_2) = 1 - x = \frac{p_1 - p_2 + t}{2t}$$

利润函数分别为

$$u_1 = u_1(P_1,P_2) = (P_1 - c) \cdot D_1(P_1,P_2) = (P_1 - c)\left(\frac{p_2 - p_1 + t}{2t}\right)$$

$$u_2 = u_2(P_1,P_2) = (P_2 - c) \cdot D_2(P_1,P_2) = (P_2 - c)\left(\frac{p_1 - p_2 + t}{2t}\right)$$

求使得利润最大的价格水平,分别令以下一阶导数为零

$$\frac{\partial u_1}{\partial p_1} = p_2 + c + 2t - 2p_1 = 0$$

$$\frac{\partial u_2}{\partial p_2} = p_1 + c + 2t - 2p_2 = 0$$

解得

$$p_1^* = p_2^* = c + t$$

每个企业的均衡利润为

$$u_1 = u_2 = t/2$$

如果将位置差异解释为产品差异,则差异越大,均衡价格及利润就越高。原因在于,随着交通成本的上升,不同商店出售的产品之间的替代性下降,每个商店对附近的消费者的垄断能力加强,商店之间的竞争越来越弱,消费者对价格的敏感度下降,从而每个商店的最优价格更接近于垄断价格。而当交通成本为零时,不同商店的产品之间具有完全的替代性,没有任何一个商店可以把价格定得高于成本,就得到了伯川德(悖论)均衡结果,价格等于边际成本,利润为零,即

$$p_1^* = p_2^* = c$$
$$u_1 = u_2 = 0$$

这个模型对寡头企业存在大于零的长期利润的解释就是:寡头长期利润来自于其产品或服务的差异性。

2. 公共资源问题

政治经济学者们早已认识到,在人们完全从自利动机出发自由利用公共资源时,公共资源倾向于被过度利用、低效率使用和浪费。可以用公共草地放牧的问题来论证这个结论。

设某村庄有 n 个村民,每年夏天,所有村民都在公共草地上放牧。用 g_i 表示村民 i 放养羊的头数,则村庄里羊的总头数 $G = g_1 + \cdots + g_n$。购买和照看一只羊的成本为 c,c 不随一户村民拥有羊的数目多少而变化。当草地上羊的总头数为 G 时,一个村民养一只羊的价值为 $v(G)$。由于一只羊要生存,至少需要一定数量的青草,而草地的面积有限,因此只能让不超过某一数量的羊吃饱,最初时的一些羊有充足的空间放牧,再加一只不会对已经放牧的羊产生太大的影响,但如果在这片草地上放牧羊群的实际数量超过这个限度,则每只羊都无法吃饱,从而每只羊的价值(假设为毛、皮、肉的总价值)就会减少。

春天时,村民们同时选择计划放养羊的数量,到夏天才到公共草地上放牧,村民在决定自己的养羊数量的时候不知道其他人养羊的数量,即各村民决定养羊数量的决策是同时做出的。假设所有村民都清楚这片公共草地最多只能养多少只羊和羊只总数的不同水平下每只羊的价值。这样就构成了 n 个村民之间关于养羊数量的一个静态博弈问题。

在此博弈中,参与人是 n 个村民,他们各自的策略空间就是他们可能选择的养羊数目 $g_i (i = 1, \cdots, n)$ 的取值范围;当各户养羊数为 $g_1, \cdots, g_n$ 时,在公共草地上放牧羊只的总数是 $G = g_1 + \cdots + g_n$,每只羊的产出是羊只总数的减函数 $V = V(G) = V(g_1 + \cdots + g_n)$,村民 i 养 g_i 只羊的得益函数为

$$u_i = g_i V(G) - g_i c = g_i \cdot V(g_1 + \cdots + g_n) - g_i c \qquad (2\text{-}1)$$

若 $(g_1^*, \cdots, g_n^*)$ 为纳什均衡,则对每个村民 i,当其他村民选择 $(g_1^*, \cdots, g_{i-1}^*, g_{i+1}^*, \cdots, g_n^*)$ 时,g_i^* 必须使式(2-1)最大化。这一最优化问题的一阶条件为

$$v(g_i + g_{-i}^*) + g_i v'(g_i + g_{-i}^*) - c = 0 \qquad (2\text{-}2)$$

其中,g_{-i}^* 代表 $g_1^* + \cdots + g_{i-1}^* + g_{i+1}^* + \cdots + g_n^*$,将 g_i^* 代入式(2-2),并把所有村民的一阶条件加总,然后再除以 n 得

$$v(G^*) + \frac{1}{n} G^* v'(G^*) - c = 0 \qquad (2\text{-}3)$$

其中,G^* 表示 $g_1^* + \cdots + g_n^*$。但是,从全体村民的整体利益最大化考虑,最优选择如果用 G^{**} 表示,应满足

$$\max_{0 \leqslant G < \infty} G \cdot v(G) - G \cdot c$$

它的一阶条件为

$$v(G^{**}) + G^{**} v'(G^{**}) - c = 0 \qquad (2\text{-}4)$$

将式(2-4)与式(2-3)相比,可以发现,$G^* > G^{**}$:和社会最优的条件相比,纳什均衡解的放养羊的总数太多了,草地被过度使用。

3. 二级价格拍卖

一个卖主有一个不可分单位的标的要出售,有 i 个潜在的买主(投标者),他们对标的估价是 $0 \leqslant v_1 \leqslant \cdots \leqslant v_i$;而且这些估价是公共知识。投标者同时选择投标 $s_i \in [0, +\infty]$,最高的投标者赢得标的,并收益第二投标金额。即如果投标者 i 赢得投标($s_i > \max_{j \neq i} s_j$),则会有效用 $u_i = v_i - \max_{j \neq i} s_j$。其他投标者没有支出,因此效用为 0。如果多个投标者投出最高价格,则标的在它们之间随机分配。

对于每一个参与人来说,以他的估价进行投标的策略($s_i = v_i$)弱优于其他所有策略。

令 $r_i \equiv \max_{j \neq i} s_j$。

首先设 $s_i > v_i$,如果 $r_i \geqslant s_i$,则投标者获得效用 0,而这一效用可以通过以 v_i 投标而获得;如果 $r_i \leqslant v_i$,投标者获得效用 $v_i - r_i$,这还是他通过以 v_i 投标可以获得的效用。如果 $v_i < r_i < s_i$,则投标者 i 具有效用 $v_i - r_i < 0$,如果投标 v_i,则效用为 0。

对于 $s_i < v_i$,有类似的推理:当 $r_i \leqslant s_i$ 或 $r_i \geqslant v_i$ 时,投标者的效用与他以 v_i 出价时相同;而当 $s_i < r_i < v_i$ 时,投标者由于出价过低而损失了正效用。

因此,可以合理地预期,在二级价格拍卖中,投标者会以他们的估价进行投标。由于以估价出价是一种优势策略,所以投标者是否具有关于彼此估价的信息并不重要。

2.2.3 混合策略和混合纳什均衡

下面先来看一个"猜硬币"博弈例子。在这个博弈中,每一个参与人的战略空间都是(正面,反面)。设想每一个参与人拿有一枚硬币,并必须选择是出正面向上还是反面向上,如果两枚硬币是一致的(即全部是正面向上或全部是反面向上),则参与人 2 赢得参与人 1 的硬币;如果两枚硬币不一致(一正一反),则参与人 1 赢得参与人 2 的硬币这个博弈可以用表 2-4 来描述。

表 2-4 猜硬币博弈

		参与人 1	
		正面	反面
参与人 2	正面	1, −1	−1, 1
	反面	−1, 1	1, −1

利用划线法找不到这个博弈的纳什均衡。"猜硬币"博弈的一个突出特点是每个参与人都试图能猜中对方的战略。这一类博弈在扑克、战争等其他环境中经常会发生。事实上，在博弈中，一旦每个参与人都竭力猜测其他参与人的战略选择时，就不存在上述的"纯战略纳什均衡"（下面会解释这个概念），因为这时参与人的最优行为是不确定的，而博弈的结果必然包含这种不确定性。本节将引入"混合战略"以及"混合战略纳什均衡"概念。

如果猜硬币博弈只进行一次，那么无法明确预测博弈的结果。在这种没有纯战略纳什均衡的博弈中，参与人是如何进行战略选择的呢？在实际博弈程中，可以发现大家会遵循以下一些原则：①力图避免自己的战略被对方猜中，这也是没有纳什均衡的博弈与存在唯一纳什均衡的博弈之间的一个重要本质区别。②在该博弈的多次重复中，博弈方一定要避免自己的选择带有规律性，因为一旦自己的选择有某种规律性，并被对手发觉，对手就可以根据这种规律预先猜到你的选择，从而作针对性的选择，因此在该博弈中博弈方必须随机选择策略。③如果博弈一方已经采用随机选择的方法决定出正面还是反面，但总体上出正面的机会（概率）大于出反面的机会（概率），那么另一方仍然有机可乘。设参与人1出正面的概率大于 0.5，参与人 2 每次出正面的期望得益将大于零。因此在猜硬币的博弈中的任何一个参与人最可靠的方法就是以相同的概率随机出正面和反面，这样，另一方就无法从你对策略的偏好中占到任何便宜。

混合战略指的就是参与人以一定的概率选择某种战略，在这类博弈中，参与人虽然在每一次博弈中有输有赢，但当博弈重复多次时，应当研究各个战略选择应赋予多大的概率，能获取最大的期望受益。

下面给出混合战略的概念（mixed strategies）。

定义：在博弈 $G=\{S_1,\cdots,S_n;u_1,\cdots,u_n\}$ 中，博弈方 i 的战略空间为 $S_i=\{s_{i1},\cdots,s_{ik}\}$，则博弈方 i 以概率分布 $p_i=(p_{i1},\cdots,p_{ik})$ 在其 k 个可选策略中选择的"战略"称为一个混合战略，其中 $0\leqslant p_{ij}\leqslant 1$ 对 $j=1,\cdots,k$ 都成立，且 $p_{i1}+\cdots+p_{ik}=1$。

与此相对，把博弈中原来意义上的策略称为"纯战略"（pure strategies）。其实，纯战略也可以看做是混合战略，即选择相应纯战略的概率为 1，选择其余纯战略的概率为 0 的混合战略。

在混合战略的意义上可以定义混合战略纳什均衡，其本质规定性仍然相同，即如果一个战略组合满足各参与人的战略相互是对其他参与人战略的最佳对策时，就是一个纳什均衡。这时任何参与人单独改变自己的战略，都不能给自己增加任何利益。

寻找混合战略纳什均衡概率分布的思路，即令各个参与人随机选择纯战略的概率分布，满足使对方或其他参与人采用不同战略的期望得益相同，从而计算出各个参与人博弈方随机选择各纯战略概率的方法。我们以"社会福利博弈"为例说明混合战略纳什均衡的解法。

政府在实行公共福利政策时，经常会遇到激励问题，譬如，当政府对失业者进行救济时，可能会激励失业者不再愿意努力寻找工作。表 2-5 给出了这种博弈的一种具体描述。

政府救济失业者的前提是失业者必须试图寻找工作，否则视失业者为自愿失业者，对于自愿失业者政府不会给予救济；失业者只有在得不到政府救济时才会寻找工作，否则会饿死的。这个博弈不存在纯战略纳什均衡。给定政府救济，失业者的最优战略是游手好闲；给定流浪汉无所事事地四处游荡，政府的最优战略是不救济；给定政府不救济，失业者的最优战

表 2-5　救济博弈

		失业者	
		寻找工作	游荡
政府	救济	3, 2	−1, 3
	不救济	−1, 1	0, 0

略是寻找工作;而给定失业者寻找工作,政府的最优战略是救济;……可见,没有一个战略组合构成纯战略纳什均衡。下面来求解该博弈的混合战略纳什均衡。

设政府的混合战略为 $\sigma_1 = (\theta, 1-\theta)$,其中 θ 为政府对失业者进行救济的概率;失业者的混合战略为 $\sigma_2 = (\gamma, 1-\gamma)$,其中 γ 为失业者找工作的概率。

根据对混合战略纳什均衡的定义,各个参与人随机选择纯战略的概率分布,应当满足使对方或其他参与人采用不同战略的期望得益相同,即

$$3\gamma + (-1)(1-\gamma) = (-1)\gamma + 0 \cdot (1-\gamma)$$

得 $\gamma = 0.2$

同样有

$$2\theta + 1 \cdot (1-\theta) = 3\theta + 0 \cdot (1-\theta)$$

得 $\theta = 0.5$

故混合战略博弈纳什均衡为 $\{(0.5, 0.5), (0.2, 0.8)\}$。

当双方采用该策略组合时,虽然不能确定单独一次博弈的结果究竟会是四组得益中的哪一组,但双方进行该博弈的期望得益,也就是多次重复该博弈的平均结果,应该分别是

$$u_1 = 0.2 \times 0.5 \times 3 + 0.8 \times 0.5 \times (-1) + 0.2 \times 0.5 \times (-1) + 0.8 \times 0.5 \times 0 = -0.2$$
$$u_2 = 0.2 \times 0.5 \times 2 + 0.8 \times 0.5 \times 1 + 0.2 \times 0.5 \times 3 + 0.8 \times 0.5 \times 0 = 0.9$$

2.2.4　纳什均衡的存在性和多重纳什均衡博弈的分析

当把纳什均衡的定义扩展到包含混合战略的情况后,纳什(1950)证明:每一个有限博弈都至少有一个混合策略纳什均衡。这就是纳什均衡的存在性。

纳什定理:在一个有 n 个博弈方的博弈 $G = \{S_1, \cdots, S_n; u_1, \cdots, u_n\}$ 中,如果 n 是有限的,且 S_i 都是有限集(对 $i = 1, \cdots, n$),则该博弈至少存在一个纳什均衡,但可能包含混合策略。

纳什定理保证了在任何有限博弈(即有限个参与人,并且每个参与人可选择的纯战略有限的所有博弈)中,都存在纳什均衡(可能会包含混合战略)。

纳什均衡的存在性不等于唯一性。许多博弈的纳什均衡都不唯一,从而博弈方的选择会遇到困难。纳什均衡是局中人的一致性预测,但当纳什均衡多于一个时,要所有局中人预测同一个纳什均衡出现是很困难的事,"性别战"博弈就是这样一个典型的例子。如果男方预期的是(足球,足球),他就到足球场去等女方,而女方预期的是(歌剧,歌剧),她则会到歌剧院门口等男方,实际出现了(足球,歌剧)这样的非纳什均衡,两人的收益均为 0。

因此,对有些博弈问题仅仅进行纳什均衡分析是不够的,必须在纳什均衡分析的基础上再作进一步的深入分析。下面是纳什均衡多重性分析的常见方法。

1. 帕累托上策均衡

在有些博弈中,虽然存在多个纳什均衡,但这些纳什均衡有明显的优劣差异,即这些纳什均衡中的某一个给所有参与人带来的利益,都大于其他所有纳什均衡会带来的利益。这时博弈方的选择倾向性就可能会是一致的,不会出现选择困难。用这种方法选择出来的纳什均衡称为"帕累托上策均衡"。

下面以"猎鹿"博弈为例说明。卢梭在《论人类不平等的起源和基础》中讲到:如果一群猎人出发去猎一头鹿,他们完全意识到,为了成功,他们必须都要忠实地坚守自己的位置;然而如果一只野兔碰巧经过他们中的一个人附近,他会毫不迟疑地追逐它,一旦他获得了自己的猎物,就不太关心同伴是否错失他们的目标。

可以把这个故事局势转化为博弈表述:假设有两个猎人,他们必须同时决定是猎鹿还是野兔,如果两人均决定猎鹿,那么他们会获得一头鹿,并在他们之中平分;如果两个人抓野兔,那么他们每个人可以获得一只野兔。如果一个人猎兔,而另一个人猎鹿,则前者获得一只野兔,后者一无所获。对每个猎人来说,半头鹿比一只兔要好。这个博弈的描述见表 2-6。

这个博弈有两个纯战略纳什均衡:(鹿,鹿)具有收益(5,5),(兔子,兔子)具有收益(3,3);还有一个混合战略纳什均衡,双方收益更低,为 11/4。(鹿,鹿)是一个帕累托上策均衡。每个参与人都希望自己的收益达到最大,因此(鹿,鹿)有理由成为博弈的预测结果。

促使帕累托上策均衡出现的一个方法是"廉价磋商"(cheap talk),即参与人在博弈开始之前进行不花什么成本的磋商,以便协同到帕累托优势均衡上来。

2. 风险上策均衡

在存在帕累托效率意义上优劣关系的情况下,帕累托上策均衡作为均衡选择的结果是容易理解的,但有时候完全理性的决策者不一定会选择帕累托上策均衡。如表 2-7 所示的这个博弈。

表 2-6 猎鹿博弈

		参与人 2	
		鹿	兔子
参与人 1	鹿	5,5	0,3
	兔子	3,0	3,3

表 2-7 风险上策均衡博弈

		参与人 2	
		L	R
参与人 1	U	9,9	0,8
	D	8,0	7,7

在这个博弈中,存在两个纯战略纳什均衡,(U,L)具有收益(9,9),(D,R)具有收益(7,7),以及一个收益更低的混合战略纳什均衡。(U,L)是帕累托上策均衡,那么它是该博弈最合理的预测结果吗?

如果考虑风险因素,(D,R)就有相对优势,因为虽然它在帕累托效率意义上不如(U,L)。但从参与人 1 来说,采用 D 安全得多,因为无论参与人 2 如何行动,D 可以保证 7 的收益,甚至更好一些。对参与人 2 来说也是如此,R 的选择更加安全。

从混合战略纳什均衡$\{(7/8,1/8)(7/8,1/8)\}$考虑,参与人 1 如果判断参与人 2 选择 R 的可能性大于 $1/8$,参与人 1 就应该选择 D;同样,参与人 2 如果判断参与人 1 选择 D 的可能性大于 $1/8$,参与人 2 选择 R 就可以获得较高的期望收益。$1/8$ 是一个较小的概率,因此从风险角度考虑,(D,R) 优于 (U,L)。当人们希望更保险一些,想要回避风险时就会选择 (D,R),而不是 (U,L)。通常称 (D,R) 是这个博弈的一个"风险上策均衡"(Risk-dominant Equilibrium)。

事实上,在上述的猎鹿博弈中猎兔就是一个风险上策均衡,见表 2-6。

在博弈对方选择猎兔的情况下,猎鹿的人会一无所获,而猎兔的收益是有保障的。因此,选择猎鹿有很大的风险。

在猎鹿博弈中,如果只有两个参与人,只要对手以不小于 0.5 的概率猎鹿,那么猎鹿就更好。然而,在有 9 个参与人时,只有在至少有 0.5 的概率所有 8 个对手都采用猎鹿战略时,猎鹿才是最优的。如果每个对手以独立于其他人的概率 p 猎鹿,那么这要求 $p^8 \geqslant 0.5$,或者说有 $p \geqslant 0.93$ 时,猎鹿才是最优的,此时选择合作的风险就非常大。因此"所有人猎兔"从风险意义上优于"所有人猎鹿"。

3. 聚点均衡

谢林(Schelling,1960)指出,博弈参与人可能使用某些被博弈模型抽象掉的信息来达到一个"聚点均衡",这些信息可能与社会文化习惯或规范、共同的知识、某些具有特定意义的事物特征,以及参与人过去博弈的历史等有关。

例如假设两个参与人被要求指定一个确切的时间,如果所报时间相同各可获得奖励,所报时间不同则不能获得奖励。显然,这个博弈有无穷多个纳什均衡,双方选择任何一个相同时间都是该博弈的纳什均衡,而且这些纳什均衡相互之间完全不存在效率意义上的优劣关系。但是,博弈的两个参与人选择类似"中午 12 点"、"0 点"和"1 点"的可能性比较大,双方同时选择这种时间的机会也较大,而选择类似"上午 10 点 34 分"等时间的可能性就很小,更不大可能同时成为双方的选择。因此称"中午 12 点"和"0 点"这样的战略为上述博弈的"聚点均衡"(focal point equilibrium),聚点均衡首先是纳什均衡,是多重纳什均衡中比较容易被选择的纳什均衡。

聚点均衡的另一个经典例子是"分割蛋糕博弈",两人分割蛋糕,双方各自同时提出自己的要求 x_1 和 x_2,规定如果 $x_1 + x_2 \leqslant 1$,则按照他们各自的要求分割,如果 $x_1 + x_2 > 1$,则两个人所得为 0。这个博弈也有无穷多个纳什均衡。使得 $x_1 + x_2 = 1$ 的任意 x_1 和 x_2 都构成纳什均衡。在实际的社会生活中,人们对于类似的问题常常存在一种公平概念,这样 $(1/2,1/2)$ 就是该博弈的聚点均衡。

2.3　完全且完美信息动态博弈

在动态博弈中,参与人的行动有先后顺序。当一个人行动在前,而一个人行动在后时,后者自然会根据前者的选择进行策略的调整,前者也能理性地预期到这一点,并考虑这一影响。

2.3.1 动态博弈的表示法和特点

1. 动态博弈的扩展形表示

动态博弈一般用"扩展形"(或称"博弈树")表示,包括以下几部分。

(1) 参与人集合;

(2) 行动顺序(order of move),即谁在何时采取行动;

(3) 行动空间(action set),每次轮到某一参与人行动时,可供选择的行动;

(4) 信息集(information set),参与人进行选择时所知道的信息;

(5) 收益函数,每个参与人可能选择的每一种行动所构成的行动组合相对应的各个参与人的收益;

(6) 外生事件的概率分布,即虚拟参与人(自然)的可能选择,它在博弈中的作用只是在相应的地方在若干外生事件中根据一定的概率分布随机选取,而没有自己的利益目标和收益函数。

扩展形博弈如图 2-3 所示,有两个参与者 A 和 B 进行博弈,第一个参与者 A 有两种策略:1 或 2。参与者 A 选择 1 时,参与者 B 有 11 或 12 两种选择;参与者 A 选择 2 时,参与者 B 有 21 或 22 两种选择。(A11,B11)、(A12,B12)、(A21,B21)和(A22,B22)表示两个参与者选择不同策略后的最终收益。

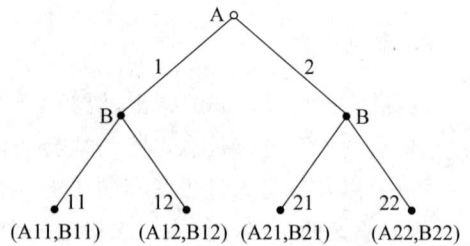

图 2-3 扩展形博弈(博弈树)

并不是所有的动态博弈都可以用扩展形表示。有些动态博弈的阶段很多,或者博弈方在一个阶段有许多可以选择的行为,这时用扩展形表示动态博弈就很困难,或者根本不可能。例如下象棋是动态博弈,但它不仅博弈阶段很多,而且每个阶段的可能选择也很多,因此很难用扩展形表示。无法用扩展形表示的动态博弈,可以直接用文字描述和数学函数式表示。

2. 动态博弈的策略和结果

在静态博弈中,参与人一次性同时选择的行为就是参与人的战略,这些战略的组合以及所对应各方得益就是博弈的结果。但在动态博弈中,各个参与人的选择有多次,并且在不同阶段的多次行为之间有内在联系,参与人决策的内容,是在整个博弈中轮到选择的每个阶段,针对前面阶段的各种情况作相应选择和行为的完整计划,以及由不同参与人的这种计划构成的组合。这个完整的计划是动态博弈中博弈方的"策略"。

动态博弈的结果首先是指各参与人的战略组合;其次,是各参与人的战略组合形成的一条连接各个阶段的"路径"(Path);最后,实施上述战略组合的最终结果,即路径终端处得益数组中的数字。因此,在一个动态博弈中,博弈的结果包括双方(或多方)采用的战略组合,实现的博弈路径和各博弈方的得益。

3. 动态博弈中的"不可置信威胁"

为了了解什么是不可置信威胁,来看下面这个市场销售的博弈。某销售者在市场上推销某种商品,其行动空间是{高价,低价}。当销售者选择"高价"时,购买者有多购和少购两种选择,但少购能得到更多收益(因为这样可以通过购买更多其他商品来得到收益);同样,当销售者选择"低价"时,购买者也有多购和少购两种选择。局势如图 2-4 所示。

如果采用参与者同时行动的静态博弈分析方法来分析这个动态博弈,得到的纳什均衡中就会存在不合理的均衡策略。为了构造这个动态博弈的策略式表述,先来分析销售者和购买者的策略空间。

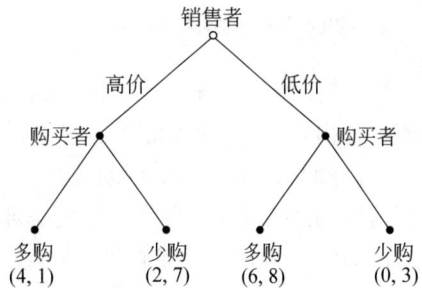

图 2-4　市场销售博弈

销售者先行动,有两种策略:高价和低价。购买者后行动,根据销售者的行动,就有 4 种策略:高价时多购,低价时少购;高价时多购,低价时多购;高价时少购,低价时少购;高价时少购,低价时多购。将这 4 种策略分别简记为:高多低少;高多低多;高少低少;高少低多。市场销售博弈的策略式表述见表 2-8。

表 2-8　市场销售博弈

		购买者			
		高多低少	高多低多	高少低少	高少低多
销售者	高价	4,1	4,1	2,7	2,7
	低价	0,3	6,8	0,3	6,8

使用静态分析方法对市场销售博弈进行分析,得到 3 个纳什均衡:(高价,高少低少);(低价,高多低多);(低价,高少低多)。但究竟哪一个均衡实际上会发生,静态分析难以确定。更严重的是,在纳什均衡中,参与人在选择自己的策略时,把其他参与人的策略当作是给定的,同时也不考虑自己的选择如何影响对手。所以说,纳什均衡允许了"不可置信威胁"的存在。不可置信威胁是指,对于先行动的参与人来说,后行动的参与人的选择空间依赖于先行动者的选择,在先行动者已做出行动选择的前提下,有一些对先行动者不利的策略将不会被后行动者选择,即这些策略是不可置信的。

例如,对于策略组合(高价,高少低少)来说,意味着不管销售者采取高价策略还是低价策略,购买者将始终会少购,在这个策略威胁下,销售者就不会采取低价策略,否则得到的收益为 0。事实上,销售者并不会相信这个威胁。在销售者真的选择低价时,如果购买者是理性的就会选择多购:少购得到的收益是 3,多购却是 8。可见,纳什均衡(高价,高少低少)是不可置信的。

动态博弈中参与人博弈方的策略是他们预先设定的,在各个博弈阶段,针对各种情况的相应行为选择的计划。这些策略实际上并没有强制力,而且实施起来有一个过程,因此,只要符合参与人自己的利益,他们完全可以在博弈过程中改变计划。称这种问题为动态博弈中的"相机选择"(Contingent Play)问题。相机选择的存在使得参与人的策略中,所设定的各个阶段、各种情况下会采取行动的"可信性"(Credibility)有了疑问。

4. 子博弈精练纳什均衡

引入"子博弈精练纳什均衡"概念的目的是将那些包含不可置信威胁战略的纳什均衡从均衡中提出,从而给出动态博弈结果的一个合理预测。

子博弈是指从每一个行动选择(即一个决策结)开始至博弈结束这一阶段的行动过程,是原博弈的一部分,原博弈自身也是自己的一个子博弈。例如在市场销售博弈中,决策点 X 和它的后续点构成一个子博弈,决策点 Y 和它的后续点也构成一个子博弈,如图 2-5 所示。加上原博弈自身,市场销售博弈共有 3 个子博弈。

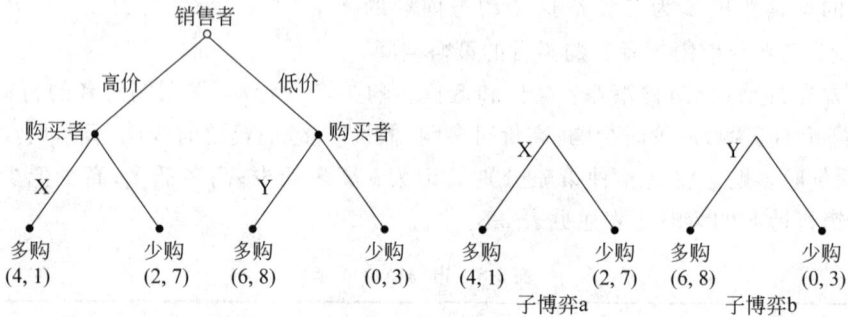

图 2-5　市场销售博弈的子博弈

泽尔腾定义的子博弈精练纳什均衡是纳什均衡的一个重要改进,分开了动态博弈中的"合理的纳什均衡"和"不合理的纳什均衡"。正如纳什均衡是完全信息静态博弈解的一般概念一样,子博弈精练纳什均衡是完全信息动态博弈解的一般概念。

子博弈精练纳什均衡定义如下:如果一个扩展式表述的策略组合是其原博弈的纳什均衡,又给出其每一个子博弈上的纳什均衡,那么它就是一个子博弈精练纳什均衡。

仍以市场销售博弈为例。在子博弈 a 中,购买者的最优选择"少购",在子博弈 b 中,购买者的最优选择"多购"。纳什均衡(高价,高少低少)中购买者的均衡战略"高少低少",给出了子博弈 a 上的纳什均衡(少购),却没有给出子博弈 b 上的纳什均衡,所以(高价,高少低少)不是子博弈精练纳什均衡。同样,(低价,高多低多)也不是子博弈精练纳什均衡。而对于纳什均衡(低价,高少低多)中购买者的均衡战略"高少低多"来说,既给出了子博弈 a 上的纳什均衡也给出了子博弈 b 上的纳什均衡(即高价时将少购,低价时将多购),所以(低价,高少低多)才是子博弈精练纳什均衡。

2.3.2　逆推归纳法

逆推归纳法(Backwards Induction)是在动态博弈分析中寻找子博弈精练纳什均衡使用最普遍的方法。其逻辑基础是:动态博弈中先行动的理性的参与人,在前面阶段选择行为时必然会考虑后行为参与人在后面阶段中将会怎样选择行动,只有在博弈的最后一个阶段进行选择的、不再有后续阶段牵制的参与人,才能做出明确的选择。而当后面阶段参与人的选择确定以后,前一阶段参与人的行为也就容易确定了。

逆推归纳法从动态博弈的最后一个阶段开始分析,每一次确定出所分析阶段参与人的选择和路径,然后再确定前一个阶段的博弈方的选择和路径。

如在市场销售博弈中,我们从购买者的决策分析起,如图 2-6 所示。如果销售者采取高价战略,购买者在 X 决策点处采取"多购"战略收益为 1,"少购"战略收益为 7,因此购买者应当采取"少购"战略;如果销售者采取低价战略,购买者在 Y 决策点处采取"多购"战略收益为 8,"少购"战略收益为 3,因此购买者应当采取"多购"战略。因此销售者采取高价战略的收益为 2,采取低价战略的收益为 6,销售者应当选择"低价"战略,购买者"多购",双方收益为(6,8)。

因此,逆推归纳法事实上就是把多阶段的动态博弈转化为一系列的单人博弈,通过对一系列单人博弈的分析,确定各博弈方在各自阶段的选择,最终对动态博弈结果,包括必要的路径和各博弈方的得益做出判断,归纳各博弈方各阶段的选择则可得到各个博弈方在整个动态博弈中的策略。

图 2-6 逆推归纳法分析市场销售博弈

由于逆推归纳法确定的各个博弈方在各阶段的选择,都是建立在后续阶段各个博弈方理性选择的基础上的,因此自然排除了包含有不可置信的威胁或承诺的可能性,因此其结论是比较可靠的,确定的各个博弈方的策略组合是有稳定性的。

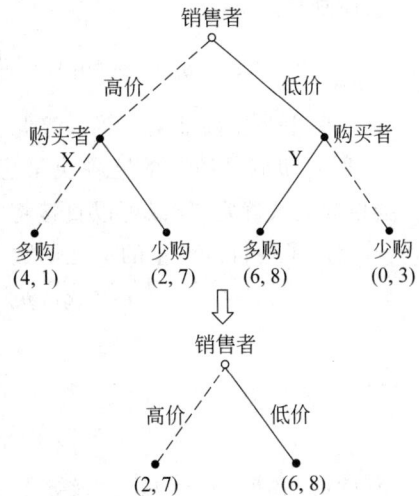

2.3.3 完全信息动态博弈的典型应用

1. 斯塔克博格模型——动态的寡头市场产量博弈模型

斯塔克博格(Stackberg)模型假设寡头市场上有两个厂商,与古诺模型一样,这两个厂商的决策内容也是产量。但在这两个厂商中,一个是主导厂商 A,另一个是追随厂商 B;行动顺序是:主导厂商 A 首先确定产量 Q_A,追随厂商 B 观察到厂商 A 的选择后再确定自己的产量 Q_B。各厂商的行动空间都是自己的产量,收益为各自的利润函数。由于这两个厂商的选择不仅有先后之分,且后选择的厂商在选择时知道前一个厂商的选择,因此这是一个动态博弈问题。再假设博弈结构的其他方面,如策略空间、得益函数和信息结构等,与两寡头连续产量的古诺模型都一样,因此这个模型是一个完全且完美信息的动态博弈。与古诺模型的唯一区别只是两博弈方的选择是先后的而不是同时的。

这里仍利用完全信息静态博弈古诺模型中的厂商利润函数、成本函数及需求函数来计算一个 Stackelberg 博弈的子博弈精练均衡,这样也利于比较结果。市场有 1、2 两家厂商生产同质产品,厂商 1 的产量为 q_1,厂商 2 的产量为 q_2,市场总供给为 $Q = q_1 + q_2$,市场出清价格 P 是市场总供给的函数 $P = P(Q) = a - Q$,两厂商生产 q_i 的总成本 $C(q_i) = cq_i$,企业不存

在固定成本，且生产每单位产品的边际成本为常数 c。企业 $i(i=1,2)$ 的收益（利润）函数为
$$u_i(q_1,q_2) = q_i(p-c) \quad (i=1,2)$$

据逆推归纳法的思路，先分析第二个厂商的决策。在第二个阶段厂商 2 决策时，厂商 1 选择的 q_1 实际上已经决定了，并且厂商 2 知道 q_1，因此对于厂商 2 来说，相当于在给定 q_1 的情况下求使 u_2 实现最大值的 q_2。

q_2 应满足
$$q_2 = q_2(q_1) = \frac{1}{2}(a-q_1-c) \quad (\text{设 } q_1 < a-c)$$

这实际上是厂商 2 对厂商 1 产量的一个反应函数。

厂商 1 知道厂商 2 的这种决策思路，因此在选择产量水平 q_1 时就知道厂商 2 的产量 $q_2{}^*$ 会根据上式确定，所以可以直接将上式代入自己的得益函数，这样厂商 1 的得益函数实际上转化成了他自己产量的一元函数

$$u_1 = q_1(p-c) = q_1(a-q_1-q_2-c)$$
$$= q_1\left[a-q_1-\frac{1}{2}(a-q_1-c)-c\right]$$
$$= \frac{1}{2}(aq_1-q_1^2-cq_1)$$

对产量 q_1 求一阶导数，令其等于 0，可求出使 u_1 最大化的产量，即最优产量水平

$$q_1^* = \frac{1}{2}(a-c)$$

代入 $q_2(q_1)$ 可得厂商 2 的最优产量水平

$$q_2^* = \frac{1}{4}(a-c)$$

子博弈精练纳什均衡结果为

$$\left\{\frac{1}{2}(a-c), \frac{1}{4}(a-c)\right\}$$

将这个结果与古诺模型相比较，古诺博弈均衡结果为 $q_1^* = q_2^* = \frac{a-c}{3}$，厂商 1 的产量 $q_1^* = \frac{a-c}{2} > \frac{a-c}{3}$，厂商 2 的产量 $q_2^* = \frac{a-c}{4} > \frac{a-c}{3}$，即领导者的产量变大了，追随者的产量变小了（可以证明，领导者的收益变大了而追随者的收益却减小了）。因此，在这个博弈中存在"先动优势"（同样，大家可以证明，当企业进行价格而非产量竞争时，博弈会存在"后动优势"）。

这个博弈还说明，拥有信息优势可能使局中人处于劣势（后动者拥有更多信息，反而处于劣势）。厂商 2 处于劣势是因为它在行动前已知厂商 1 的产量，而厂商 1 在开始行动时也知如此。如果厂商 2 不知道厂商 1 的产量而且厂商 1 也知道这一点，那么即使厂商 1 先行动，博弈也是古诺的而非 Stackelberg 的，厂商 1 的先动优势就不存在了。

事实上，厂商 1 先生产就是一种承诺行动，生产出来的产量是沉淀成本，从而使企业 2 不得不认为它的威胁是可置信的。如果企业 1 只是宣布它将生产 $q_1^* = \frac{a-c}{2}$。企业 2 不会

相信它的威胁,因若企业 2 相信它的威胁而选 $q_2 = \dfrac{a-c}{4}$,给定此 q_2,企业 1 的最优选择是 $q_1 = \dfrac{3(a-c)}{8}$ 而不是 $q_1 = \dfrac{a-c}{2}$。

2. 货币政策的动态不一致性

凯兰德和普莱斯考特(Kydland and Prescott,1977)构建了一个货币政策模型。模型有两个参与人:一是政府,其战略空间为在给定公众预期通胀率下所能选择的实际通胀率(货币政策);二是公众,其战略空间为所选择的各种预期通胀率。

博弈行动顺序为:公众先动,政府在观察到公众的选择后行动。

政府同时关心通胀与失业问题(宏观经济政策的两大目标),故设政府的收益函数为

$$M(\pi, y) = c\pi^2 - (y - k\bar{y})^2 \quad (c > 0, k > 1)$$

其中,π 为通胀率;$\bar{y}$ 为自然失业率下的均衡产量;y 为实际产量。

$k > 1$ 的经济含义是由于市场扭曲(来自于工资刚性和市场的不完全竞争等)使自然失业率下的产量低于政府偏好的理想水平(即政府认为自然失业率过高),以及政府受到选民的压力而不得不寻求将产量提高到高于自然失业率产量的水平。该收益函数表明,尽管政府并不喜欢通胀,但若通胀能使产量提高到政府希望的水平 $k\bar{y}$,政府也会容忍某种程度的通胀。

产出与通胀之间的关系由含有通胀率预期的菲利普斯曲线决定。设定为

$$y = \bar{y} + \beta(\pi - \pi^e) \quad (\beta > 0)$$

其中,π^e 是公众预期的通胀率。

上述菲利普斯曲线又称为"意外产出函数",即只有未被公众预期到的通胀才会影响实际产出。

设政府在给定公众通胀预期下选择货币政策,则政府的优化决策为

$$\max M(x, y) = -c\pi^2 - (y - k\bar{y})^2$$
$$\text{s.t } \quad y = \bar{y} + \beta(\pi - \pi^e)$$

将 $y = \bar{y} + \beta(\pi - \pi^e)$ 代入目标函数,有

$$M = -c\pi^2 - (\bar{y} + \beta\pi - \beta\pi^e - k\bar{y})^2$$

一阶条件为

$$-2c\pi \quad 2\beta(\bar{y} + \beta\pi - \beta\pi^e - k\bar{y}) = 0$$
$$(-2c - 2\beta^2)\pi - 2\beta[-\beta\pi^e + (1-k)\bar{y}] = 0$$
$$\pi^* = \frac{\beta[\beta\pi^e + (k-1)\bar{y}]}{c + \beta^2}$$

π^* 是政府短期最优通胀率(因它在计算 π^* 时视 π^e 为给定的,在长期中 π^e 会因 π^* 而变化调整,不是给定的)。

$(k-1)$ 可被理解为(政府认为的)扭曲程度。

上式表明:政府选择的通胀率是公众预期通胀率的函数,它就是政府的反应函数。

现假定公众有"理性预期",则 $\pi^e = \pi^*$。

代入反应函数,得到

$$\pi^e = \pi^* = \frac{\beta[\beta\pi^* + (k-1)\bar{y}]}{c+\beta^2} = \frac{\beta^2\pi^*}{c+\beta^2} + \frac{\beta(k-1)\bar{y}}{c+\beta^2}$$

故

$$\pi^e = \pi^* = \frac{\dfrac{\beta(k-1)\bar{y}}{c+\beta^2}}{1 - \dfrac{\beta^2}{c+\beta^2}} = \frac{\beta(k-1)\bar{y}}{c}$$

由 $\pi^e = \pi^* = c^{-1}\beta(k-1)\bar{y}$ 知,β 越大(产出对未预料到的通胀率越敏感),扭曲越严重($(k-1)$ 越大),则理性预期通胀率(也是博弈均衡通胀率)就越高。

当政府越不喜欢通胀(c 越大时,$(-c)$ 是目标函数 M 中 π 的权数),均衡通胀率就越低(与直观一致)。

此时,因政府选择的通胀率 π^* 被公众正确预期到($\pi^* = \pi^e$),故实际产出水平将独立于通胀(即 $y = \bar{y}$)。

政府一方面忍受着通胀之苦,另一方面又无法享受产出增加之益(减少失业带来选票的增加)。

将 π^* 代入效用函数并用 phillips 曲线消去 y,得到政府短期效用水平为

$$M_S = -c\left[\frac{\beta(k-1)\bar{y}}{c}\right]^2 - [\bar{y} + \beta(\pi - \pi^e) - k\bar{y}]^2$$

$$= -(k-1)^2\bar{y}^2\left[1 + \frac{\beta^2}{c^2}\right]$$

若政府选零通胀战略,则效用水平为

$$M_P = -c \cdot 0 - [\bar{y} + \beta(0-0) - k\bar{y}]^2$$

$$= -(k-1)^2\bar{y}^2 \quad (\text{设公众也预测到零通胀率})$$

这里下标 P 表示政府事前承诺零通胀率。

显然有 $M_S < M_P$,但为何政府不选择零通胀率呢?为何政府不一直按承诺的零通胀率行事呢?因为零通胀率不是可置信的承诺,即不是一个动态一致的政策,或者说不是一个子博弈精炼纳什均衡。

现假定政府许诺自己将实行零通胀率政策,且公众轻信了政府的许诺,则给定 $\pi^e = 0$,政府的最优通胀率计算如下

$$\max_{\pi} M = -c\pi^2 - (y - k\bar{y})^2$$

$$\text{s.t} \quad y = \bar{y} + \beta\pi$$

$$M = -c\pi^2 - (\bar{y} + \beta\pi - k\bar{y})^2$$

一阶条件为

$$\frac{\mathrm{d}M}{\mathrm{d}\pi} = -2c\pi - 2\beta(\bar{y} + \beta\pi - k\bar{y})^2 = 0$$

$$\pi^* = \frac{\beta(k-1)\bar{y}}{c+\beta^2}$$

效用为

$$M_f = -\frac{\left[(k-1)\,\bar{y}\right]^2}{1+\dfrac{\beta^2}{c}}$$

其中：f 表示公众被政府愚弄的情形。

因 $M_f > M_P$，故政府无积极性兑现自己的许诺。

即给定公众相信通胀率为零，则政府一定会选大于零的通胀率。

因公众是理性的，且知政府是理性的（故预料到政府会这样做），故公众不会预期通胀率为政府所许诺的那样为零。因而有理性预期，效用只能为 M_S 而非 $M_P(>M_S)$。

这样，政府因无法使公众相信零通胀率而自受其苦。通过实行"单一的"货币政策，即以法律形式规定一个固定的货币增长率，将不可置信承诺的零通胀率变为可置信的。这种法律规定限制了政府行动的自由（减小了政府的行动空间），政府却反而受益（得到支付 M_P）。

在这个例子中，若双方都预期和选择零通胀，则达到帕累托最优。但正如"囚徒困境"中的"（抵赖，抵赖）"一样，这并不是一个纳什均衡。当政府承诺零通胀时，若公众预期零通胀，则政府的零通胀政策就不是最优的了。

2.3.4 逆推归纳法的问题

用逆推归纳法是求解完全信息动态博弈子博弈精练纳什均衡的常用方法，但是需要注意逆推归纳法本身存在的一些问题。

首先逆推归纳法只能分析明确设定的博弈问题，要求博弈的结构，包括次序、规则和得益情况等都非常清楚，并且各个参与人了解博弈结构，互相知道对方了解博弈结构。这与现实经济中的动态博弈问题常常有较大的差距。

其次是逆推归纳法难以分析比较复杂的动态博弈。因为逆推归纳法的推理方法是从博弈的最后阶段开始对每种可能的路径进行比较，因此使用范围是人们有能力比较判断的选择路径数量，包括数量不是很大的离散策略，或者有连续得益函数的连续分布策略。

再次，逆推归纳法不仅要求所有参与人都有高度的理性，不犯错误，而且要求所有参与人相互了解和信任对方的理性，具有"理性的共同知识"。

现实中的决策者通常有相当大的理性局限，也可能会犯错误，对理性的共同知识更难满足，因此很难保证逆推归纳法得出的结论与他们的行为一致，因此基于逆推归纳法的预测的有效性就会有问题。进一步，参与人的理性局限和犯错误的可能性，还给博弈分析提出了新的问题，对于理性的参与人来说，如果其他参与人偏离了子博弈精练纳什均衡的路径，应当怎样进行后面的博弈就是一个很困难的问题。

蜈蚣博弈问题是一个反映了逆推归纳法缺陷的典型例子。蜈蚣博弈是一个有限次动态博弈。在有限阶段里，两个人交替在两份大小不一的资产中做选择。在任何阶段中，先选者可以选择"接受"或"放弃"，如果接受，他取得较大的一份（假设每个人都是自己收益最大化），而另一个人则取得较小的一份，博弈结束。如果放弃，博弈进入下一阶段。在新的阶段里，原来的两份钱加倍，上一阶段的后选者有优先选择权，其他规则不变。

用逆推归纳法分析这一博弈，其子博弈精练纳什均衡是第一个选择者选择接受，取走较多的收入，马上结束博弈。

加州理工学院的麦克维(1991)以上述参数作了一系列的研究实验。[①] 每一次实验，他们各用了 10 个红蓝方被实验者，每一个实验者参加 10 次，随机配对与另一种颜色的每一个人游戏。实验报告发现，与逆推归纳法得出的纳什均衡结果不同，实验参加者并不马上在第一阶段结束游戏取走较多的钱，第一阶段只有少数红方取走 40 美分(8%)，多数游戏者在第二阶段或第三阶段结束，如图 2-7 所示。但是，当实验参加者越来越有经验时(参加过更多次实验)，游戏结束得越快。

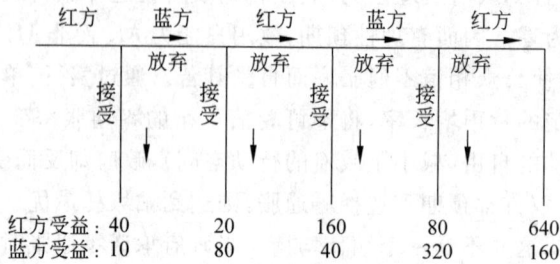

图 2-7 蜈蚣博弈

实验结果表明，倒推式理性具有其理论的完美性，也部分地解释了博弈显著地早于最后阶段结束的事实，但它却无法完全预测被实验者的行为。被实验者似乎在参加多次(与不同的人进行博弈)实验后，更显现出倒推式理性。

对实验结果的解释是：行为者的理性可能不是公共信息。每一个行为者可能是理性的，但却可能不确定其他人是否理性，也许只有通过经验才能认识其他人的理性。因此即使参加者认识到轮到自己决策时就应结束游戏，当他不能确认其他参加者是否也具有这样的理性时，他就会希望试一试往后延续，如果能再次轮到自己决策，则会有更好的收益。

这种推理可以用于解释"泡沫"资产市场的形成。当一个市场上存在许多资产，其交易价格远远超过基本价值时，就称之为泡沫资产市场。因为它不可能长期存在下去，随时会出现价格大幅度重挫，回到甚至低于基本价值。这种现象在股票市场上时有发生，表现为"股灾"。为什么理性行为者组成的市场会出现"泡沫"资产市场现象？当成交价非常高时，这种高价格绝不可能源于对基本价值的乐观态度。一种推测是，"大笨蛋"的信念可能解释资产市场的"泡沫"现象。如果一个行为者相信他可以在下一个阶段将资产以更高的价格卖给其他人，净赚一个时段的红利，那么在不合理的高价位上买进资产也就变成合理的了。

2.3.5 重复博弈

社会经济中的许多长期关系，并不像一般动态博弈那样，前一阶段和后一阶段之间有环环相扣的紧密联系，而是各个阶段之间既相互联系，又有一定的独立性，即各个阶段有独立的选择和利益。例如商业活动中的回头客问题，商店和顾客的每次交易都是一个独立博弈关系，都有利益和亏损，但每次的独立交易又可能影响到双方未来的选择和利益信誉、信任。用重复博弈反应和分析这类问题更加恰当。

---

① 连鹏."从非实验走向实验的经济学"现代经济学前沿专题.北京：商务印书馆,2000.

1. 重复博弈的定义和特征

重复博弈是指由同样结构的基本博弈重复多次进行构成的博弈过程,其中的每次博弈称为阶段博弈。

定义:给定一个基本博弈 G(可是静态或动态博弈),重复进行 T 次 G,并且在每次重复 G 之前各参与人都能观察到以前博弈的结果,这样的博弈过程称为"G 的 T 次重复博弈",记为 $G(T)$。而 G 则称为 $G(T)$ 基本博弈,$G(T)$ 中的每次重复称为 $G(T)$ 的一个"阶段"。

重复博弈具有以下 3 个特征。

(1) 阶段博弈之间没有"物质上"的联系(no physical links),即前一阶段的博弈不改变后一阶段博弈的结构(每阶段博弈的结构相同)。

(2) 所有参与人都能观察到博弈过去的历史(完美信息)。

(3) 参与人的总收益是所有阶段博弈收益的贴现值或加权平均值。

参与人是从总收益最大化的角度进行决策的。在长期内,参与人之间的行为可能相互影响,合作或者报复不合作者,这样,在博弈的一个阶段收益大并不意味着在长期内的收益也大,所以,在重复博弈中参与人必须考虑到长期利益。

重复博弈可能使参与人不得不考虑这一阶段的行为对后面阶段博弈的影响,即注重声誉,这样,原来在单阶段博弈中不会出现的"合作"均衡(如囚徒困境中的(抵赖,抵赖)),在重复博弈中就可能作为均衡出现,而这正是研究重复博弈的意义所在。

重复博弈对参与人决策的影响主要取决于博弈重复的次数和信息的完备性。显然,当重复次数很多时,局中人可能为了长期利益而牺牲眼前的短期利益,选择不同的均衡战略,这为现实中观察到的许多合作行为和社会规范提供了解释。另外,信息的完备性也很重要,当一个局中人的收益函数不为其他局中人所知时,他可能有积极性建立一个"好声誉"以换取长远利益。这也可以解释为何有些本质上并不好的人在相当长时间内会做好事。

2. 有限次重复博弈:连锁店悖论

在有限次重复博弈中,可能无法达到经济学家所希望看到的效果。这可以从倒推的理性得到证明。由于最后阶段博弈的结果是可以预知的,并且必然是不合作的,因为对于最后阶段博弈来说,考虑长远利益已无意义。既然最后阶段博弈的结果预先就明确知道了,之前的行为不会影响最后阶段博弈的结果,因而倒数第二阶段博弈也无须考虑长远利益,所以必然是不合作的。依次类推,可以知道从倒数第一、第二、第三、……直到第一阶段的博弈都是不合作的。

下面以有限次重复囚徒困境博弈为例来说明,见表 2-9。

表 2-9　重复的囚徒困境博弈

		囚徒 2	
		坦白	抵赖
囚徒 1	坦白	$-5, -5$	$0, -8$
	抵赖	$-8, 0$	$-1, -1$

考虑该博弈重复两次，两博弈方先进行第一次博弈，看到第一次结果后再进行第二次博弈。俩囚徒最后得益是两阶段得益之和，并假设重复次数较少的有限次重复博弈可以不考虑贴现问题。

用逆推归纳法分析可知，由于此时前一阶段的结果已经成为既成事实，此后也不再有任何的后续阶段，因此实现当前自身利益最大化是两博弈方在该阶段中决策的唯一原则。因此，可以推断出，不论前一阶段结果如何，第二阶段的唯一结果就是原博弈唯一的纳什均衡（坦白，坦白），双方得益（−5，−5）。

回到第一阶段，即第一次博弈，理性的博弈方应当对第二阶段的结局非常清楚，知道第二个阶段的结果必然是（坦白，坦白），双方在整个重复博弈中的最终得益，都将是第一阶段得益基础上各加−5。该重复博弈与表 2-10 所示的得益矩阵表示的一次性博弈是完全等价的。

该等价博弈仍然有唯一的纯策略纳什均衡（坦白，坦白）。依照上述分析方法，可以证明 3 次、4 次或者 n 次重复囚徒困境的博弈结果都是一样的，就是每次博弈方都会采用原博弈唯一的纯策略纳什均衡。

上述结果具有一般意义，在有限次重复博弈中，如果阶段博弈只有一个纳什均衡，则重复博弈也只有一个精练纳什均衡，即阶段博弈纳什均衡的重复。这意味着在有限次合伙作案中，囚徒们每次被逮住都会如实招供。

所谓的"连锁店悖论"就是上述"囚徒困境"局势在厂商竞争中的反映。一个在 20 个市场上都开设有连锁店的企业，对于各个市场的竞争者是否应当采取打击策略？假定原来的垄断者（在位者）在每个连锁店每年有 300 万元利润，而一旦新的企业（进入者）进入，每个连锁店的年利润下降到 50 万元而进入者年利润为 40 万元；当在位者对进入者通过降价等手段进行打击时，在位者每个连锁店的年利润降为零，而进入者因存在较高的成本，则会每年亏损 10 万元。表 2-11 给出了阶段博弈的战略式表述。

表 2-10　囚徒困境博弈

		囚徒 2	
		坦白	抵赖
囚徒 1	坦白	−10，−10	5，−13
	抵赖	−13，−5	−6，−6

表 2-11　连锁店悖论

		在位者	
		默许	打击
进入者	进入	40，50	−10，0
	不进入	0，300	0，300

根据划线法，可知这个阶段博弈只有一个纳什均衡（进入，默许）。

在位者有 20 个市场，进入者每次进入一个市场，博弈就变成了 20 次重复博弈。假定进入者先进入第 1 个市场，在位者应当如何反应呢？凭直觉，在第 1 个市场的博弈中，在位者为了使进入者不敢在别的地区开店，它会选择打击，但实际上这种威胁是不可置信的。用逆向归纳法的逻辑来分析：考虑第 20 个市场的博弈，因为这是最后一个市场，打击对在位者无意义，其最优选择是"默许"，进入者进入。再看第 19 个市场，因进入者和第 20 个市场上的博弈结果必是在位者默认，它进入，结果是确定的，不受这次博弈的影响，故知在位者必选"默许"，"打击"的威胁是不可置信的，故它必进入。显然，如此倒推，每一个市场的阶段博弈均衡必是(进入,默许),用逆向归纳法求解表明这是该博弈唯一的子博弈精练纳什均衡。

上述结论显然是不合理的。如果连锁企业对开头几个市场的竞争者不惜代价地进行打击,其示范效应通常可以吓退其余市场的潜在竞争者,其利益总体上是合算的。现实中解开重复博弈低效率的关键在于"触发战略"的设计。

3. 多个纯策略纳什均衡博弈的有限次重复博弈:触发战略

上述讨论表明,只要博弈的重复次数是有限的,重复本身并不能改变囚徒困境的均衡结果。需要注意的是,单阶段博弈纳什均衡的"唯一性"是上述结论的一个重要条件。如果纳什均衡不是唯一的,这个结论就不一定成立。以厂商之间的三价博弈为例。两个厂商进行价格竞争,均有高(H)、中(M)、低(L)三种价格可以选择,收益函数如表2-12所示。

表 2-12　厂商三价博弈

		厂商 2		
		H	M	L
厂商 1	H	5,5	0,6	0,2
	M	6,0	3,3	0,2
	L	2,0	2,0	1,1

用划线法可知这个博弈有两个纯战略纳什均衡,(M,M)和(L,L),各有收益(3,3)和(1,1)。(H,H)可以是双方都有较大的收益,但它不是一个纳什均衡,在一次性博弈中不会出现这个结果,因此一次性博弈的结果不可能是效率最高的。那么,两次重复这个博弈情况会如何呢?

考虑如下战略:参与人1第一次选H,如果第一次结果为(H,H),则第二次选M,如果第一次结果为任何其他策略组合,则第二次选L。参与人2的战略选择同参与人1。在这样的战略组合下,两次重复博弈的均衡路径是第一阶段(H,H),第二阶段(M,M)。

用逆推归纳法分析这个博弈。第二阶段采用(M,M)是一个纳什均衡策略,两个参与人都不愿意单独偏离;第一阶段的(H,H)不是纳什均衡,参与人有动机偏离(H,H)以获得更高的收益,参与人单独偏离H而采用M策略将增加1的收益,但这样做的后果是第二阶段至少要损失2单位的得益,由于双方采用有"报复机制"的策略,因此偏离(H,H)是得不偿失的。

首先试探合作,一旦发现对方不合作则也用不合作相报复的策略,称为"触发战略"(Trigger Strategy)(也称为"冷酷战略")。触发战略是重复博弈中实现合作和提高均衡效率的关键机制,是重复博弈分析的主要构件之一。

参与人采取上述触发战略,当第一阶段结果为(H,H)时,第二阶段必为(M,M),第二阶段的得益为(3,3)。而当第一阶段结果为其他8种时,第二阶段必为(L,L),得益为(1,1)。

把(3,3)加到(H,H)上,把(1,1)加到其他8种战略上,就将该两次博弈转化为一个等价的一次博弈。用划线法可以求出,这个博弈的纳什均衡是(H,H)。

如果该博弈进行 n 次,仍然可以用触发战略取得较好的结果,纳什均衡路径为:除了最后一次采用原博弈的纳什均衡(M,M),每次都采用(H,H),当重复的次数较多时,平均得益趋近于(5,5),见表 2-13。

表 2-13　厂商三价博弈

		厂商 2		
		H	M	L
厂商 1	H	8,8	1,7	1,3
	M	7,1	4,4	1,3
	L	3,1	3,1	2,2

4. 无限次重复博弈:走出囚徒困境

从对有限次重复博弈分析可知,存在最后一次重复是使其无法实现高效率均衡的关键问题。

虽然在现实生活中,博弈应该说都是有限次的,但如果参与人不知道博弈会在什么时候结束,此时参与人实际上认为博弈是可能进行无限次的。

以"囚徒困境"为例子,说明在博弈进行无限次的情况下,合作行为就可能作为子博弈精练均衡出现。

根据表 2-14 给出的囚徒困境收益函数来分析当博弈重复无限次时的情形。假定两个囚徒 A 和 B 的贴现因子是相同的常数 δ,博弈重复无限次。可以证明,当 δ 充分大时,两个局中人选择"触发战略"(冷酷战略),合作均衡结果每阶段都为(抵赖,抵赖)将是一个子博弈精练均衡。这里的冷酷战略是指:①参与人在博弈开始选"抵赖"。②若之前没有任何一方选"坦白",就一直选"抵赖",当之前至少有一方一旦"坦白",之后永远选"坦白"。因此,所谓的"冷酷"是指任何一方一次不合作就触发了永远的报复(不合作),这是必要的;因为如果事后可以饶恕不合作行为的话,事前就会出现机会主义行为,合作行为就不会出现。在该战略中,一方自己一旦选了"坦白",他之后也永远选"坦白"。

表 2-14　囚徒困境博弈

		囚徒 A	
		坦白	抵赖
囚徒 B	坦白	$-8,-8$	$0,-10$
	抵赖	$-10,0$	$-1,-1$

下面证明两人都选冷酷战略时会构成一个纳什均衡。

给定囚徒 B 选择冷酷战略,可以证明 A 选择冷酷战略是最优的。

如果之前没有人选择"坦白"(包括在博弈开始时),A 如果选择"坦白",该阶段得 0 单位收益,但此举将触发囚徒 B 之后永远的报复,B 会在之后永远选"坦白",故之后 A 每阶段收

益最多为－8,其总收益至多为

$$0 + (-8)\delta + (-8)\delta^2 + \cdots = \frac{-8\delta}{1+\delta}$$

而当 A 此时选"抵赖"并且之后每阶段都选"抵赖"时,B 之后也会配合,每阶段都选"抵赖",故此举使其总收益为

$$-1 + (-1)\delta + (-1)\delta^2 + \cdots = \frac{-1}{1+\delta}$$

当 $\frac{-8\delta}{1+\delta} \leqslant \frac{-1}{1+\delta}$ 即 $\delta \geqslant \frac{1}{8}$ 时,A 选"抵赖"是最优的。

故当 $\delta \geqslant \frac{1}{8}$ 时,A 在没有人先选"坦白"时会选"抵赖"最优,并且,A 之后每阶段都选"抵赖"是最好的选择。

当 B 在之前已选了"坦白",则 B 之后会永远选"坦白",显然,给定 B 在此时及之后永远"坦白",A 在此时选"坦白"是最优的,且 A 之后每阶段都选"坦白"是最优的。

当 A 在之前选过"坦白",因 B 此时及之后必一直选"坦白",故 A 在此时及之后一直选"坦白"是最优的。

所以,给定 B 选"冷酷战略",A 选冷酷战略是最优的。由对称性知,当 A 选冷酷战略时,B 选冷酷战略也是最优的。因此,两人都选冷酷战略构成一个纳什均衡。

2.4 不完全信息静态博弈

完全信息博弈的基本假设是所有的参与人都知道博弈的结构、博弈的规则和博弈的支付函数。这个假设在许多情况下是不成立的,现实中许多博弈是在不完全信息的条件下进行的,参与人并不完全清楚对手的特征。例如,当一个企业想进入一个新的市场时,并不确切地了解在位企业的生产成本有多高(如果在位企业生产成本高,进入该新市场就是有利可图的,否则不应该进入);讨价还价的人们往往并不知道他人对所议价的物品之价值评估;谈判中一方对另一方属于"强硬派"还"软弱派"没有十足的把握;等等。在不完全信息博弈中,至少有一个参与人不知道其他参与人的得益。

1. 海萨尼转换

不完全信息博弈以前被认为是没有办法分析的,直到海萨尼引入一个虚拟的参与人,将不确定性条件下的选择转换为风险条件下的选择。

以两企业市场进入博弈为例,假设该市场有一个在位者和潜在的进入者。潜在的进入者(参与人 1)决定是否进入该市场,但不知道在位者(参与人 2)是高成本的生产者还是低成本的生产者,不知道在位者会默许还是斗争。在位者自己是知道的。可以将该博弈的得益矩阵表示如表 2-15 所示。

可以看出,当在位者是高成本的生产者时,给定进入者进入,在位者应当选择默许;如果在位者是低成本的生产者,给定进入者进入,在位者应当选择斗争。因此,在完全信息的条件下,如果在位者是高成本的,进入者的最优选择是进入;如果在位者是低成本的,进入者的

表 2-15　市场进入博弈

		参与人 2					参与人 2	
		默许	斗争				默许	斗争
参与人 1	进入	40,50	−10,0		参与人 1	进入	30,80	−10,100
	不进入	0,300	0,300			不进入	0,400	0,400
	参与人 2 成本高时的得益					参与人 2 成本低时的得益		

最优选择是不进入。现在考虑不完全信息的情况,进入者不了解在位者的成本状况,因此进入者的选择依赖于它在多大程度上认为在位者是高成本或低成本的。

假定进入者认为在位者是高成本的概率是 p,低成本的概率是 $1-p$。那么,进入者选择进入的期望利润为

$$40p + (-10)(1-p)$$

选择不进入的期望利润为 0。

因此,当 $40p + (-10)(1-p) > 0$,即 $p > 0.2$ 时,进入者选择进入;而当 $p < 0.2$ 时,进入者选择不进入。在位者知道自己的成本状况,当自己是高成本时,对进入者采取默许的策略,当自己是低成本时,对进入者采取斗争的策略。

在上面的例子中,进入者似乎是与两个不同的在位者博弈,一个是高成本的在位者,一个是低成本的在位者。海萨尼提出了处理不完全信息博弈的方法,引入一个虚拟的参与人"自然",自然首先行动决定参与人的特征(例如这个例子中在位者的成本状况),参与人知道自己的特征,其他人不知道。这样,进入者关于在位者成本的不完全信息就变成了关于"自然"的行动的不完美信息,即将不完全信息博弈转换成完全但不完美信息博弈(games of complete but imperfect information),这就是"海萨尼转换"。有了海萨尼转换,不完全信息和不完美信息之间的区别就不重要了。

上面的市场进入博弈经过海萨尼转换可以表示如图 2-8 所示。经过海萨尼转换后的这个博弈是一个动态博弈,第一阶段为虚拟参与人"自然"选择参与人的类型,第二阶段是实际参与人同时选择阶段。至少有部分参与人对自然在第一阶段为其他参与人选择的类型不完全清楚,因此这是一个不完美信息的动态博弈,但它本质上与原来的静态博弈是相同的。

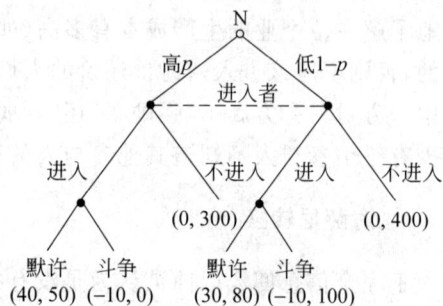

图 2-8　市场进入博弈

2. 贝叶斯纳什均衡

通常称参与人拥有的私人信息为他的"类型",许多情况下参与人的类型由其收益函数完全决定,因此常将收益函数等同于类型。用 θ_i 表示局中人 i 的一个特定类型,H_i 表示局中人 i 所有可能类型的集合,即 $\theta_i \in H_i$,称 H_i 为局中人 i 的类型空间,$i = 1, \cdots, n$。

不同类型的参与人往往具有不同的行动空间,参与人的行动空间 A_i 将随其类型 θ_i 而

变化,即 $A_i = A_i(\theta_i)$,如企业能够选择的产量范围依赖于其成本函数。而给定其他参与人任何一种策略组合,参与人 i 有最优的反应行动 a_i^*,而此时最优行动 a_i^* 也将因参与人类型不同而可能不同,即 $a_i^* = a_i^*(\theta_i)$。

由于收益函数也是类型依存的,如同样产量不同成本函数的企业的利润就不同。即有

$$u_i = u_i(a_1, \cdots, a_i, \cdots, a_n, \theta_i) \quad (i = 1, \cdots, n)$$

n 人静态贝叶斯博弈的表述如下:参与人的类型空间为 $H_1, \cdots, H_n$;条件概率为 $P_1, \cdots, P_n$;战略空间为 $A_1(\theta_1), \cdots, A_n(\theta_n)$;收益函数为 $u_1(a_1, \cdots, a_n, \theta_1), \cdots, u_n(a_1, \cdots, a_n, \theta_n)$。$i$ 知道 θ_i。用 $G = \{A_1, \cdots, A_n, \theta_1, \cdots, \theta_n, P_1, \cdots, P_n, u_1, \cdots, u_n\}$ 表示该博弈。

博弈的顺序如下。

(1) 自然 N 选 $\theta = (\theta_1, \cdots, \theta_n), \theta_i \in H_i$,局中人 i 观察到 θ_i,但局中人 $j \neq i$ 仅知道 $P_j(\theta_{-j} | \theta_j)$,不能观察到 θ_i。

(2) n 个局中人同时选择行动(战略)$a = (a_1, \cdots, a_n), a_i \in A_i(\theta_i)$。

(3) i 得到支付 $u_i(a_1, \cdots, a_n, \theta_i), i = 1, \cdots, n$。

为了减少复杂性,假定博弈开始之前各个局中人掌握的关于 $(\theta_1, \cdots, \theta_n)$ 的分布密度知识是相同的,于是有海萨尼公理:假定概率分布密度 $P(\theta_1, \cdots, \theta_n)$ 是所有局中人的共同知识。这一公理表明所有局中人有关自然行动的信念(belief)是相同的。

贝叶斯均衡是纳什均衡在不完全信息博弈中的扩展:在静态不完全信息博弈中,参与人同时行动,没有机会观察到其他人的选择;每个参与人仅知道其他参与人类型的概率分布而不知道其真实类型,他不可能准确地知道其他参与人实际上会选择什么战略,但是,他能正确地预测到其他参与人的选择是如何依赖于其各自的类型的,这样,他的决策目标就是在给定自己的类型和别人的类型依从战略的情况下,最大化自己的期望效用。

贝叶斯纳什均衡是一种类型依从战略组合:给定自己的类型和别人类型的概率分布的情况下,该战略组合可以使参与人自己的期望效用达到最大化。

与纯战略纳什均衡不同的是,在贝叶斯纳什均衡中,参与人 i 只知道具有类型 θ_j 的参与人将选择 $a_j(\theta_j)$,但并不知道 θ_j,因此,即使是纯策略选择也必须取期望值。

3. 不完全信息古诺模型

在上面几节讨论的古诺博弈中,每个企业的成本函数是共同知识。而本书假设每个企业的成本函数是私人信息。

在不完全信息古诺模型中,参与人的类型是成本函数。假设逆需求函数为 $P = a - q_1 - q_2$,每个企业的单位成本不变,为 c_i,则企业的利润函数为

$$u_i = q_i(a - q_1 - q_2 - c_i) \quad (i = 1, 2)$$

假设企业 1 的边际成本只有一种类型,企业 2 的边际成本有两种可能的类型 $c_2 = c_L$ 和 $c = c_H$;$c_1 = c, 0 < c_L < c < c_H$。

企业 1 不知道企业 2 的成本类型,但知道其两种成本类型的概率分布是 $(\theta, 1-\theta)$。同样,企业 2 也知道企业 1 对自己类型的概率判断。实际上,海萨尼转换需要很强的假设,在单方面信息不完全的时候,要求信息劣势一方对优势方的类型之概率判断是共同知识。

自然地,企业 2 的边际成本较高和较低时,它希望生产的产量水平是不同的,一般而言,

成本较高时产出会低一些。企业 1 从自己的角度,也会预测到企业 2 会根据其成本情况选择不同的产量。用 $q_2^*(c_H)$ 和 $q_2^*(c_L)$ 分别把企业 2 的产量选择表示成其成本的函数,并令 q_1^* 表示企业 1 的单一产量选择。如果企业 2 的成本较高,它会选择 $q_2^*(c_H)$ 满足

$$\max_{q_2}[(a-q_1^*-q_2)-c_H]q_2$$

如果企业 2 的成本较低,它会选择 $q_2^*(c_L)$ 满足

$$\max_{q_2}[(a-q_1^*-q_2)-c_L]q_2$$

企业 1 知道企业 2 成本分布的概率,并能够预测到企业 2 的产量选择将分别为 $q_2^*(c_H)$ 和 $q_2^*(c_L)$。因此企业 1 选择满足下式的 q_1^* 以最大化期望利润

$$\max_{q_1}\theta[(a-q_1-q_2^*(c_H))-c]q_1+(1-\theta)[(a-q_1-q_2^*(c_L))-c]q_1$$

上面三个最优化问题的一阶条件为

$$q_2^*(c_H)=\frac{a-q_1^*-c_H}{2}$$

$$q_2^*(c_L)=\frac{a-q_1^*-c_L}{2}$$

$$q_1^*=\frac{\theta[a-q_2^*(c_H)-c]+(1-\theta)[a-q_1^*(c_L)-c]}{2}$$

三个一阶条件的构成的方程组解为

$$q_2^*(c_H)=\frac{a-2c_H+c}{3}+\frac{1-\theta}{6}(c_H-c_L)$$

$$q_2^*(c_L)=\frac{a-2c_L+c}{3}+\frac{\theta}{6}(c_H-c_L)$$

$$q_1^*=\frac{a-2c+\theta c_H+(1-\theta)c_L}{3}$$

将这个结果与完全信息古诺博弈下的结果进行比较可以发现,在不完全信息的情况下,低成本企业的均衡产量相对较低,而高成本企业的均衡产量要高一些,即由于不完全信息影响,高成本企业从中获得了好处,而低成本企业受到了损害。之所以有这种情况,是因为企业 2 的产量不仅取决于自己的成本,也取决于企业 1 对企业 2 的成本判断。高成本的企业一方面因高成本应减少生产,另一方面由于企业 1 不能确定其是否高成本而按照预期利润最大组织生产,从而使得企业 1 产量低于完全知晓企业 2 高成本时的产量,于是高成本企业 2 就可以生产更多一点产量。同理,低成本企业 2 则受害于企业 1 不知道信息而不得不降低产量。

这个例子也说明在博弈中信息并非绝对的越多越好或越少越好。可以发现,当企业 2 是高成本时,企业 1 如果知道该信息将是有好处的;而若企业 2 是低成本时,企业 1 不知道企业 2 的成本反而更有好处(无知者无畏,由于其无知可能出现的鲁莽举动,对手反而对其避让三尺)。

由此也可以推断出,只有低成本的企业才有动力将自己的真实成本状况变成公共知识,而高成本的企业将会尽力隐瞒自己的真实成本状况。那么如果企业 2 是低成本的,通过廉价磋商(cheap talk)即口头的宣称"我是低成本的"可以使企业 1 相信吗?这里的问题在于,

除非特别的信息渠道,企业1将难以相信企业2的宣称。因为高成本的企业2也有同样的动力宣称自己是低成本的。不过,低成本的企业2的确可以寻找到高成本的企业2所不能承担的信号来传递自己是低成本的信息。关于这一点,将在下一章的信号模型中讲解。

2.5 不完全信息动态博弈

在不完全信息动态博弈中,"自然"首先选择参与人的类型,参与人自己知道,其他参与人不知道。在自然选择后,参与人开始行动,由于行动有先后次序,后行动者可以观察到先行动者的行动。虽然参与人不能直接观测其他参与人的类型,但因为参与人的行动是类型依存的,每个参与人的行动都传递着有关自己类型的某种信息,后行动者可以通过观察先行动者所选择的行动获得有关后者偏好、战略空间等方面的信息,修正自己对其所属类型的先验概率判断,然后选择自己的行动。先行动者可以理性地预期到自己的行动将被后行动者所利用,就会设法传递对自己最有利的信息,而避免传递对自己不利的信息。因此,博弈过程不仅是参与人选择行动的过程,而且是参与人不断修正信念的过程。

对应于不完全信息动态博弈的均衡概念是精练贝叶斯均衡(perfect Bayesian equilibrium)。这个概念是完全信息动态博弈的子博弈精练纳什均衡与不完全信息静态均衡的贝叶斯(纳什)均衡的结合。具体来说,精练贝叶斯均衡是所有参与人战略和信念的一种结合。它满足如下条件:第一,在给定每个参与人有关其他参与人类型的信念的条件下,该参与人的战略选择是最优的。第二,每个参与人关于其他参与人所属类型的信念,是使用贝叶斯法则从所观察到的行为中获得的。

精练贝叶斯纳什均衡是完全信息动态博弈子博弈精练纳什均衡、不完全信息贝叶斯纳什均衡和贝叶斯规则的结合。精练贝叶斯纳什均衡要求当事人要根据所观察到的他人的行为,使用贝叶斯规则修正自己关于后者类型的"信念"(主观概率),并由此选择自己的行动,参与人的战略应当在每一个信息集开始的"后续博弈"上构成贝叶斯纳什均衡。

与其他均衡概念不同,精练贝叶斯均衡不能仅定义在战略组合上,它必须同时说明参与人的信念,因为最优战略是相对于信念而言的。

精练贝叶斯均衡的要点是:当事人要根据所观察到的他人的行为来修正自己关于后者类型的"信念"(主观概率),并由此选择自己的行动。这里,修正过程使用的是贝叶斯规则。贝叶斯法则是概率统计中的应用所观察到的现象对有关概率分布的主观判断(即先验概率)进行修正的标准方法,即

$$P(A \mid B) = \frac{P(B \mid A)P(A)}{P(B \mid A)P(A) + P(B \mid 非 A)P(非 A)}$$

其中 A、B 表示两个任意事件,$P(非 A) = 1 - P(A)$,$P(A)$ 是事件 A 发生的事先概率,$P(A \mid B)$ 称为事后概率,表示在 B 已经发生的条件下,事件 A 将发生的概率。

仍用上一节市场进入的例子,将贝叶斯规则的分析思路表达如表 2-16 所示。

市场原来被在位者(企业 A)所垄断。现在进入者(企业 B)考虑是否进入。B 企业知道,A 企业是否允许它进入,取决于 A 企业自身是高成本的还是低成本的生产者。如果在位者的成本类型是低的,那么其占优战略是斗争,博弈有重复剔除的占优战略均衡——A 斗

表 2-16　市场进入博弈

		在位者					在位者	
		默许	斗争				默许	斗争
进入者	进入	40,50	−10,0		进入者	进入	30,80	−10,100
	不进入					不进入		
	参与人 2 成本高时的得益					参与人 2 成本低时的得益		

争,B 不进入。如果在位者的成本类型是高的,则其占优战略是默许 B 进入,博弈有重复剔除的占优战略均衡——A 默许,B 进入。

进入者不知道原垄断者 A 是属于高成本类型还是低成本类型,但 B 知道,如果 A 属于高成本类型,B 进入市场时 A 进行斗争的概率是 20%(此时 A 为了保持垄断带来的高利润,不计成本地拼命阻挠);如果 A 属于低成本类型,B 进入市场时 A 进行斗争的概率是 100%。

假设博弈开始时,B 认为 A 属于高成本企业的概率为 70%,因此,B 估计自己在进入市场时,A 斗争的概率为

$$0.7 \times 0.2 + 0.3 \times 1 = 0.44$$

0.44 是在 B 给定 A 所属类型的先验概率下,A 可能采取斗争阻挠行为的概率。

当 B 进入市场时,A 确实进行了斗争。使用贝叶斯法则,根据斗争这一可以观察到的行为,B 认为 A 属于高成本企业的概率变成

A 属于高成本企业的概率 =0.7(A 属于高成本企业的先验概率)

　　　　　　　　×0.2(高成本企业对新进入市场的企业进行斗争的概率)

　　　　　　　　÷0.44

　　　　　　　　=0.32

根据这一新的概率,B 估计自己在进入市场时,A 斗争阻挠的概率为

$$0.32 \times 0.2 + 0.68 \times 1 = 0.744$$

如果 B 再一次进入市场时,A 又进行了斗争。使用贝叶斯法则,根据再次斗争这一可观察到的行为,B 认为 A 属于高成本企业的概率变成

A 属于高成本企业的概率 =0.32(A 属于高成本企业的先验概率)

　　　　　　　　×0.2(高成本企业对新进入市场的企业进行斗争的概率)

　　　　　　　　÷0.744

　　　　　　　　=0.86

这样,根据 A 一次又一次的斗争行为,B 对 A 所属类型的判断逐步发生变化,越来越倾向于将 A 判断为低成本企业了。

以上分析表明,在不完全信息动态博弈中,参与人所采取的行为具有传递信息的作用。尽管 A 企业有可能是高成本企业,但 A 企业连续进行的市场进入阻挠,给 B 企业以 A 企业是低阻挠成本企业的印象,从而使得 B 企业停止了进入市场的行动。

应该指出的是,传递信息的行为是需要成本的。假如这种行为没有成本,谁都可以效仿,那么,这种行为就达不到传递信息的目的。只有在行为需要相当大的成本,因而别人不

敢轻易效仿时,这种行为才能起到传递信息的作用。精练贝叶斯均衡的一个重要应用是"信号传递模型"。在下一章委托代理理论中将对"信号模型"进行详细介绍。

传递信息所支付的成本是由信息的不完全性造成的。但不能因此就说不完全信息就一定是坏事。研究表明,在重复次数有限的囚徒困境博弈中,不完全信息可以导致博弈双方的合作。理由是:当信息不完全时,参与人为了获得合作带来的长期利益,不愿过早暴露自己的本性。这就是说,在一种长期的关系中,一个人做好事还是做坏事,常常不取决于他的本性是好是坏,而在很大程度上取决于其他人在多大程度上认为他是好人。如果其他人不知道自己的真实面目,一个坏人也会为了掩盖自己而在相当长的时期内做好事。

小　　结

决策行为之间的相互影响广泛存在于社会经济活动中,因此博弈论成为分析决策问题的重要方法。非合作博弈是当前博弈论研究的主流领域。按照参与人的信息状态和行动顺序两个角度进行划分,非合作博弈分为 4 种类型:完全信息静态博弈、完全信息动态博弈、不完全信息静态博弈、不完全信息动态博弈。与上述 4 类博弈相对应的是 4 个均衡概念,即纳什均衡、子博弈精练纳什均衡、贝叶斯纳什均衡、精练贝叶斯纳什均衡。

(1) 完全信息静态博弈理论是非合作博弈理论的基础。如果在各个博弈方的各一个策略组合中,任一博弈方的策略都是对其余博弈方策略组合的最佳策略,则称该策略组合为博弈的一个纳什均衡。划线法是求解纳什均衡的常用方法。纳什定理保证了在任何有限博弈(即有限个参与人,并且每个参与人可选择的纯战略有限的所有博弈)中,都存在纳什均衡(可能会包含混合战略)。对于存在多重纳什均衡的博弈问题,必须在纳什均衡分析的基础上再作进一步的深入分析。

(2) 动态博弈分析一般使用逆推归纳法。逆推归纳法确定的各个博弈方在各阶段的选择,都是建立在后续阶段各个博弈方理性选择的基础上的,因此自然排除了包含有不可置信的威胁或承诺的可能性。但是由于逆推归纳法要求所有参与人都有"理性的共同知识",而现实中的决策者通常有相当大的理性局限,也必然会犯错误,因此会出现逆推归纳法得出的结论与现实行为选择的不一致。

(3) 在重复博弈中,参与人的总收益是所有阶段博弈收益的贴现值或加权平均值。触发战略的设计是解开重复博弈低效率的关键。

(4) 海萨尼转换使不完全信息博弈与不完美信息博弈统一起来,贝叶斯纳什均衡是一种类型依从战略组合:给定自己的类型和别人类型的概率分布的情况下,该战略组合可以使参与人自己的期望效用达到最大化。

(5) 精练贝叶斯均衡不仅定义在战略组合上,而且必须同时说明参与人的信念,因为最优战略是相对于信念而言的。当事人要根据所观察到的他人的行为来修正自己关于后者类型的"信念"(主观概率),并由此选择自己的行动。

复习思考题

1. 用囚徒困境博弈解释个人理性与集体理性之间可能存在的冲突。

2. 为什么说纳什均衡结果是"自动实施"的？

3. 在连续产量的古诺模型中，如何理解作为学习和进化结果的纳什均衡？

4. 混合战略纳什均衡的含义是什么？

5. 对于存在多重纳什均衡的博弈问题，有哪些常用的进一步分析的方法？

6. 什么是"逆推归纳法"？用逆推归纳法分析博弈应注意哪些问题？

7. 重复博弈与动态博弈的区别是什么？

8. 为什么说触发战略是重复博弈中实现合作和提高均衡效率的关键机制？

9. 什么是贝叶斯纳什均衡？

10. 如何理解在博弈中信息并非绝对的越多越好或越少越好？用不完全信息古诺模型加以说明。

11. 什么是精练贝叶斯纳什均衡？说明在不完全信息动态博弈中，信念的含义和重要性。

练 习 题

1. 有三个参与人 1、2 和 3，以及三种选项 A、B 和 C。参与人同时选择一种选项投票，不允许弃权。因此，策略空间是 $S_i = \{a, b, c\}$。得到最大票数的选项赢得投票，如果没有选项能获得多数，则选项 A 被选中。收益函数是

$$u_1(A) = u_2(B) = u_3(C) = 2$$
$$u_1(B) = u_2(C) = u_3(A) = 1$$
$$u_1(C) = u_2(A) = u_3(B) = 0$$

找出该博弈的所有纳什均衡。

2. 三寡头市场有倒转的需求函数 $P = 100 - Q$，其中 Q 是三厂商的产量之和，并且一至三各厂商都有常数边际成本 2 而无固定成本。如果厂商 1 和厂商 2 先同时决定产量，厂商 3 根据厂商 1 和 2 的产量决策。它们各自的产量和利润是多少？

3. 找出表 2-17 所示博弈的所有纳什均衡。

表 2-17　题 3 表

		乔治	
		等待	先走
埃尔	等待	0,0	2,3
	先走	3,2	−1,−1

4. 假设百事可乐和可口可乐选择广告媒体的收益矩阵如表 2-18 所示。

表 2-18　题 4 表

		可口可乐	
		电视	报纸
百事可乐	电视	3,2	2,3
	报纸	0,1	3,2

纳什均衡是什么？百事可乐的最大最小策略是什么？为什么纳什均衡可能不会出现？什么情况下厂商将采取最大最小策略？

5. 求表 2-19 所示社会福利博弈的混合策略纳什均衡。

表 2-19　题 5 表

		流浪汉	
		找工作	游荡
政府	救济	3,2	−1,3
	不救济	−1,1	0,0

6. 下面的两人博弈可以解释为两个寡头企业的价格竞争博弈，其中 p_1 为企业 1 的价格，p_2 为企业 2 的价格，企业 1 的利润函数为

$$\pi_1 = -(p_1 - ap_2 + c)^2 + p_2$$
$$\pi_2 = -(p_2 - b)^2 + p_1$$

试求：(1) 两个企业同时决策时的纯策略纳什均衡；

(2) 企业 1 先决策时的子博弈精炼纳什均衡；

(3) 企业 2 先决策时的子博弈精炼纳什均衡；

(4) 是否存在某些参数值 (a,b,c) 使得每一个企业都希望自己先决策？

7. 为了避开法律的限制，寡头厂商们往往采用所谓的"战术勾结"。战术勾结基于这样的共识：如果不进行激烈的竞争，特别是如果能避免价格战，那么大家都会有好处。例如寡头之间的"不回避竞争法则"，是指至少有几个寡头厂商保证(通常以做广告的方式)自己的索价不高于其他任何竞争者。这样的许诺对于消费者来说似乎是件很好的事，但事实上这样的做法会提高价格。假定一家电器商店将成本为 90 元的商品以 100 元出售，销售成本为 5 元，则可获得 5 元的利润。如果另一家商店想和它抢生意，可以将同一产品以 95 元出售。但这时它会想到，降价并不会争取到更多的消费者，因为第一家商店已经保证它一定会跟着降价，这样，第二家商店会意识到，降价只能使大家从现有顾客身上赚到的钱更少。因此，这一做法从表面上看是市场高度竞争的，实际上却可能会促进勾结。

写出该过程的动态博弈。

8. 两人合作进行生产，收益与两人的努力程度有关，收益矩阵如表 2-20 所示。

在无限次重复博弈中，假设双方为了在共同努力方面实现合作，采取如下触发战略：开始时努力，一旦发现对方不努力，则自己也偷懒。试分析当贴现因子 δ 符合什么条件时，该策略构成子博弈精炼纳什均衡，从而会是双方的最佳选择。

表 2-20 题 9 表

		B	
		努力	偷懒
A	努力	9/4,9/4	3/2,5/2
	偷懒	5/2,3/2	2,2

9. 市场上有 1、2 两家厂商生产同样的产品,厂商 1 的产量为 q_1,厂商 2 的产量为 q_2,市场总产量为 $Q=q_1+q_2$,设市场出清价格 P(可以将产品全部卖出去的价格)是市场总产量的函数 $P=P(Q)=2-Q$。

(1) 设两厂商的平均成本相等 $C_1=C_2=1$,且成本是共同知识。

如果两厂商同时决定各自的产量,并且他们在决策之前都不知道另一方的产量。求该博弈的纳什均衡解,并做效率分析;

如果厂商 1 先行动,选择自己的产量,厂商 2 作为跟随者选择自己的产量,求此时的纳什均衡,并分析结果。

(2) 如果信息不完全,企业 1 的成本 $C_1=1$ 是共同知识,企业 2 的成本可能为 $c_2^h=1.25$;也可能为 $c_2^l=0.75$,企业 2 知道自己的成本类型,但企业 1 只知道企业 2 属于这两种类型的概率分布 μ 和 $1-\mu$,$\mu=0.5$ 是共同知识。求该博弈的贝叶斯纳什均衡,并分析结果。

第3章　委托代理理论

当代社会经济的许多活动都是通过契约关系来协调参与人之间的行为的,只要在建立契约前后,市场参加者双方所掌握的信息不对称,这种经济关系就可以被认为属于委托－代理关系。委托代理理论(Principal—Agent Theory)主要研究如何设计一个补偿系统(一个契约)来驱动代理人为委托人的利益行动。由于信息不对称现象在经济活动中相当普遍,因此,经济活动中的许多经济关系都可以归结为委托－代理关系。信息不对称可能发生在契约签订之前,也可能发生在契约签订之后,研究事前非对称信息的模型称为不利选择模型,研究事后非对称信息的模型称为道德风险模型。不利选择和道德风险是委托代理框架下由于信息非对称导致市场失灵的两种典型形式,不利选择模型主要研究如何降低信息成本,道德风险模型主要研究如何降低激励成本。本章探讨委托代理关系的含义和特点,委托代理均衡合同的条件,以及不利选择和道德风险的表现、影响和相应的解决对策。

3.1　委托代理关系

当代社会经济的许多活动都是通过契约关系来协调参与人之间的行为的,契约已成为当代经济制度的基本内容之一。这些契约是如何达成的,它们的效率如何,以及人们如何改进和限制这些契约的经济作用等,都是委托人－代理人理论所关心和探讨的问题。

1. 委托代理关系的含义与特点

委托代理是指一个人或一些人(委托人)委托其他人(代理人)根据委托人利益从事某些活动,并相应授予代理人某些决策权的契约关系。委托－代理关系是居于信息优势与居于信息劣势的市场参加者之间的相互关系,掌握信息多的市场参加者称为代理人(agent),掌握信息少的则称为委托人(principal)。

构成委托－代理关系的基本条件有两个:①市场中存在两类相互独立的个体,他们都是在约束条件下的效应最人化者。在这两类个体中,代理人必须在许多可供选择的行为中选择一项预定的行为,该行为既影响其自身的收益,也影响委托人的收益。委托人具有付酬能力,并拥有规定付酬方式和数量的权力,即委托人在代理人选择行为之前就能与代理人确定某种合同,该合同明确规定代理人的报酬是委托人观察代理人行为结果的函数。②代理人与委托人都面临着市场的不确定性和风险,且他们所掌握的信息处于非对称状态。委托人不能直接观察代理人的具体操作行为,代理人也不能完全控制选择行为后的最终结果。代理人选择行为的最终结果是一种随机变量,其分布状况取决于代理人的行为。也由于这个条件,委托人不能完全根据对代理行为的观察结果来判断代理人的成绩。

委托人和代理人间的利益不一致及信息不对称是委托代理问题产生的一般原因。委托代理关系的特点可以归纳为:利益不对称性、信息不对称性和契约的不完备性。

（1）利益不对称性。委托人与代理人的利益不对称性是指委托人和代理人的利益是不完全一致的，代理人可能会利用自己的信息优势选择使自己利益最大化而同时损害了委托人利益的行为。委托人为了防止代理人损害自己的利益，客观上要求对代理人进行监督，但监督是要付出成本的，如果监督过于严厉，不仅成本过高而且对合同活动的正常进行也会产生不利影响；如果监督过于松懈，则委托人的权利得不到很好的保护。这样就需要建立一套既能够有效地约束代理人的行动，又能激励代理人按委托人的目标和为委托人利益而努力工作的机制或制度安排。

（2）信息不对称性。在委托代理的框架下，信息不对称具体的是指代理人掌握的信息不为委托人所知的现象。在对称信息情况下，代理人的行为是可以被观察到的。委托人就可以根据实际观测到的代理人行为对其实行奖惩。而在非对称信息情况下，委托人不能观测到代理人的行为，只能观测到相关变量，这些变量由代理人的行动和其他外生的随机因素共同决定。

（3）契约的不完备性。在委托代理关系中，一个根本和关键的问题就是契约的不完备性。一个完备的契约指的是这样一种契约：这种契约准确地描述了与交易有关的所有未来可能出现的状态，以及每种状况下契约各方的权力和责任。否则契约就是不完备的。契约的不完备性有两个主要原因：一是不确定性意味着存在大量可能的偶然因素，要预先了解和明确针对这些可能的反应，费用是相当高的；二是履约的度量费用也是很高的。契约的不完备性需要机制设计来应对。

2. 委托代理均衡合同

委托人和代理人最终达成的双方共同接受的合同，并在合同约束下选择行动，这个合同就称为委托代理均衡合同。

委托代理均衡合同必须满足以下3个条件。

（1）参与约束条件。在具有"自然"干涉的情况下（即考虑不确定性的影响），代理人履行合同责任后，所获收益不能低于某个预定收益额，这就是参与约束条件。

（2）激励相容条件。代理人以自身效用最大化原则选择具体的操作行动，当他做这样的选择时，可以同时使委托人的效用达到最大化，这就是刺激一致性或激励相容条件。

（3）委托人利益最大化条件。在代理人执行这个合同后，委托人所获收益最大化，采用其他合同都不能使委托人的收益超过或等于执行该合同所取得的效用，这就是委托人收益最大化条件。

可以用一些生活中的例子来解释委托代理均衡合同的上述3个条件。参与约束条件是指代理人愿意接受委托代理合体的最低条件，学生毕业就业时，接受一家单位的工作合同时的最低工资要求，就是一个例子。

激励相容条件说明，代理人以行动效用最大化原则选择具体的操作行动，代理人获得预期效用最大化的同时，也保证使委托人预期收益最大化。也可以借助一则简单的事例来直观地说明该原则。两个人分一块月饼，他们的行动原则都是自身效用最大化，假设分得的月饼越大，效用越大；而管理者则希望他们能够公平地瓜分月饼，即公平程度代表着管理者的效用。如何能使两人自动地公平瓜分月饼从而达到管理者的期望呢？事实上，只要建立下列简单机制（或游戏规则）就能解决这个问题：规定切割月饼的人后挑选，不切割月饼的人先挑选。这样切割月饼者必定会按照其预期收益最大化的方式分月饼，即将月饼切得尽量一般大小，才能保证自己的利益不受损失，至于他用什么方法去切，无须管理者考虑。结果，管理者获得最大化预期收益：每人都得到他们应得的月饼份额。

委托人收益最大化条件，类似于站在委托人角度的参与约束条件，如在工作合同的签订中，招聘单位之所以决定录取学生 S 而不是别人，是因为同等条件下，招聘单位认为其他人都不能带来更大或同等的收益；也就是说与 S 订立合同，委托人可以获得最大化收益。

3. 不利选择与道德风险

不利选择和道德风险是委托代理框架下由于信息非对称导致市场失灵的两种典型形式。不利选择（adverse selection）也称为逆向选择，指在建立委托代理关系之前，代理人已经掌握某些委托人不了解的信息，这些信息可能对委托人不利，代理人利用这些信息签订对自己有利的合同，而委托人则由于信息劣势而处于不利的位置。由于在订立合同前，信息居于劣势的委托人不能正确选择高质量的代理人，将会发生类似"劣者驱逐良者"的现象，因此称为"不利选择"。

道德风险指的是参与人双方在签订委托代理合同后，占据信息优势的一方在使自身利益最大化的同时损害了处于信息劣势一方的利益，而且并不承担由此造成的全部后果的行为。道德风险的产生原因有二：一是在契约关系中，处于信息劣势的一方无法观察到占据信息优势的一方的行为，最多只观察到行为产生的不利后果；二是处于信息劣势的一方无法确定这种不利后果的产生是否与占据信息优势的一方的行为不当有关。

可以在许多经济契约关系中看到不利选择和道德风险的事例，下面以比较典型的劳动力市场、保险市场和信贷市场为例，进一步解释不利选择和道德风险。

在劳动力市场上，雇主和求职者的不对称信息首先存在于雇主对求职者的能力、身体健康状况等信息的了解方面处于劣势，当雇主按照平均的能力或健康水平提出雇用的工资率时，那些处于平均水平之下的求职者是合算的，愿意接受工作合同，而那些处于平均水平之上的求职者可能不愿意接受合同而退出，这就是"不利选择"。要解决这个问题，需要设计一种机制，使得雇主能够获得有用的信息，或令求职者自动给出有用的信息，从而达到一种最好的契约安排。雇用双方在签订合同后，则可能会出现隐蔽行为，雇员虽然承诺努力工作，但由于雇主难以完全监督，雇员从自身收益最大化出发，可能会偷懒，这就是所谓的"道德风险"。要解决这个问题，就要设计激励机制，如工资制度或福利制度，使雇员努力工作。

在保险市场上，保险公司和潜在的投保者之间也存在信息不对称。在签订保险合同之前，潜在的投保者是存在"优劣"之分的。如对于医疗保险或人寿保险来说，潜在的投保者中其中一些人风险程度较高，如习惯于不健康的生活方式（吸烟、酗酒、熬夜等），甚至有家族病史；而另外一些人则相对具有较低的风险，如生活方式健康规律，家族有长寿史等。但是这些信息属于私人信息，保险公司无从获知或观察到。如果保险公司将对所有的人以平均的、同样的保险率设计保险合同，那些容易得病的人才有积极性投保健康保险，不容易得病的人则因保费过高不参加保险。这样一来，保险公司需要赔给保户的钱远远高于他们按平均得病率计收的保费，就会无法正常运营下去。从保险公司的角度看，他们得到就是"不利选择"

而来的投保人。签订保险合同之后则会因信息不对称而发生道德风险。以财产保险为例，购买了财产保险的人可能将不再像以前那样用心照料自己的财产。

在金融市场上，不利选择是指：贷款者和借款者之间存在着信息的不对称性，即有关借款者的信誉、担保条件、项目的风险与收益等，借款者具有信息优势，贷款者居于信息不利地位，只能根据自己所掌握的借款者过去平均的信息来设定贷款条件，例如根据借款者的平均风险水平确定利率，而不是根据每个贷款人具体的风险程度高低确定利率。这样就会对那些高于平均条件的优良企业不利，他们可能就会退出信贷市场。这一过程不断重复，信贷市场上的借款者整体素质就会下降，这就是所谓的不利选择。金融市场上的道德风险是指借款者取得贷款后，可能改变原来的承诺，从事高风险投资或者故意赖账。

在信息不对称的情况下，不利选择和道德风险总是会发生。信息经济学理论认为，防范不利选择和道德风险的办法就是建立起信号传递机制和激励机制。

3.2 不利选择

1. 不利选择过程

1970年，美国经济学家阿克洛夫发表了《次品市场：质量的不确定性与市场机制》一文，讨论了质量和不确定性问题，揭示了二手车市场和普通商品市场的区别，即信息不对称带来的问题。

在阿克洛夫描述的二手车市场上，由于存在信息的不对称，潜在的买家不了解每辆车的具体的质量，只能依平均质量出价，这样，质量最好的车子的主人就认为不值得按这个价钱把车子卖掉，从而退出市场交易。由于质量最好的车子退出，剩下等待交易的车子的平均质量降低了，潜在的买家将依更低的平均质量评价出价，于是，质量"第二等"好的车子也要退出去。结果，商品的平均质量将趋于下降，市场规模将不断缩小。这种不利选择的过程实际上可以在任何存在私有信息的市场发生。

2. 不利选择问题的例证和应用[①]

不利选择理论可以对现实市场中的许多现象给予有说服力的解释，并为解决这些问题提供了思路。

1) 保险市场中的不利选择问题

作为不利选择的一个典型例证，阿克洛夫对保险市场中的不利选择问题进行了分析。在保险市场上，年龄超过65岁的人很难买到商业医疗保险。为什么保险费不能一直上升到与风险相当的水平？一个可能的回答是：当保险费提高时，只有那些越来越确信自己有必要投保的人才会买保险。医疗体检中的弊端、医生对病人的同情等因素，使得保险申请人比保险公司更加了解自己的风险状况。结果，当保险费上升时，投保申请人的平均健康状况不断恶化，导致最终将不会在任何保险费水平上签订保险合同。

---

① 乔治·阿克洛夫. 柠檬理论：质量不确定性与市场机制，阿克洛夫、斯彭斯和斯蒂格利茨论文精选. 北京：商务印书馆，2002.

2）欺骗性交易的成本

二手车市场模型也可以用于解释欺骗性交易的成本。那些在市场上提供次品的人就像汽车市场上的次品一样会使整个市场瓦解。这种可能性构成了欺骗性交易的成本，即欺骗性交易将诚实的交易者逐出了市场。市场上原本可能有买主想购买高质量的商品，而且有卖主愿意在一个适当的价格范围内出售该种商品。但是，正是由于出现了一些蓄意以次充好进行欺骗性交易的人，使得合法的诚实交易者被逐出了市场。因此，欺骗性交易的成本不仅包括买者被骗取的部分，还应该包括正常交易不复存在带来的损失。

以我国的某些小商品批发市场为例，在某个小商品市场开业之初，可能存在良莠不齐的现象，有诚实的商家，按照商品的真实质量标出合理的价格；也有不诚实的商家，以次充好，出售假冒伪劣商品。消费者在交易商品的质量上是信息劣势方，他们对每一件商品的质量和真假往往不能准确知晓，存在受骗上当的可能性。但没有人能够永远欺骗别人而不会被发现，当消费者被某些不诚实的商家欺骗而购买了假冒伪劣商品后，在使用过程中总有一天会发现商品的真实质量而意识到受到了欺骗，因此他们对整个市场的信任程度下降了。今后即使面对的是诚实的商家，他们也会因以往的受骗经历或该市场已经声名狼藉的名誉而充满戒心，对于一件商品，他们只愿意以平均的价格（平均价格＝真货的概率×真货的价格＋假货的概率×假货的价格）出价。这样，二手车市场中的不利选择现象就出现了，那些诚实的商家难以从消费者的平均出价中收回成本，而不得不退出该市场，这个过程会形成一个恶性循环，随着诚实商家的退出，该商场的商誉更加糟糕，消费者的信任程度越来越低，诚实商家的生存空间越来越小，最终被不诚实的商家彻底逐出。

3）信贷市场上的信用配给问题

斯蒂格利茨和威斯在1981年运用次品市场理论对借贷市场上的信用配给制度提出了一种解释。人们观察到，市场上贷款利率总是比使得对贷款的需求和供应相等的均衡利率低，从而存在对贷款的过度需求，即在现有的贷款利率下，有人贷不到款。在传统经济学中，运转良好的市场通过价格调整使得供需平衡，那么银行为什么不相应地提高贷款利率呢？

银行是在不太了解每个借款人的信用的情况下实施贷款的，其效用取决于两个因素，一是贷款的利率，二是贷款按时还本付息的概率。在贷款市场上，一些贷款人的风险程度可能比较低，他把借来的钱用于风险低、能产生稳定但可能不太高的回报的投资项目上，因此他们到期赖账的可能性很低。但其他一些人可能想用借来的钱投资投机性的项目。后一种借款人是高风险的，从银行赖账可能性大小的意义上，他们是金融市场上的次品。

从银行的角度看，提高利率将会降低向他们借款的人的平均信用程度，因此银行更愿意采用"信用配给"的方式来决定是否贷款给一个人，保持利率在较低的水平，以便容纳较多的潜在的借款人，从中有选择地拒绝一些信用较差的人。即银行贷款行为不仅依赖于价格体系，而且依赖于信用制度。

3. 解决逆向选择问题的途径

在上述讨论的二手车市场模型中，假设卖主的私人信息无法传递给买主。事实上，从不完信息静态博弈古诺模型中可以发现，对于具有私人信息的一方，如果本身是低效率的生产者，他可以从对方的不完全信息状态中获益，而高效率的生产者却会因此而受到损失。因此,一般而言,高质量商品的卖主有动机传递出自己真实类型的信息。在现实经济活动中,拥有私人信息的一方是具有一些传递信息的手段的,经济社会也发展出一些制度和机制解决信息问题。

1) 管制

通过管制的方法可以部分解决信息问题,如建立独立的质量监督、认证机构,帮助消费者识别劣质产品,管制机构可以通过确定限额(如确定最低汽车责任保险内容)、规定限制条件(如限制未经检验药物的销售)、执行产品安全标准(如儿童睡衣的易燃性)、用广告法监测广告的真实性等。

2) 信息中介

作为市场信息专家的经纪人或中间商可以利用其专业知识鉴定或识别商品质量,他们的商业信誉一旦建立,就能使买卖双方由于信息不对称而产生的交易效率损失得到改善:一方面高质量商品的卖主可以通过经纪人以合理的价格出售其商品,且为此而支付给经纪人的佣金低于卖主在非对称市场上直接出售该商品蒙受的效用损失;另一方面,希望购买高质量商品的买主,通过经纪人也可以在一个合理的价格水平上买到高质量产品,且为此而支付给经纪人的佣金也低于在不对称市场上搜寻高质量产品的成本。

3) 抵押机制

在不对称信息交易中一般都会采用某种抵押品,如一项有声誉的资产、委托契约或有担保的债务,作为不信守承诺的补偿,可以使买主、银行或保险公司相信,欺骗的成本对于卖主、借款人和被保险人来说,要比提供承诺的产品质量成本更高。

运用抵押机制的一个例子就是厂商提供保修保退的承诺。经济学一般将商品分为搜寻商品(search goods)和经验商品(experience goods),商品的有关特性可通过用户在购买时的触摸、掂量和观察来辨别的为搜寻商品,而那些需要在使用一段时间才能辨别和了解其特性的称为经验商品。保修保退在很大程度上将经验产品变为搜寻产品:当买者在购买商品时,并不知道该商品的某些特性,但既然保修保退,使用后发现问题可以免费维修或退货,在购买时就不必为这些特性而担心。搜寻商品的交易比经验商品简单得多,它避免了由于信息不对称带来的种种困难。但保修保退会带来另一个问题,即消费者滥用保修保退,这属于道德风险问题。

固定的经营场所也是传递信息的方式。即使厂商提供了三年保退保修的承诺,但如果一个月之后消费者就难以寻觅他们的踪影,这个承诺也不过是一纸空文,因此,与街头的流动商贩相比,人们有理由相信,具有固定营业场所的商家更有可能说实话,这是因为他们说假话需付出的代价更高。

良好的商誉是一个可靠的信号。事实上,固定的营业场所也可能会在一夜之间关门,如果该场所只不过是租来的,就更令人难以信任。而厂商经过长期努力建立起来的声誉是比一纸承诺和固定场所更可信的质量保证。如果交易重复进行,品牌声誉将会提供未来的净现金流量,建立商誉就是理性的。建立起提供优质商品商誉的厂商可以获得超额利润——"信誉租金",名牌商品的价格高于普通商品价格,从而形成一种有效的激励机制。如果交易永远进行下去,厂商将有积极性保持声誉。因为消费者如果上一次当,买到劣质商品,他们就要报复,再也不去买该厂商的商品,这就是所谓的声誉毁于一旦,厂商必定损失利益。但当交易是一次性的,或是有限次的,厂商则没有建立声誉的积极性,或声誉是不可靠的。

广告可以作为企业传递其产品是高质量的信息。厂商愿意在广告上花大量的钱的这一事实可能使消费者相信,厂商对自己的产品很有信心,否则,即使吸引顾客尝试购买了其产品,却由于实际效果不佳,而无法成为回头客的话,巨额的广告开支无法收回,大做广告就不是厂商的最优选择。因此,只有高质量产品的厂商才会不惜重金大做广告。

3.3 信 号 模 型

通过上一节对不利选择的分析,可以知道,在不对称信息结构的市场交易中,不利选择将会使市场整体受到效率损失。掌握信息的一方会利用对方的"无知",侵害对方的利益而谋求自己的利益。而处于信息劣势的一方,知道对方在乘机牟利,因此对任何交易都持怀疑态度。这样,本来有利于双方的交易便难以达成,或者即使达成,效率也不高。这就是不对称信息对市场机制的破坏作用。所以说,在不对称信息结构的市场交易中,不仅是缺乏信息的一方吃亏,掌握信息的一方也会受到损失。因此,缺乏信息的一方总是要采取一定的措施来获取对方的隐蔽信息,以改变自己在交易中所处的信息劣势,这种活动称为筛选(screening);同样掌握信息并拥有优质产品的一方也想要把信息尽可能显示出来,这样优质产品不会被劣货混淆埋没,从而可以赢得市场。这种活动称为发信号(signaling)。因此,按照行动的先后顺序,信号模型有两种类型:一是标准的信号传递模型,即拥有私人信息的一方先采取行动;二是信号"甄别"模型,即不拥有私人信息的一方先行动。

产品质量好的厂商希望设法传递出自己商品的质量信号,以弥补效率损失,但问题是,应当如何分析这些传递出来的信号?应当相信这些信号吗?事实上,要使得信号可信,正如博弈论中"可置信的威胁"或"可置信的承诺"一样,信号必须是有成本的。例如高质量车的车主做出"未来三年之内车的维修费用全部由卖主负责"的承诺,其重要性在于这很难被低质量车的车主模仿,道理很简单,低质量的车如果每个月都要维修一次,对卖主来说显然是不合算的。

下面以劳动力市场为例,详细分析信号模型的作用原理。

1. 劳动力市场上的信息不对称和信号示意[①]

迈克尔·斯彭斯在其《劳动力市场的信号发送》一文中,分析了市场信号的发送及其可能的均衡结果。斯彭斯之所以选择劳动力市场,是因为劳动力市场存在较为严重的信息不对称,斯彭斯曾在一个演讲中讲到,当你在商场上挑选大白菜时,仔细挑选10分钟就可以判断出它的质量,而挑选一个合格的员工,仔细端详10小时也难以解决问题。可见,劳动力也是典型的"经验商品"。因此,私人信息的有效传递对于劳动力市场的正常运行是非常重要的。

在大多数劳动力市场上,当雇主雇用一个人时,对他的生产能力并没有把握。即使雇用后,雇主也不是必然能马上知道新雇员的生产能力。雇员适应新工作可能要花一些时间,经

---

① 迈克尔·斯彭斯. 劳动力市场的信号发送,阿克洛夫、斯彭斯和斯蒂格利茨论文精选. 北京:商务印书馆,2002.

常还需要接受具体的职业培训。而且，受法律限制，在一定的时间范围内，不允许重新制订合同。这一事实意味着雇用新员工是一种投资决策，由于事先不知道每一个求职者的生产能力，这种决策处于不确定的环境状态下，发现合适的鉴别求职者生产能力的方法，对于雇主来说是很重要的。

在劳动力市场上，雇主付给工人的工资等于他对组织的边际贡献，即他自身的边际生产力。但雇主不能事先直接观察到求职者实际的边际生产力，他所能看到的是包括教育、工作履历、种族、性别、犯罪和服务记录以及其他诸多的个人资料，雇主可以根据这些资料对求职者的生产能力做出判断。斯彭斯对求职者的个人特征进行了一个区分，在那些共同构成求职者形象的个人特性中，有一些是永远固定的，而有一些是可变的。例如，受教育程度是个人能够以金钱和时间作为成本投资的，但是，性别和种族一般被认为是不可变的。斯彭斯把那些看得见的不变的特性作为指标，而把个人能够控制的看得见的特征称为信号。有些特性，例如年龄，确实在变化，但个人并无法控制，那么这些也属于指标。

假定雇主是风险中性的，对于面临的每一个信号和指标的组合，他对具有某种特性的人有一个期望的边际生产力水平，他会给予具有这些特征的求职者某个特定的工资。因此，潜在的雇员面临着市场中一个给定的工资表，而制订这张工资表的依据就是信号和指标。

求职者虽然无法改变自身的指标，但他可以控制和改变信号。当然，调整信号可能是有成本的。这种成本从广义上理解，不仅包括直接的金钱成本，还包括精神上的和其他成本，例如时间也是一种重要的成本。事实上，在信号传递中，信号成本起着关键的作用。只有信号成本与生产能力负相关时，求职者才能被信号有效地区别开来。如果这个条件不成立，那么根据给定的工资表，每个人都会以完全同样的方式在该信号上投资，雇主也就不可能根据这样的信号来区分求职者了。

需要特别强调的是，在不同的市场中，鉴别商品质量或人员素质所选取的特征值是不同的，如在劳动力市场上，对于某些类型的工作，某个特征可能是信号，但对于其他工作而言则可能不是信号，例如评价一位科学家和一位流行歌星所用的特征值是不同的。

假设劳动力市场上信号传递的过程是这样的：首先，求职者决定他们希望进行多大的智力投资以向雇主传递信息，他们要支付相应的信号示意的成本；然后，虽然雇主并不能观察到每个求职者的实际生产能力的高低，但他可以观察到受教育程度高低的信号。也就是说，生产能力高低是私有信息，受教育程度是公共信息。雇主根据求职者的受教育程度和自己对教育程度和实际生产能力之间的相关程度的概率信念，决定给予雇员的工资水平。受雇以后，雇主就可以观察雇员的实际能力水平，并且可以相应地修改自己对于受教育程度与生产能力之间关系的判断，即调整条件概率信念，然后开始新一轮的评价。因此，这是一个不完全信息动态博弈。图 3-1 反映了该动态博弈的各要素。

2. 劳动力市场的信息示意分离均衡

斯彭斯利用一个具体的形式化的例子讨论了市场信号发送均衡的存在。假设劳动力市场上，雇主和求职者都是风险中性的，并且假设雇主面对的求职者有两种类型：第一组成员（L 型）的生产能力为 1，在人群中的比重为 q，第二组成员（H 型）的生产能力为 2，在人群中的比重为 $1-q$。雇主根据求职者的生产能力水平提供相应的工资待遇，但问题在于雇主如

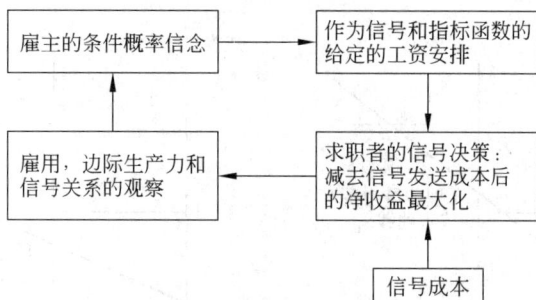

图 3-1　劳动力市场信号博弈

何才能了解哪一个工人是高质量的工人？

有一个潜在的信号，如教育，成员在付出一定的成本后就能得到该信号。假定教育由一个水平指标 y 衡量，能够由求职者进行选择。教育成本既有精神上的也有金钱上的。假设对 L 型求职者而言，接受教育的成本是 $c_L = y$，而对 H 型的求职者而言，接受教育的成本是 $c_H = y/2$，可以理解为 H 型求职者能够比较容易地接受教育并获得相应的学位，即生产能力较低的劳动力信号示意的成本比生产能力高的劳动力要高。

要找到均衡，可以推测雇主自我肯定的条件概率信念，然后看它事实上是否能由上述反馈机制证实。假定雇主认为存在某个特别水平的教育 y^*，受过比这个水平更高的教育的求职者是生产能力高的，即如果 $y \geqslant y^*$，则生产能力为 2，支付给他 $w = 2$ 的工资；如果 $y < y^*$，就会认为这个求职者生产能力为 1，支付给他 $w = 1$ 的工资。如果这是他的条件概率信念，则该雇主的给定工资表 $w(y)$ 如图 3-2 所示。需要注意的是，这里每个劳动者的生产能力被假设为固定的，即他们

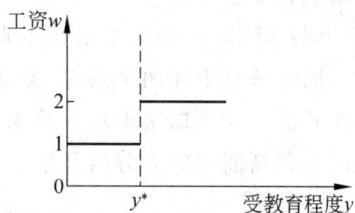

图 3-2　雇主给定的工资表

所受的教育并不改变他们的生产能力。这样就可以把问题简化，把注意力放在教育的"信号示意"作用上。

根据给定的工资表，每组成员都会选择自己最优的受教育水平。首先来考虑把教育水平设为 $y < y^*$ 的求职者，如果他这么做，可以知道他一定会处于 $y = 0$ 的位置上，因为教育需要付出成本，在未达到 y^* 之前，按照雇主的信念，提高 y 只会带来成本的增加，而没有任何收益。同样，任何把教育水平设定为 $y \geqslant y^*$ 的求职者事实上也一定会处于 $y = y^*$，因为进一步提高受教育水平只会增加成本而不会带来收益的增加。因此，劳动力市场的每一个求职者都只会选择两个受教育水平，即 $y = 0$ 或 $y = y^*$。如果雇主的信念要得到证实，那么，L 型的成员一定选择 $y = 0$，H 型的成员一定选择 $y = y^*$。两类人员的选择局势如图 3-3 所示。

将两种类型的劳动力的受教育成本曲线置于工资曲线上，两种类型的劳动力将会选择一个 y 值以使相应的工资减去教育成本所得到的净收益最大。如果给定图 3-3 中雇主的信念 y^* 的值，容易看出，L 型求职者的最优选择为 $y = 0$，H 型求职者的最优选择为 $y = y^*$，这正使得雇主的信念得以肯定。可以看到，两种类型的劳动力做上述选择的条件如下。

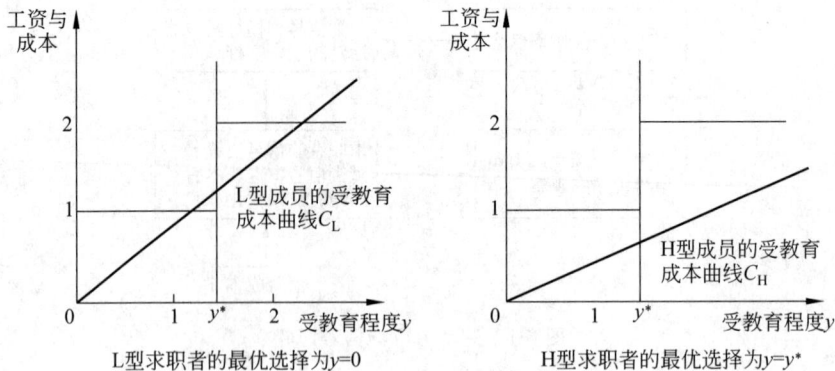

图 3-3　两类人员的受教育程度选择

只有当 L 型求职者选择 $y=0$ 的受教育程度时的净收益(工资为 1,成本为 0,净收益等于 $1-0=1$)大于选择 $y=y^*$ 的净收益(工资为 2,成本为 y^*,净收益等于 $2-y^*$)时,L 型求职者才会选择 $y=0$。

只有当 H 型求职者选择 $y=0$ 的受教育程度时的净收益(工资为 1,成本为 0,净收益等于 $1-0=1$)小于选择 $y=y^*$ 的净收益(工资为 2,成本为 $y^*/2$,净收益等于 $2-y^*/2$)时,H 型求职者才会选择 $y=y^*$。

即:当 $1>2-y^*$ 时,L 型求职者选择 $y=0$;当 $2-y^*/2>1$ 时,H 型求职者选择 $y=y^*$。

同时满足上述两个条件,会发现参数 y^* 应当满足不等式 $1<y^*<2$,在此条件下,雇主的初始信念就可以由市场经验来肯定。通过受教育水平这个信号,雇主可以成功地将低能力的人和高能力的人分离开来。

3. 劳动力市场信号示意均衡的混同解

在劳动力市场模型中还存在其他性质完全不同的均衡。假定雇主的信念是以下形式。

如果 $y<y^*$:求职者是 L 型的概率为 q;是 H 型的概率为 $1-q$。

如果 $y \geq y^*$:求职者是 H 型,概率为 1。

上述假设意味着雇主并不完全以教育水平衡量求职者的生产能力,当他观察到求职者低于 y^* 的教育水平时,并不认为他一定生产能力低。

如前所述,求职者可供选择的 y 的水平仍然是 $y=0,y=y^*$。

当雇主观察到 $y=0$ 时,将支付工资 $2-q$;当雇主观察到 $y=y^*$ 时,将支付的工资为 2。

在雇主这样的信念下,对于 L 型求职者而言:

选择 $y=0$ 的效用是 $\qquad w(\text{L})-0=2-q$

选择 $y=y^*$ 的效用是 $\qquad w(\text{H})-y^*=2-y^*$

对于 H 型求职者而言:

选择 $y=0$ 的效用是 $\qquad w(\text{L})-0=2-q$

选择 $y=y^*$ 的效用是 $\qquad w(\text{H})-y^*/2=2-y^*/2$

可以推导出,当 $y^*>2q$ 时,两类求职者都会理性地选择 $y=0$。

当求职者做出这样的选择时,雇主的信念是否得到证实了呢?由于两类求职者都选择

了 $y=0$，因此，并没有出现 $y \geqslant y^*$ 的情形，所有的求职者发出同样的信号，因此雇主的信念得到了证实，这是一个均衡状态，然而该信号并不能分离低能力的人和高能力的人。

斯彭斯对这个均衡的分析指出，雇主的生产能力与教育之间关系的信念在一种有些消极但完全值得接受的意义上得到了肯定，由于没有与这些教育水平相关的资料，因此，从逻辑上说，也就没有证明其不能成立的资料。这可能意味着雇主的信念会驱使一些群体从一个劳动力市场转到另一个劳动力市场，在简单的一个雇主、一个市场的模型中，得不到这种情况，但是当它发生时，雇主也无法通过经验来改变信念。事实上，在这种均衡中，教育不传递任何信息，该模型实际上复制了无信号发送情况下的雇主与求职者的信息状况。

与上述分析相类似，也可能存在使得每个人的选择都是 $y=y^*(y^*>0)$ 的均衡。如果雇主具有以下信念：如果求职者的教育水平低于 y^*，他一定是 L 型；如果求职者的教育水平高于 y^*，那么，他是 L 型的概率为 q，是 H 型的概率为 $(1-q)$。也就是说，这样的雇主认为高学历并不一定意味着高生产能力，而低学历则一定是低生产能力的。

在此信念下，所有教育水平 $y<y^*$ 的雇员获得的工资为 $w(y<y^*)=1$；而所有拥有 $y \geqslant y^*$ 的教育水平的雇员获得的工资为 $w(y \geqslant y^*)=1 \cdot q+2 \cdot (1-q)=2-q$。

那么，两类求职者应当如何选择呢？下面来分析他们的净收益。

对于 L 型人员来说：

选择 $y=0$ 获得的效用为 $\qquad w(\mathrm{L})-0=1$

选择 $y=y^*$ 获得的效用为 $\qquad w(\mathrm{H})-y^*=2-q-y^*$

对于 H 型人员来说：

选择 $y=0$ 获得的效用为 $\qquad w(\mathrm{L})-0=1$

选择 $y=y^*$ 获得的效用为 $\qquad w(\mathrm{H})-y^*/2=2-q-y^*/2$

可以推导出，当 $y^*<1-q$ 时，H 型和 L 型的人都会选择 $y=y^*$。

这种选择使得雇主的信念得到了证实。虽然所有的求职者都选择了该特定的教育水平，但这个教育水平并没有传递出任何有用的信息。在这种情况下，个人仍然在教育上理性地投资，因为如果他们作为个人不投资，就会得到低工资，损失将会超过不进行教育投资的收益。

这种信号均衡的内在含义是：可能存在一种稳定的寻找工作的前提条件，这种前提条件本身并不传递任何信息，因此也没有任何作用。

4. 信号示意的例证与应用

在许多信息不对称的市场中，都会看到信号示意的例子，其中以企业资本结构的研究最具有代表性。

1) 企业资本结构的信号示意作用

资本结构指企业各种资金来源的构成和比例关系，资本结构理论基于实现企业价值最大化和股东财富最大化的目标，着重研究企业资本结构中长期债务资本和权益资本构成比例关系的变动对企业总价值的影响。

企业资金的来源除了自身积累外，主要是股权融资、银行贷款和发行债券，后两者又统称为债务融资。资本结构理论分析股权融资与债务融资的差别，以及公司形成特定资本结构的决定因素。

迈尔斯(Myers)和麦吉勒夫(Majluf)考虑了信息不对称对公司资本结构的影响。迈尔斯和麦吉勒夫模型(1984)认为公司外部投资者和内部经理人之间存在信息不对称,由于投资者不了解公司的实际经营状况,只有公司管理层自己才知道,投资者只能按照对公司价值的期望来支付公司价值,因此价值高的公司股票的价格是被低估的。当公司采用发行新股来为新的投资项目融资时,新股发行价格的严重偏低会导致原有老股东财富损失。管理层为了保护老股东利益,企业将通过不被市场低估的渠道进行融资,比如使用内部资金或发行无风险债券。即使是发行有风险的债券也比增发新股融资要好,因为债券的市场价格低估程度要远远小于股票。该模型的重要结论是:企业融资遵循"啄木"顺序(Pecking Order),首先是内部资金,其次是债务融资,最后才选择增发新股。

罗斯(Rose)首先将信号理论引入资本结构理论中。假定企业经理者对企业未来收益和投资风险有内部信息,而投资者没有,投资者只能通过经理者输出的信息间接评价企业的市场价值。资产负债率或企业债务比例就是将内部信息传递给市场的工具。外部投资者会把较高负债作为高质量的一个信号,负债比例上升表明经理者对未来收益有较高期望,传递了经理者对企业的信心,同时负债也会促使经理者努力工作,从而使投资者对企业充满信心。而发行新股则意味着投资项目存在着高风险,企业管理者才会以这种形式筹资,因此发行新股是风险信号。

企业还可以利用分红政策作为传递他们财务状况好坏的一个信号,这可以用来解释上市公司的过度分红行为。在很多国家,政府对红利征税的税率比资本增值的税率要高,通常政府对红利征收两次税:一次对公司,一次对个人,而对资本增值只对个人征收一次税。因此利润再投资比分红更符合股东利益,但很多公司仍然热衷于分红。众所周知,经营状况不好的企业一个突出的问题就是现金的匮乏,企业的管理层当然比股民更清楚地知道企业的真实业绩。在这种情况下,业绩好的公司就采取多发红利的办法来向股民发出信号,以区别于业绩不好的公司,财务状况不好的企业会发现自己很难实现这样高水平的分红承诺。因此,一旦公司宣布分红股利上升,公司的股票价格将会上升,因为投资者把这样的分红水平上升的现象解释为潜在的盈利能力增强的信号,因此购买该公司的股票,并导致股票价格的上升,从而补偿了股民因为分红交纳较高的税而蒙受的损失。

2) 开放源代码

在信息技术领域,开放源代码(open source software,OSS)的产品影响巨大,如 Linux 操作系统软件。开放源代码软件的最大特征就是自由地获取软件产品及其源代码。软件项目源代码是保持开放的,任何人都可以免费下载软件的最新版本,任何人都不会排他性地占有优势软件产品的所有权,因此从这种软件所有权的传输和许可中获取收入几乎是不可能的。也就是说,那些参加了代码的构建和修补的人根本无法从他们自己所付出的时间和精力中获得金钱上回报。更让人吃惊的是,他们的成果,无论是在数量上还是质量上,都达到了与微软这样的巨头的封闭源码产品(close source software,CSS)相差无几的程度。

开放源代码的存在和巨大成功不仅仅使很多经济学家感到困惑,同时也使很多封闭源码系统的竞争者感到惊讶不已。他们惊叹于那些高技能的开发者却对免费的工作充满激情:为什么理性的开发者不去微软这样的 CSS 系统的公司工作以期得到很高的工作回报,却偏偏把他们的时间和技术花在毫无利润的 OSS 项目上面？

有人认为这是一种理想主义的反抗,反抗纯商业主义,或是反抗微软这样的垄断者的统治。类似地,还有研究利用心理学动机分析,如利他主义,认为人们可以从非自私的行为中获得情感上的满足感。也有一些不依赖于理想主义的理论,提出了存在外部激励的观点。Lakhani 和 Von Hippel（2000）认为,用户-用户间的反馈系统,以及用户-开发者的互动对于解释 OSS 非常重要。OSS 开发者不仅能通过交流提高技能,而且可以开发出功能更为强大的产品。OSS 社区的人数越多,每个人获得的得益就会越大。

应用信号理论分析开发源代码参与者的动机,可以发现,开发者对于 OSS 的贡献并非是一种非自私的捐赠,或是单纯追求自我满足,而是开发者基于所从事的事业的一种长期性的投资。公众或是同行的认知度是可以外部化的,而且可以转化为金钱方面的回报。在开放源码世界中的收益就是能够找到一个可信的能力信号。

在每一个 OSS 社区中,每一个重大的进步都是要追溯到它的作者的。在 Linux 内核中,存在一个共用的 changelog 文件,其中列举了所有对内核源码作出重要贡献的开发者,以及他们的主要贡献。当然,并不是每个人都可以登入到这个文件中。每一个对于源码修改的建议到要经过社区的集体讨论,只有被那些指定的"裁判"认可的修改方案才会被执行,同时他们的作者就会被合法地记录到 changelog 当中。被记录到 changelog 当中被看成是一种荣誉,并且标志着在这个领域成为了专家。

同行的认可以用于减少外部的信息不确定性。在信息不对称的求职市场上,这将会是一个非常有价值的信号。假如一位人事经理遇到两位求职者 A 和 B,两位求职者都要求得到很高的工资报酬。两个人都可以证明具有基础的编程能力,但是 B 还可以证明他曾经为 Linux 代码做出非常重大的贡献。那么他们谁最有可能拿到较高的薪水呢？如果确实由于 Linux 拿到了额外的奖金,那么对 B 来说,花在 OSS 项目上的精力就是划算的。延期回报的预期价值,使得为得到某种信号而付出的努力物有所值。

由于源代码的开放性,这种信号还可以突破 OSS 社区的界限为外界所共享。只有当它是充分可见和值得信赖的,它才会很好地发挥作用。否则,潜在的雇主们将不会接受这种信号或者根本不信任它。对于雇主来说,这些信号的价值是同他们支付高额工资的意愿联系在一起的。一个好的信号将会使经理得出这样的结论："B 曾经对 Linux 做出非常关键的修改,Linux 是一个非常著名的品牌（这也是我知道的原因）,由于如此广泛的使用和名声显赫（特别是在软件行业）,它一定是一款非常优秀的软件。显然,Linux 具有很高的质量标准而且聚集了很多优秀的开发者。因此,既然这个家伙能够被 changlog 所记载,他一定是一位很优秀的开发者。我们应该付给他足够的薪水。"因此,从长期的工作回报的角度,投资于信号示意的行为变得具有经济合理性。

5. 信号甄别

解决信号问题的另一种方法,称为信号甄别。信号示意和信号甄别之间的差别就在于行动的顺序不同。在信号甄别的背景下,对策双方的行动顺序是：没有私有信息的一方先行动,然后具有私有信息的一方对先动者的行动作出反应。

一个民间广为流传的故事"包公断案",就是信号甄别的生动例子。故事说的是妓女张海棠从良,嫁与马均卿为妾,生有一子寿郎。马均卿之妻与郑州衙门赵令史通奸,合谋毒死马均卿,并诡称寿郎为己子,企图霸占全部家产。包拯审理此案时,用石灰在地上画了一个圆圈,让寿郎立于圈中,命马妻与张海棠从两边同时拽寿郎,谁拽出圈外,谁就是亲娘。结果,寿郎被马妻发力拽出。包拯由此断定,不忍心用力拽的张海棠为亲娘,并审出全部案情。这个案子里包拯是不具有信息的一方,但他的行动却诱使有信息的人基于自身利益显示了其私人信息。

在劳动力市场中,上面阐述的信号示意模型中,是求职者先行动,选择作为示意信号的教育水平,然后雇主分析传递出来的信号,并作出支付多少工资的决定。而信号甄别的行动顺序是:雇主首先行动,在雇员接受教育之前就提出一个规定了工资和受教育水平的合同菜单(w, y),雇员选择其中一个与雇主签约,然后根据合约规定接受教育 y,在完成教育后得到合约规定的工资 w。当然,这个合同菜单的设计应当是相当有技巧的,足以能够识别不同类型的人。

差别定价是信号甄别的典型事例。如果能够细分市场,区分不同的消费者,对相同的产品制订不同的价格,可以提高生产者的收益和消费者的福利。事实上,同样的商品,对每一个消费者而言,其效用都是或多或少有差别的,问题就在于厂商很难了解消费者效用差别的信息。巧妙的信号甄别机制的设计可以让人们显示出这个私人信息。美国航空公司的价格折扣就是一个例子。美国的航空公司之间常常发生价格大战,优惠票价会折扣到正常票价的三分之一到四分之一,但航空公司不愿意让出公差的旅客得到这种好处,因为他们的选择余地小得多,支付能力也更强。那么如何识别私人旅行和出公差的人呢?美国的航空公司规定了购买优惠票的条件,如规定要在两个星期之前订票,又规定必须在目的地度过一个甚至两个周末等。可以推断,出公差的人可能既难以在两周前就做好计划(另一个可能是也许他们并不在意机票有没有折扣),更难以悠闲地在目的地度周末。因此这样的折扣政策就可以使消费者自动地披露其身份的私人信息。

3.4 道德风险与激励机制设计

道德风险是指在建立契约关系之后,代理人利用自己的信息优势在使自身利益最大化的同时损害了处于信息劣势的委托人的利益,而且并不承担由此造成的全部后果的行为。道德风险在金融领域和企业组织的表现尤为明显,并且有大量的研究成果。本节首先简单介绍金融领域道德风险的表现,然后着重介绍企业组织中的道德风险以及相应的激励机制设计。

3.4.1 金融领域中的道德风险

借贷容易产生道德风险。保罗·克鲁格曼在其《萧条经济学的回归》一书中这样描述借贷产生的道德风险:"假设我是一个很聪明的人,但身无分文。由于你觉得我很聪明,于是决定借给我 10 亿美元,我可以按照自己认为合适的方式去投资,条件是一年后连本带息还给你。对我来说,即使你决定要收取高额利息,这也是一笔非常合适的生意。我可以拿这笔钱去投资,可能赚很多钱,但也很有可能赔本。当然我希望出现前一种情况,如果投资成功,我就发达了;反过来,如果投资不成功,我将宣布自己破产,留下来你来收拾烂摊子,因为损失的钱都是你的。"因此,不管这个人多么聪明,如果他没有本钱,没有人愿意借给他 10 亿美元,让他随心所欲地去投资。债权人一般都会对债务人如何使用借款有一定程度的限制,而且债务人要有一部分本钱,这样他们就有理由不去冒太大的风险,以避免损失。

现实经济活动中,借贷通常是通过银行等金融机构完成的,银行制度是现代经济生活中不可或缺的重要组成部分,其核心是间接融通社会资金的信贷业务。银行信贷对社会经济发展的作用无可估量,但它在带来巨大利益的同时也蕴涵着巨大的风险。

信息技术的发展促进了世界范围内金融创新活动空前活跃,新的金融工具、金融产品不断出现,技术日益复杂,知识越来越专门化,人们对它们的性质、功能的认识还处于非常模糊的阶段,从而使金融活动中人的有限理性和信息的不完备性更为突出。因此,金融风险的不确定性、扩散性、隐蔽性和突发性都增强了。在这种情况下,一个人出现的问题可能会影响到一个金融机构,一个金融机构出现的问题可能会影响到一国的经济运行,一个国家出现的金融风波就可能引发一场地区性甚至全球性的金融危机,并危及国家的经济安全和社会稳定。

要很好地防范金融、经济风险,必须对这些金融活动引发金融风险的内在机制有深入的了解。这里用一个有同时选择的两阶段博弈模型,对银行信贷业务的本质特征和潜在风险作一些讨论。①

设一家银行为了给一个企业贷放一笔 20 万元的贷款,以 20% 的年利率吸引客户的存款。有两个客户各有 10 万元资金,如果他们把资金作为 1 年期定期存款存入该银行,那么银行就可以向企业贷款。如果两客户都不愿存或只有一个客户存款,银行就无法给上述企业贷款,这时候客户都能保住自己的本金。

在两客户都存款,从而银行给上述企业提供贷款的情况下,如果银行满 1 年收回贷款,企业就能完成一笔生意,银行可收回贷款本息支付存款客户的存款本息。但如果在不满 1 年的时候,一个客户单独或两个客户同时要求提前取出存款,银行就不得不提前收回贷款,企业的生意无法完成。假设这时候企业只能收回 80% 的本钱,并全部偿还给银行。若是一个客户要求提前取款,则银行会偿还其全部本金,余款则属于另一客户,若两客户同时要求提前取款,则平分收回的资金。为了简单起见,假设银行不收任何佣金、手续费。

根据上述假设,该间接融资问题可以用一个两个客户之间的,第一阶段同时选择是否存款,第二阶段同时选择是否提前取款的两阶段博弈表示。如表 3-1 的两个得益矩阵所示。

表 3-1　间接融资博弈(两阶段)

		客户 2				客户 2	
		不存	存款			提前	到期
客户 1	不存	10,10	10,10	客户 1	提前	8,8	10,6
	存款	10,10	下一阶段		到期	6,10	12,12

---

① 　本例摘自谢识予《经济博弈论》(第二版),复旦大学出版社.

用逆推归纳法来分析这个博弈,首先分析第二阶段两个博弈方的选择。容易看出,该博弈有两个纯策略纳什均衡(提前,提前)和(到期,到期),分别对应得益(8,8)和(12,12),后一个明显帕累托优于前一个。通常情况下,应该判断该博弈的结果是(到期,到期),双方得益(12,12),也就是两客户都等存款到期去取款,收回本金并获得利息。但这种博弈并不能保证实现这种理想的结果。因为只要有一个客户认为另一客户有提前取款的可能性,前者的合理选择就不再是到期取款,而是提前取款,而且上述考虑有多层次交互作用,因此常常会导致前一个低效率的纳什均衡。

现在回到第一阶段两客户对是否存款的选择。如果第二阶段的博弈结果是比较理想的(到期,到期)纳什均衡,那么这时候第一阶段的博弈相当于表3-2所示矩阵。

在这种情况下,第一阶段也有两个纯策略纳什均衡,一个是(不存,不存),另一个是(存款,存款)。这两个纳什均衡中也是后一个帕累托优于前一个,而且后一个也是上策均衡和风险上策均衡,因此显然两客户会选择后一个均衡,也就是都会选择存款给银行。这是银行间接融资成功的情况。

如果第二阶段的博弈结果是较不理想的(提前,提前)纳什均衡,那么第一阶段的博弈相当于表3-3所示得益矩阵。

<table>
<tr><td colspan="2">表 3-2　间接融资博弈(1)</td><td colspan="2">客户 2</td></tr>
<tr><td></td><td></td><td>不存</td><td>存款</td></tr>
<tr><td rowspan="2">客户 1</td><td>不存</td><td>10,10</td><td>10,10</td></tr>
<tr><td>存款</td><td>10,10</td><td>12,12</td></tr>
</table>

<table>
<tr><td colspan="2">表 3-3　间接融资博弈(2)</td><td colspan="2">客户 2</td></tr>
<tr><td></td><td></td><td>不存</td><td>存款</td></tr>
<tr><td rowspan="2">客户 1</td><td>不存</td><td>10,10</td><td>10,10</td></tr>
<tr><td>存款</td><td>10,10</td><td>8,8</td></tr>
</table>

此时,(不存,不存)是两客户的纳什均衡,也是上策均衡,因此两客户都会选择"不存"。这相当于客户不再信任银行,银行系统崩溃的情况。但这种情况本身却不会引起银行挤兑的风潮和金融危机,因为在这种情况下客户根本就没有把资金存入银行。

事实上,导致银行挤兑风潮和金融危机的内在机制是这样的:对于客户来说,由于上述两阶段博弈的第二阶段的结果其实是有不确定性的,因此他们在作第一阶段选择的时候,并不能完全肯定究竟第二阶段会出现哪种结果。这就意味着他们在第一阶段选择的时候可能是以第二阶段将是(到期,到期)纳什均衡为基础的,因此选择了(存款,存款)而没有选择(不存,不存),但第二阶段实际上却由于某种谣传引起的恐慌等原因,最终出现的却是(提前,提前)的纳什均衡,也就是客户挤提存款的情况。这正是现实中引起银行倒闭的许多银行挤兑风潮的制度性根源。

上述间接融资博弈也揭示了经济决策中一类低效率均衡存在的原因。不过上述博弈与囚徒的困境还是有差异的,因为它本身存在一种有效率的均衡结果,因此只要注意调控或采用某些保险制度,就能避免低效率均衡的出现。在银行挤兑问题中,只要有权威的政府机构等出面保证客户资金的安全或澄清谣言,就可避免严重的银行挤兑风潮的发生及造成严重后果。这也是为什么各国政府要建立信贷保证、保险制度,对存款进行保护、保险的原因。

一般地,政府会为公民的银行存款提供强有力的担保。发达国家乃至全世界所有的银行都如此。在这种担保下,存款人就不再会像上面描述的那样为自己存款的安全小心翼翼,精心考察借款人及其投资项目的可靠性。

有政府担保的银行不会受到存款的人的直接监督,就会发生这样的道德风险:他们可以在许可的范围内提供尽可能高的利息,吸收到足够的存款,然后将这些钱以更高的利率借出去,通常是向那些支付得起高利率的投机者,特别是向他们的朋友,或者向他们用不同名字开设的公司提供贷款,如果投资成功,就会很富有,如果投资失败,仅仅一走了之,剩下的事情由政府来处理。

当然,政府监管者决不会放任自流,而会对银行进行管制,限制和规范银行如何处理存款,努力防止过高风险。通过资本充足率,政府要求银行的股东投入足够的自有资本。政府还会限制银行间的竞争,让银行执照本身成为具有价值的东西,包含更多的"特许经营价值",银行执照持有者不会冒银行破产的风险去损害自己的"特许经营价值"。但这种管制可能会造成垄断,提高银行服务质量与经营效率的动力不足,国际竞争力差。

因此,改革者们建议放松管制,引进更多的自由和竞争,让银行自行决定贷款给谁,让更多的银行去竞争公众贷款。尤其当经济发展形势比较好的时候,人们的乐观情绪和信心会更倾向于呼吁放松管制。但在某种程度上,改革者们忘记了这等于给银行更多的自由去增加风险,也减少了银行的"特许经营价值",以至于银行可能不会为保护自己的"特许经营价值"而刻意降低风险。同时市场上的其他变化,特别是多种融资方式的出现,进一步侵蚀了那些遵循传统的安全原则进行经营的银行的利润基础。因此,加剧了道德风险的发生。

美国经济学家克鲁格曼把金融体制中的问题归结为道德风险问题,即由于金融机构明确或暗含地受到政府的信用保障,因而缺乏投资者的监督。在金融中介人主要使用储蓄者的钱的情况下,形成"赚了是我的,赔了是储蓄者的"这样一种机会主义态度。所以,在选择投资方向时,这些金融中介往往不是采取风险中性的态度,选择预期收益最大的项目,而是选择收益最大但风险也最大的项目。

金融体制的缺陷所导致的这种机会主义投资决策,至少是造成泡沫经济高涨的一个因素。在泡沫经济的条件下,一旦遇到某种外生的变化,譬如说政府不再能够对一系列失败的投资进行挽救,则投资人的信心便一下子变得无比悲观。于是,挤兑和撤资便发生。在资本具有很强的流动性的条件下,迅速的资本外流加快了金融体系的崩溃。此时,外国金融投资家固然起到一种推波助澜的作用,但投资人信心的丧失是主要的原因。《经济学家》上一篇文章指出,在东南亚发生货币危机时,本地货币的最大卖主实际上并不是投机家,而是为了避免损失的本地企业。

克鲁格曼在其《萧条经济学的回归》中讲到:奇妙之处在于,一旦你觉得自我强化危机的问题很严重时,市场心理的因素就至关重要了。在预期的范围内,心理因素可以重要到哪怕是投资者的偏见,就可以左右实质经济,也就是所谓的"信则灵"。[①]

3.4.2 企业中的信息不对称问题与企业家激励机制

企业作为经济中的最重要的组织形式之一,信息不对称带来的不利选择和道德风险问

---

① 【美】保罗·克鲁格曼. 萧条经济学的回归. 北京:中国人民大学出版社,1999.

题存在于组织中的各个层次，影响广泛而深远，因此在激励机制的研究方面也取得了丰硕的成果。本节介绍对企业家的激励机制。

现代公司中存在着所有者和职业经理之间的委托代理关系，即企业的所有者并不直接管理企业，而是委托给职业经理管理，即所有权和经营权是分离的。在这一层委托代理关系中，如何协调各方的利益，规范企业家的行为，保证企业的经理代表"所有者"，也就是股东的利益，是公司治理结构理论研究的问题。在19世纪只有简单的一个业主经理的时代，是没有这样的代理问题的。

可以把公司治理问题放在信息不完全的背景下进行研究。首先，所有者对于经理所面临的机会有着不完全信息，因此仅仅看结果不能推断经理是否做出了正确的决策。事实上，正是由于信息不完全才有必要向经理进行放权。其次，这样的问题即使是在只有一个所有者，并将经营管理的责任下放给他人的情况下也存在，而在多数大公司，分散的所有权又形成了一个公共物品的问题：任何股东作出的对经营管理者的监督的努力，可以使所有的股东都受益，因此监督成为公共物品，监督是不足的。

如果经理们有手段和动力追求个人的利益，而他们的个人利益并非与股东们的利益完全一致，而且分离和分散的所有权缺乏对经理的监督，那么大企业如何运行呢？公司治理就是一种重要的企业家激励机制。

1. 公司治理的机制

公司治理存在两类机制。一类是外部治理机制，即产品市场、资本市场和劳动力市场等市场机制对企业利益相关者的权力和利益的作用及影响，尤其是兼并、收购和接管等市场机制对企业家控制权的作用，另一类是内部治理机制，是企业内部通过组织程序所明确的所有者、董事会和高级经理人员等利益相关者之间的权力分配和制衡关系，即一般所指的公司治理结构或法人治理结构。

对应于内外部两种机制，公司治理模式可归纳为两种模式，即以美、英及加拿大等国家为代表的市场导向型模式和以德、日等国为代表的网络导向型模式。

市场导向型模式的特征是：存在非常发达的金融市场，公司的所有权结构较为分散，开放型公司大量存在，公司控制权市场非常活跃。在这一市场中，经理为控制公司资源的权力而竞争。如果在位的管理团队效率低下，在产品市场、资本市场和劳动力市场上没有竞争力，不能最大化股东的利润，就可能面临着被高效率管理团队替代的风险。这种潜在的威胁构成了经理提高管理效率的动力，有效地阻止了管理低效率的发生，对企业家的行为起着重要的激励约束作用，外部企业家市场和与业绩紧密关联的报酬机制对企业家行为发挥着重要作用。

网络导向型模式的特征是：公司的股权相对集中，集团成员对公司行为具有决定作用，银行在融资和企业监控方面起着重要作用，董事会对企业家的监督约束作用相对直接和突出。

两类模式各有特点。市场导向型模式具有的重要的优点是存在一种市场约束机制，能对业绩不良的企业家产生持续的替代威胁。这不仅有利于保护股东的利益，也有利于分配稀缺性资源，促进整个经济的发展。但市场导向型模式的不足也是明显的：易导致企业家的短期行为,过分关注短期有利的财务指标;过分担心来自市场的威胁,不能将注意力集中于有效的经营管理业务上;缺乏内部直接监督约束,企业家追求企业规模的过度扩张行为得不到有效制约等。与市场导向型模式相比,网络导向型模式的优点在于有效的直接控制机制可以在不改变所有权结构的前提下将代理矛盾内部化,管理失误可以通过公司治理结构的内部机制加以纠正。但由于缺乏活跃的控制权市场,某些代理问题无法从根本上得到解决;金融市场不发达,企业外部筹资条件不利,企业负债率高。

2. 公司治理结构

公司治理结构是企业内部通过对企业家控制权的动态调整实现对企业家的激励和约束。企业的控制权可以分为特定控制权和剩余控制权。特定控制权是指那种能在事前通过契约加以明确界定的控制权力,即在契约里明确规定的契约方在什么情况下具体如何使用的权力。剩余控制权是指那种事前没有在契约中明确界定如何使用的权力,是决定资产在最终契约所限定的特殊用途以外如何被使用的权力。在现代企业中,尤其是公开招股的公司中,特定控制权通过契约授权给了职业企业家,这种特定控制权就是高层经理人员的经营控制权,包括日常的生产、销售、雇佣等权力。而剩余控制权则由所有者的代表董事会拥有,如任命和解雇总经理、重大投资、合并和拍卖等战略性的决策。

企业家控制权激励约束机制是一种动态调整企业家控制权的机制,通过决定是否授予控制权、授予谁以及授权后如何约束,影响着企业家的产生、企业家的努力程度和行为。这种制度安排或决策机制表现为股东大会、董事会、经理人员和监事会之间的权力分配和相互制衡关系,构成了所谓的公司或法人治理结构的核心内容。

控制权作为企业家的激励约束机制,是由于掌握控制权可以满足企业家施展才能、体现"企业家精神"的自我实现的需要,以及相应的职位特权和职位消费带来的物质利益满足。

剩余控制权和特定控制权之间的关系构成了现代公司的企业家控制权机制的作用机理:随着来自剩余控制权对企业家特定控制权制约程度的加强,企业家的满足程度会逐渐降低,直到剥夺企业家的控制权;反之,当来自剩余控制权的制约力逐渐减弱时,企业家的满足程度会逐渐加强,直到股东的剩余控制权被职业企业家剥夺,来自股东的制约力消失殆尽,职业企业家的这些需要满足达到极限。

有效的公司治理结构应当能给企业家以足够的控制权,自由经营和管理公司,发挥其职业企业家才能,为其创新活动留有足够的空间;同时保证企业家从股东利益出发而非只顾个人利益使用这些经营和管理公司的控制权。这要求股东有足够的信息去判断他们的利益是否得到保证、期望是否正在得到实现,如果其利益得不到保证、期望难以实现,股东有果断行动的权力。这两个目标存在一定程度的冲突,反映出公司治理结构需在各利益相关者的权力和利益的矛盾中寻求动态平衡,并决定了公司治理结构的灵活性。

公司治理结构中对管理层权力的收放,体现了公司治理在安全和效率方面的权衡。以美国一些大型上市公司的财务造假丑闻为例说明这个问题。2002 年,美国一些大型上市公司财务丑闻接二连三地爆发,资本市场出现信任危机,各界开始对美国公司治理进行重新认识和变革。在某种程度上,20 世纪 80 年代美国《公司法》的修改为美国公司财务欺诈提供了条件。兴起于 20 世纪 80 年代末的恶意收购,不仅仅是对控制权的争夺,而更多的是因为购并市场的火爆给公司的买卖创造了很大的利润空间。恶意收购者一般出较高的价钱收购公司的股票,取得控制权,然后重组董事会和管理层,并削减开支,变更公司战略,以便维持良好的现金状况,高价出售公司。然而,这种收购不同程度损害了企业。由于收购本身不是为了经营,而是为了出售,很多公司被分拆,放弃了长期的发展战略。恶意收购影响了美国很多州《公司法》的修改,很多公司的治理结构也随之发生了变化,美国近 30 个州都修改了《公司法》,为了防止"恶意收购"对企业的影响,股东的权力被削弱,相应地,管理层的权力被放大了。然而,"恶意收购"的威胁虽然得到限制,但股东的监管却被削弱了。在董事会监管失效、管理层权力没有有效制约的治理制度下,安然公司通过控股子公司和相关机构的关联交易,利用金融衍生工具,掩盖亏损,虚增利润,使股价保持上涨。管理层通过行使期权,偷偷地卖掉股票来套现;世通公司把应立即计提的费用列为资本开支,通过减少年度费用来提高利润;施乐则是单纯地做假账,虚增收入来增加利润。在这种状况下,美国的公司治理就不得不进行新的变革,向另一个方向演变。

事实上,公司治理结构不应该是一成不变的,需要根据企业外部环境和内部条件的变化不断完善和改进。这个改进和完善的过程,在很大程度上表现为职业企业家控制权的动态调整过程,表现为利用控制权调整激励约束企业家行为的过程,进而表现为企业效率的改进过程。不同公司的治理结构的差异性,将影响公司竞争力。

3.4.3 企业工资制度与激励机制

企业各种工资制度的形成和发展,体现了致力于弥补信息不对称带来的效率损失、达到委托代理均衡合同"激励相容"条件方面的努力。

1. 效益工资

假设雇主有份工作需要雇员完成,雇主有两种付酬方式,一种方式是无论雇员劳动结果怎样,都将付给他固定的报酬;另一种方式是使雇员报酬与其劳动结果相联系。无疑,固定报酬容易导致道德风险,而与业绩相关的报酬则更可能激发雇员的积极性。因此,效益工资是解决企业委托代理关系中道德风险问题的最常见的方式。这种方法通过使代理人对他的行为的结果承担更多责任的方法来激励雇员努力工作。

实践中,常见的业绩工资主要有计时工资、计效工资、团队工资等。

计时工资系统是指报酬与工作时间直接相关。计时工资受岗位评估影响,注重工作本身的价值,而不是员工在此岗位上表现出的技能和能力的价值,或是业绩的质量或数量。这种体系通过建立一种稳定报酬体系以有利于留住人才,并且较易管理,劳动力成本易于预测。但是,尽管从理论上讲,随着员工工作能力的提高,产出成本会逐步降低,但员工缺乏动力提高其生产效率。

解决计时工资弊端的一个方法是引用计效工资体系。计效工资是将工资与员工个人的产出量直接关联。计效工资的前身是计件工资制,即将工资与生产产品的个数挂钩,这在制造业十分常见。在计效工资体系下,员工受到激励将投入更多的努力,因为这样将得到更多的收入。这种体系还具有成本优势,因为工资直接与产量挂钩,中间的监控环节有所减少。在引入计效工资体系之前,需要先利用方法研究手段确定一项工作的最佳操作程序,然后通过测量员工以合适的工作速度完成这项工作的时间,确定工资标准。有实验表明,计效工资体系下的员工以正常速度工作,产出量会比计时工资制度下其同行产量高1/3。但是,有些特定工作的产出是不易测度的,如管理和服务业的许多工作的成果都难以量化;同时管理层应当注意不能以数量换质量,执行计效工资制度必须拥有完善的质量控制体系。需要特别注意的还有,如果实施计效工资后工人感觉到雇主只想让他们增加产量但很难兑现报酬,或实施中总要为工资讨价还价,那么,工人与管理层之间就会产生矛盾。如果工人有受骗的感觉,那么,他们随后就会隐瞒重要的岗位业绩信息。

对个人努力进行奖励,可能会影响到团队合作,而团队精神是目前错综复杂、相互依赖的环境中必不可少的。小组业绩挂钩工资体系的作法是将报酬与团队的目标相联系,旨在避免因采用个人业绩挂钩工资体系造成的对团队精神的损害。小组业绩挂钩工资体系使雇员明确自身利益与组织成功的关系更为密切,有利于消除员工中"他们"与"我们"的心理屏障,鼓励员工为了共同利益进行合作和共同努力,小组共同面临的压力有利于提高组内业绩较差员工的表现。小组业绩挂钩工资的缺陷之一是雇员会感到报酬与个人努力之间关系的不一致,同时这种报酬还必须依赖组内其他成员的表现和外部因素(如竞争者、市场等)。

效益工资体系的目标是使员工更像企业家,也就是人们从他们所创造的价值中受益。而它存在的问题也是突出的,例如业绩标准的确定、业绩目标考核时间的长短,以及当代理人的职责涉及好几方面时,就有可能忽略不会得到奖励的工作任务等。

2. 股权激励

由于管理层经理人员经营管理工作的难以监督性,以及其经营措施实现效果的相对长期性,以股权形式激励管理层是一种常见的有效的做法。股权激励所具有的自我约束和激励长期性的特点,同时满足了激励强度和稳定性的要求。

股权激励最早源于美国。公司高级管理人员时常需要独立地就公司的经营管理以及未来发展战略等问题进行决策,诸如公司购并、公司重组及重大长期投资等。这些重大决定给公司带来的影响往往是长期的,效果往往在三五年以后,甚至十年后才会体现在公司的财务报表上。在执行计划的当年,公司财务记录大多是执行计划的费用,计划带来的收益可能很少或者为零。如果一家公司的薪酬结构完全由基本工资及年度奖金构成,那么出于对个人利益的考虑,高级管理人员可能倾向于放弃那些有利于公司长期发展的计划。20 世纪 80年代中期为了解决这类问题,人们便想到要设立新型激励机制,将高级管理人员的薪酬与公司长期利益联系起来,鼓励他们更多地关注公司长远发展,而不是仅仅将注意力集中到短期财务指标上,股票期权计划开始得到广泛应用。股票期权是公司给予高级管理人员的一种权利。持有这种权利的高级管理人员可以在规定的时间内以股票期权的行权价格购买本公司股票,这个过程称为行权。在行权以前,股票期权持有人没有任何的现金收益;行权以后,个人收益为行权价与行权日市场价之间的差价。高级管理人员可以在规定的时间范围内自行决定何时出售行权所得股票。

按照基本权利义务关系的不同,股权激励方式可分为 3 种类型:①现股激励——即时直接获得股权。②期股激励——约定在将来某一时期内以一定价格购买一定数量的股权,购股价格一般参照股权的当前价格确定。③期权激励——在将来某一时期内以一定价格购买一定数量股权的权利,到期可以行使或放弃这个权利,购股价格一般参照股权的当前价格确定。其他股权激励方法,如股票增值收益权、岗位股、技术入股、管理入股等,由于其"享受股权增值收益,而不承担购买风险"的特点,与期权激励类似。

现股和期股激励都是预先购买了股权或确定了股权购买的协议,经理人一旦接受这种激励方式,就必须购买股权,当股权贬值时,需要承担相应的损失;而在期权激励中,当股权贬值时,经理人可以放弃行权,从而避免承担股权贬值的风险。

现股和期股激励的基本特征是"收益共享、风险共担",即经理人在获得股权增值收益的同时,也承担了股权贬值的风险,因此这种激励方式将引导经理人努力工作,并以较为稳健的方式管理企业,避免过度的冒险。由于受经理人承担风险能力和实际投资能力的限制,这种股权激励形式下股权的数量不可能很大,相应地可能会影响激励的效果。期权激励方式中,经理人不承担风险,因此期权数量设计中不受其风险承担能力的限制。通过增加期权的数量,可以产生很大的杠杆激励作用。这种激励方式将鼓励经理人"创新和冒险",另一方面也有可能使经理人过度冒险。由于激励特点的不同,不同股权激励的适用场合也不同。企业规模大小、业务成长性高低、行业特点、环境不确定性大小、经理人作用大小、经理人自身特点不同和公司对经理人的要求不同,都对是否适用股权激励和适用何种股权激励产生影响。

现股与期权的激励效果相比,还具有如下特点:假定某企业给予员工 1 股该企业市场价为 10 元的股票和同样价值 10 元的期权时,随着市场股价的走势,期权与股票的心理价值具有不同的特征。当股价跌破 10 元时,期权价值迅速降低,而股票价值则呈线性下降。反之,当股价上扬时,由于期权拥有数量上的优势,其总体价值迅速超过股票,激励效果极大地增强。因此期权可以产生很大的杠杆激励作用。

在知识型企业中,由于员工知识工作同样具有难以监督的性质,股权激励的方式应用更为普遍,激励的范围也更宽。而且,股权激励方式适合知识型企业成长的特点。

知识型企业的核心资产是其创新的技术或商业模式,企业在创业之初往往并没有雄厚的资金实力,因此一般无法给员工,包括高层管理人员和核心技术人员以较高的现金工资或奖励。但对于知识工作者来说,经济利益的激励作用虽然在许多情况下已不像成就感和创造性的作用那么大,却仍然是关键的因素。"没有任何证据表明人们正在不追求物质报酬,相反,丰裕就意味着每个人都认为他可以而且应该易于得到报酬。大肆鼓吹的反物质主义只不过是一种虚构的说法,至少到目前为止,实际情况是对物质的期望在大量而持续地增长。"企业在初创期通过股权激励、持股经营、奖励股份等手段,可以极大地降低激励成本,以高增长带来的高收益前景鼓舞员工,使员工的努力与企业价值的成长联系起来。

在信息技术产业高速发展时,期权制度对于高科技企业的发展起到了助推器的作用,企业不需要支付高额的现金用于发放员工的工资,期权吸引了无数精英趋之若鹜,因为只要公司的股票一直上涨,期权远比工资要有吸引力。高科技企业因此而获得了巨大的发展空间,他们没有很高的工资,没有分红压力,甚至不需要盈利(Nasdaq 市场中的上市公司一直是大部分亏损)。但期权激励更适合高成长高预期的产业和企业。为了获得更高的回报,知识型员工现在可以少拿一些。而当企业发展进入成熟期,处于相对稳定阶段后,期权激励机制的作用就开始减弱。此时,无论投资者还是企业员工,对企业未来高速的价值增长期望已趋于冷静,更希望得到现金收益,因此需要对股权激励的形式加以调整。

股权激励手段的有效性需要有相应的经济体制和政策环境的支持,只有在合适的条件下,股权激励才能发挥其引导经理人长期行为的积极作用。股权激励有效性的条件包括以下几个。

1) 经理人的市场选择机制

股权激励并没有解决经理人的选择机制问题。对不合适的经理人实施股权激励是没有意义的,经理人市场的建立健全是真正解决经理人选择机制的关键。充分的市场选择机制可以保证经理人的素质,并对经理人行为产生长期的约束引导作用。以行政任命或其他非市场选择的方法确定的经理人,很难与股东的长期利益保持一致,很难使激励约束机制发挥作用。对这样的经理人提供股权激励是没有依据的,也不符合股东的利益。职业经理人市场作为市场选择机制,在竞争状态下淘汰不合格的经理人,经理人的价值是市场确定的,经理人在经营过程中就会考虑自身在经理人市场中的价值定位而避免采取投机、偷懒等行为。在市场选择机制下的股权激励才可能是经济和有效的。

2) 市场评价机制

没有客观有效的市场评价,很难对公司的价值和经理人的业绩作出合理评价。公司股价与公司长期价值并不一定完全一致,两者的相关性取决于市场的有效程度。而在股权激励中,经理人关心的是其股票出售的价格而不是公司长期价值本身。由于激励成本的限制和经理人投资能力的限制,经理人持有股份的数量是有限的,经理人持股时间也是有限的,这些都制约了股权激励的效果。股权激励中,经理人的收入与股权的价值变动有关,但是股权价值的变动不仅仅取决于经理人本身的努力,同时还受到经济景气、行业发展等因素的影响。在市场过度操纵、政府的过多干预和社会审计体系不能保证客观公正的情况下,资本市场是缺乏效率的,很难通过股价来确定公司的长期价值,也就很难通过股权激励的方式来评价和激励经理人。没有合理公正的市场评价机制,经理人的市场选择和激励约束就无从谈起。股权激励作为一种激励手段当然也就不可能发挥作用。

3) 政府的政策法律环境

政企不分的情况下很难界定经理人的绩效。当政企不分有利于企业时,经理人获得股权增值收益是不合理的,对公司股东和其他员工也是不公平的;当政企不分不利于企业时,经理人当然也就不会愿意承担股权贬值。

最后需要注意的是,股权激励不能解决经理人拿“黑钱”的问题。对于拿“黑钱”的经营者来说,“黑钱”收入是百分之百,而企业损失落到他头上是千分之几,甚至万分之几。在没有足够的管理约束机制的情况下,简单的股权激励并不能解决“黑钱”问题。实际上很多经营者的腐败不是激励机制的问题,更大程度上是一个约束机制的问题。例如在所有者主体不明确、法人治理结构不完善、政企不分的情况下,某些国有企业经营者的约束机制是非常薄弱的。简单地给予这些经营者股权激励,不仅不能引导经营者的长期行为,而且在管理机制不完善的条件下,有可能变成一种不平等的福利,甚至演化成一种新的腐败。

3. 效率工资

新古典经济学认为,工人的边际生产率决定了其工资水平。在简单市场竞争模型中,如果失业者愿意在比在业者的工资低的工资下工作,那么就不会有大规模的失业。因为厂商会发现,降低工资率并扩大就业是有利可图的。这样,失业就倾向于消失。但是,在效率工资理论中,工人的劳动生产率与工资水平之间的关系正好相反,效率工资理论认为工人的生产率即他每小时劳动的产出依赖于工资率水平。"效率工资"(efficiency wage)一词最初来源于发展经济学,对此现象的一种解释是,在发展中国家的环境中,更高的工资收入可提供更好的营养,因而提高了工人的劳动生产率。然而,此现象在发达国家也可以发现。如1914年亨利·福特把工人的日劳动时间从9小时减少到8小时,同时把最低日工资从2.34美元提高到5美元。对于一个厂商来说,增加工人的工资意味着成本的上升,而亨利·福特却声称这是最好的降低成本的措施之一。效率工资理论认为,更高的工资收入可以吸引更多有能力的工人到企业求职,或者可以激励现有的工人更加努力地工作。

厂商衡量工人的努力程度是很困难的,在这种情况下,如果一个厂商支付使劳动的需求量等于供给量的工资,工人就可能有偷懒的激励。为什么呢?因为厂商的管理者可能不会发现他们偷懒,即使发现他们偷懒,这些工人也很容易在其他地方在相同的工资水平上就业。为使工人不偷懒,厂商必须支付工人高于完全竞争水平下的工资。在这种情况下,他们偷懒的动机就会减少。因为如果他们偷懒,而被解雇,那么如果他们在完全竞争工资下为某个其他厂商工作,他们收入会大打折扣。因为他们不愿意放弃他们所挣的较高的收入,就诱使他们努力工作,因此,效率工资高于完全竞争工资。

夏皮罗和斯蒂格利茨(Shapiro and Stiglitz,1984)建立了一个动态的效率工资模型,其中企业为了激励工人努力工作,一方面支付很高的薪水,同时又威胁一旦被发现偷懒,立即开除。作为高薪的一个后果,企业减少了对劳动力的需求,造成部分工人的高薪就业与其他工人非自愿失业的并存。失业的工人越多,一个被解雇的工人寻找新的岗位所需时间越长,于是解雇的威胁就更加有效。在均衡的条件下,工资水平 w 和失业率 u 恰好可以使工人不去偷懒,并且企业在工资水平 w 时的劳动需求恰好使失业率等于 u。

3.4.4 多重代理人的激励机制

在现实中,代理人一般有多个。在多重代理人的条件下,委托人可以考虑在激励机制中使用"相对业绩"的考核方法来减少代理成本,即不仅考核每个代理人的具体业绩水平,而且同时考核该代理人在所有代理人中业绩的排名。需要注意的是,利用"相对业绩"的考核办法并非总会产生比分别签订单个代理人激励合同的情况下更好的激励结果。

在相对业绩的考核中,每个代理人的业绩既取决于他自己的努力,也依赖于所有代理人的"运气因素"的影响,同时还受他自己个人的运气的影响。这两方面的运气因素实际上都是随机变量,"共同运气因素"是所有的代理人面对的共同的运气因素,如市场总体交易条件的好坏、经济景气情况等。而个人运气因素则各自独立分布。

研究发现,当"个人运气"因素的波动程度大于"共同运气"因素的波动程度时(运气因素的波动可用指标的方差表示),"相对业绩"的考核效果比较好,但如果情况相反,单个激励合同的效果就相对好些。

可以给出一个简略的解释。如果代理人的业绩受共同的环境因素影响很大,而受个人运气的影响相对较小,采取独立的激励合同时,代理人的收入会严重地受到个人难以控制的市场变动的影响,因此代理人必然要求一个较高的风险贴水做补偿。而在相对业绩考核体系下,横向比较的方式将有效地过滤掉共同环境波动引起的不确定性,虽然代理人的绝对业绩是上下波动的,但相对业绩是相对稳定的,基于相对业绩的考核机制减少了代理人的风险,降低了代理成本。这时候,对于委托人而言,代理人 A 的业绩信息,可以用来作为估计代理人 B 的努力水平的额外信息,反之亦然。相反的情况下,如果市场环境对代理人业绩的影响程度小于个人运气因素的影响程度,相对业绩考核合同的作用则正好相反,它使每个代理人的绩效评价在一定程度上受其他代理人运气因素的影响,但是每个人的运气因素波动很大,从而会使代理人受到更多的无法由自己控制的不确定因素的影响,导致代理成本的上升。

相对业绩的一种特殊形式是"锦标制度"(rank order tournaments),在锦标制度下,每个代理人的所得只依赖于在所有代理人中的排名,而与他的绝对表现无关。与上述对"相对业绩"的分析一样,如果代理人的业绩不相关(不受共同的不确定约束的影响),锦标制度肯定劣于每个人的所得只依赖于自己的业绩的合约,这是因为,代理人之间的相互竞争除了使每个人面临更大的不确定性外,并不能增加有关每个人努力水平的信息量。但是,如果代理人的业绩是相关的,锦标制度是有价值的,因为它可以剔除更多的不确定性,从而使委托人对代理人努力水平的判断更为准确,既降低风险成本,又强化激励机制。

尽管代理人的道德风险问题是委托代理理论研究的主要问题,但在有些情况下,委托人方面也存在着道德风险问题。建立在代理人业绩上的激励合同要求有关代理人的业绩的信息(或其他可观测的信息)是对称的,只有在这种情况下,委托人和代理人双方才都知道前者应当支付给后者多少,合同才具有法律上的可执行性。然而在许多雇用关系中,有关代理人业绩的信息是非对称的,度量有很大的主观随意性。根据合同,当观测到的产出高时,委托人应该支付给代理人高的报酬,但委托人可能谎称产出不高而逃避履约责任,把本该支付给代理人的收入占为己有。如果代理人预期到委托人可能耍赖,也就不会有积极性努力工作。

马尔科森(Malcomson,1984)证明,类似锦标制度的激励合同可能是解决委托人道德风险问题的一个有效方法,设想一个企业雇用多个工人,合同规定一定比例的工人将被支付较高的工资,那么,既然雇主必须对给定比例的工人支付较高的报酬,他完全有积极性将较高的工资支付给表现比较好的工人,因为这样可以激励工人努力工作但并不增加成本。提升制度(给定比例的工人将被提升到较高的职位)与这种合同类似。

3.4.5　重复博弈的道德风险

在静态模型中,由于委托人不能观察到代理人的行动,为了诱使代理人选择委托人希望的行动,委托人必须根据可观察的行动结果来奖惩代理人,这样的激励机制被称为"显性激励机制"(explicit mechanism)。如同重复博弈可能解决囚徒困境一样,如果委托代理关系不是一次性的而是多次性的,即使没有显性激励合同,"时间"本身可能会解决代理问题,在"一次性"博弈中出现的道德风险问题,在重复博弈中将会得到显著缓解。当然这并不意味着激励问题在动态问题中就不存在。下面会看到在"棘轮效应"中,它加剧了信息问题。

影响重复博弈均衡的关键因素是委托人和代理人对未来收益折现率的看法。如果参与人将未来的收益与现在的收益看成完全一样，即有"充分的耐心"，折现率为1，那么在完全信息下的最优的结果，可以作为一个均衡结果在不完全信息的重复博弈中得以实现。如果参与人认为所谓未来的收益完全没有价值，折现率为0，那么就退化为"一次性博弈"。一般地，参与人的折现参数为0~1。

重复博弈模型(Radner,1981,Rubbinstein,1979)证明，如果委托人和代理人保持长期的关系，贴现因子足够大（即双方有足够的信心），那么，在长期的关系中，由于大数定理，外生不确定性可以剔除，委托人可以相对准确地从观测到的变量数列中推断代理人的努力水平，代理人不可能用偷懒的办法提高自己的福利。从另一方面讲，长期合同也部分上向代理人提供了"个人保险"，代理人不会因偶尔的失误受到严厉惩罚。因此，在长期关系中，出于声誉的考虑，合同双方都会各尽义务。

重复博弈模型中最具典型意义的是"代理人市场声誉模型"和"棘轮模型"。

1. 代理人市场声誉模型

当参与人之间只进行一次交易时，理性的参与人往往会采取机会主义行为，可能会通过欺骗等手段追求自身效用最大化目标，其结果只能是非合作均衡。但当参与人之间重复多次交易时，为了获取长期利益，参与人通常需要建立自己的声誉，一定时期内的合作均衡能够实现。

当代理人的行为很难甚至无法证实，显性激励机制很难实施时，长期的委托代理关系就有很大的优势，长期关系可以利用"声誉效应"(reputation effects)。法玛(Fama,1980)认为，代理人市场对代理人行为具有约束作用。法玛为经理人市场价值的自动机制创造了"事后清付"(ex post settling up)这一概念。他认为，在竞争的市场上，经理的市场价值取决于其过去的经营业绩，从长期来看，经理必须对自己的行为负责。因此，即使没有显性的激励合同，经理也有积极性努力工作，因为这样做可以改进自己在经理市场上的声誉，从而提高未来的收入。

霍姆斯特姆(Holmstrom,1982)模型化了法玛的思想，假设生产函数具有如下形式

$$\pi_t = a_t + \theta + u_t \quad (t = 1,2)$$

其中，π_t可以理解为产出，a_t是经理的努力水平，θ可以理解为经理的经营能力（假定与时间无关），u_t是外生的随机变量（如技术或市场的不确定性）。

假定市场具有理性预期，但市场不能把θ和u_t分开，市场根据π_t来判断θ。事前有关能力的不确定性越大，修正越多。

这一机制的作用在于，经理工作的产出水平是其能力的一种信号，能力是经理的私人信息，表现差的经理难以得到人们对他良好预期，不仅内部提升的可能性下降，而且被其他企业重用的几率也很弱。因此，外部压力的存在，使经理意识到偷懒可能有害于他未来事业的发展。

容易推断，努力随年龄的增长而递减，即$a_1 > a_2 > \cdots > a_{t-1} > a_t$，因为越接近退休年龄，努力的声誉效应越小。时期1的努力影响所有以后的工资，但时期a_{t-1}只影响W_t。这一机制反映出有限的职业生涯限制了过去的业绩对未来持续影响的程度，随着声誉的未来贴现

减少,其影响力也就随之下降。这可能是为什么越是年轻的经理工作越卖劲的重要原因之一。[①]

2. 棘轮效应

激励机制设计面临的一个关键问题是如何建立代理人业绩的评价标准。委托人总是希望评价标准尽可能客观一些,因为评价标准越客观,对代理人的努力水平的推断越准确,激励机制就越强。

建立业绩标准的一个办法是以代理人过去的业绩作为标准,因为过去的业绩包含着有用的信息量。然而,过去的业绩与代理人的主观努力有关。代理人越努力,好业绩出现的可能性越大,"标准"也就越高。当代理人预测到他的努力将提高"标准"时,他努力的积极性就会下降,这种标准随业绩上升的趋向被称为"棘轮效应"。

棘轮效应一词最初来自对苏联式计划经济制度的研究,在计划体制下,企业的年度生产指标根据上年的实际生产不断调整,好的表现反而由此受到惩罚,因此,聪明的经理用隐瞒生产能力来对付计划当局;这种现象在西方市场经济中同样存在,例如西方国家政府对垄断企业的价格管制就存在类似的问题,企业成本越低,规制价格越低。

假定生产函数与上一部分相同,为

$$\pi_t = a_t + \theta + u_t \quad (t = 1, 2)$$

这里,把 θ 理解为企业的"内在生产能力",委托人观测到产出 π_t,但不能观测到 θ 和 u_t,因此,委托人根据观测到的 π_t 来调整对 θ 的判断。事前有关企业内在生产能力的不确定性越大,修正越多,激励损失越大。

在声誉效应模型中,根据代理人过去的业绩推断经理的经营能力将强化激励机制;而在棘轮效应模型中,根据代理人过去业绩推断企业的内在生产率将弱化激励机制。两类模型中动态激励机制的不同可以归因于过去的业绩所传递的信息的"所有权"不同。在声誉效应模型中,过去的业绩传递的是有关经理人经营能力的信息,经营能力的所有权属于经理人。经营业绩越好,市场所认为的经营能力越好,市场所认为的经营能力越高,经理人的报酬也越高,因此,经理人努力工作的积极性也就越大。相反,在棘轮效应模型中,过去的业绩传递的是有关企业内在生产能力的信息,企业内在生产能力的所有权属于委托人,经营业绩越好,委托人认为的企业的内在生产能力越高,经理人给委托人上缴的份额越高,因此,经理人努力工作的积极性越低。

3.4.6 委托代理的多任务模型与道德风险

在现实中,许多情况下,代理人从事的工作不止一项,或者,即使一项工作也涉及多个维度。多任务委托代理关系中,各任务目标间可能存在互补性或互替性,代理人对实现各任务所采取的努力水平取决于可能获得的预期效用收益分布和成本分布之间的关系。代理人的努力水平有 3 种程度:对所有任务都施加高努力,或只对个别任务努力,或完全不努力。当任务是互补的,代理人将努力完成每个任务,相反,如是互替的,则可能仅侧重选择执行对自

---

① 张维迎. 博弈论与信息经济学. 上海:上海三联书店,1996.

己有效用收益的个别任务,或其他的任务就完全不努力,并将不努力完成的任务归咎于外部环境的影响,从而导致多任务委托中的资源配置扭曲。这样,委托人就要根据多任务间的关联性,设计相应的激励合同来激励代理人进行更好的努力组合。

现在着重考虑多任务互替的情况。在这种情况下,代理人在不同的工作之间的分配精力上是有冲突的。比如,生产线的工人的业绩不仅取决于其生产的数量,而且取决于所生产产品的质量,因此工人必须在增加数量与保证质量之间权衡;企业经理人不仅要注重当期的利润,而且要考虑企业资产的增值和企业未来的盈利能力,而当前利润与长期利润之间可能存在着矛盾;教师不仅要提高学生的考试成绩,而且要进行素质教育,培养学生全面发展;等等。

当同一代理人从事多任务的工作时,委托人对不同工作任务的监督能力是不一样的,有些工作任务更难监督。例如,监督工人生产的产品数量显然比监督产品质量容易得多;观测企业的当期利润比观测企业的资产价值和未来赢利更容易;提高考试成绩比全面提高学生素质要容易;等等。

当不同的工作监督难易程度不同时,对易于监督的工作的过度激励会诱使代理人将过多的努力花在这些方面而忽视其他方面,从而导致资源的配置扭曲。比如说,计件工资有利于调动工人增加产品数量的积极性,但不利于维持和改进产品质量(除非质量很容易监督);将经理的报酬过多地依赖于利润可能会诱使经理只注重短期利润而不注重长期投资和资产的增值;将教师的报酬与学生的考试成绩或升学率挂钩可能导致教师不注重花精力在培养学生的创造力和想象力。

委托人有两种方法激励代理人增加在任何给定活动上的努力,或者直接奖励该种活动,或者减少该活动的机会成本(即弱化对其他活动的激励)。当一个代理人从事多项工作任务时,对任何给定工作任务的激励不仅取决于该项工作本身的可观测性,而且取决于其他工作的可观测性。特别地,如果委托人期待代理人在某项工作上花费一定的精力而该项工作又不可观测,那么,激励工资也不应该用于任何其他工作。

小　结

只要在建立某种合同前后,市场参加者双方所掌握的信息不对称,这种经济关系就可以被认为属于委托-代理关系。委托代理关系的特点可以归纳为:利益的不对称性、信息的不对称性和契约的不完备性。委托人与代理人之间的利益协调问题,可以转化为激励机制的设计问题。本章重点研究了委托代理关系中的典型问题、在现实中的表现以及解决对策。

(1)委托代理均衡合同必须满足 3 个条件:参与约束、激励相容、委托人利益最大化。

(2)阿克洛夫二手车市场模型描述了不利选择的过程。不利选择理论可以对保险市场、欺骗性交易、信用配给等现象给予有说服力的解释,并为解决这些问题提供了思路。

(3)通过发送信号,高质量的参与人试图将自己与低质量的参与人区别开来。

(4)企业作为经济中的最重要的组织形式之一,信息不对称带来的不利选择和道德风险问题存在于组织中的各个层次,在激励机制的研究方面也取得了丰硕的成果,如公司治理结构、工资制度、横向竞争。

复习思考题

1. 什么是委托代理关系？其特点是什么？

2. 达成委托代理均衡合同的条件有哪些？试举例说明。

3. 什么是不利选择和道德风险？试举例说明。

4. 说明二手车市场上不利选择发生的过程和结果。

5. 用不利选择理论解释欺骗性交易的成本。

6. 解决信息不对称带来的不利选择问题有哪些重要途径？

7. 信号模型有哪两种主要类型？这两种类型的区别是什么？其主要作用原理是什么？

8. 用信息不对称解释金融领域中可能存在的风险。

9. 针对企业中的信息不对称问题，常用的激励机制有哪些？

10. 股权激励有什么特点？保证其作用有效性的条件有哪些？

11. 什么是效率工资？效率工资解决道德风险问题的原理是什么？

12. 利用"相对业绩"总会产生比分别签订单个代理人激励合同更好的激励结果吗？为什么？

13. 为什么锦标制度有助于解决委托人道德风险问题？

14. 分析声誉模型与棘轮效应模型中过去的业绩所传递的信息的作用及其对激励效果的影响。

15. 在多任务的委托代理关系中，激励机制设计应注意什么问题？

第4章 信息结构与价格离散

信息结构是信息的分布状态和流转模式,信息结构对资源配置有着十分显著的影响。有效资源配置的关键在于能否获得有关资源相对稀缺的信息。市场机制能够有效地产生和传递以价格体系为中心、以市场价格为形式的市场信号和经济信息,因此市场形式能够更为充分地对社会稀缺资源进行有效配置。但是,市场价格体系难以传播全社会所需要的各种信息,单纯地利用市场机制来管理经济,在总体上存在着某些缺陷,非市场机制是市场机制的必要补充。价格离散就是价格体系配置资源失灵的一个典型表现。价格离散程度可以测度市场的无知程度,价格离散的存在也产生了有利可图的信息搜集行为。随着信息技术的发展,在线市场的规模越来越大,与离线市场相比,在线市场的信息结构和价格离散呈现出新的特点。

4.1 信息结构与资源配置效率

所谓信息结构,就是信息的分布状态和流转模式,信息结构影响着资源配置。经济体制包括决策结构、信息结构和动力结构3个组成部分,决定着经济体系的生产要素配置过程、生产过程和产品分配过程的基本方式。信息结构及其与决策结构、动力结构的匹配关系,影响着资源配置的效率。信息结构对资源配置有着十分显著的影响,有效资源配置的关键在于能否获得有关资源相对稀缺的信息。信息分散的现实状况使单纯的计划集中难以达到有效的资源配置,市场机制能够有效地产生和传递以价格体系为中心、以市场价格为形式的市场信号和经济信息,因此市场形式能够更为充分地对社会稀缺资源进行有效配置。然而,价格体系作为资源配置的指示器存在着限制,"格罗斯曼-施蒂格利兹悖论"表明,市场价格体系难以传播全社会所需要的各种信息,单纯地利用市场机制来管理经济,在总体上存在着某些缺陷,必须设计非市场机制来协调市场机制所不能协调的经济活动。

1. 经济体制及其结构

经济体系的运行结果是由许多因素共同作用所决定的,可以把这些因素归纳为自然社会环境和经济组织两类。

自然社会环境构成了经济体系赖以存在的条件,它包括资源、技术和一般社会制度3个组成部分。资源包括自然资源、资本存量和人口。自然资源是指经济体系在特定时期可以利用的天然存在的物质要素;资本存量是指特定时期的生产资料和存货;人口是指特定时期能够参加经济活动的人力资源。技术是通过某种专门的活动把各种资源加以结合,生产特定商品的方法。资源和技术实际上构成了经济体系可以采用的生产要素的总和,它们代表了经济体系在与经济活动有关的各种自然条件方面能够加以利用的优势和所受到的限制。一般社会制度是指社会政治体制、法律体制、宗教信仰、价值观念,以及由此决定的各种规范的行为方式。一般社会制度规定了经济体系利用资源和技术的基本行为方式和轨道。

经济组织是指经济体系组织经济活动的体制,它包括决策结构、信息结构和动力结构3个组成部分,决定着经济体系的生产要素配置过程、生产过程和产品分配过程的基本方式。

1) 决策结构、信息结构和动力结构的含义

决策结构所要说明的是决策权的分布格局,它要回答由谁进行决策的问题;信息结构是指信息的类型、规模与信息流动渠道的结构形式;动力是指经济单位或个人追求的各种物质和非物质的目标,动力结构就是决策单位为了实施决策而使用的各种动力的结构。动力结构主要有两方面的作用:一是使经济单位和经济体系的每个成员知道共同追求的目标是什么;二是诱使每个成员为了实现共同的目标而贡献自己最大的努力,这是通过激励机制完成的。

信息流动既是决策的信息基础,又是决策过程与决策执行过程的中介。这里尤其重要的是信息传递的效率和信息成本问题。一个单位的监控空间越大,与之进行信息交流的单位数量越多,信息成本就越高;另一方面,如果监控的空间缩小,又会增加信息传递的层次,增大了信息在传递过程中的失真,并影响低层次单位之间的协调,而且由于监控单位数量的增多也会提高信息交流的成本。因此,经济组织既要避免控制空间过大,又要避免信息不得不经过等级制的多个层次传递的情况。当信息结构不能向所有决策者提供足够的信息以保证决策过程的协调时,选择只有两个,要么改变信息结构以提供必要的信息,要么改变决策结构,把决策权移交给拥有信息的人。

2) 决策结构、信息结构和动力结构的关系

经济组织的三个有机组成部分是相互影响、相互依存的。决策结构和决策单位所追求的目标,对信息的类型和信息的网络结构有很大的影响。反过来,信息结构又在很大程度上决定着决策的质量,影响着决策权的分布,并在决策执行过程中起着积极的作用。决策权的分布在一定程度上影响着动力结构;同样,动力结构决定着决策执行过程的推动力,并影响到决策权的分布。

决策结构是经济决策权在经济体系内部各单位之间进行分配的格局形式,它反映了经济单位作出决策的权力和这种权力的基础。由于在历史上经济决策权的基础从本质上曾经就是财产所有权,所以,在那时的决策结构从某种意义上说就是财产所有权分布的结构。随着社会经济的发展,财产所有权与经济决策权分离的现象得到了很大的发展,原来由财产所有者控制的决策权可以通过委托这种法律形式转移到掌握着决策技术和拥有信息的人手里。这样,经济决策结构就不再等同于财产所有权结构,而更加丰富和复杂。

信息结构反映了经济体系内各个经济单位取得、传递和处理信息的渠道和机制。经济单位的决策者通过信息结构认知自己所处的环境以及其他经济单位正在酝酿中的或已经采取的行动,各个决策者的信息的处理和传递是协调整个经济体系决策过程的关键环节。经济活动越复杂,产品和服务种类越多,劳动技术分工越细,信息的细密程度越高,对信息结构的要求就越高。

在不同的经济组织形式下同一类型的决策者所获得的信息的类型、数量和质量有很大的差别。例如,在市场经济条件下,企业主要通过市场取得、传递和处理信息,管理者的决策是以价格、市场研究的结果、对消费者的调查、股票交易报告、税收分析和关于政府政策的一

般消息等信息为依据。而在中央计划经济中,管理人员的决策是以中央计划指标、各种行政指示和关于企业供求情况等信息为基础。

经济组织只有在其三个组成部分都正常地运行,相互协调,彼此一致时,整个经济体系才能顺利地运行。一些国家在经济改革过程中,决策机制发生了重大变革,例如由高度集中的计划经济体制向分散化的市场经济体制转变,却忘记了在信息结构方面建立可靠的基础,以便为决策和决策的执行提供有力的信息支持,也忽视了动力结构是否足以保证决策能够顺利地得以执行。由于决策结构、信息结构和动力结构之间的不协调,这些国家的经济运行都不可避免地出现过许多失误。这样的问题在企业改革中也经常出现。

2. 信息结构的类型

信息的流转模式,从端点关系看,有点对点的、点对多的、多对点的、多对多的等;从流转方向看,有单向的、多向的、网络性的等;从管理方式看,有集中的、分散的、分散与集中相结合的等。系统的信息结构会对系统本身的发展产生促进或阻碍作用。

经济组织分为两个层次的内容,一个层次为整个经济体系的组织形式,体现为宏观经济体系的组织形式;另一个层次为经济体系内部各个经济单位的组织形式,体现为微观层次厂商的组织形式。下面将从这两个层次分别讨论宏观经济体制的信息结构、厂商的信息结构,以及它们对资源配置的影响。

1) 经济体制信息结构

经济信息流有两种基本方向:纵向信息流和横向信息流。纵向信息是指在等级制的上下部门或组织之间信息流动的数量和质量。纵向信息流有两个主要的标准模式:①基层企业向上级主管部门汇报其观察到的信息,上级主管部门根据各个企业汇报的信息向企业下达生产投入指令。②两个基础企业之间的生产联系需要依靠各自按其行政等级结构向上传递需求信息,直到到达对这两个企业都有管制权的某个行政等级单位为止,由该行政单位对这两个企业的生产联系做出决策。

横向信息流是指在等级制的同级代理人之间,或者没有等级关系的代理人之间信息流动的数量和质量。横向信息流也有两个标准模式:①等级制的同级代理人之间的信息数量和质量的流动。②没有等级关系的代理人之间的信息数量与质量的流动。有必要指出,无论是纵向信息流还是横向信息流,它们之中都存在直接信息流和间接信息流之分。以横向信息流为例,在市场体制中,厂商之间相互交换信息而达到信息共享,构成直接横向信息流,如果两个厂商通过第三个既不凌驾于它们之上也不从属于它们的代理人发生信息交流,这就属于间接横向信息流。

在中央计划经济体制下,纵向信息流是经济信息流的主要方式;在市场经济体制下,横向信息流是经济信息流的主要方式,而且,横向信息流构成市场经济体制的本质;在混合经济体制中,横向信息流与纵向信息流对于经济发展同时具有重要作用。显然,混合经济体制的目标和具体的运行机制决定着横向信息流与纵向信息流之间究竟由何种信息流占据主导地位。在市场因素占主导地位的混合经济体制中,横向信息流为主,纵向信息流为辅;相反,在计划因素占主导地位的混合经济体制中,纵向信息流为主,而横向信息流为辅。可见,比较经济体制范畴的信息结构存在 4 种基本形式:完全横向信息结构(单纯市场体制),完全纵向信息结构(单纯计划体制),横向信息流量多于纵向信息流量的信息结构(偏于市场的混合经济体制),以及纵向信息流量多于横向信息流量的信息结构(偏于计划的混合经济体制)。

经济学家认为,有效资源配置的关键在于能否获得有关资源相对稀缺的信息。市场机制能够有效地产生和传递以价格体系为中心、以市场价格为形式的市场信号和经济信息,因此,市场形式能够更为充分地对社会稀缺资源进行有效配置。哈耶克(1945)指出,市场机制在信息方面优于中央计划体制的理由有两个:①在市场机制下,许多市场参加者同时进行数量较小的多次计算,但是,在中央计划机制下,则需要进行庞大的中心计算。②市场体制所需要的信息较小,而中央计划机制需要传播的信息则极其庞大。

2) 厂商信息结构

人们发现,在发达国家的大部分厂商中,生产并不是以市场作为媒介而是以大厂商内部组织作为媒介。这样,在团队的经济理论基础上,经济学家开始注意厂商内部的信息结构问题。

厂商信息结构有两种基本形式,即垂直信息结构(也称为等级式信息结构)和水平信息结构(也称为民主式信息结构)。在垂直信息结构厂商中,管理者拥有企业技术可能性的完备的先验知识,但是,他们不能完全控制影响这些技术可能性的突发事件,以及在企业中采取灵活的修正行动。在水平信息结构厂商中,生产决策由那些在开始时仅有不完备的技术知识的半自治企业共同制订,通过更好地使用某个方面的知识,管理者逐渐能够对突发事件有更为迅速灵活的反应。

一般认为,垂直信息结构厂商强调的是通过技术控制来获得效率,或者说,垂直信息结构厂商强调通过工作的专业化与合理的等级控制获得效率;与此不同,水平信息结构厂商注重通过对于某个部门知识的应用和通过在实践中学习,从而有效地解决问题、获得效率。所以,当一个问题出现并被认识到时,垂直信息结构厂商是从整个组织的角度做出一般性合理决策。然而,当所获信息质量不高时,管理者就可能不能有效地解决认识到的问题;同时,由于垂直信息结构厂商的下级企业没有决策权,它们因此可能缺乏向上级汇报问题和以准确迅速的方式执行上级指令的动力。这样,使用等级式信息结构必然涉及管理者有限理性带来的控制成本,以及由于缺乏对下级企业的刺激而造成的执行成本。

在水平信息结构厂商中,由于次级企业能够参与厂商管理,并应用某个部门的知识和在实践中学习的机会参与厂商决策。因此,厂商中的下级企业有能力对于突然出现的事件作出迅速负责的反应。然而,由于厂商中的下级企业对组织的整个操作机制只有局部的理解,因此,他们在协调各自之间的决策、实现与组织目标一致方面的能力必然有限。尽管在实践中学习可以提高这方面的能力,但无疑将出现相当大的时间方面的效率成本。可见,由于缺乏对那些影响其他下级企业活动的信息进行及时的集中处理机制,结果,通过水平合作的下级企业解决问题的能力也将是有限的。

3. 价格体系的信息传递作用

高效率地分配资源需要充分利用市场信号和经济信息。价格体系的一个重要作用就是作为市场信息系统或市场信息交流工具,紧密地、有效地和廉价地传递企业、厂商经济决策所需的各种市场信号和经济信息。

市场信息广泛地分散于每个市场参加者的活动之中,市场参加者一方面生产市场价格信息,另一方面又在观察和传播价格信息。每个市场参加者都以利润最大化为目的,价格协调着不同人的独立行动。

信息分散的现实状况使人们认识到:单纯的计划集中难以达到有效的资源配置,经济制度中应当有与这种分散的信息状况相适应的分散的计划和决策。在这种经济环境中,市场信息通过每个市场参与者的决策传递给每一个人,而每个市场参与者的各种价格决策及其结果的集合,则构成了通常所说的市场价格体系。大量的经济事实和研究成果都充分地说明,在现实社会中,特定时间、特定地点产生的具体信息,被分散的、自由的人们所拥有。能够使这些分散的信息集中有效地得到传播的唯一的"自然"机制,就是市场价格体系。

价格体系的重要功能之一就是传递信息,价格体系利用信息而发生作用。价格体系使得社会分工问题,以及协调利用社会稀缺资源的问题,都能建立在一个用相等量表示的信息基础之上。人们通过价格体系所提供的信息,寻找最佳计划方式(由此形成自然选择的社会分工)和实施利润最大化的市场行动。可见,价格体系的信息传递,使得市场秩序下的社会分工的发展成为可能,而且,通过价格体系的信息传递,各个分散的人(同时掌握有分散的信息)能够相互协调自己的计划和目标,使社会稀缺资源得到较为有效、合理的配置。

米尔顿·弗里德曼在讨论价格的作用时,认为价格具有 3 种作用:传递信息、提供刺激和决定收入的分配。并认为传递信息是价格在组织经济活动方面最重要的作用。弗里德曼指出,价格体系传递信息的功能有 4 个:①价格体系只传递重要的信息,并且只传递给需要了解这些信息的人们,即价格体系对于不重要的信息会自动地采取抵制而消除其存在的可能。此外,价格体系传递的信息还会自动地选择信宿(或用户),从而使信息的配置达到最优化。②要有效地传递信息,主要问题就是要保证每一个需要使用这种信息的人能够获取它,而不让那些不需要信息的人将其束之高阁。弗里德曼相信,价格体系能够自动地解决这样的问题,因为传递信息的人受到一种刺激而寻找需要使用信息的人(即信息用户),而且这些传递信息的人都能够达到他们的目的;另一方面,需要使用信息的人也能得到他们所希望得到的各种信息。③通过价格体系传递信息,人们还能够从这种传递过程中获得信息和利润。例如,《华尔街日报》的每天行情表提供的市场信息,并不是出于利他主义,而是因为公布市场信息能够增加报纸发行量而获得更高的利润。一般地说,组织良好的市场和完善先进的专业化通信设备构成价格体系传递信息的基本方式,而事物间的供求逻辑也构成价格体系的另外一种重要的信息传递方式。④如果阻止价格自由地反映供求状况,那么,将会妨碍市场信息的准确传递。例如,反常的通货膨胀造成的重大不利影响之一,就是使价格传递信息的作用失灵。

价格体系是市场传递信息的通信系统,但它并不是唯一的信息通信系统,市场信息也可以通过大众传播、市场公共关系,以及信息搜寻等方式得到传播和利用。肯尼思·阿罗(1973)指出,根据大众传播的信息或者以往的经验,雇主能够了解到生产率的统计分布,却无法区分他已经掌握的那些相同信息的个人的生产率。但是,无论怎样,有关价格、工资,尤其是投资收益率的信息的大众传播,将有力地改进个人决策的质量。如果工资差别被广播,报纸等大众传播媒介广为宣传,那么,社会的劳动力以及由此而带来的技术就会很快地被吸引到那些高工资的部门或行业中,从而使社会的稀缺资源得到有效的配置。乔治·施蒂格勒的搜寻理论(1961,1962)也证明,通过搜寻,那些给予高工资的雇主将获得更多更好的雇员,而给予低工资的雇主将难以有此成绩。同时,给予高工资的雇主在搜寻中可以获得更多更好的稀缺资源,这样,社会稀缺资源在一定程度上通过市场价格体系得到了有效的配置。

由上述讨论可知,市场经济的优势归根结底在于信息方面的优势,或者说,市场秩序之所以优于其他经济秩序主要在于它在资源配置方面能够充分运用许多特定事实的知识,这些特定事实的知识分散地存在于无数的个人中间,个人无法完全掌握它们。既然市场信息是分散的,那么,以分散决策为基础的市场秩序也就比其他经济秩序能够更好地发挥信息效率。由于信息结构及其效率在较大程度上决定了社会资源配置的效率,所以,市场体制在信息方面的较高效率使其在资源配置方面也具有较高的效率的特征。

4. 价格体系的局限性

虽然价格体系具有非常重要的信息传递作用,并因此而在资源配置发面发挥着非常重要的作用,但必须指出,价格体系作为资源配置的指示器存在许多限制。"格罗斯曼-施蒂格利兹悖论"(Grossman-Stiglitz parodox)从一个角度说明了这个问题。

市场参加者希望通过价格体系获得所需的完全市场信息,而一旦价格体系能够传递完全市场信息时,每个市场参加者又都不再搜寻新的市场信息,从而导致价格体系无法传递完全市场信息,于是,具有传递完全信息能力的价格体系可能最终毁灭包含这种价格体系的市场,至少使市场效率处于低下状态。认为市场是充分有效的观点隐含了市场价格灵敏的假设,而格罗斯曼-施蒂格利兹悖论却表明市场价格体系并非能够常常反映市场供求状况,甚至,由于逆向选择和道德风险的影响,形成的市场价格有可能反映的是一种虚假的经济信号或市场信息,从而错误地引导市场参加者的投资和生产方向及消费者的消费偏好。当这种情况出现时,市场难以有效地发挥其对社会资源的配置功能,非市场性质的机制也就自然地替代市场机制,成为社会稀缺资源的主要分配形式。

以股票市场的信息为例,进一步说明格罗斯曼-施蒂格利兹悖论。通常假设股票市场在信息方面是有效的,这意味着在任意一个指定的时期内,股票价格反映有关主要股票的所有信息。然而,这种情况表明市场中的每个个人都了解所有信息。但是事实上,股票市场中存在消息灵通的经纪人,也存在信息不灵的经纪人。于是,前者将根据股票价值抬高或压低股票价格,而后者由于没有更多的信息难以对股票现价进行讨价还价。在此,存在一个问题:假如每个市场参加者都相信股票价格是合理的(或股票被合理地定价),那么,市场中将没有人有积极性去搜寻新的信息;如果没有人去搜寻新的股票信息,也就没有任何新的信息出现;而没有新的股票信息的出现,意味着股票市场在信息方面并不是有效合理的。因此,该结论与上面的假设相矛盾。

格罗斯曼-施蒂格利兹悖论从信息角度提示了市场参加者如何受市场体系的影响,又如何影响价格体系在传递信息方面的功能,从而为人们研究和观察价格体系在资源配置方面的作用提供了新的分析角度和理论基础。

价格体系之所以能够指导人们进行社会稀缺资源的分配,关键在于价格体系隐含有市场参加者进行经济决策所需要的市场信号和经济信息,这些市场信号和经济信息通过价格体系双向传播,从而使买卖双方能够利用同样的信息进行相互竞争的经济活动。通过市场竞争和对市场价格信息的竞争,市场参加者的交易在价格的信息内容的协调下将逐渐趋于均衡状态。但是,由于价格所隐含的信息内容不是完备的市场知识,或者说,价格并没有充分反映市场参与者的全部现行信息,这样,依据价格体系信息内容所制订的决策就不可能是最优的。这种非最优的决策,既是对决策者个别状态而言,也是就全社会的经济状态而言。

价格的信息内容的不完备性同时说明,作为信息系统的市场价格体系难以传播全社会所需要的各种信息,特别是那些以社会政治关系为中心的经济信息。因此,单纯地利用市场机制来管理经济,在总体上存在着某些缺陷。为了最大限度地实现社会稀缺资源的有效配置,有必要以某些非市场性质的机制(如税收、利率、经济法规等)来协调市场机制所不能协调的经济活动。

当然,主张采取非市场形式解决信息市场失灵问题并不意味着否定非市场机制所面临的信息问题,希望完全解决市场失灵问题似乎不可能,事实上,政府面临的信息和刺激问题不比市场少,但非市场机制毕竟能够解决某些由于逆向选择和道德风险带来的市场失灵问题,因此,非市场机制是市场机制的必要补充。

4.2 价格离散与信息搜寻

上一节介绍了信息结构,以及价格体系在信息传递和资源配置中的重要作用,同时也分析了其局限性。在现实经济活动实践中,可以观察到,同质商品的价格经常存在差异,这就是所谓的价格离散现象,而价格离散正是价格体系配置资源失灵的一个典型表现。

4.2.1 价格离散的含义与成因

1961 年乔治·斯蒂格勒(George J. Stigler)《信息经济学》一文的发表,标志着信息经济学的诞生,斯蒂格勒的这篇论文同时也是搜寻理论的奠基性作品。斯蒂格勒批判了传统经济学的完全信息假定,提出了信息搜寻(Searching)概念。他认为,经济行为主体掌握的初始经济信息是有限的,是不完全信息,这就决定了经济主体的行为具有极大的不确定性。经济主体要做出最优决策,必须对相关信息进行搜寻,而信息搜寻是需要成本的。

在经济学的完全竞争模型中,市场参加者具有关于商品买卖的充分信息,消费者知道市场上有哪些商品,它们以什么价格出售以及在哪里出售;家庭了解工作机会以及用自己的钱进行投资的机会;厂商了解他们面临的需求曲线,以及他们在哪里和以什么价格才能得到投入品。在完全信息的前提下,同质的商品在每一个地方都应以相同的价格出售,否则价格高者就卖不出去。然而,在实际经济活动中常常发现,相同的商品在不同的商场出售时价格却存在差异,因此当人们要购买某件商品时,不仅要货比三家,而且要"价比三家"。

造成同质商品价格差异的原因可能是由于市场经营过程中销售条件的差别。可以将某些同质商品市场价格的离散部分地归咎于这个方面的原因。例如,某些著名的商场或百货公司,它们能够为顾客提供更好的服务或拥有更多的商品种类,这些因素都可能使这些商场或百货公司的同质商品形成不同的价格。

在委托代理理论中曾论述过,销售商为促进销售而开展的广告活动,以及建立"信誉"的活动,都可能成为传递其高品质的市场信号,一旦消费者认可该信号,就可以使这些商品获得一般售价之上的一个"信誉租金",因为消费者相信销售商的商誉,买到"假货"的概率低,因而愿意支付高于正常水平的价格,作为对商家信誉的报酬。

然而,即使排除上述因素的影响,也会出现相同的商品在不同的商店以不同的价格出售,并且都有人购买的情形。而人们不能以商店的地理位置或服务的质量等方面的差别来说明所看到的价格差别。这种情形之下的价格差别就是"价格离散"。

价格离散出现的原因和影响因素可归纳如下。

1. 搜索成本

如果搜寻是没有成本的(或像在标准的竞争模型中那样信息是完全的),消费者将进行搜寻,直到发现最便宜的价格为止。结果市场上那些售价高于最低价格的商店就不可能有顾客光顾,但信息搜寻是有成本的,不仅卖主在探明其竞争对手的要价时会发生成本,买主进行价格搜寻也会发生成本。如果市场的参加者永远保持不变,市场价格将会趋于统一,只有那些不能给搜寻以足够补偿的价格差异才会保持下去。因此搜寻成本的存在是价格离散持续存在的根本原因。

2. 知识老化

现实的市场是变化和分散的,而非集中、统一和稳定的。商品的供求关系在不断变化,在各个分散的市场中,价格以不断变化的形式在一定幅度内发生波动,没有人能够从这种波动的市场中完全了解各个买卖者在特定时间内所定出的市场交易价格。这是因为:第一,由于卖主知道买主探明所有卖主的要价需要付出高昂的成本,即使在极不正式的场合中,搜寻活动也会涉及成本问题。假使搜寻成本为零,买主探访卖主次数的有限性,也使卖主敢于而且能够按照利润最大化的要求制定自己的卖价。第二,由于市场供求条件和讨价还价的概率分布在不断变化,刚刚出现的市场平均价格可能很快就被新出现的市场平均价格所取代,从而使买卖双方刚获得的市场知识很快老化。而且,由于每个市场都将出现一批新的买主和卖主,这些新的市场进入者在进入市场的最初阶段通常并不了解市场行情,而是按照利润最大化的预期来定价,从而使市场原有买卖者的市场知识处于老化状态,结果,市场价格形成一定程度的持续离散。

3. 市场规模

价格离散程度随着市场规模(贸易量和进入市场人数)的变化而变化。市场规模的扩大,使得人们获得价格离散程度的知识成为一种极为有利可图的行为。这样,价格离散就造就了一批专门从事搜集和经营信息或信号的企业和个人,如专业化的信息公司、咨询公司和信息经纪人等。如果市场规模缩小,人们对价格离散程度知识的需求也将降低,直至为零。在劳动市场上,工资率的离散程度与市场规模也呈现出同样性质。

4. 商品质量的不确定性

商品质量差别的离散程度与相应的市场价格离散程度呈正相关。当面临着商品质量较大的不确定性时,即商品质量难以通过简单的查看、掂量等做出准确估计时,如经验商品和二手货,消费者的一个反应是将价格与质量相联系,认为价格较高的商品质量也会较高。这个反应在一定程度上是正确的,正如前面论述的,信誉好的厂商会把它所出售的商品价格定于高于平均水平之上。然而,消费者这样的判断也给商家提供了欺骗的机会,商家将利用商品质量的不确定性以及和买主的心理大做文章。例如有些商品在正常的价位滞销,提价之后反而卖出去了。这些行为将会使市场的价格离散程度提高。价格离散与质量差异相结合,意味着居民和厂商在寻找方面常常要花费大量的时间、精力和金钱:工人寻找好的工作;厂商寻找合适的工人;消费者寻找物美价廉的商品。

4.2.2 价格离散的测度

价格离散具有重要的经济意义。价格离散使市场信息变得不完全,导致了市场代理人之间的信息差别。价格离散幅度可作为市场发育状况的一种显示器。价格离散幅度越高,市场发育状态越不成熟,越需要人们对此进行宏观协调和管理。价格离散率是测度价格离散幅度的一种方式,它能够较为直观地反映市场价格的离散程度。

为使问题简单化,这里只讨论一种同质商品的价格离散状态,不同时涉及两种以上商品的价格离散状态,即排除两种以上商品的市场价格离散状态之间的相互影响。只对同地区一种同质商品的价格离散率进行测度的模型,称为价格离散率的基本模型。

假设某市场 S 中有 m 家商店 x,在某个既定时刻(或时期),它们对某种同质商品 Q 的开价分别有 $P_1, P_2, \cdots, P_n(n \leqslant m)$ 种,且 $P_1 < P_2 < \cdots < P_n$,这样,$P_1, P_2, \cdots, P_n$ 必然分别对应有 $x_1, x_2, \cdots, x_n$ 组商店,令 $x_1, x_2, \cdots, x_n$ 组内的商店数分别为 $t_1, t_2, \cdots, t_n$,显然,$t_1 + t_2 + \cdots + t_n = m$。

(1) 当 $D = P_n - P_1$ 时,称 D 为市场价格离散幅度,即在既定时刻(或时期)内 Q 在 S 中价格的最大波动范围。

(2) 当 $\overline{P} = \dfrac{t_1 P_1 + t_2 P_2 + \cdots + t_n P_n}{t_1 + t_2 + \cdots + t_n}$ 时,称 $\overline{P}$ 为 Q 在 S 中既定时刻(或时期)的平均市场价格。

(3) 当 $t_1, t_2, \cdots, t_n$ 依次累加时,每次累加的累加值 $\sum t_n$ 在坐标中必然有一个与之相对应的 P_n 值,将这些对应值点连接起来构成的曲线,称为市场 S 中 Q 的价格离散曲线($F(Q)$)如图 4-1 所示。将该曲线化为直线,可以求得回归直线的斜率 a,a 称为市场 S 中 Q 在既定时刻(或时期)的价格离散率。

需要说明的是,该基本模型适用于有多个厂商且有多

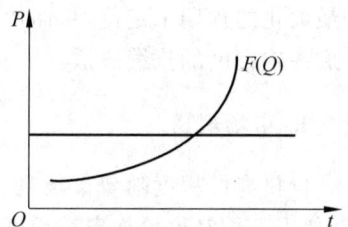

图 4-1　市场价格离散曲线

种价格的大规模市场,在解释规模小且价格离散幅度不明显的市场时存在缺陷。例如,设有两个各有 10 家商店的市场 A 和 B,商店均销售商品 Q,其价格只有 P_1 和 P_2 两种。在市场 A 中,以 P_1 和 P_2 销售 Q 的商店各占 50%;在市场 B 中只有一家商店以 P_1 销售,其他 9 家以 P_2 销售。事实上,市场 B 的价格离散率高于市场 A,但根据上述基本模型得出的结论却相反,该模型不适用于解释这种特例。

一种求解基本价格离散率的简便方法,是应用最小二乘法直接求出各离散点的回归直线 $y=ax+b$,该回归直线的斜率 a 即为价格离散率。这种方法求出的离散率虽然较不准确,但由于方法简单、直接,同时具有可比性和直观性,因而在实际应用中仍然受欢迎。从价格离散率的规定中可以看出,当 a 越接近 0 时,市场价格的离散程度越低,即市场价格越收敛;当 a 越大时,市场价格的离散程度越高,即市场价格越分散。当 $P_1=P_2=\cdots=P_n$ 时,Q 的价格离散率为零。这时,价格离散曲线转化为一条平行于横坐标的直线。从以上模型构成中可以看出,市场价格离散率主要受 3 种因素制约。一是经营商品的商店数量 m,特别是经营商店的分类数目 n;二是价格离散幅度 D;三是价格在经营商店中离散的概率分布 $\pi(p)$。其中,最后一种因素最为重要。

运用上述方法,通过比较某些主要的同质商品在不同市场中的价格离散率,可较为准确地计算出市场之间无知程度的差别,这一点对于改善市场宏观管理具有现实意义。施蒂格勒(1962)认为,即使是那些组织得较好的市场,其价格离散程度也会达到 $5\%\sim10\%$。根据观察,可以认为,当市场价格离散率 $0.05\leqslant a\leqslant0.1$ 时,市场组织的发育较为成熟。

假设在某个既定时期,三个相邻市场 A、B 和 C 中经营某一同质商品 Q 的商店分别有 8、12 和 20 家,即 $m(\text{A})=8,m(\text{B})=12,m(\text{C})=20$。并且假设 Q 在 A、B 和 C 中价格离散分布如表 4-1 所示。

表 4-1　Q 在市场 A、B 和 C 中价格的离散分布

N	市场 A			市场 B			市场 C		
	P_n	t_n	$\sum t_n$	P_n	t_n	$\sum t_n$	P_n	t_n	$\sum t_n$
1	9	1	1	8	2	2	9	1	1
2	10	4	5	9	1	3	10	6	7
3	12	2	7	10	7	10	11	9	16
4	13	1	8	14	2	12	13	1	17
5	—	—	—	—	—	—	14	2	19
6	—	—	—	—	—	—	15	1	20

由表 4-1 可知,市场 A、B 和 C 的价格离散幅度分别为 $D(\text{A})=4$ 元,$D(\text{B})=6$ 元,$D(\text{C})=6$ 元;平均价格分别为 $\overline{P}(\text{A})=10.75$ 元,$\overline{P}(\text{B})=10.75$ 元,$\overline{P}(\text{C})=11.2$ 元。

令 $z=\sum t_n,y=P_n$,根据表中数据作图 4-2。

由上例可以得出 3 个基本结论:第一,虽然经营的商店数量、价格的离散幅度构成市场价格离散的主要影响因素,但是,起决定作用的仍然是价格在经营商店中离散的概率分布。

例如,虽然市场 A 和 B 经营 Q 的商店分类数目一致($n=4$),但由于离散幅度,特别是价格在经营商店中离散概率的分布的差别,使市场 A 和 B 具有不同的价格离散率。第二,价格离散幅度大的市场的价格离散率未必比价格离散幅度小的市场的价格离散率高。例如,$D(B)>D(A)$,但是,$a(B)<a(A)$。第三,市场价格离散率不受市场平均价格的影响。例如,设市场 C 的 P_n 分别为 8、9、10、11、13 和 14,那么,$D(C)=6$,$\overline{P}(C)=10.2$,但是,市场价格离散率 $a(C)$ 仍然是 0.2834。

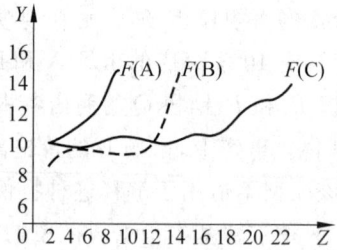

图 4-2　市场 A、B 和 C 价格离散曲线

4.2.3　信息搜寻原理

价格离散产生了有利可图的信息搜集行为,如对市场信息的搜集、储存、传播和利用等。信息市场的出现可以看成是价格离散的最具典型意义的经济后果之一。

信息不充分的情况下,同质商品在不同的生产和出售地点价格可能相差很大,不同质量的商品之间的价格差异与质量差异也可能完全不相符合。因为消费者不知道所有潜在的供给者目前正在收取的价格,他们可能根本不知道某些供给者的存在,或是不知道某些销售商人为哄抬物价而另一些却在削价大甩卖。消费者之所以不可能掌握价格的全部信息,是因为了解这些信息是需要成本的。消费者寻找价格低、质量高的商品及其出售地点的过程,称之为"搜寻"。因此,搜寻就是决策者将样本空间中的选择对象转变成选择空间中的选择对象的活动。

1. 搜寻的成本

人们对信息的搜寻是有成本的。搜寻成本由两部分组成,一部分是调查不同的商店以及了解不同牌号商品的价格、质量和性能所需要的时间成本,这主要是一种"机会成本"。另一部分成本是现实支出的成本,如购买购物指南费用、交通费用、鞋底磨损费用等。这些费用,用制度经济学上的一个核心概念来概括,就是交易费用。

搜寻的成本是边际递增的。其原因在于,如果消费者只进行粗略的市场搜寻,那么,只要抽出一小部分业余空闲时间即可,时间的机会成本很低。但是,倘若消费者想要进一步搜寻的话,则不得不挤占一部分本来有重要事情安排的时间,单位搜寻的时间成本是递增的;另一方面,消费者搜寻的范围通常是从附近地区或中心商业区开始的,随着搜寻范围的不断扩大,消费者不得不转向那些位于偏远社区或比较分散的商店,此时增加的交通费用等搜寻成本也是递增的。但一般来说,搜寻的收益在开始的一段时间内可能是收益递增的,然后才开始收益递减。因为在搜寻的初始阶段,消费者通过搜寻获得的一定信息可以极大地降低其行为的不确定性,从而提高消费者剩余,但随着搜寻的持续增加,单位搜寻成本越大,因此当搜寻进行到一定阶段之后,搜寻收益便开始递减。

2. 搜寻的收益

显然,搜寻带来的收益是以较低的价格购买某种商品,搜寻时间越长,调查的销售商越多,消费者可能发现的最低价格就越低,消费者剩余也就越大。另一方面,随着搜寻次数的增加,得自搜寻的边际收益总是下降的。因为一般地,人们的搜寻从最有希望的方向入手,随着搜寻范围的扩大,不得不转向希望越来越小的方向。

3. 搜寻的平衡

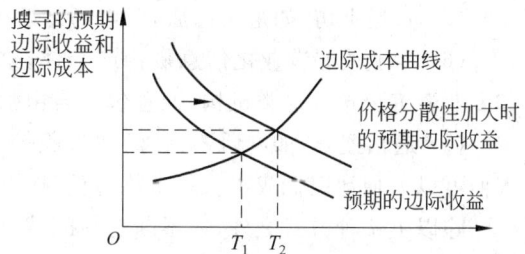

当搜寻活动使搜寻的预期边际收益等于边际成本时,搜寻活动才会停止。

虽然消费者对信息的搜寻可以获得搜寻收益,但是追求信息完全对称却是不经济的。因为随着搜索量的增加,单位搜寻成本不断增加,并超过搜索可能带来的预期收益。如图 4-3 所示,在 A 点的左侧,搜寻收益大于搜寻成本,消费者进行信息搜寻有利于消费者剩余的提高;在 A 点的右侧,搜寻收益小于搜寻成本,消费者若再进行信息搜寻无助于自身消费者剩余的提高。因此 A 点是最佳搜寻量点。

从信息搜寻平衡的分析中,可以得出如下推论。

(1) 在不完全信息条件下,消费者并不执意要购买"最佳"的商品(同等质量价格最低或同等价格质量最高),而愿意购买一定程度上"满意"的或"可接受"的商品。消费者的最后购买决策不一定是最优的,但综合成本、收益因素,仍不失为上策。

(2) 消费者以有限的次数终止信息搜寻,部分消费者在购物之前已有一个可接受的价格。经过信息的有限次搜寻,消费者的可接受价格会限定在一个从最低价到其期望价格之间的区间内,在该价格区间内,消费者都能接受。所以,同种商品的价格差异能够持久存在,某些销售商能侥幸地以抬高的价格向某些消费者出售商品。只是高价销售的可能性低,但高价销售的总利润却并不比低价销售的低。

(3) 由于成本因素的制约,当商品或服务所涉及的预期收益或风险损失很小时,行为者通常不会在信息搜寻方面作太多的努力;而当不确定性所涉及的经济利益较大时,则必须进行信息搜寻,以降低风险、减少损失,但搜寻的规模则要控制在一定的限度内。商品的价格越高,商品的差价越大,商品价格与信息搜寻成本之比越大,信息搜寻所得的收益也就越大。这样,购买前消费者对市场信息进行周密调查的积极性就越高。

(4) 价格分散性的加剧一般会增加搜寻的报酬——找到价廉物美的商品机会更大,合算的购买与不合算的购买之间的差别也更大,从而预期的边际收益曲线向右移动,如图 4-4 所示,搜寻量则从 T_1 增大到 T_2。

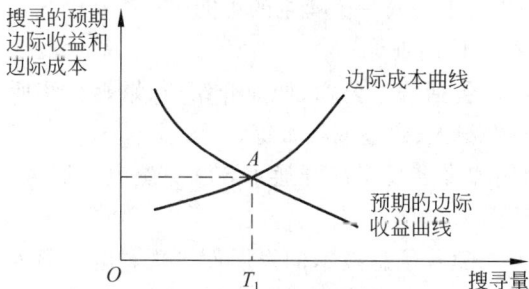

图 4-3　搜寻的平衡　　　　　　　图 4-4　搜寻平衡的移动

(5) 价格离散与搜寻是互为因果、相互影响的。由于搜寻有成本,造成了同质商品的价格离散;而由于价格离散的客观存在,使得搜寻成为有价值的经济活动。当价格离散程度较大时,搜寻到最低价格的预期收益会增加,导致搜寻行为或次数的增加;而当搜寻密度增加时,又会使同质商品的价格离散程度减少,反之,在搜寻密度较低的市场上,价格离散将加大。例如,由于相对较高的搜寻成本和相对更高的时间等机会成本,旅游者的搜寻密度较低,所以当旅游者在购买者中所占比例较高时,该市场价格离散率一般较高。

(6)搜寻是有成本的这一事实意味着厂商所面临的是一条向下倾斜的需求曲线而不是水平的,竞争是不完全的。厂商知道搜寻是有成本的,并利用了这一事实:如果将价格提高,不会失去所有的顾客;降价也不能马上将其他商店的所有顾客都吸引过来。虽然顾客希望从厂商的价格竞争中获取最大收益,但需要付出搜寻成本,而且即使人们知道了降价的消息,还可能担心降价商品的质量、服务的特点以及产品是否还有存货等。

4.2.4 搜寻策略

搜寻理论把搜寻分为固定样本搜寻和连续搜寻。假定消费者知道市场上价格的分布,但不知道每一个销售者的报价,消费者可预先选定几个销售者,寻找其中的最低报价,这种搜寻称为固定样本搜寻;或者,消费者也可连续不断地搜寻,直到找到可以接受的价格(或者放弃搜寻),这样的搜寻称为连续搜寻。

一般地,有如下 7 种常见的搜寻方式。

(1)交易区域化是最为古老的搜寻方式之一。中世纪的西欧,中国唐朝以前的市制制度都是交易区域化的典型制度。市制制度规定买卖者不得在集市范围之外或者非集市时期进行市场交易,进入集市的商贾必须向政府交纳一定的市税。交易区域化提高了市场搜寻效率。在现代社会中,交易区域化的一种主要表现形式就是定期召开贸易展销会,如巴黎时装博览会、广州进出口商品交易会等,都属于现代形式的交易区域化信息搜寻方式。

(2)专业贸易商的出现是对搜寻方式的一个发展,潜在的买卖者通过专业化的贸易商的集中的专业贸易活动得到相互需要的市场信息或信号。

(3)广告,特别是分类广告,是买卖者相互交换信息的现代方式,也是现代人信息搜寻的主要方式。

(4)信息资源共享。两个买主相互之间比较价格,事实上就是在共享各自搜寻到的价格信息。如果两个买主各走访 S 个卖主,并且进行比较,买主实际上走访的卖主数不再是 S 个,而是 $2S$ 个卖主。但是这种算法排除了两个买主走访同一个卖主的可能。

(5)直接走访,如走访商店,对市场行情进行实地调查等。

(6)专业或非专业化信息机构或个体,这不仅包括信息公司、职业介绍所、婚姻介绍所和专业咨询公司等这类机构,而且包括自由信息经纪人、媒婆或红娘等。

(7)通信搜寻,如电话咨询、函件求职等。例如许多公司都开通了 800 免费电话服务,人们可以方便地以低成本获得价格等信息。

除以上 7 种方式之外,还不断有新的搜寻方式随着信息技术的发展而出现。电子商务的出现使得人们可以在互联网上查询所需的信息,极大地降低了搜寻成本,提高了搜寻效率。

即使对信息都有需求,供求双方在搜寻时仍然存在较大差别。这种差别最明显地体现在搜寻对象的易识别程度上。按经验推测,潜在买主识别潜在卖主往往要比潜在卖主识别潜在买主容易些。同理,劳动者识别雇主通常要比雇主识别劳动者容易些。计算机公司和钢铁公司比,计算机专家比钢铁工程师的无效搜寻多得多,足以证明这一点。下面从劳动者和雇主的角度具体分析供求双方的搜寻差异。

首先,雇主与劳动者之间承担的搜寻成本不对称。当雇主具有选择雇员的多种可能性时,搜寻成本多由雇主和雇员共同分担;当雇主与劳动者之间的比例接近 1 时,雇主将承担更多的甚至全部的搜寻成本。此外,雇主与劳动者之间识别程度的差别也导致他们之间搜寻成本的不对称。由于雇主识别劳动者比劳动者识别雇主更困难,因而雇主承担的搜寻成本平均比劳动者承担的搜寻成本高些。在同等搜寻成本的条件下,劳动者掌握的信息比雇主掌握的信息相对要多些,由此造成的信息差别或信息不对称严重地影响着劳动市场甚至许多经济活动的运行。

其次,劳动者搜寻的目的和任务就是通过搜寻识别潜在雇主,进而在识别出的雇主中选择能够提供最高报酬的雇主。然而,雇主的搜寻却没有这么简单,雇主在搜寻中不仅需要识别潜在劳动者,而且必须在一定时期内按照劳动者的工作能力对他们的劳动技能进行甄别。在甄别期间,雇主极可能承担较低生产率的风险,也可能需要支付技术培训带来的成本费用。更重要的是,雇主的搜寻不仅需要识别出潜在的普通劳动者,更需要识别出那些能够给雇主带来利润的潜在企业人才。

再次,劳动者的搜寻行动一般难以被其他活动所取代,而雇主却往往可以利用工资率与搜寻技术的替代关系控制搜寻活动。例如,雇主通过支付较高的相对工资降低离职率,从而减少搜寻活动和降低搜寻成本。同时,较高的相对工资的市场信号平均地会吸引更多的高质量的劳动者前来应聘,这又相对地提高了雇主的搜寻效率。由此可见,劳动者搜寻的弹性低,而雇主搜寻的弹性高。

最后,小公司的雇主在搜寻和雇佣过程中,可以直接考察劳动者的表现。相反,劳动者也能够与小公司雇主在搜寻和雇佣过程中直接接触,以直观方式确定是否停止搜寻。然而,在大企业公司中,雇主一般求助于成本高且不确定因素多的评估方式来搜寻和考察劳动者。这样的状况说明,企业公司的规模将导致雇主与劳动者在搜寻方式和搜寻效果上存在差别。

供求双方在搜寻方面主要存在以上 4 点差别。此外,供求双方也存在某些共同的搜寻特征,这主要表现在两个方面:第一,只有当搜寻活动使预期边际收益等于边际成本时,搜寻活动才停止。该原则对于供求双方来讲都是一致的;第二,供求双方的搜寻方式经常保持总体上相互一致,这是显然的,因为只有使供求双方的搜寻方式总体上保持一致,搜寻才成为可能并能够从中获得收益。

4.2.5　信息搜寻的一般模型

设某市场 M 中有一商品 Q 的正常价格为 p,且 M 中部分商店对每件商品都给予 d 的折扣。假设不给予折扣的商店比例为 q,且 $q<1$,那么,给予折扣的商店比例则为 $(1-q)$。现以函数 $u(.)$ 表示效用,买主走访商店的成本为 c。这样,买主每次搜寻都承担 $u(-c)<0$ 的负效用。买主走访商店可能出现 3 种结果。首先,买主没有做出购买行动,在这种情况下,买主将承担 $u(-c)$ 的负效用;其次,买主可能无折扣地按价格 p 购买商品,此时的总效用为

$$u(-c)+u(-p)$$

这里,由于得益于拥有商品的效用,故 $u(-p)>0$;最后,买主购买到含有折扣 d 的商品,这时,买主获得的总效用为

$$u(-c)+u(-p+d)$$

显然,有

$$u(-p)<u(-p+d)$$

接下来,给予买主二择一的选择:或者无论是否有折扣,买主只走访一家商店并购买商品;或者买主走访一家商店只在有折扣时才购买商品,否则,走访第二家商店,并且不论第二家商店是否有折扣都买下商品。这样,买主从第一种选择中得到的预期效用 U_1 必然是走访商店的负效用加上购买商品获得的预期效果,即

$$U_1 = u(-c)+[qu(-p)+(1-q)u(-p+d)] \tag{4-1}$$

买主从第二种选择中得到的预期效用 U_2 是买主走访第一家商店的负效用,加上购买含有折扣商品带来的预期效用。如果在第一家商店得不到概率为 q 的折扣,买主将走访第二家商店,这时,买主将再次承受走访的负效用,但是,这次无疑将采取购买行动,其预期效用为

$$qu(-p)+(1-q)u(-p+d)$$

故 U_2 为

$$U_2 = u(-c)+(1-q)u(-p+d)+q[u(-c)+qu(-p)+(1-q)u(-p+d)] \tag{4-2}$$

如果将 p、d 和 q 赋予一定数值,那么,买主采取何种选择行为将取决于搜寻成本的大小。首先,考虑式(4-1)等于式(4-2)的情况,从中可以找出含有两种选择之间差异的表达式。这里有

$$(1-q)u(-p) = u(-c)+(1-q)u(-p+d) \tag{4-3}$$

令式(4-3)中 $c=c_0$,如果

$$(1-q)u(-p) > u(-c)+(1-q)u(-p+d) \tag{4-4}$$

那么,$U_1>U_2$,即第一种选择比第二种选择更好。如果

$$(1-q)u(-p) < u(-c)+(1-q)u(-p+d) \tag{4-5}$$

那么,$U_1<U_2$,说明后一种选择更好。

由于式(4-5)不同于式(4-4),当 p、d 和 q 都已知时,式(4-4)右边值的下降意味着 c 的变化,也即 $u(-c)$ 负效用更高。因此,当 $U_1>U_2$ 时,$c>c_0$。由式(4-5)可知,当 $U_1<U_2$ 时,$c<c_0$。U_1、U_2 与 c 的关系可以用图 4-5 表示。通过对式(4-1)和式(4-2)的计算可知,对于 c 的任意值,U_2 的曲线都要比 U_1 陡。如果,$U_1<U_2$ 即搜寻成本 c 相对地低,很明显,搜寻是受欢迎的。相反,当 $U_1>U_2$,即搜寻成本相对地高时,买主更乐意在第一家商店买下商品。

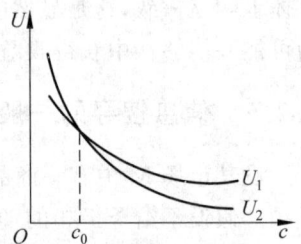

图 4-5 搜寻模型

以上搜寻模型将买主的搜寻次数规定为最多两次。如果不限制搜寻次数,只考虑每次搜寻的收益会怎样呢?设市场 M 中有 m 家商店,其中,一半商店对商品 Q 给予折扣 d,开

价为 $p_1 = 12$ 元,另一半商店维持原价为 $p_2 = 13$ 元。可以看到,随着买主搜寻次数的增加,直至 m 次搜寻,搜寻的最低预期价格在不断地下降,直至最低价格 12 元(见表 4-2)。

表 4-2 按搜寻次数不同所假设的最低价格分布

搜寻次数	最低价格的概率(元)		预期最低价格(元)
	12.00	13.00	
1	0.5	0.5	12.50
2	0.75	0.25	12.25
3	0.875	0.125	12.125
4	0.9375	0.0625	12.0625
m	1.0	0	12.00

由表 4-2 可知,搜寻两次比只做一次搜寻将节省 0.25 元,而搜寻三次则可以节省 0.375 元。可以预想,如果市场价格离散幅度更高的话,搜寻三次比只做一次搜寻的收益将更大。

从上述分析获得以下两个结论。

第一,价格离散程度越高,每次搜寻所获节省额就越大,有效搜寻次数就越多。再回到前面的搜寻模型中(见图 4-5)。如果商店增加给予买主的折扣,这对于买主的二择一选择会产生什么影响呢?在图 4-5 中,当增加 d 时,对于每个 c 都有 U_1 和 U_2 的增加。但是,d 的增加对于 U_2 的影响比 U_1 更大些。通过式(4-3)可以算出,这些变化的结果将使 c_0 增大。说明当商店给予的折扣增加(即价格离散幅度扩大)时,买主的搜寻收益也将有所增加,且买主停止搜寻做出有利选择时的边际搜寻成本也同时提高了。

第二,购买的商品价格越高,或购买商品的数量越多,就越值得进行搜寻。因为买主用于商品的开支越高,由搜寻所得的节省额也就相应地增大,从而又刺激搜寻欲望而使搜寻次数增加。当然,如果考虑到搜寻成本所带来的负效用,搜寻不可能无限进行下去。

4.3 在线市场的价格离散与搜寻

随着电子商务的发展,在线市场的规模越来越大。在线市场上,搜索成本的下降,价格弹性的增加和价格的敏捷调整,都意味着在线市场更趋向于完全竞争市场,因而将会促使在线销售产品的价格离散程度有减弱的趋势。但也有实证研究的数据表明,在线市场仍然具有较高程度的价格离散。同时,在网络信息经济中还出现了相对独立、自我激励的自动软件主体,利用算法最大化它们所代表的所有者的效用和利润,也将对在线市场的效率产生广泛的影响。

4.3.1 在线市场价格的理论与实证研究

从消费者方面看,搜寻成本包括耗费的时间、交通成本和其他查寻费用,以及机会成本。在线市场中,消费者通过网络进行价格搜寻,从耗费时间、费用等方面均比在离线市场要低得多。搜寻成本的下降将使得均衡的搜寻密度增加,而搜寻密度的增加将使价格离散程度下降。同时,由于消费者对价格信息的获取更廉价和便捷,商品的价格弹性增加了,即当价格有稍许变化时,将引起较大的销售量的变化。

从厂商的价格调整成本看,在离线市场上,厂商改变标签价格是有成本的,即所谓的菜单成本,包括印刷新价格清单和目录的成本,把这些新价格表和目录送给中间商和顾客的成本、为新价格做广告的成本、决定新价格的成本,甚至包括处理顾客对价格变动怨言的成本。而在线销售的产品改变价格时的菜单成本比传统销售要小得多。同时,由于在线市场价格弹性比相对应的离线市场高,因此厂商对于在线价格调整的频率将会远高于传统市场环境下的价格调整频率,而价格调整幅度小于离线市场的价格调整幅度。并且,与离线市场相比,在线市场具有更高的价格灵敏度,因而在线市场上利润最大化的价格水平比离线市场更低。布赖约夫逊和斯密斯(Brynjolfsson and Smith)[1]的对网上市场的调查证明这一点,通过对网上和传统的书籍、CD 市场(1998－1999)的价格研究显示,无论是否将税收、运费、购物费包含在价格里,网络市场中的价格都比传统零售中的价格低 9%～16%;布朗和古斯比(Brown&Goolsbee)(2000)对保险服务行业的研究也表明网上价格低于传统市场。

从上述分析看,在线市场的搜索成本下降、价格弹性增加和价格调整迅速,都意味着在线市场更趋向于完全竞争市场,因而将会促使在线销售产品的价格离散程度有减弱的趋势。但迄今为止,学者们所作的实证研究却并没有证实这一结论,相反地,实证研究的数据表明,在线市场具有强而持久的价格水平离散。贝利(Bailey)(1998)发现在书籍和 CD 市场上,网络价格差异等于或高于传统市场价格差异。布赖约夫逊和斯密斯(Brynjolfsson&Smith)(2000)则发现网络价格差异等于或高于传统市场的价格差异。

布赖约夫逊和斯密斯在综合前人的研究基础上提出网络市场中价格离散度的来源有以下几个方面的原因:产品的异质性、便利性和购买经历(时间的价值)、认知(思维的真正价值)、零售商品牌和信任、锁定(即通过调节消费者的转换成本来收取溢价)以及价格歧视。潘·瑞彻伏特和山卡(Pan Ratchford and Shankar)(2001)则把影响同一类产品网络价格离散的原因分为两个方面:市场特征和网络企业特征。

4.3.2 在线市场价格离散原因分析

把在线市场价格离散的原因和影响因素归纳如下。

1. 交易风险与信誉租金

目前对在线市场价格离散的解释多与在线市场的交易风险有关。在传统商品交易模式下,物流和资金流是同时完成的,而在电子交易中,消费者要先完成网上支付,经过一段时间后商品才能通过网下配送到达消费者手中。消费者看不到实物,无法试用、试穿,难以辨别真伪,网上的保质、保修承诺也并不能让消费者完全放心。我国著名的在线市场网站北京时代珠峰科技发展有限公司 2001 年年底拖欠供货企业和消费者货款 600 多万元,人去网空,就曾经引发了我国在线市场的信用危机。因此,人们在进行网上交易时,并不是仅仅关注价格,对在线市场交易风险的忧虑,会使信誉好的厂商可以定价于一个相对较高的水平而仍然

---

① 谢康. 电子商务经济学. 北京:电子工业出版社,2003.

具有竞争力,从而造成持续的价格离散。

在线市场的交易风险,从本质上讲,可以归属于商品"质量"问题,这里把"质量"概念扩展开来,包括厂商提供的配送与支付服务、交易的可靠性、退货条款等。在线商品给消费者带来的效用不仅仅取决于商品本身,而且与上述多种因素有关。因而在这些方面的差别都将构成商品的"质量"差异,影响消费者的决策。对于在线市场的消费者来说,质量甄别的难度加大了,当消费者比较价格时,还要同时考虑在一个低价位上,会不会隐含着诸如能否及时配送、商品质量是否与网上宣传相符、不满意能否顺利退货等质量风险。商品质量差异的加大将使价格离散现象加剧。

我国学者赵冬梅(2004)[①]对我国在线市场(B2C)的价格离散实证研究发现,厂商提供的商品配送与支付服务、交易的可靠性、网站对商品信息提供的详尽程度以及退货说明等差异与产品的价格离散显著相关,表明消费者可能更关注这些与购物安全性相关的信息。企业的信誉和品牌对在线市场价格离散有显著影响,因为信誉和品牌的价值能够降低消费者可察觉的风险,消费者愿意为值得信赖的企业支付高额费用。另外,特定的商品市场特征也影响着价格离散,如市场竞争者数量、消费者参与的程度(即他们有多大的努力去搜寻更低的价格)、产品的流行程度(即是否有很多消费者购买)。这些因素对可能会加大也可能会减小价格离散。

2. 在线市场特征

影响价格差异的市场的特征包括:市场竞争者数量;消费者参与的程度,即他们有多大的努力去搜寻更低的价格;产品的流行程度,即是否有很多消费者购买。这些因素对价格差异的影响有正面的,也有负面的。

一个市场中竞争者数目反映这个市场的竞争程度,也是检验传统市场价格离散模型中的一个因素。Carlson 和 McAfee 基于搜索模型,指出当一个市场中有更多的竞争者时价格离散会减少。然而,当 Dahlby 和 West(1986)将 Carlson 和 McAfee 的模型实证应用在汽车保险市场时,发现市场竞争者数目越多价格离散度越大,现在仍然不能解释这个冲突。Cohen 最近的研究指出市场上可替代品的数量是一把双刃剑。一方面,竞争者的数目增加使替代品增多,价格离散度将降低;另一方面,信息作用的扭曲也增加和导致消费者信息缺乏,因此,价格离散增加。

消费者的搜索行为与产品的价格水平有关。由于通过搜索获得的潜在利益不同,一般假设消费者更加倾向于努力搜索贵重商品,因而昂贵商品中价格离散更小。

畅销产品是那些被许多消费者接受和购买的商品。借助于新闻组、电子公告牌(BBS)和聊天室等电子渠道,在线消费者能够更快地交流信息,由于战略上的原因,许多 B-C 电子商务企业都在 Web 网站上开设了评论板以便顾客能够很容易地交流。畅销产品吸引了顾客的注意力,也就比其他产品有更多的信息,所以,假设畅销商品比滞销商品价格离散度小。

---

① 赵冬梅. B-C 电子商务市场价格离散及其动因分析. www.cenet.org.cn/ceac.

3. 厂商的策略行为

Bakos（2001）针对在线市场中厂商的策略选择提出了以下见解：①电子商务不只降低了消费者的搜寻成本，同时也降低了销售者的搜寻成本，让销售者可以更有效率地与潜在消费者交流商品信息，提供销售者透过目标性的广告及一对一营销与消费者接触。②一些在线市场可能有较低的进入障碍或较小的有效规模，因此一些小厂商只要能抓住特定利益的商品，就可以有光明的未来。③销售者可以利用技术来增加产品的差异性，这将会增进销售者的利润。④因为菜单成本低，所以销售者调整价格的同时可以获取消费者的信息，如果销售者不仅差异化自身产品而且伴随差别取价的策略，就可能可以抵消因为搜寻成本低所带来的价格竞争。

4. 搜索引擎在消除价格离散方面的局限

互联网提供的各种搜索引擎可以帮助消费者在线购买产品，只要在搜索引擎中输入相应的关键词，就可以得到一系列相关的产品信息；而且特定产品的价格比较站点，如Pricematch使消费者能够以搜索到的最低价格购买所需要的产品。但它仍然不能消除在线市场的价格离散：首先，无论是搜索引擎还是价格比较工具得到的信息都是不全面的；其次，出于策略考虑，销售商不会提供商品的所有相关信息。而只是有选择地提供产品信息，这是其细分市场，提高市场势力的常用的策略手段。

5. 产品的数字属性和非数字属性

在Internet市场环境下，产品具有"数字属性"和"非数字属性"之分。数字属性是那些主要通过视觉检查来评价，能够利用互联网来传递的产品属性。非数字属性是那些只能通过对产品的物理检查来评价，无法通过互联网来传递的产品属性，比如衣服的质地与合身程度。任何产品都具有这两类属性，但不同类型的产品中，两类属性的相对重要程度不同。在区分数字属性与非数字属性的条件下，Internet降低的主要是产品的数字属性方面的信息获得成本，但无助于获得产品非数字属性方面的信息。

4.3.3 价格自动主体对在线市场价格离散的影响

随着信息技术的发展，在全球化和网络信息经济中出现了大量的自动软件主体，包括购买软件主体（Shopbots）、销售软件主体（salebots）和定价软件主体（pricebots），它们与人以及其他自动主体交换信息商品和服务。这些新的软件主体，是一种相对独立、自我激励的经济参与者，利用算法最大化它们所代表的所有者的效用和利润。它们购买投入，例如网络带宽、处理能力和数据库及更精细的信息产品和服务，通过将这些投入进行综合、提炼、传输或其他处理使之增值，并将生成的产品或服务出售给其他主体。

代表顾客在网络寻找商品和服务的自动软件主体，将在未来在线市场电子交易的各个方面起到重要作用，它们能够在几秒钟的时间内查询数十个网站收集信息并分类，使得获取和发布信息的成本显著下降，这种自由信息流将对市场效率有很大影响，经济摩擦力也将显著下降。

有些学者认为自动软件主体的出现将导致从厂商角度来讲无法预测的消极结果,如价格战,并使在线市场的价格离散程度进一步下降。这种情况有可能发生,但是很多华尔街上的公司在运用自动软件主体进行程序化交易的结果表明,破坏性的价格战不是必然结果。无论在离线市场还是在线市场,消费者在做出购买决策时价格都不是其所考虑的唯一因素,换句话说,价格不是网络上唯一的或者最主要的竞争变量,相反,信息技术使得具有复合性交易方式的自动软件不断完善与发展起来。

价格是一个令人迷惑的变量,在线市场和离线市场都是如此。因为每个人都寻找低价格,使每个人看起来都像是价格购买者,但实际上并非如此。每个购买者寻找的是价值和价格两个方面,他们希望得到满足他们需要的、具有某种质量保证的产品或服务。在线市场的出现并没有改变相同产品对购买者的价值不同及购买者所处环境不同这一情况,相反,它使价值的衡量更重要了。在线市场上,由于交易风险的增大,商品的质量属性比离线市场更复杂,包括了商品本身的质量以及厂商的提供的配送与支付服务、交易的可靠性、退货条款等。因此,"基于边际成本的定价变得不适宜,必须根据消费者支付意愿定价。这就需要运用质量差异和航空公司的价格歧视的方法。现代信息技术使之成为可能。"(Odlyzko[①])厂商可以通过提供复合质量标准、能够满足不同消费者特定需求的商品,对消费者进行差别定价,从而避免单纯的价格战,谋求利润最大化。信息技术的发展和自动软件主体的进化使越来越细的差别定价成为可能。这样做的结果可能使价格离散程度不仅不会缩小,而且会扩大,但是,这个结果对消费者和厂商可能都是有利的。

差别定价的前提条件是销售商至少能够控制交易中的 3 个方面:消费者偏好,单独付账和用户套利(Choi,Stahl and Whinston,2000)。而利用现代信息技术,在线销售商很容易(即以较低的成本)实现这些条件:①在离线市场上,顾客的消费行为、人文特征等较少留下痕迹,或仅仅成为一线销售人员脑子中的隐含知识。而在在线市场中,每一次交易的资料都可以方便地数字化保存,这些资料积累的结果为厂商积累了宝贵的市场信息资源,通过数据挖掘、知识发现等工程,厂商或代表其利益的自动软件主体可以更好地细分市场,并根据每个消费者的特点提供个性化商品和服务,同时索取等于其支付意愿的价格。消费者在线购物时,Web 服务器可以记录其访问的域名、IP 地址,访问时间下载和访问的文档等。销售商可以利用这些信息为消费者定制产品和匹配价格,从而实现差别定价。②在线销售商可以用不同的访问界面来防止消费者之间的套利行为。具体地说,销售商给支付意愿较低的消费者设置一个需花更多时间才能完成交易的界面,因为他们的时间价值较低,而支付意愿高的消费者界面友好,可以很快完成购物,从而使套利行为减少到最低。③单独支付条件是不言自明的,因为在线购物的消费者与销售商之间是一对一的交易,并通过相应的支付体系单独完成。

在个性化商品、服务和定价策略下,在线市场中虽然价格离散现象持续存在,但交易对买卖双方都有好处。销售方关注的是购买者的限制条件,是他们对不同价值的特定需求的均衡。在线市场电子交易数据或自动软件主体的作用是使从计算机到汽车等商品的复杂协商简单化,对每个人制订相应的配置。并且,当把消费者看成是价值购买者,而不仅仅是价

---

①   Andrew Odlyzko. Privacy,Economics and Price Discrimination on the Internet. www. dtc. umn. edu.

格购买者时,还应当注意,可观察价值不是固定的,它在一些属性上经常变动。数字化的自动软件主体将搜寻价值的过程简化了很多,因而必将在未来市场交易中起到越来越重要的作用,那些在在线市场中能够提供商品或服务的适当质量组合和价值的厂商将成为竞争的胜利者。

小　　结

资源有效配置的关键在于能否获得资源相对稀缺的信息,因此信息结构对资源配置有着重要影响。市场机制能够有效地产生和传递以价格体系为中心、以市场价格为形式的市场信号和经济信息,但是,市场价格体系在总体上存在着某些缺陷,非市场机制是市场机制的必要补充。价格离散就是价格体系配置资源失灵的一个典型表现。本章研究了信息结构与资源配置效率问题,价格离散及其经济含义,在线市场的价格离散表现与原因。

（1）经济体制包括决策结构、信息结构和动力结构 3 个组成部分,决定着经济体系的生产要素配置过程、生产过程和产品分配过程的基本方式,三种结构之间的匹配关系,影响着资源配置的效率。"格罗斯曼-施蒂格利兹悖论"表明,市场价格体系难以传播全社会所需要的各种信息,必须设计非市场机制来协调市场机制所不能协调的经济活动。

（2）所谓价格离散是指相同的商品在不同的商店以不同的价格出售,并且都有人购买,而人们不能以商店的地理位置或服务的质量等方面的差别来说明所看到的价格差别。价格离散程度可以测度市场的无知程度,价格离散的存在也产生了有利可图的信息搜集行为。

（3）在线市场的搜索成本下降、价格弹性增加和价格调整迅速,都意味着在线市场更趋向于完全竞争市场,价格离散程度有减弱的趋势。但实证研究的数据表明,在线市场仍然持续存在价格离散。究其原因,可以归纳为以下一些因素的影响:交易风险与信誉租金、在线市场特征、厂商的策略行为、搜索引擎在消除价格离散方面的局限,以及产品的数字属性和非数字属性等。

（4）网络信息经济的自动软件主体,作为一种相对独立、自我激励的经济参与者,利用算法最大化它们所代表的所有者的效用和利润。自动软件主体的特征将对在线市场的效率产生广泛的影响。

案例：硅谷的信息结构与治理结构[①]

青木昌彦对硅谷信息结构与治理结构考察后认为,硅谷的创业投资者真正独特的作用是他们在信息协调和公司治理结构上的功能,这是通过考察一组创新式初创企业和一组创业投资者之间的关系后得出的结论。

硅谷的创新企业在产品创新上相互竞争,而他们的活动具有很强的相互可替代性。这样,为了赢得竞争,他们的信息处理活动有必要相互保密。可是,与传统企业（如 IBM）以集

---

① 改编自青木昌彦"硅谷模式的信息与治理结构",《走出误区——经济学家论说硅谷模式》,钱颖一主编,中国经济出版社,2000.

中化的方式在事前就为新产品体系构想出一个基本框架不同,这些企业却是以分散的方式在各自所属的市场上从事创新活动。这样,新的产品体系就得在整合不同企业的产品模块的基础上才能事后地演化出来。为保证这种演化成为可能,在不同模块间提供共性的界面标准以使不同产品具有相容性的工作就必不可少了。

尽管界面标准的制定更多的是由各个市场上的主导企业和行业标准化组织完成的,然而,创业投资者在对内生地形成并确定事实标准,以及将其向新兴的市场推广所必不可少的信息进行协调方面发挥着实质性的作用,其作用并不亚于主导企业和设定行业标准化组织。

1. 硅谷模式的实际背景

从金融的角度看,创业资本基金是一种金融中介。其法律结构是很独特的,它实行的是合伙制。有两种合伙人,即普通合伙人和有限责任合伙人。普通合伙人是基金的组织者,对基金管理承担全部个人和法律的责任。有限合伙人为基金提供大部分资金,但并不参与基金的管理和投资决策。因此,在有限合伙人与普通合伙人之间就有可能产生委托代理问题。普通合伙人可得到全部资本较小比例(2％～3％)的年费,并拿到所实现资本收益的15％～25％,而他们在基金中的份额却比这个比例要低得多。

在市场上,创业投资者寻找着有前景的投资项目,而有好的设计的项目却缺乏足够资金的潜在企业家们寻找着创业资本的支持。仅在硅谷地区就有超过200家的创业投资公司,但据说一个有经验的创业投资者每年要收到1000份以上的融资申请。搜寻和筛选对双方而言都是不容易的。

除非创业投资者已经了解企业家的声誉并且所提供的项目被认为是合适和有前景的,否则创业投资者一开始只会提供种子资金,看看企业家是否有能力启动这一项目,同时保留为创新企业提供资金支持的可能。当创业投资者决定进行创业融资时,在创业投资者与企业家之间,要签订详细的融资和雇佣协议,厘清融资条款,并确定受雇佣的企业家为高级管理人。创业融资由一些创业投资者组成银团来进行,并由其中一个创业投资者担任牵头人和管理人。有经验并彼此了解的创业投资者之间在不同的项目上轮流担任牵头管理人的角色。这种安排不仅是一种风险分担机制,更是一群创业投资者间对项目进行监控的相互代表机制。这种相互代表机制不仅可以避免创业投资者在集中监控上的重复劳动,也是控制创业投资者在监控时发生道德风险的一种手段。如果一个牵头创业投资者在监控中偷懒或能力低下,以至于由他牵头的项目的失败率超过一般水平,他的声誉就将受损,他就会失去筹集新的资金和参加由别的创业投资者组织的有盈利潜力项目的机会。

在创业阶段,创业投资者只提供全面完成项目所需资金的一部分,其余部分则要视项目进展情况而定,这就是所谓的"阶段性"资本承诺。创业投资者的融资通常采取可转换优先股或有转换权的次级债务的形式。在项目失败时,他们在普通股持有者之前获得清偿。这样,创业投资者得以避免发生不利的风险。同时,创业投资者保持在初创企业需要新资金以求得生存的关键时刻退出的权力,他们以拒绝提供资金的方式行使这一权力。另一方面,典型的股权协议允许企业家在一定的目标达到时比投资者更具有增加股份的权力(通常是普通股)。被解雇的企业家则没有这一权力。

企业的产权安排有着联合投资的复杂特征,并有双边的选择权条款:在企业发展不顺利时,创业投资者可行使不利于企业家的退出权;而在企业发展顺利时,企业家可行使股票期权。一开始,尤其是企业刚设立而企业家的资金非常有限的情况下,企业家资源放弃对企业的控制权,但随着项目的顺利进展,他能逐渐获得这一权力。

许多初创的创新型企业都失败了。大量的失败不仅源于企业家之间过于激励的竞争,创业投资者本身也可能导致这种失败。研究者在计算机储存产业中观察到这样一种现象:总体而言,在长期看来只能容纳4家企业的这一产业中有43家橱窗企业得到了融资。因此企业失败是创业融资过程中内在的注定要发生的平常事,这种过程本身促进了这种失败。

如果项目成功了,这种融资或者以首次公开发行上市(IPO)或者以被其他企业收购的方式结束。创业投资者决定何时上市发行,并提供这样做所必需的专业知识。资本收益在风险基金和企业家之间股票份额分配。老道的创业投资者能在市场对企业的评价特别高时进行IPO,而经验不足或声誉不够的创业投资者可能会较早地将企业推向市场。

有的学者认为,活跃的IPO市场是创业资本融资及由此导致的产品创新得以成功的关键,而这一市场的缺乏正是其他地方的经济中难以仿效硅谷的原因。尽管这种论断有其正确的一面,但同样值得注意的是,近来成功的初创企业越来越多地被同领域的领袖企业兼并而不是进入IPO市场。

兼并企业本身常常就是已经成长起来了的创新式企业,他们在所属市场的行业标准化中取得了成功。他们收购成功的初创企业的目的,要么是消除对它所设定的行业标准的潜在威胁,要么是通过收购和捆绑辅助产品以进一步增强其市场地位。这种情况影响了创业投资者的行为,尤其是在创业资本融资的后期。从初创企业企业家的角度来说,如果只有单一的创新产品的话,与IPO相比,他们更倾向于被收购。

因此,创业投资者对靠创业资本建立起来的企业全面地起到了事前监控(筛选项目以防逆向选择问题)、事中监控和事后监控(检验项目结果并决定采用何种退出策略)的作用。事前和事中监控需要过程方面的专业知识,而事后监控则需要金融技术。创业投资者能满足这种要求,并倾向于将业务集中于特定的领域。

2. 硅谷的信息结构特征

为了了解创业投资者的作为技术体系创新的媒介,在硅谷信息结构中的作用,有必要考察创业投资者和一群创新式企业之间的系统性关系。

初创的企业与产品市场的关系上有一个共同的特点:他们不是为自己创造出一个个相互竞争而互无联系的产品体系,而是倾向专注于某一特定的领域,设计出适合于不断演进的行业产品体系的有用模块,以开辟出属于自己的市场或在与有意收购的大企业讨价还价时取得更有利的地位。

与创业投资者的协调相比,界面的标准化更多的是行业内的主导企业(当前尤其是英特尔和微软公司)和行业标准化组织(如国际半导体组织SEMI、国际互联网组织IETF等)的产物。然而,在高度竞争和充满不确定性的技术和市场环境中,即使是领袖型公司在各个细分的市场上的地位也并非不可动摇。因此,界面标准是在大大小小公司的相互作用下逐步形成和不断改进的。

这种情况对创新式企业而言产生了信息方面的两个要求，一方面它们要持续地处理和分享所处的不断演变的行业中的广泛信息，另一方面它们要对关系到自己的产品模块的特殊信息进行整合和保密，以保持竞争力。

设有一个一般性的研发体系，它由管理层 M 和两个产品设计小组组成。管理层负责发展战略、研发资金分配等事项，而产品设计小组负责设计产品，每一个小组负责设计一个完整的技术系统的一个部件，见表 4-3。

表 4-3　不同研发组织信息结构特征比较

组织 ＼ 环境	系统环境（技术的和行业的）	系统—工程环境	小组特有的工程环境
层级式的研发组织	管理者的任务	系统工程师的任务	设计小组的任务
互动式的研发组织	通过项目小组向管理层的反馈产生的信息同一化	项目小组之间的信息共享	各个项目小组的任务
创业资本协调下的信息封闭性研发组织	创业资本协调下的准信息同一化	创新式企业间的信息封闭	

在层级式的研发组织中，在研发经理与项目小组之间设置系统工程师。管理层负责监控系统环境，根据对系统环境的考察，决定研发开支和基本的系统开发思路。管理层的决定传递给系统工程师，系统工程师通过研究过程环境，在预算及其他约束条件下进行系统分析和基础设计工作，将结论交给项目小组，项目小组随即着手解决各自独特的工程环境中产生的问题。

在互动式的研发组织中，如同克莱茵的创新"链式模型"一样，从低层向高层信息反馈，互动式的研发小组之间存在有关系统环境的信息共享，而在各自的技术环境所引起的问题上独立工作。

在创业资本协调下的信息封闭型研发组织中，所谓的管理层就是创业投资者，而项目小组就是独立的创新型企业。创新型企业之间不存在工程环境乃至系统环境的信息共享，开发设计小组之间完全封闭，小组的新产品设计基于独立的开发努力所得到的各自不同的知识。创业投资者经常充当企业家、工程师和大学科研人员之间的桥梁与纽带，作为其协调的结果，创新型企业之间有一定程度的关于行业系统环境的信息共享。当然，这种信息共享在质和量上可能都比互动式研发组织要弱，因此将这种情况称为准信息同一化。

在各产品被模块化的情况下，具有相容性的界面可能由一个大型层级式研发组织的管理层在研发开始之前以集中的方式设定，有时甚至由政府部门设定。但是当项目开发具有较强的事前不确定性时，集中式的事前设定方式可能不会取得好结果。此时，应更好地利用开发过程中不断涌现的新信息。互动式研发组织相对于层级式组织的一个优点就是针对新出现的信息而对界面进行微调的灵活性，然而，互动式组织对新信息的中期适应（即在开发工作开始之后结束之前）常常并不限于界面设计，还经常导致各独立小组产品设计上的改变，因此这种组织在信息方面的负担太大。

而在创业资本协调下的信息封闭模式中，产品设计所需要的工程信息是相互保密的，所以设计内容上的协调是不可能的，考虑一个大规模的复杂的产品体系的创新过程。假设它可以被明确地一级级地分解为几个步骤,如基本概念、系统分析、详细设计、试制造、测试等,其中有的步骤如设计和制造还可以进一步分解为更小的任务单位,在这样一个层级式的系统中,一旦系统概念模式以集中的方式得出,并相应地进行了系统设计,在以后的某一个步骤中出现了预料之外的情况而对完整的体系进行更新是非常昂贵的,因而只能进行局部的修改,但局部的修改有时会失去设计的内在联系和一贯性。

互动是组织能够通过在产品开发的不同阶段之间不断地反馈信息以及在同一阶段的从事相关任务的项目小组间的互相合作来应对预料之外的事件,在这种组织中,产品体系可能会不断地改进,或者在设计新一代产品时会利用以往各开发阶段所积累的预料外事件的知识。然而,一旦在不同开发阶段和任务单位之间建立起了沟通渠道,要彻底改变基本的组织架构就变得十分困难(如更换一批开发任务),相应地,产品体系的创新只是增量型的。

创业投资协调下的信息封闭体制对每个项目从一开始就都有多个小组参与竞争,产品体系的更新换代是通过在每个项目上从每一群小组中按照锦标赛式的竞争择优选出一个小组这种不断演进的方式进行的。界面的标准化使这种中期和事后的选择方式成为可能。产品体系的创新无须事先的集中设计,也不必有强行废止使用现存模块的强制力量存在。它通过灵活地捆绑来自不同创新项目的不断改进的模块化产品,迅速地发展为一个复杂的产品体系,它还能增强产品体系的可重构性,因而特别富有创新能力。

创业资本协调下的信息封闭体制的这种灵活性的成本是研发工作及研发费用的重复性,硅谷模式的治理机制在一定程度上减少了研发工作和费用的浪费。

3. 创新过程锦标赛式的治理结构

硅谷的创新过程是一个不断重复的三阶段博弈过程。在博弈的开始,创业企业家投入其创意和努力,投资家投入第一轮风险投资;第二阶段企业家部分根据自己的研究,部分根据由创业投资者协调提供的信息,确定其设计特性;第三阶段创业资本决定为完成项目而进行的资金分配,创业企业以公开上市、被其他企业兼并,或以终止的形式退出。

在第二阶段结束时,企业家和创业投资者都已为开发项目进行了大量的努力,相应地他们也获得了有关开发结果的信息。这时,企业家和创业投资者都要最大化各自的预期价值,虽然存在某些噪音,但创业投资者一般可以估计出各个企业家对最终价值的贡献度。创业投资在企业家之间通过锦标赛的方式分配第三阶段完成项目所必要的资金。

由于上述博弈不断进行,创业投资者不断竞争最具有潜力的项目,他们有积极性建立声誉,因而这种治理结构对创业资本家具有很强的激励作用。

如果创业投资者在众多的阶段性博弈中保持工作的积极性,他们就能积累出宝贵的经验:如协调企业家之间的信息、从系统的角度判断产品间的相容性,并以自组织的方式形成一个复杂体系。在这一过程中,创业投资者还积累了企业家们在研究和工程方面的竞争力、潜能及领导水平等方面的知识,有关的判断部分地独立于企业家们在某个特定产品的开发竞争中的成败。即企业家未能在某个回合的博弈中获胜也许并不能说明其无能,可能是因为运气实在太差,未能将原本很好的设计与不断演变的产品体系相配合或设计完成得稍微晚了一点等原因。这样他可能完全有能力参与另一轮锦标赛。在事前做出这样的判断是创业投资者的一个重要功能。另一方面,如果潜在的有能力的企业家对于参与以后回合的锦标赛有足够的信心而不必担心他们过去的失败,那么他们承担风险的态度就内在地增强了。因此,锦标赛式的治理机制的反复进行内生地增加了企业家的风险承受能力,并因而减少未成功者重复性努力的成本(私人的和社会的)。

创业投资者在每一个阶段性博弈的第三阶段能为每个项目选择一个最好的企业,然而,他自己在判断创新式企业的技术潜力方面的专业知识也许是有限的,但这种不足可能会因为工程师在创新企业间的流动而弥补,有雄心而且有能力的工程师将从根据自己对技术的敏感在创新企业间流动,从而构成企业潜力的一个信号。硅谷告诉人们的是:"大家为硅谷而工作,而不是为某一家企业工作。"(Gilson,1997)。

复习思考题

1. 经济体系的运行结果是由哪些因素的作用决定的?
2. 决策结构、信息结构和动力结构的关系如何?
3. 经济体制信息结构有哪些主要类型? 其特点各是怎样的?
4. 厂商信息结构有哪些主要类型? 其特点各是怎样的?
5. 说明价格体系在信息传递和资源配置方面的优越性。
6. 什么是格罗斯曼-施蒂格利兹悖论? 它意味着什么?
7. 什么是价格离散? 价格离散出现的原因和影响因素有哪些?
8. 什么是搜寻的平衡? 它受哪些因素的影响?
9. 为什么说价格离散与搜寻是互为因果、相互影响的?
10. 常见的搜寻方式有哪些?
11. 在线市场价格离散的影响因素有哪些?
12. 什么是价格自动主体? 它的出现对在线市场效率有什么影响?

第二部分
信息经济与信息化

第5章　信息商品

信息商品指的是用来交换,并能满足人们某种需要的信息产品。信息商品的物质载体是其形,而物质载体所负载的信息内容是核心。从历史上看,信息商品脱胎于物质商品,伴随着商品经济的发展,逐步演变成为独立的商品形态登上了历史舞台。在数字化、网络化时代,数字商品逐渐成为信息商品的一种重要形式。信息商品既具有一般商品的特性,也具有与一般物质商品不同的经济特征,这表现在信息商品的价值与使用价值、供给与需求,成本、价格和交易方式等各个方面。

5.1　信息商品的产生与发展

对信息的开发形成信息资源、知识资本,体现了随着社会经济的发展,信息在当代的作用和价值不断提高,并因此出现了专业化的信息开发工作,即信息开发的目的不是(或不主要是)为了自己利用,而是为了用于交换,这就是信息商品化的过程。信息商品是随着社会经济的发展逐步产生发展起来的,在当代信息技术的推动下,信息商品的形式不断革新丰富。

1. 信息商品化的历程

信息商品指的是用来交换,并能满足人们某种需要的信息产品。也可以把信息商品定义为具有信息功能的商品,之所以具有信息功能,是由于信息商品是由赋予该商品外形的某种物质载体和负载于该载体之上的信息内容一起构成的。信息商品的物质载体是其形,而物质载体所负载的信息内容是信息商品的核心,是信息商品具有信息功能的原因。

按照马克思主义的观点,商品是用来交换、能满足人们一定需要的劳动产品。因此,一(类)事物是商品,必须同时具备 3 个条件:①是劳动产品。②能满足人们的某种需要。③是用来交换的。依据上述条件,当人们通过感官或仪器,花费一定的精力,观察并对观察所得进行分析整理,形成信息资源,而且当这些信息资源有助于他人的了解、认识,并交换于他人的时候,这些信息资源就变成了商品。

用于交换的商品有两个显著特征:一是该商品具有独占性或专有权;二是该商品具有使用价值。可见,商品的本质是私有,其根本原因在于商品是通过这种私有关系获得交换价值。从微观信息经济学研究的角度看,市场信息具有商品的这两个显著特征。首先,市场参加者总能够获得某些其他市场参加者没有或目前还没有获得的私人信息,于是,市场参加者可以对该信息采取垄断或独占行动,即通过私人信息形式,信息充分表现出其个人私有权特征。事实上,公共信息是以私人信息的大量产生和传播为基础的,私人信息才是经济信息存在的最根本形式,也是信息作为商品存在的最直接原因。其次,信息之所以能够作为一种特殊的商品而存在,在于信息使环境状态的不确定性的量减少了,而不确定性导致经济成本的产生,减少不确定性的量也就是减少经济成本而相对地提高了经济活动效率,信息也就在这个过程中获得了自己的市场价值。例如,市场销售者在商品交易中利用信息确定最优价格,而市场消费者也同时使用信息使自身购买效用最大化。在生产过程中,经营决策者需要利用信息减少在投资方向、生产规模、雇佣劳动力和资源配置等方面决策的不确定性。因此,信息商品的市场价值来源于信息在经济决策和管理控制中具有的效用。

从历史上看,信息商品脱胎于物质商品,并伴随着商品经济的发展,逐步演变成为独立的商品形态登上了历史舞台。严格地讲,任何一种物质商品本身都包含着一定的信息成分,一种商品到底是作为物质商品,还是作为信息商品进入市场,主要取决于该类商品中两种成分的比重。例如纸张的功能主要是用来记录文字、符号和图形等,是一种物质载体,其价值主要由其物质成分的价值所决定,而一张有设计图形的纸,在信息市场上的价值就远远超过了纸张的价值,因为设计图纸作为一种商品,其价格是由其中包含的信息商品的价值所决定的。因此,可以说,信息商品并非现代社会所特有,而是与物质商品同时出现在人类开始进行物物交换的原始时代,只不过当时的物质商品中所包含的信息成分比重较小,未引起人们的充分重视而已。

信息产品成为商品,并发挥商品的作用,在历史上后于物质产品,是十分正常的现象。从人类进化和发展的历程来看,人类的生存是头等重要的事,再者,人类本身所具有的信息能力(感觉、神经系统、大脑的功能)基本上保证了生存的需要。因此,物质资料的生产就成为人类社会发展前期的主要活动,而人类的经济活动也就主要是围绕着物质商品的生产、分配、交换和消费。直到进入现代社会,情况才开始出现转变,随着社会分工越来越细,直接生产过程中脑力劳动和体力劳动分离,并导致一种专门开发与利用信息的行业或产业出现,物化于商品之中的信息(技术)成分的比重逐渐加大,而且在许多情况下超过了物质成分。现代科学技术的飞跃发展,特别是信息科学技术革命浪潮,不仅改变了商品中物质成分的比重,而且创造出一种全新的信息商品。这一类信息商品不再是物质商品中的附属部分,而是以其信息价值独立存在于生产流通领域之中。其主要价值是由信息的价值决定的,与载体的形式无关。

知识产权的专利制度的确立就是独立于物质商品之外的信息商品正式得到社会承认的标志。此后,信息世界的重要成员——科学技术情报的交流就开始以法律形式来确定它们的经济价值。《专利法》明文规定,有关创造发明一类的情报必须通过交换方式进行交流,这样,以交换为目的的信息产品的生产开始萌芽,信息产品成为商品的社会条件也已具备,因而出现了具有一定规模的信息商品。

19世纪初,在英国工业化初期出现的咨询业,表明人类利用信息资源的实践活动开始深化,推进了信息商品化的进程。19世纪末20世纪初,这种社会化的咨询业在美国形成,也正是在这样的时期内,现代通信技术问世,极大地扩大了信息交流的范围和规模,继之而来的电子计算机、卫星通信等一系列先进的信息技术,为信息在经济活动中发挥商品的作用提供了更加雄厚的物质基础和技术支持,也可以说,正是现代通信技术和电子计算机扩大了信息商品化的深度和广度,完全确定了信息商品的地位。

2. 信息商品的分类

如图 5-1 所示,信息商品一般包含内容、载体、版本、作者、出版者等要素:①内容——发明、情报、音乐等无形的信息,即通常所说的信息成分,是信息商品的使用价值所在。②载体——手势、语言、文字、纸张等信息的携带物,仅占信息商品价值的极小部分。③版本——版本有源版本和备份版本之分。④作者——信息产品内容的生产者。⑤出版者——将信息和信息载体结合和备份版本的生产者。

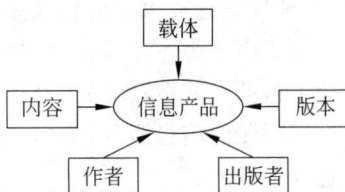

图 5-1　信息商品的五要素

按照不同的标准,可以对信息产品进行不同的分类。

从信息商品的历史发展角度来看,书籍、报纸很早便出现,但直到计算机发明以后相当一段时间,即信息技术充分发展并在各行各业中普遍运用之后,信息商品的品种和数量才极大地丰富起来,因此以电子信息技术的介入前后作为分类标准可以将信息商品分为传统信息商品和电子信息商品。

传统信息商品包括各类图书、报纸、杂志等信息的生产交换、消费及存储没有信息技术限制的信息商品,它们在计算机发明以前便存在,并作为人类重要的信息交换和知识传承的载体广泛使用。在信息技术产生并对信息商品的各个环节发挥至关重要作用之后,由于丰富多样的存在形式,而且没有信息技术的限制,它们仍然在信息消费中具有不可替代的作用,并占据着相当部分信息商品市场。

作为电子信息技术与人类知识结合的产物,电子信息商品被信息技术"锁定",它的生产、交换乃至消费都需要使用配套的电子信息设备。其中数字化信息商品在当前的经济社会生活中越来越重要,下一小节将专门介绍数字商品及其分类。与以书为代表的传统的信息产品消费条件不同的是,对于现代信息技术条件下的电子信息商品如音乐 CD、网页等,网络、计算机是实现这些信息商品交换和消费所必不可少的信息载体。实现信息的交换和消费和实现信息的生产、存储同等重要。

按照信息产品的内容,将信息产品分为以下 5 类。

(1) 学说研究类:社会科学和自然科学等科学研究成果,这类产品一般以报告、论文、专著的形式发表。

(2) 文化娱乐类:这类产品名目繁多,如历史典籍、小说、剧本、电影、报刊杂志、绘画、书法、歌曲、相声、小品等,有着极大的商业价值。

(3) 社会公共类:这类产品属于社会公共信息,一般不用来交换,主要包括社会法律法规、制度、组织等,通常以条文形式发布。

(4) 咨询服务类:例如律师、会计、审计、资产评估、教育、保健、预测、管理咨询等。咨询服务是服务者利用所掌握的专门信息为个人、企业以及政府提供服务,解决他们所遇到的各种问题。

(5) 技术创新类:如新技术、新工艺、新想法、新配方、新设计方案等,这类产品具有极大的经济效益,国家利用知识产权制度对其进行保护。

信息商品还可以分为信息产品和信息服务。前者是有形的物质物品和负载于其上的信息符号;后者则是无形的信息产品,一般不会随物质载体一同被销售,但在其生产、分配、交换、消费过程中还是要依托一定的物质介质。

信息服务是通过对信息进行收集、整理、分析、研究、储存,为用户提供各种经营加工、分析、整理的信息资源。信息服务可以分为传统信息服务和新兴信息服务。传统信息服务以手工方式服务为主要特征,包括科技情报、图书、档案、专刊等,新闻、出版、文化教育、广播电视等也包括在其中;新兴信息服务又称电子信息服务,是以计算机和现代电子信息技术为主要处理手段的信息服务,主要包括信息提供服务、信息处理服务、软件服务、信息咨询服务和信息检索服务。

信息服务的生产过程不等于信息的生产过程,也不等于信息产品的生产过程,而是信息服务产品和特定服务的生产过程。这样的过程是指在一定的生产关系下,以信息和信息产品为劳动对象,借助信息技术等劳动资料,经过调查研究、增值处理等环节,形成信息服务产品,并通过提供、咨询或经纪等特定的行为方式,确保信息服务产品和服务用于用户的问题解决活动的全过程。

3. 数字商品

所谓数字商品,就是那些能够被数字化,并且写成一段字节形式的信息商品。其实质是能够实现一定使用价值的数字编码的有序集合。数字商品中,数字编码不同的排列组合方式是各个数字商品内在的根本差异,不同的数字商品所实现的不同使用价值是数字商品差别的外在表现。

随着科技的进步,经济的发展,数字商品悄然地走入了人们日常的生活。如软件程序、音像制品,以及在 Internet 上所接收的新闻、产品供求信息等,都是数字商品。扩展地来看,以纸为载体的纸上产品也都可以通过改变其存在的方式,变换成数字商品。比如说一本图书可以转换成 E-BOOK——电子图书,这也是数字产品。再扩展一步来看,生活中一些具有象征意义的实物商品完全可以通过一种数字商品来替代,例如,人们用一束鲜花表达问候,一束虚拟的网上鲜花,实际上是一个花的图形文件,同样可以表达人们的问候、安慰和爱意,这就是实物商品的数字化。可以预见,随着以网络为代表的现代信息技术越发融入人们的生活,数字产品将越来越成为商品世界的重要成员。

根据不同的标准或从不同的观察角度出发,可以对数字商品进行不同的分类。这里采用对数字商品通用的分类方法,主要依据它用途的性质,分为 3 大类:信息和娱乐性商品,象征、符号和概念性商品,数字过程和服务。

(1) 信息和娱乐性商品。信息和娱乐性数字商品是指传达一定的信息或娱乐内容的数字商品。这类产品主要有新闻、报纸、杂志、期刊、书籍等的纸上信息商品,产品说明、用户手册、销售培训手册等产品信息,照片、卡片、日历、地图等图形图像商品,还有音乐唱片、语音节目等音频商品和电影、电视等视频商品。

这类数字商品在现在的生活中很常见,相比传统的同类信息商品,确实有它的可取之处。数字商品本身的一些特征,如可极大压缩、基本上不占据物理空间,使得不管是从随身携带的角度,还是从保存的角度,它都很便利。而且在语音、视频上,由于它所采取的先进的存取和传输技术,比传统的磁带、有线电视更加清晰。但也是由于数字商品的可复制性和易改变性,使得它的盗版、侵权问题泛滥,防不胜防。

(2) 象征、符号和概念性商品。象征、符号和概念性商品是指代表着特定意义的数字商品。如网上预订航班的机票、旅馆预订的房间号、一些活动的入场券等,还有金融工具,随着网络、银行服务终端的发展,以及个人计算机的普及,银行的很多传统业务,如查账、转账、交费等简单且数额不大的操作,都可以直接在网上进行。

电子预订系统极大地提高了人们生活的效率,不但让顾客节省了上门的时间,也让商家节省了接待或接线的人力、物力,且节约了交通、电话方面的费用。但是由于不是直接面对面,以及网上的数据和操作在一定程度上还存在安全问题,尤其是银行、金融领域,需要加强防范,抵御网络犯罪。

(3) 数字过程和服务。任何可以被数字化的相互交互都可以称之为数字过程。这一类的数字产品有政府服务、电子消费、拍卖和电子化市场、远程教育、远程医疗和其他交互式服务等,以及一些交互式娱乐游戏等。数字过程强调的是交互,政府服务中,政务公开、重大事件通知等是属于第一类数字商品的,这里的政府服务指的是一些报表的填写、相关税务的支付等。政府服务使得很多原本复杂的工作在网上完成,为政府、企业、民众都带来了一定的便利;电子消费、拍卖和电子化市场拓展了电子商务交易商品的种类,买卖双方交互的过程,在一定程度上弥补了电子商务网上交易不够形象的缺陷;远程教育、医疗等使得资源的利用突破了地域和空间的限制。

5.2 信息商品的经济特征

与物质商品相比,信息商品具有一些独特的经济特征。本节主要从信息商品的使用价值和价值方面切入,分析信息商品的经济特征。

5.2.1 信息商品的使用价值

与其他物质商品一样,信息商品也是使用价值和价值的统一。信息商品的使用价值是指信息对人们的有用性,即它能满足人们某种需要的属性,如信息商品即其信息和知识内容满足人们学习、研究、管理、决策、生产等方面的属性。信息商品的价值则是指凝结在信息产品中的人类劳动,它是信息商品的社会属性,体现出信息生产者和信息需求者之间的联系,即他们之间交换劳动的关系。

信息商品的使用价值是指信息商品所包含的信息内容的自然属性,即能够为消费者带来一定的效用或满足程度的性质。与其他非信息商品相比,信息商品的使用价值具有以下一些显著特征。

1. 共享性或非对称性

对于物质形态的商品来说,其使用价值是由构成该商品的物质的属性来体现的,商品体本身就是使用价值,或者准确地说,是对使用价值的限定。物质商品的这种使用价值和价值之间的静态关系是绝对的、明确的、固定的,因此物质商品在交换中随着商品体的转移便转移了全部使用价值。也就是说,一般的物质商品交换是对称的,在商品交换的过程中,卖方出售商品,他在失去商品的使用价值的同时得到商品的价值(表现为买者所支付的货币或其他商品上);买方在获取了该商品的使用价值的同时失去了等同于该商品价值量的价值。买卖双方一手交货、一手交钱,在平等的地位上进行等价交换,商品交换对买卖双方是对称的,而使用价值和价值在同一商品中是统一的,同时又具有排他性。

信息商品与非信息商品在使用价值上的一个显著差别是其使用价值的共享性或非对称性,也就是说,信息商品的使用价值在商品交换中为购买者所获得后,销售者并没有因此而失去它。这是由信息的自然属性——共享性所导致的。由于信息商品对其物质载体的相对独立性,信息商品的使用价值是由其内容来确定的,信息商品的物质外壳并不代表其使用价值,不能对其使用价值形成限定。在信息商品的交换过程中,卖方在出售信息商品之后,不仅能获取等同于该信息商品价值量的价值,而且仍拥有该信息商品的使用价值;而买方在得到信息商品的使用价值的同时要支付等同于该信息商品价值量的价值。

物质商品虽然也可能在不同时间为不同的人使用,但其使用价值在同一时间内只能为一个使用者占有,信息商品却不然,其特性使传统的商品理论和传统的分析方法难以解释。事实上,信息商品虽然在使用价值和价值的关系中表现出与传统物质型商品不同的特点,但是,从信息商品化的发展历程中,可以清楚地了解到,信息作为一种商品,它的使用价值和价值在交换过程中同样具有对立性和排他性。例如,信息产品的生产者在让渡了信息产品的使用价值后,似乎还可以转手再卖给其他人,并获取相应的价值,或者,使用者也可以将买来的信息产品转手再卖,获取价值。但在现实经济活动的实践中,将由知识产权等法律手段以及一些技术手段来规范这些行为,也就是说,信息产品的使用者和生产者之间将由一种契约关系来规范其对信息内容的使用。如果生产者只让渡了信息产品的有限定的使用价值,并得到了相应的价值补偿,而仍然拥有产品的"版权",那么,使用者就只能按约定的方式享用信息产品的使用价值,而不得任意转让,否则生产者就有权对其进行追究,并要求赔偿;而如果购买者是以高价买断了信息产品的使用权,生产者得到信息产品的全部价值补偿,但同时失去再次出售该信息商品的权力。这就是信息商品使用价值与价值在一定规则下的排他性与对立性。与物质商品不同的是,信息商品的使用价值和价值之间的这种对立性和排他性是由法律和人为的约定来保证的,因此,承认和维护知识产权,是信息商品化过程中必须首先解决的重要问题。

2. 潜在性

信息商品与一般物质商品的一个显著差异是它们在使用价值表现形态上的差别。一般物质商品的使用价值通常由它们的具体物质形态直接表现出来,人们可以根据这些外在的表现判断其效用;而信息商品本身是复杂脑力劳动结晶的一种形态,与外在的物质载体没有关系,因而其使用价值是潜在的。而且,由于下面还要分析到的信息商品使用价值的层次性,即信息商品潜在使用价值的发挥程度还必须依赖于购买方本身的素质和努力程度,因此,衡量信息商品的使用价值远比衡量具体物质形态的商品的使用价值要复杂得多。

3. 层次性

信息商品的生产与生产者素质和生产方式有关,信息商品的消费与消费者素质和消费方式有关。生产者素质的高低和生产方式的先进程度,能使信息商品的使用价值具有很不相同的层次;消费者素质的高低和消费方式反映的不同技术,又使信息商品为消费者带来的满足程度大不一样。信息商品使用价值的这一特点称为层次性。

信息商品多属知识型或智能型,信息劳动多属脑力劳动或复杂劳动,具有不同于体力劳动的特性。这种劳动的附加值高,要求生产者具有较高层次的科学技术知识和创造才能。就信息商品的使用而言,情况更加复杂。首先,消费者同样必须具有一定的科学技术知识和理解能力;其次,使用信息商品的过程,实质上是对信息商品进行再次加工和创造新的信息的过程。因此,信息商品的消费者自身素质与不同层次消费方式的差异,会导致信息商品的使用价值发挥程度的不同,从而为消费者带来的效用或满足程度会很不相同。

4. 独特的有形磨损和无形磨损

商品的磨损可以分为有形和无形两种,对此马克思已经做出了经典论述。所谓有形磨损是指因为自然力的影响和使用本身所引起的磨损;无形磨损就是指由于劳动生产率的提高和技术进步所引起的产品的相对价值的贬值。各种不同产品的有形磨损和无形磨损的规律是不同的。信息商品的使用价值是由内在的信息内容对人的有用性所承担的,从这个意义上来说,不会像其他的物质商品那样出现有形磨损,就像一本电子书籍,不会因为它被反复的启动、翻阅而变旧。从信息商品储存的角度来看,信息商品一旦产生出来就必须附着在一定的载体上,可以是计算机硬盘也可以是光碟、磁盘、纸介质等。信息商品的载体仍具有普通物质的物理性质,随着使用量的增加会出现磨损现象,存在着有形磨损,但是发生有形磨损的仅仅是信息商品的载体而已,因为信息内容很容易实现不同载体之间的转移或复制,所以总地来说信息商品是不会发生有形磨损的,其功能的实现将是长久的。对于信息商品完全固化在某一载体上,随着载体的磨损而逐渐丧失使用价值,则另当别论。

如果从信息商品独特的有形磨损来看,其使用寿命应该是相当长的,更新速度将是缓慢的。但是信息商品的无形磨损在某种程度上却远远高于一般物质商品。首先,生产信息商品的劳动是以脑力劳动为主的,具有探索性、创造性的劳动,其本质就是创新的。以技术产品为例,假如有一家企业发明了一项很重要的新技术而占据垄断地位,这项新技术为其带来了巨大的利润,具有极高的使用价值,但只要其他企业发明了更先进的新技术,那么随着时间的推移,这项技术可能会成为毫无价值的东西,在计算机和软件技术中,经常可以看到这种现象。尤其在当今的信息社会中,技术创新和市场需求日新月异,信息商品的使用价值的时效性表现得很明显,而相应地,信息商品生产者等经济实体的繁荣与衰落也将是瞬息万变的。其次,信息商品有形磨损的缺失,必然阻碍对新的信息商品需求的产生,形成信息商品的生产者和自己已经生产的商品竞争的局面。这一点是生产者显然不愿意看到的,为了保持旺盛的市场需求,信息商品的生产者将通过创新,不断更新数字商品的版本和功能,创造新的需求,加速了已有商品价值的贬值,使得信息商品无形磨损速度加快,和其零有形磨损形成强烈的反差。信息商品的有形磨损和无形磨损的对立统一,是网络经济时代经济规律的体现。

5. 信息商品的"经验商品"性

经济学上认为：如果某种商品，消费者得先尝试才能做出评价，那么这种商品就称之为"经验商品"。对于信息商品来说，在使用之前，无法得知产品对自己的价值。因此信息商品是典型的经验商品。传统的信息行业如音乐、电影通过发布广告及预告片来说服谨慎的顾客在知道详细信息内容之前购买。大部分制造商通过品牌和信誉来克服作为经验产品和信息产品的销售困难，还可通过试用、免费赠送等方式。而信息产品容易编制的特性，使它经过少许改变就能制作出试用版本，通过试用产品，消费者才能真正了解信息产品的特性。作为只有消费者了解它才能对其价值进行评价的经验产品，存在着信息悖论——只有当消费者认定其价值之后才会做决定购买，而一旦消费者了解其内容之后，他们当中的一部分人就不愿意购买了。

由于这种信息的不对称，生产者和消费者很可能对信息商品的价值作出不恰当的判断，因此而不愿意出售或购买商品和服务，市场也就不能达到最优的社会效率水平。当然，对这一问题已有相应的市场机制来解决。如专业组织的成员资格、前一客户的评价、提供者的教育水平和经验等都为信息消费提供了判别水平或服务质量的线索。而具体的信息市场已发展成解决不完全信息问题的市场，消费者杂志、电影评论、法律顾问、声望、广告等都源于消费者了解产品或服务的质量的需要。

6. 信息商品的外部效应

所谓外部效应是指未能适当地反映在市场中的经济活动主体间的相互影响，是没有在正常的价格体系中得到反映的一个经济活动者对其他活动者福利的影响。换句话说，外部效应是一方对另一方的非市场的影响。外部效应可以是正的（有益的），也可以是负的（有害的）。外部效应是普遍存在的。而由于外部效应发生在市场价格体系之外，无论是正外部效应，还是负外部效应，市场价格都不会考虑"强加"给社会其他成员的外部收益或外部成本。因此，消费者和生产者做出的决策无法反映商品或服务的全部社会收益和社会成本，结果是产出的社会效率水平不是高于就是低于竞争市场的均衡。

信息商品可能具有负外部效应，如宣传邮件、广告、电视上的黄色画面等，当信息的消费强加给那些不希望消费该信息的消费者时，就是一种外部效应。但信息水平或服务常常作为正外部效应的典型例子，如发明。当某人完成了一种新的发现，并由此产生更大的生产力时，其他的人或公司会从中获利。所以，在个人研究者承担完成发明的成本时，社会得到正的外部效应。由于信息商品中智力成本含量高，这是一种固定成本，而复制成本即可变成本很低，这种成本结构使信息商品的外部效应更突出。例如，非法复制一个有版权的软件程序通常要比从软件商购买便宜得多，因为盗版商品中不含对作者、发明者的经济报酬。这种正外部效应会因供应者未获相应的报酬而失去继续生产的动力，从而使信息商品或服务的生产和供给不足。因此，政府一般会通过提供资助或规范市场等政府行为，如必要的版权、专利、商业秘密法等保护智力成果，来矫正或弥补这种市场失灵。

但运用法律保护智力成果却会导致另一种市场失灵。即由于保护而使智力商品的作者成为商品的垄断者或唯一所有者,为了从垄断商品中获得最大利润,他们会提高价格,当提高到一定程度时,大量消费者停止购买或不踊跃购买,因而降低了经济效益。

5.2.2 信息商品的价值

与物质商品一样,信息商品的价值也是凝结在商品内的抽象的、无差别的一般人类劳动。但信息商品的价值及其表现形式与物质商品相比更具复杂性。信息商品的价值有以下3种含义。

1. 效用价值

信息商品的效用价值是指其货币化的使用价值,即有信息和无信息两种情况下产生的决策结果在经济所得上的比较。用 U_i 表示信息商品 i 为使用者带来的效用,用 U_m 表示货币 m 为持有者带来的效用,I_i、M_m 表示信息量、货币量,则有

$$U_i = f(I_i)$$
$$U_m = g(M_m)$$

其中,f 和 g 均是单调函数。假定上述效用是同质的,那么可以推出

$$M_m = h(I_i)$$

其中,h 也是单调函数。因此,信息量 I_i 的效用价值为 M_m。

美国经济学家阿罗(K. J. Arrow)在分析决策信息时,从信息需求角度将信息商品的效用价值定义为有信息和无信息两种情况下拥有一定资产的决策者进行优化决策时所得到的最大期望效用的差值。

由于信息商品的用途不同,信息商品的效用价值的表现形式也会有所不同。信息商品的效用常常有潜在和显在两种状态。潜在效用是隐含于信息商品内的使用价值,它不是一次使用或消费就能实现的;而显在状态的效用是信息商品外在的、每一次利用被实现的使用价值,它是消费者从信息商品中获得的实际效用。对于某些信息商品(如商情信息),其显在效用尤其突出,是信息商品效用的主体,效用价值容易计算或货币化;而对于另一些信息商品(如科技信息和艺术信息),其潜在效用是主体,对于艺术信息来说,效用价值还往往为一种心理效用价值,故其总效用难以计算,效用价值也难以确定。

2. 费用价值或劳动价值

尽管有其特殊之处,与所有商品一样,信息商品的价值形成过程仍与生产该信息商品的劳动过程密切相关。信息商品的价值仍可表达为下式

$$W = C + V + M$$

其中,W 为信息商品的价值;C 为不变成本(也称转移价值);V 为可变成本(也称必要劳动);M 为剩余价值。

只是构成信息商品价值的这三部分具有新的含义,包含了更为复杂的难以计量的内容和成分。其中 C 的部分,包含生产信息商品时消耗的全部物化劳动投入,如实验仪器设备、信息传输设备的折旧,流动费用的消耗,信息累积价值,社会所提供的全部公用条件(如图书

馆、情报资料)的分摊,国家所花费的全部培训费用的分摊,知识信息生产者个人支出的全部学习费用的分摊等。这一切的预先投入,创造了信息商品生产者生产信息商品的客观条件。V 的部分,考虑到信息商品生产者劳动消耗的两重性,不仅应包含等同于同类性质的体力劳动者所支出的 V(体)的部分,还应加上他们所支付的具有创造性的脑力劳动的部分,即 V(脑)。毫无疑问,一般情况下 V(脑)部分的价值量应远远大于 V(体)部分的价值量,这是马克思在论证复杂劳动与简单劳动的区别时,早已论证过的。"M"是信息生产者贡献给社会的巨大效益和价值。M 部分的测算十分困难,因为不知道信息产品有多少次被利用,每次利用创造了多少效益和价值。但从许多技术成果、优秀设计、软件和信息咨询为国家节约或创造了成百上千亿元的财富来看,信息商品中的 M 部分是远远大于"$C+V$"部分的一块巨大的价值。

上述关于信息商品的价值量的分析具有一般性,但在具体分析测度时,还必须考虑到不同类型、不同层次的信息商品的性质和特征,才能得出正确的结论。

3. 效益价值

信息商品的效益价值是指信息商品的效用与费用的比较。生产信息商品必须耗费一定的费用(成本)支出,包括原材料消耗、信息要素投入、信息劳动者工资等;使用信息商品能够收到一定的效用或经济所得;把信息商品的使用所能获得的经济所得,与信息商品的生产所需垫付的成本支出进行比较,可以得到一个差额或比率,即绝对效益或相对效益。这就是信息商品的效益价值。

信息商品的效益价值在绝对量上比信息商品的效用价值小,因为前者扣除了成本,即效益是信息商品在消费中实现的那部分效用,是净效益。

5.2.3 数字商品的经济特征

数字商品除了具有一般信息商品的特征外,还具有数字化带来的一些特征,主要表现在以下几个方面。

1. 数字商品具有极大的可压缩性,不占据物理空间,零质量

这是数字商品物理上的特性,有的物质,譬如阳光和磁场,它们虽然充满了一定的空间却不占据空间;而大多数普通物质的存在则一定要占据物理空间。数字产品的存在与其他物质不同,它的本质是数字编码的排列顺序,而这种排列顺序的数字编码本身是不占据空间的,当然也没有质量。当然数字商品不能凭空存在,这就一定会涉及排列顺序的数字编码的储存的问题,数字编码的有序组合需要载体来储存,例如用磁盘储存。这时候,数字商品所附着的载体的大小表现为数字商品所占据空间的大小,载体的质量表现为数字商品的质量,但这与数字商品所实现的强大的使用功能相比都是很小的。而且数字商品可以被极大地压缩,随着磁盘储存能力的不断提高,巨大的数字信息可以被储存在一个越来越小的磁盘上,一个同样大小的磁盘可以储存越来越多的数字信息。由此看来,数字商品可以被视为零质量,不占据物理空间,具有极大的可压缩性,这是一个物理上的特性。

数字商品的这一特性带来了极大的便利。人们可以随身携带一个优盘,相当于随身携带了 100 本,甚至 1000 本书。当然,这是在计算机普遍使用的便利下实现的。在数字商品的保存上,由于可以用很小的空间保存很多内容,传统商品保存期限的问题极大地缓解了。

2. 网络化传输

数字商品借助于网络传输的基本形式就像自来水的输送一样,数字商品就像是水,网络就像是自来水管道,数字商品可以沿着网络直接到达购买者的手中。网络作为信息传输工具,使得信息传输的效率极大地提高了,这体现在信息的传输速度的加快、传输的范围的扩大、传输内容的扩展,以及传输准确性的提高上。数字商品在网络的传输上是这样的,在互联网上,数字信息可以分别分成大小各异的数据包,通过"传输控制协议/网际协议(TCP/IP)"的流量控制分配系统把它们按照各自的 IP 地址,分送到目的地,然后又合成原始的数据形态。这种特性是一般的物质产品所不具备的,整个过程都可以在网上方便而快捷地完成,节约了能量和时间的消耗。这是数字商品与其他种类商品在交换方面相比的一个重要优势。

当然不是所有的数字商品都一定要通过网络来传输,就像人们吃水一样,可以通过自来水管道,也可以用扁担到河边去挑水,但是两者的区别是明显的。尽管数字商品先于网络而诞生,但是网络的出现对于数字商品的生产和交换都产生了巨大影响,起到了革命性的推动作用。数字商品与网络的相互促进也将极大地提高人们生产和生活的质量与效率。

3. 复制性强、容易被改变

数字商品的内容可以方便地复制、编辑、修改,这些复制、编辑、修改可能是根据个人的实际需要进行的改进,形成定制化的个人信息,是对数字商品的二次开发,有效利用;也有可能被其他的数字商品生产者恶意地抄袭、复制,然后简易地修改,谋取利润,这就是数字商品的盗版问题。总地来说,不管是利是弊,由于数字商品的物理本质,这种复制、修改是不可避免的。

一般来说,数字商品的修改可能发生在 3 个阶段:①生产过程中。厂家在生产信息产品时,不需要完全重复地个别开发,可以在基本信息内容复制的基础上,根据客户的个性化需要定制出差别化的数字商品,并实现版本的不断更新。②传输过程中。在数字商品的网络传输中,由于网络固有的传输缺陷,可能导致该数字商品的失真,使得传输后的内容与传输前的内容出现差异。③使用过程中。数字商品到达顾客手中后,顾客复制、修改,以达到自己的各种需求。

5.3 信息商品的供给与需求

信息商品的供求与一般物质商品相比具有不同的特点。由于信息商品的非消耗性和共享性,某种信息商品一旦生产出来,就可以在不同时间、不同地点进行多次转让,从而满足多次的、反复的消费需求。因此,与物质商品市场不同,信息商品市场的供求不平衡即供大于求或供不应求,一般并不是指同一种信息商品生产过多或生产过少;而是针对某一范围、某一性质、某一领域的不同信息商品而言。对同一种信息商品来说,则不存在这样的问题。因此,信息市场上的供不应求或供过于求,其实质都表现为"没有满足需求的信息存在"。

除此之外,对信息商品的生产特点、影响其供给与需求的主要因素具体分析如下。

5.3.1 信息商品的生产特点

信息商品的生产具有以下主要特点。

1. 生产信息商品的劳动主要是知识密集型的复杂劳动,专业性强

信息商品的生产与其他生产过程一样,需要各种要素的投入,然而,又不同于其他普通物质型产品的生产过程。首先,在信息商品的生产中,对所投入的劳动力有特殊的要求,即劳动力在智力方面的要求:①他们必须具备某一领域的科学基础知识,这种基础知识有两种储存方式,一是储存在文献中,这就要求信息生产者熟悉文献及查阅方法;二是储存于他们的大脑之中。②信息商品的生产者不仅具有解决问题的能力,更有发现问题的能力。

当然,除了上述主观要素的投入外,信息商品的生产也需要客观要素的投入,如实验室、设备、材料等。

信息商品生产的高智力要求决定了要增加信息商品的供给量,全社会的受教育水平和国民素质的提高,知识分子数量的增加是关键因素。

2. 信息商品生产的风险性

信息商品的生产具有很大的风险性,其投入与产出之间的关系不像其他物质型商品那样,具有较确定的生产函数。而信息商品尤其是一次信息商品的生产具有很大的不确定性,投入产出关系只能是一种随机概率关系,很难保证投入多少资源,就一定能产生出多少有用的信息商品。例如,在高技术产业中,高技术成果的研究就有很高的不确定性,由于一项新技术的影响力不仅有赖于对其本身的改进,而且有赖于对与其相互补充的其他技术的改进,一个领域的进步可能会打开另一个似乎无关的领域的僵局,这种技术系统经常是跨越多个行业的。许多重大的技术创新起初只是试图解决非常具体的狭窄范围的问题,然而,一旦发现了某种解决方案,却在全然未预料到的领域得到了重要应用,对整个经济产生重要影响。因此,技术创新的历史充满了偶然性。当然,从信息商品的生产总体来看,与其他物质商品生产一样,投入越多,产出越高,但深入到某种具体的信息商品中,就存在着不确定性,是风险性高的生产活动。

3. 信息商品生产的控制性

由于信息商品的生产主要是智力活动的成果,工作规程个性化,自治性和自主性强,不像体力劳动那样较容易直接观察和监督;而且其投入产出具有相当大的不确定性,难以确定产出结果究竟是劳动者主观努力因素,还是客观不确定性的影响,因此,决定了对信息商品生产的监督与控制比对一般物质商品生产的监督与控制要复杂得多。例如软件开发,与一般的工业产品生产有很大的不同。其开发过程是复杂的思维过程,极大程度上依赖于开发人员高度的智力投入,产品无形,难以测量控制。开发人员的创造性与产品规范化测试要

求,这是一对需要不断协调的矛盾。由于这些特点,信息商品生产的执行和监督,应当充分尊重个人的差异,不能把他们作为可替换的机器零部件那样对待。当然,这并不意味着放任自流,而应对生产的速度和质量进行控制。

4. 劳动力与生产资料的一体化

从某种意义上说,在物质商品的生产中,劳动力与生产资料是处于分离状态的。不管劳动者本人是否拥有这些生产资料,情况都是一样。在劳动者拥有生产资料的生产活动中,如农民本身拥有土地、农具等生产资料的农业,工人拥有自己的生产工具的手工业,以及商人拥有自己的车马及店铺的商业等;而在资本主义工业生产中,即"拥有生产资料的资本家和除劳动力以外一无所有的自由工人的两极分化从此开始"的劳动力与生产资料彻底分离的生产活动中,劳动力与生产资料在财产权利上是分离的。对上述两种情况,若从劳动力与生产资料的物质联系角度分析,它们都是分离的,始终存在与财产权分离的可能。但在信息商品的生产中,这种情形有了根本的变化。对从事创造"知识与智慧的价值"的人来说,正如在信息商品的价值中所分析的,直接的转移价值 C 是很小的,图案设计家的生产资料是桌子和制图工具,摄影家的生产资料是照相机,编制电子计算机软件所需的是小型电子计算机。这些物资的价格并不贵。其实,对创造"知识与智慧的价值"的人来说,最重要的生产资料是本人的知识和经验及价值观念,而这些东西正是与劳动力本身密切地结合在一起的。因此,在信息商品的生产中,劳动力与生产资料真正结合为一体。这一点将会引起社会结构的变化,并根本上改变经济组织结构和国家观念。

5.3.2 影响信息商品供给的主要因素

上一小节探讨了信息商品生产的特点,在信息商品市场上,决定信息商品供给的因素除了信息商品生产的特点外,还有以下一些主要因素。

1. 社会信息需求对信息市场供给的作用

社会信息需求包括由环境因素和用户的个人因素决定的客观信息需求、由用户所表达出来的现实信息需求和用户未表达出来的潜在信息需求。现实信息需求又由信息市场需求和信息非市场需求两部分构成。

客观信息需求是不同国家、不同用户信息需求的总和,其形成和发展取决于政治、科技、经济、文化、教育等社会因素,自然条件、地理位置等环境因素,个人的工作性质、任务和知识结构等因素。反过来,客观信息需求的充分满足,又能促进政治、科技、经济、文化、教育的发展,促进自然环境的改善,促进个人素质的提高和工作的优化。客观信息需求的内容、数量、质量、形式和缓急程度直接影响到信息商品生产的品种、数量、质量和速度。在市场经济发达、文化教育事业兴旺的国家和地区,个人素质较高,人们的客观信息需求范围广泛、数量庞大、内容专深、形式多样,为了满足这些客观信息需求,各类信息生产机构和个人就会不断扩大信息产品品种,增加信息产品数量,提高信息产品质量。而且大部分信息需求和利用者又是信息产品的生产者,他们了解本专业领域范围内的客观信息需求,利用已有的信息后又可以快速生产出能够满足客观信息需求的信息产品。可见,客观信息需求是信息产品生产的导向和动力,没有客观信息需求的扩展和深化,就没有信息产品生产的发展,也就没有信息市场丰富的供给。

信息产品生产者根据客观信息需求生产出来的信息产品是否向社会提供,除了受信息需求的性质、信息生产者的服务范围和某些特殊目的的影响外,现实信息需求是影响信息社会供给的一个重要因素。如果用户的客观信息需求没有转化为现实信息需求,不向信息生产者表达自己的信息需求,很多信息产品就会被束之高阁,形不成供给。

信息生产者生产出来的产品是通过信息市场供给还是非信息市场供给,主要是由信息市场需求决定的。信息产品的生产经营者都会希望实现信息产品的价值,使信息产品的生产经营过程中的消耗得到补偿,以便扩大再生产。因此,大多数信息产品只要有信息市场需求,就会有信息市场供给。即使暂时没有,生产者也会想方设法组织供给。因此,信息市场需求直接影响着信息市场供给。

2. 信息生产力对信息市场供给的影响

信息生产力一般由信息劳动者、信息技术、信息工具、信息网络、信息科学理论与方法等构成,信息生产力通过对信息产品生产直接而强大的影响间接地制约着信息市场的供给。

信息劳动者、信息劳动资料(包括信息工具、信息网络等)、信息劳动对象(包括信息资料、信息载体等)是信息生产力的硬要素,其数量的增加和质量的提高,对信息产品的品种、数量和质量有很大的直接影响。而信息劳动的管理和信息科学技术是信息生产力的软要素,有利于提高信息生产率、保证信息产品的质量、扩大信息产品的品种,从而也对信息产品的供给造成影响。

3. 信息商品的价格

价格是影响信息商品供给的重要因素之一。价格越高,在其他条件不变的情况下,生产者的利润就越高,他们就愿意生产更多的信息商品。所以,价格上涨,信息商品的供给增加,反之亦然。当然,各种信息商品的供给价格弹性是不同的,有些信息商品受生产条件的限制,价格弹性极小,即使价格再高,也难改变其供给量。

4. 信息商品化程度

信息商品化程度影响着信息商品的供给价格弹性,从而影响着信息产品的供给。当信息商品化程度较低时,进入信息市场的信息产品较少,许多信息生产者不关心信息生产的经济效益,因而价格对信息产品的生产供给的积极性也不发挥作用。当信息商品化程度提高时,信息机构企业化,信息企业面向市场、面向竞争,必然要充分利用价格机制和价值规律调节自己的生产。所以说,当信息商品化程度较高时,信息市场的供给价格弹性大,供给随市场需求变化的调节更敏捷。

5. 信息商品的公共物品特性与供给不足

根据公共产品理论,商品的竞争性(Rivalry)指让更多人消费会发生边际成本,某人已经消费的给定数量某种商品不能同时被其他人消费。排他性(Excludability)指人们必须支付价格才能消费商品,存在把没支付价格者排除在消费以外的现实手段。而有些产品消费具有非竞争性(Non-rivalry),即更多人消费无须增加边际成本(或边际成本很小可忽略不计),因而,某人消费某种商品并不妨碍其他人同时消费这一产品。有些产品还具有非排他性(Non-excludability),即无法对消费行为收费(或收费成本太高),因而消费者不必支付价格就能消费。公共物品的主要特征就是非竞争性和非排他性,由于公共产品的供给方无法将生产加工成本转嫁给公共物品的消费者,而消费者由于可以成为"搭便车者",有少付费的冲动。因此公共产品在自由竞争的市场中总是供应不足的。

信息商品在消费上往往具有非竞争性,即更多人消费增加的边际成本很小;在很多情况下也具有非排他性,即不付费的消费行为查处成本过高,因而消费者不必支付价格就能消费。因此信息商品的供给单靠市场自由竞争的力量往往会出现供应不足。

以知识产品为例,由于知识是公共物品,以营利为目的的企业可以免费使用别人创造的知识,用于知识创造的资源就太少了。需要政府制定相应的政策干预。在制定有关知识创造的政策时,必须区别一般性知识和特殊的技术知识。专利制度使特殊的技术知识具有排他性,而一般性知识没有排他性。特殊的技术知识,如一种高效电池的发明,可以申请专利,使发明者获得其发明的大部分好处,尽管肯定得不到全部好处。而数学家则不能为定理申请专利,每个人都可以免费得到这种一般性知识。因此需要政府以各种方式提供一般性知识这种公共产品,如国家科学基金补贴医学、数学、物理学、化学、生物学甚至经济学的基础研究。当然决定政府支持的合适水平是困难的,因为利益很难衡量。

再以证券研究信息为例,因为人们往往有泄漏信息的动机,所以证券信息的使用几乎不可能限制在一个人身上。在证券市场中,信息产品的这一特点导致了证券研究的不足,因为这意味着证券分析师不可能从他们的研究成果中获得相应的报酬。这使得证券研究的成果只能采取研究报告的形式提供给机构投资者,这一方面是为了排除"搭便车者",另一方面是因为这种研究活动由于竞争原因取得的收益增量非常小且不确定,因而只有机构投资者才认为值得做。由于研究报告很难长期守秘,再加上机构投资者有利用报告来刺激别人参加交易的利益诱惑,所以泄密立刻就会发生。而泄密又不会对分析师作出任何补偿,所以证券研究往往是补偿不足的,这自然导致证券研究的投入不足。此外,在当今的时代,随着电子存储、处理及信息传输技术的发展,随着如因特网等电子信息系统成本的不断下降,多数信息在技术上实际可以以零成本提供给每个地方和每个人,这导致那些为创造新信息提供激励的机制陷入了一种尴尬的境地。当市场力量不能产生证券研究的社会最优产量时,管制就被引入来解决问题。强制信息披露降低了专业人士获取与证实信息的边际成本,刺激了证券研究的总供给。因为作为一个理性经济人,分析师会在降低了的边际成本与边际收益相等时实现新的均衡。因此强制信息披露制度可以提高证券市场的效率。

5.3.3　影响信息商品需求的主要因素

在上一小节讨论社会信息需求对信息市场供给的作用中,已经初步分析了信息需求的性质,具体来说,信息商品的需求还受到以下因素的影响。

1. 消费者的支付能力

消费者的支付能力包括以收入为基础的货币支付能力、时间、精力等。货币支付能力与信息消费之间存在着相互作用的关系。当货币支付能力较高时,信息消费会增加,而信息消费水平的提高又会通过改善消费者各方面的技能和素质而增加其收入;当货币支付能力不足时,信息消费受到限制,会使信息消费者因信息能力落后而制约其工作能力和收入水平的提高。这样就会出现"数字鸿沟"现象。

"数字鸿沟"的本质就是以互联网为代表的新兴信息技术在普及和应用方面的不平衡。有些人享受到了社会提供的信息技术,他们拥有计算机、电话服务和互联网服务,以及与他们生活相关的大量的信息内容和训练。然而存在着另外一群人,他们不能得到计算机、电话服务或互联网服务。这两种人之间的差别就是所谓的"数字鸿沟"。

时间、精力也影响到信息的消费。尤其在今天的信息时代,生活和工作节奏的加快,使人们的时间和精力成为宝贵的资源。当消费者接触到一种新的信息产品时,他不仅要了解产品所提供的内容,还要学习如何使用该产品,人们会很注意信息商品的"投入时间回报率",因此,产品的易用性就很重要,易用性高,有助于提高产品的需求,易用性差,则会影响需求。这也是信息商品厂商增加商品销售应注意的问题。

2. 社会经济发展水平

对信息的需求不仅仅同人口多少和人均消费水平有关,而且还与不断增加的经济和社会复杂性相联系,而社会和经济是朝着扩大规模和增加复杂性的方向发展的。信息的社会需求,包括消费者最终消费需求和其他一、二、三产业的中间需求,其需求水平是与国民经济及各产业的发展水平紧密相关的。

随着经济的发展,产业结构高度化,信息不仅渗透到各个产业部门,促进各产业部门对信息的使用和消费,而且信息产业本身也将成为国民经济的主导产业,而信息产业等高技术产业是使用信息产品强度很高的产业,所有这些因素都将增加对信息商品的需求。

3. 信息技术手段

信息技术的水平及其普及程度,对信息的生产和消费有极大的影响,在某种程度上说,甚至是决定性的影响。对于信息生产的影响,已在上一部分"信息生产力对信息商品供给的影响"中做了分析,在此从消费的角度出发进行分析。信息获取技术是信息商品消费的前提条件,如果没有大量的信息获取技术,人类使用和消费的信息产品,无论从数量上还是质量上都将是很有限的;信息的传递技术是信息实现分配和交换的基础,正是因为人类发明并普及使用了各类信息传递技术,才使人类使用和消费信息产品的努力和有效程度极大地提高,大量信息得以快速传递,使得人类能够全面、及时、准确地掌握信息;信息的存储技术,是人类积累信息财富、开发信息资源的重要条件;信息的处理分析技术,极大地提高了人类处理分析、最终使用和消费信息产品的能力。各种信息技术的综合应用,为人类开发利用信息资源开辟了无穷无尽的领域,使人类使用和消费信息的数量和质量都有了极大的提高。事实上,正是代表先进技术手段的电子计算机和网络的出现,开创了信息化的新纪元,使人类社会经济文化等领域发生了巨大的变化。

5.4　信息商品的成本和价格

信息商品是信息生产者在掌握一定信息资料和具备一定的物质条件的基础上,通过脑力和体力劳动创造出来的,因此,与物质商品的成本一样,它也由材料成本和劳动力成本等构成。然而信息商品的成本有其自身的特点。价格是商品价值的货币表现,所不同的是,信息商品价格在反应其价值时远比物质商品复杂和多样化。本节将从信息商品成本结构等方面,研究信息商品的成本特点及其对价格的影响。另一方面,与物质商品不同的是,由于信息商品的消费特点,消费者在使用信息商品时也需投入一定的成本,并承担相应的风险。这也对信息商品的价格形成造成影响。

5.4.1　信息商品的成本特征

信息商品与一般物质商品在成本结构上有很大的不同。信息商品的生产是一种创造性的劳动,智力劳动含量的比例占绝大部分。其生产是一次性的,首次研发、生产具有很高的风险,必须承担很高的成本,一旦第一份信息生产出来后,大部分成本变成了沉没成本,不能将花费掉的资源再拿回来。

边际成本是指每增加一个新产品带来的总成本的增量,信息商品的边际成本极为低廉,可以以很低的成本复制,并且备份数量不受自然能力限制。以软件程序为例,软件程序的开发、设计是复杂的创造性劳动,凝结了人类的智慧与创新,为此生产者支付较大的成本,这是信息商品生产中的固定成本支出。软件开发出来之后,向载体附着的成本就是生产的边际成本,例如把程序刻在一张光盘上,这个成本显然是很低的。再如一个收费检索的数据库建成之后,100 个人使用增加到 101 个人使用,乃至 10 000 个人使用,对于生产者而言是不会明显地增加成本的。相比较而言,物质商品成本结构中的可变成本如材料成本占总成本中一个较大的比例,并且产量的扩大会受到原材料等的制约。当然,随着社会经济的进步,越来越多的物质商品科技含量不断增加,新产品的诞生要经过无数次的研发和试验,凝聚了较大的智力成本,一旦研发成功,扩大产量的成本相对也是较低的,如芯片,从构成材料本身来说,价值是不高的甚至是很低的,因此,对于科技含量高的商品,很大程度上具有与信息商品类似的属性。

信息商品的成本特征决定了其定价方式与传统商品不同。在传统的完全竞争市场机制中,资源的最优配置应靠市场竞争实现,价格由供求关系决定,并充分反映产品的生产成本、机会成本、社会价值及该资源的其他用途。只有当消费者的支付意愿(即产品的边际收益)等于产品的边际生产成本时,市场均衡在社会福利意义上才是最优的。

信息产品的生产成本主要由固定成本构成,平均生产成本随规模扩大而持续递减,边际成本趋近于零,而潜在的市场又难以估计,对不同消费者的效用差别难以把握,以边际成本定价将使信息产品供应商无法从中收回成本,也无法实现利润最大化;若制定任何一个高于边际成本的价格,又会排除一些支付意愿低于边际成本的消费者对这一产品的使用,造成福利损失。

信息商品较大的固定成本和趋近于零的边际成本这种独特的生产成本结构使得规模效益成为信息商品生产者极力追求的目标,只有大批量的销售才能使生产者收回先期支付的较大固定成本并盈利,如果商品有了较大的市场占有,那么就会因为资金的积累在新的竞争中处于优势。如果一个数字商品的生产者不能有大量地出售自己的产品,那么先期的巨额投入将无法回收,成为沉没成本。

趋近于零的边际成本也使得盗版现象频繁发生,刻录一张光盘很便宜,一方面盗版使得普通消费者以低廉的价格使用数字商品,扩大了信息商品的用户群体。另一方面盗版将侵蚀正版信息商品的市场,损害信息商品生产者的利益,削弱了创新的动力。并且迫使生产者花费大量成本去防止盗版的发生,道高一尺,魔高一丈,防伪技术和伪造的技术都在提高,造成正版和盗版商品成本的双重攀升,这部分成本对于整个社会来说是净损失,而消费者是这种成本增量的最后承担者。

5.4.2　信息商品的差别定价

信息产品的成本结构意味着以成本为基础的定价已经没有意义,厂商必须根据客户的价值,而不是根据生产成本为信息产品定价。不同的客户对于信息产品的评价是不同的,以价值为基础的定价必然引起信息商品的定价模式由基于成本转为基于消费者的支付意愿。支付意愿反映了消费者对信息产品效应的认可程度与其价格敏感程度,不同消费者的支付意愿差异很大,甚至同一消费者在不同环境下对同一产品的支付意愿也有差异,这促使厂商在对信息产品定价时采取差别定价的策略。差别定价可以使供应商从消费者剩余中获取更大的利润,从而给予创造性活动的参与者更大的物质刺激。

对信息产品的差别定价主要分为以下 3 种情况。

1. 信息产品的三级差别定价:群体定价

三级差别定价的实现基础是通过可观察到的且与支付意愿相关的消费者特征区分不同的消费群。例如铁路客运向持有学生证的学生出售打折车票,这时学生身份是其与购买意愿相联系的可观察特征。

根据经济学原理,追求利润最大化的厂商应当向价格更敏感的顾客以较低的价格出售商品。这种定价策略在信息商品中是很常用的。在美国卖 70 美元的教科书在印度只卖 5 美元。确实,它是在便宜的纸上印刷的,而且缺乏彩色插图,但从本质上说,它是同一信息,印度的价格更低是因为印度的消费者更加价格敏感,他们无法承受美国的价格。[①] 这种群体定价在网络环境下将面临一个问题:随着越来越多的资料可以从网上得到,国际差别定价将会越来越困难。另一个信息商品群体定价的例子是以高价向图书馆出售、以低价向个人出售的学术刊物。图书馆愿意支付更高的价格,因为资料是在许多使用者之间共享的。

在根据消费者对信息产品的评价差别进行差别定价时,一个可能存在的困难是无法获得足够的关于消费者特征的信息。信息产品供应商可能只知道人群中的支付意愿分布,而不清楚其中任何一个消费者的支付意愿。即使消费者对每个信息产品有着确定的评价,供

① ［美］卡尔·夏皮罗,哈尔·瓦里安. 信息规则——网络经济的策略指导. 北京:中国人民大学出版社,2000.

应商也不能保证消费者愿意支付的价格会高于信息产品的边际成本。这时,供应商就没办法使定价基于外在的可观察的特征,而只能将定价基于内在的产品特征,这样做的目的就是制定合理的价格－质量组合,使消费者通过自选择分别成为高价格消费组和低价格消费组。而二级差别定价可以保证这一目的的实现。

2. 信息产品的二级差别定价：版本划分

当产品供应商无法针对个人或群体外在可观察的特征定价时,而只能将定价基于内在的产品特征,有效的方法是对产品进行数量或质量版本划分,并通过与价格的不同组合引发消费者进行自选择。

版本划分策略建立在三级差别定价策略之上,利用不同消费群对产品有不同的意愿价格,从而进行差别定价以获得更多的顾客。但版本划分策略不需要知道个别消费者认定的产品价值,而是通过厂商主动选择和创造信息产品的多种品质/版本,以及依据品质/版本定出多种价格,来提供给消费者,以促使消费者自发性地选择最适当的产品和价格,这样就可以解决三级差别定价的难题。通过版本划分策略,不同意愿价格的消费者可以选择不同品质、价格的信息产品,厂商只需确定合适的版本/产品线以及价格,就可以使利润达到最大,消费者也将获得最大的消费者剩余,同时,整个社会的社会福利也达最大。

信息商品版本设计原则是：①根据不同的顾客需求提供不同的版本,一个完整的产品系列使所提供信息商品的总价值达到最大化。②版本设计突出不同顾客的需求特征,每位顾客可以选择最适合其需求的版本。

因此,版本划分成功的关键在于识别出信息商品中那些对某些顾客有极高的价值,而对其他顾客没有什么重要性的各个方面。根据这些方面,信息商品的供应商可以对不同的消费群体提供有差别的版本,并实行差别定价。

二级差别定价版本划分主要基于数量、质量、性能和时间。

1）基于数量的版本划分

按照传统的理解,对信息产品实行二级差别定价就是对不同的消费数量等级收取不同等级的价格。在这种情况下,消费曲线不发生变化,消费者对自己的消费量进行选择,选择同一数量等级的消费者支付同样的价格。

这种版本划分方法提供了在无法了解消费者支付意愿的情况下,使消费者进行自选择的机制,同时供应商得益使定价高于提供产品的边际成本。但有很多信息产品并不适于反复购买和按量记价,这决定了传统的基于数量的二级差别定价在信息产品市场无法广泛应用。

2）基于功能进行版本划分

这种定价指供应商通过减少信息产品的某些功能实现产品在质量方面的差别化。这种情况在软件供应商的差别定价安排中比较常见。针对那些需要使用软件但不愿为软件的完整功能付费的消费者,供应商会去除软件的一些功能,以较低的价格实现销售。

这一模式的优点是供应商在不影响高端消费者对全功能信息产品的购买的情况下,从那些支付意愿较低的消费者那里实现了一部分价值。这种差别定价不会改变对具有所有功能信息产品的需求模式,而是通过减少部分功能吸引低端消费者购买这样的版本。但对那些对这一信息产品估计为零的人则不起作用。另外，由于减少低端版本功能需要花费成本，这种版本划分模式可能造成部分社会福利损失。

3）基于性能的版本划分

这种定价模式与基于功能的版本划分的区别在于：信息产品的所有功能都将得以保留，但不同版本性能将受到不同程度限制。基于性能的版本划分还比较适用于电子数据产品，只是对性能水平的定义会有所差别。

这种版本划分模式使供应商保留信息产品的全部功能，而通过降低性能实现对不同消费者目标群的定制。与基于功能的版本划分相比，这一定价模式下存在改变支付意愿模式与吸引新的消费者的潜在可能，如果进行有效运用，有可能比前者实现更多的潜在利润，可以获取的消费者剩余要高于仅仅基于功能的版本划分模式。对于运用这种定价模式的供应商，尤其需要注意的问题是保持不同版本的兼容性与可升级能力，否则可能影响其利润水平，尤其是在网络效应较为明显的市场。

对于基于功能和基于性能的版本划分需要特别说明的是，版本划分对任何类型的产品都适用，但是信息商品的版本划分有其特殊性。对于实物产品来说，生产一件高质量的产品的成本通常更为昂贵，但对于信息商品来说，生产高级版本和大众用的普通版本的成本通常是一样的，事实上，在许多情况下，生产低质量的版本常常要引起额外费用，因为它常常是从高质量版本降级下来的一种形式。在信息商品版本系列的设计和生产中，一般是自上而下进行的，即在得到高价值的、专业化的产品后，删除一些功能以便以富有竞争力的价格向大众市场提供产品。例如用高分辨率的图形去制作低分辨率的版本，在程序中加入等待时间以降低速度等，尽可能地使低端产品对支付意愿强的消费者没有什么吸引力，而对下一群体的消费者仍然有吸引力。这个特点可能会使消费者觉得难以接受，为什么已经生产出更好的产品，而且成本是相同的，却故意删除一些功能呢？应当认识到，支付意愿弱的市场通常不会被服务，如果低廉的售价无法弥补生产成本的话，供应商就没有动力继续生产。因此这种形式的版本划分是一种对整个市场有利的供应手段。

4）基于时间的版本划分

对于生命周期较长（即时间敏感性较弱）的信息产品来说，时间是用于差别定价的很好的标准。由于对"新鲜"的消费意愿存在差别，电影院得以对最新上映的电影收取较高的价格，而更有耐心等待的人花较低的价格在稍后的时间走进影院，再过一段时间，电影出现了可供租或卖的光盘版，之后会出现在收费频道上。甚至连生命周期较短的信息产品供应商也有可能发掘这样的利润机会。信息产品提供的产品性能完全一样，唯一不同的是供应商对传送时间的控制和把握。当然，另外一个不同的是价格。

对于许多可进行持续内容调整与质量改进的信息产品，在与时间有关的版本划分方式中还可以选择另一种思路——升级：先以低价推出低质量版本，甚至免费送出样品性质的版本，然后不断推出升级版本。只是偶尔使用的消费者将满足于某个低质量、低价的版本，而对这一信息产品评价高的消费者会愿意为升级版本支付更高的价格，从而形成一种有效的版本划分与自选择机制。对网络效应明显的信息产品这一机制尤为适用。

与按质量划分版本的做法相比，把版本划分与时间序列结合有以下优点：供应商可以更好地了解对信息产品支付意愿在消费群中的分布，更有针对性地进行质量升级，通过版本升级的方式引发自选择,避免版本划分过程中因制造低级版本所可能发生的费用,以及通过增加消费者不便实现版本划分所带来的社会福利损失。

从上述分析可以看到,信息产品的三级差别定价策略和二级差别定价策略都是针对不同顾客群制定不同的价格;而不同的是,三级差别定价策略强调的是产品的成本相同,但却收取不同的价格,而二级差别定价策略也就是分版策略却是探讨如何制造出产品在品质上的差异,以促使消费者自我选择适合本身的产品。

3. 信息产品一级差别定价:个人化定价

差别定价中的极端情况是一级差别定价,就是在消费者信息充足的前提下对每一个消费者收取不同的价格,并且同时满足:每单位产品的价格都等于对这一单位的边际支付意愿;卖方榨取所有的消费者剩余;结果实现帕累托效应。在这种情况下,可以使信息产品供应商与消费者的经济效益同时达到最大化,也就是实现了帕累托效率结果。但是这一理想情况在现实经济中并不多见,由于网络环境使价格信息流动更为便捷,令产品的交易成本极大地降低,所以传统意义上的基于同一产品的一级差别定价更加难以实现。然而在其他一些方面,网络技术的发展也为一级差别定价提供了有利条件,使个人化定制和产品定制的可能性增加。

5.4.3　信息商品的其他经济特征对定价的影响

在 5.3 节讨论了信息商品的经济特征,其中的许多经济特征都对信息商品的定价策略产生影响。

1. 信息商品生产中的学习效应对定价策略的影响

在信息商品的生产中,智力资源而不是物质资源是决定商品生产效率与质量的关键。由于信息商品创新性的要求,首先进入市场的生产者将具有一种优势,因为尽管他掌握的一些技术或知识会为其他人所了解,但并非一切知识都可以自由自在地传播,如"传递式"的或"无声的"技术能力就不能像购买一种商品一样轻而易举地得到;相反,这种能力取决于它们自身积极地参与生产过程,建立这种能力的种种知识是通过边干边学、在消费中学习。因此,信息商品的生产有一条明显的价格学习曲线,即将信息商品迅速推向市场,扩大应用,从而积累设计、开发、销售、服务等各方面的经验,以不断降低成本。降低成本的速度越快,市场越大,越能积累经验,成本下降也越快,降价的速度也就更快,如图 5-2 所示。

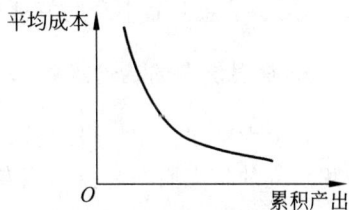

图 5-2　信息商品的学习曲线

而在分析信息商品的特性中也多次探讨了信息商品的时效性。即信息商品的生命周期较短,一旦出现有竞争力的新产品,就会使信息商品产生无形磨损,甚至失去使用价值。

因此,从竞争策略的角度出发,信息商品的价格将更多地考虑市场竞争的压力,在必要的情况下,低价占领市场。

2. 信息商品收益的不确定性与价格方式

正如前面已经讨论过的,信息商品的价值有效用价值、劳动价值和效益价值 3 种不同的含义,它们都可以作为信息商品价格的基础。对信息商品的卖者而言,他更多地愿意信息商品的成本(费用)定价;而对于信息商品的买者而言,他更多地愿意以信息商品的效用(效用价值)定价。

从上面对信息商品成本结构的分析中可以看到,信息商品的固定成本高,而可变成本极低,这就造成了信息商品的价格也必然受到市场供求关系的影响,但研究表明,在信息商品市场上,一般情况下是需求拉动价格,即买方价格比卖方价格对信息商品的最终成交价格具有更强的影响力。

信息商品的平均成本要依据其最终打开的市场有多大而定。因此,如果像普通商品或有形商品那样,完全以成本加利润方式确定信息商品的价格,无疑会对信息商品的市场形成一个限制。

由于信息商品本身的特性,如时效性、消费对消费者自身素质的要求等因素的影响,信息商品最终发挥的效用是不确定的,即其效用价值也有不确定性。信息商品未来收益的不确定性以及由此出现的价格风险,使买方往往希望或愿意与卖方共同承担这种经济风险。于是出现了信息商品的风险与利润分担的持续交易模式,即多次让渡交易模式:卖方以一定的方式(如按比例或提成)分享买方的预期利润,并在期间承担相应的风险责任。多次让渡交易模式实质上是多次或无限次分割信息商品的交易价格,这种价格分割的基础是风险分担的经济行为。国际许可证贸易中的计价模式是多次让渡交易模式的典型,国际"许可证交易经营者协会"规定,以技术许可方与技术引进方共同分享使用该技术后取得的经济效益为技术贸易的计价基础。

还有一些信息商品的价格则是以拍卖、价格协商和投标等方式形成的。以这种方式形成的信息商品是一种风险价格,如以上万或上千万美元购买一枚邮票或一幅名画,交易价格中的绝大部分应是风险价值,而非其本身的价值或使用价值。

总之,信息商品本身的特征决定了其价格及交易方式比物质商品要复杂和丰富得多。

3. 信息服务的定价策略

在上面的讨论中,一般是以软件、书籍等为例的,信息服务是一种重要的信息商品形式,这里所说的信息服务是指利用专家知识提供专业咨询的信息服务。就大部分信息服务公司而言,单靠价格竞争的做法是行不通的,因为它们主要的成本是人力,为了降低价格水平而削减基础成本的做法,会很快损害到专业人员队伍的素质。经营良好的信息服务公司,都是基于服务质量而不是价格竞争,通过获得足够高的附加值,提供更高的工资水平,以吸引到最顶尖的专业人才。对于成功的信息服务组织而言,形成差别化是唯一可行的战略。定价方式则主要有价值定价和酬金。

所谓价值定价,是指信息服务企业按照其认为的能给客户带来的价值定价,而不是按照为提供这些服务所耗费的基本成本定价。价值定价通常与客户利益紧密联系。如投资公司为客户提供兼并和收购的建议,并从交易价格中抽取一定的百分比作为报酬;咨询服务公司可以从为客户重组所节省的费用中抽取一定的百分比作为业务过程重组服务的酬劳。

价值定价与服务成本脱钩,解开了价格与成本之间的结,使得信息服务企业可以自由调整其基础成本。一些精明的信息服务可以在保持较高报酬的基础上,通过重用年轻的新手来降低成本。从信息服务企业的角度看,价值定价方式与为完成工作所投入的成本无关,因而没有必要因为按时计价而故意拖延工作进度。

价值定价的困难在于由于产品是无形的,客户很难将其与具体的、可度量的收益联系起来。因此在实践中,在特定信息服务产业中领头企业的价值定价,形成这一领域的价格上限。

酬金也是许多信息服务企业常用的定价方式,它把服务报酬与服务成本联系起来。其中最常见的做法就是按专业服务的时间计酬,计酬的标准是专业服务小组中雇员的业务水平,按时计酬通常包括直接成本和日常的应付款项,以及一个经过计算的营业利润。

一般地,这种定价方式将会造成市场的高度透明性。客户在招标时如果接到多个专业服务公司的投标,就会从中了解到一般的市场行情,并知道价格是由专业服务人员的水平决定的,因而对选择哪一家公司也就有了敏锐的感觉。竞争者们也会以竞争性价格作为标底投标,这将导致信息服务企业的价格降到较低的水平。

5.4.4　技术商品的定价与交易方式

技术商品是一种典型的信息商品,也是存在时间最长的信息商品。在长期的发展过程中,技术商品逐渐发展出适应其自身特征的定价方式和交易方式。这里希望通过技术商品定价与交易模式的介绍使大家对信息商品有更具体的了解。

技术成为商品的条件有:①可以作明晰的界定和表达。只有边界明晰、定义完整,才能成为一个独立的、不粘连的、时空界限清楚的交易客体。②有明确的归属和产权,没有明确归属的技术是不可交易的。③有切实的收益保障,可交易的技术必须是具有一定稀缺性、垄断性的技术,而不是公共物品。这些条件对于其他信息商品也具有意义。

1. 技术的供给价格

技术商品的定价可以从供应和需求两方面讨论。

技术商品供给价格的理论构成包括沉没成本、交易成本、机会成本和适当的利润。沉没成本是指技术卖方研究开发该项技术投入的人力、物力、资金等项成本及投入风险的补偿。即研究开发的成本在一次技术交易中所获的补偿,以往失败的科研费用也包括在内,所以,又称分摊的 R&D 成本。交易成本是指技术卖方为转让技术而发生的费用。包括技术资料费(设计资料、图纸、说明书、维修手册等)、技术交易费(广告、差旅、公证、场租等)和其他费用。机会成本是指因技术转让使技术卖方的产品可能失去了某地区全部或部分销售机会,从而可能给卖方造成损失,技术卖方要求给予一定的补偿。有的卖方很看重机会成本,甚至在自己的产品上市初期,只卖产品而不转让技术。在这种情况下,技术价格中机会成本的比重比较高。但是如果卖方是纯技术转让,自己没有产品,而且也不打算生产这种产品,机会成本相应较低。

2. 技术的买方价格

正如一般的信息商品一样,技术商品交易中,买方的力量是决定交易的关键,没有需求的技术,开发成本再高,也不能得到补偿。因此,以买方所获收益为基础的利润分享原则是更为实用的定价原则。

技术商品买方价格通常以利润分享为原则,即以买方对技术的应用所带来的效益为基础,将买方由于技术带来的利润按一定的比例分配给技术买卖双方,这是目前国际上普遍采用的原则(Licensor's share of Licensee's profit)。

一项新技术的实施会给技术买方带来的新增利润包括:①降低生产成本,使用新技术可以降低材料、能源或人力消耗,因此可以带来成本的节约。②提高质量或性能,提高销售价值,新技术创造的新产品或改善产品的质量性能,帮助企业形成竞争优势带来的受益。③增加销售量。有时即使技术资源并没有对企业的生产效率或质量性能产生重大影响,仅仅通过购买商标使用权,其商誉效应也可以增加企业的销售量。通过以上途径新增的利润可以依据生产规模、合同期限和单位产品利润变化计算出来。

利用利润分享原则从买方利润的角度进行定价,考虑了技术应用的杠杆效应,有一定的合理性。但是,这种模型忽略了影响技术价格的另一重要因素——不确定性。技术商品应用后的利润确定不了,那么利润又如何能分享呢,价格又如何确定呢?引入风险系数是消除不确定性的一种方法,但风险系数的确定,仍然有很大的随意性,如何预测未来的不确定性,目前还没有非常令人满意的方法。所以,利润分享模型主要适用于一些成熟技术和标准技术。对于创新技术,由于不确定性因素很大,技术寿命周期中各年的利润很难确定,所以不适合应用利润分享模型。

3. 技术的投资定价

技术价格也可以按投资确定。重大技术项目引进和定价前,应当进行技术评估。技术评估包括技术因素、产品因素、市场因素、获利因素 4 个方面的评估,而每一方面又包括若干项的评估,如图 5-3 所示。

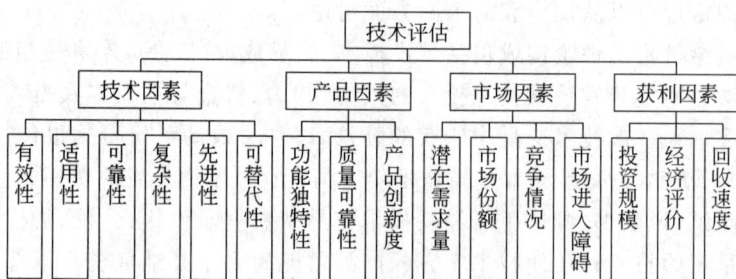

图 5-3　技术评估的主要因素

通过上面的评估,可以消除很多技术商品应用的不确定性因素,技术商品的利润空间也比较明朗了。经过技术评估之后,投资方已经可以基本确定自己该不该投资,如果投资应投资多少等问题。在这种情况下,技术商品的价格也可以通过投资的方式确定。即根据技术商品在项目中的重要程度,把技术作为投资的一部分计算。

按投资确定的技术价格模型如下

$$P = r \cdot a \cdot M$$

其中,P 为技术商品的价格;r 为风险规避系数,一般可取 $0.7 \sim 0.95$;a 为技术在项目中重要程度,由技术评估确定;M 为投资方对项目的整个投资额,与项目规模、投资方的实力有关。

这种按投资方式确定价格在实际中已经有所体现,其实,在技术入股中正是采用这种思路。技术入股的思路是:既然项目实施后的利润无法确定,不妨把技术同其应用以后的利润动态地挂钩。现在反过来用这种方式,给技术定价,也正是体现了技术在项目中的作用,只是这里的风险全部由投资方承担。由于技术开发方没有了风险,技术价格可以通过风险规避系数适当减少。

4. 技术价格的一般影响因素

在技术交易中,还有一些因素将对交易价格产生重要影响,这些因素主要包括以下几个方面。

(1) 技术的成熟程度。技术的成熟程度直接影响到技术买方的消化、吸收和创造价值,从而决定了技术买方技术风险和投资风险的大小。所以,技术成熟程度对其价格的影响较大。处于开发阶段的实验室技术,尚未进入商业化生产,不够成熟,价格不高;进入商业化生产处于成长期和成熟期的技术,成熟程度较高,产品的市场销售处于上升或高峰阶段,技术的价格最高;技术进入衰退阶段,即将被新的技术所淘汰时,其价格随之越来越低。

(2) 技术的生命周期。技术寿命的长短,是技术买方测算新增利润的重要依据,也是影响技术价格的重要因素。不同类型的技术,更新速度(即生命周期)差别很大。寿命长的技术,卖方可多次转让,分摊开发成本,降低转让的价格;同时买方也可以较长时间利用该项技术,获得较高的经济效益,因而愿意以较高的价格购买。寿命较短的技术,受益时间短,只有在买方消化能力、经济实力、销售能力较强,看准市场需求的前提下才肯购买,因而价格会较低。由于各国家、地区之间科技水平发展的不平衡,造成了某些技术寿命的延续,例如产业结构的全球或地区间的调整,将使某些技术获得新的生命,技术寿命的延续将阻滞其价格的回落。

(3) 技术转让次数。技术转让次数的增加意味着产品市场的缩小和竞争对手的增加,因此,通常情况下技术的价格与技术转让次数成反比,即转让次数越多,技术的价格越低。需要指出的是,技术转让次数较多,对于技术买方并不完全是坏事。转让次数多,说明市场对产品的需求看好,也说明技术比较成熟,投资的风险较小;在经过若干次转让之后,技术卖方也愿意降低转让费。因此只要仍然存在市场获利空间,买方不应轻易放弃选择低价购入该技术的机会。这里的关键问题是买方应当对自身的资金实力、生产能力、市场开拓能力有正确的评估,如果能够独立开拓市场,那么技术的垄断程度高有利于保持竞争地位和稳定地获利,但如果没有能力做大市场,那么花费高价格垄断技术就得不偿失。

(4) 技术的垄断程度和替代性。当某项技术是买方市场时,技术买方可在多种同类技术和多家技术转让者之间进行选择,在价格制定上也居于有利地位。但是当某项技术垄断程度较高,甚至是独家占有,又缺少同类替代技术时,就形成了局部的卖方市场,价格很高。

(5) 转让方式。普通商品,通常是使用权和所有权的一次性买断,除售后服务事宜外,买卖双方彼此再无责任。而技术贸易则复杂得多,多数是使用权的转让,即使用许可。这种许可又因对技术的使用范围、时间、程度而有很大区别,技术价格也有很大差异。这个问题在下面的技术商品交易方式中还将做较为详细的讨论。

(6) 支付方式。技术卖方一般希望早日拿到回报,减少自己的责任和风险,而技术买方则希望支付后移,以便让卖方承担更多的责任和风险。各种不同的支付方式当然对价格的高低有直接影响:一次付清全款的,价格最低;分期付清的价格稍高;入门费加提成支付方式,价格居中;纯提成方式,技术价格最高。

5. 技术交易方式

技术的交易在长期的历史发展过程中也形成了一些较为成熟的模式。技术交易采用的方式主要有许可贸易、技术服务与咨询、特许专营、合作生产,以及含有知识产权和专有技术许可的设备买卖等。

许可贸易是最常见的技术交易形式,是指知识产权或专有技术的所有人作为许可方,通过与被许可方(引进方)签订许可合同,将其所拥有的技术授予被许可方,允许被许可方按照合同约定的条件使用该项技术,制造或销售合同产品,并由被许可方支付一定数额的技术使用费的技术交易行为。许可贸易根据标的内容可分为专利许可、商标许可、计算机软件许可和专有技术许可等形式。根据其授权程度大小,许可贸易可分为如下 5 种形式。

(1) 独占许可。它是指在合同规定的期限和地域内,被许可方对转让的技术享有独占的使用权,即许可方自己和任何第三方都不得使用该项技术和销售该技术项下的产品。技术买方成了新的技术持有者,兼有技术的所有权和使用权。这种许可的技术使用费是最高的。根据 LES(国际许可证工作者协会)统计,独占许可的转让费通常比非独占许可高 20%～50%。

(2) 排他许可,又称独家许可。它是指在合同规定的期限和地域内,被许可方和许可方自己都可使用该许可项下的技术和销售该技术项下的产品,但许可方不得再将该项技术转让给第三方。技术买方在产品市场上唯一可能的竞争者就是技术卖方,技术卖方也可能因转让而失去一部分市场,要求技术买方支付机会成本。这种方式的转让费低于独占许可。

(3) 普通许可。它是指在合同规定的期限和地域内,除被许可方该允许使用转让的技术和许可方仍保留对该项技术的使用权之外,许可方还有权再向第三方转让该项技术。普通许可是许可方授予被许可方权限最小的一种授权,买方遇到的竞争比较大。尽管如此,由于其转让费用较低,所以是最常见的转让方式。

(4) 可转让许可,又称分许可。它是指被许可方经许可方允许,在合同规定的地域内,将其被许可所获得的技术使用权全部或部分地转售给第三方。通常只有独占许可或排他许可的被许可方才获得这种可转让许可的授权。在该合同形式下,技术买方可以既卖产品,又卖技术,较快收回购买成本。当然因此付出的价格较高。有的中介公司,购买技术不是为了使用,而是加价出售。通常是在行情看好的前提下,要力争购得独占许可或分许可。

(5) 互换许可,又称交叉许可。它是指交易双方或各方以其所拥有的知识产权或专有技术，按各方都同意的条件互惠交换技术的使用权，供对方使用。这种许可多适用于原发明的专利权人与派生发明的专利权人之间。

技术服务和咨询是指独立的专家或专家小组或咨询机构作为服务方应委托方的要求，就某一个具体的技术课题向委托方提供高知识性服务，并由委托方支付一定数额的技术服务费的活动。许可贸易与技术咨询服务是国际技术贸易的两种基本的贸易方式，其他技术贸易形式一般都是这两种方式在特殊情况下的运用或是包含了这两种方式。

特许专营是指由一家已经取得成功经验的企业，将其商标、商号名称、服务标志、专利、专有技术以及经营管理的方式或经验等全盘地转让给另一家企业使用，由后一企业（被特许人）向前一企业（特许人）支付一定金额的特许费的技术贸易行为。特许专营类似许可，但它的特许方和一般的许可方相比要更多地涉入对方的业务活动，从而使其符合特许方的要求。因为全盘转让，特别是商号、商标（服务标志）的转让关系到他自己的声誉。需要注意的是，特许专营的被特许方与特许方之间仅是一种买卖关系。各个特许专营企业并不是由一个企业主营的，被特许人的企业不是特许人企业的分支机构或子公司，也不是各个独立企业的自由联合。它们都是独立经营、自负盈亏的企业。特许人并不保证被特许人的企业一定能盈利，对其盈亏也不负责任。

合作生产并不是一种独立的基本的技术贸易方式，它是建立在各方合作生产目的之上的许可贸易和技术服务咨询，合作生产中的一方或各方拥有生产某种合同产品的特别技术，在合作生产过程中通过单向许可或双向的交叉许可的方式，可能再辅以一定的技术服务咨询，从而实现技术转让。这种技术交易的目的是为各方的合作生产服务。

含有知识产权和专有技术转让的设备买卖，其交易标的包含了两方面的内容：一是硬件技术，即设备本身；二是软件技术，即设备中所含有的或与设备有关的技术知识。这些技术知识又分为两部分：一部分属于一般的技术知识，另一部分是专利技术和专有技术。这种设备的成交价格中不仅包括设备的生产成本和预得利润，而且包括有关的专利或专有技术的价值。在这种设备的买卖合同中含有专利和专有技术许可条款以及技术服务和咨询条款。

除上述技术交易模式外，还有以下一些形式。

（1）技术拍卖。技术拍卖具有集中性、公开性的特点，有利于技术信息的有效传播，从而可以降低技术供给方的交易风险。技术拍卖还是一种竞争机制，可使技术成果的售价在竞拍过程中逐渐收敛于或接近于技术成果应有的价值，因而使技术供给方获得更多的收益。拍卖的群体评判机制，有利于对技术进行正确评价。

（2）技术招标和投标。招投标具有拍卖的公开、集中、竞争、群体评价等优点，不同之处在于拍卖是现货交易，而招投标是期货交易。签订技术交易合同后，一旦中标者不能按质、按期提供技术，招标方可按合同的规定从中标者处获得风险补偿；另一方面，中标者主要承担的是技术风险，而避免了技术成果不能市场化的风险，这也是许多科研人员所希望的，因为他们的长处在于技术，更愿意承担技术风险，而不愿承担交易风险。

（3）技术入股。技术入股的主要目的在于减少技术供需双方的风险。对于技术股东来说，其风险依然存在，但所承担生产风险和市场风险被分摊了，即风险减少了，技术股东是将现在的收益转换成将来的收益而降低自己的风险。对于投资者来说，虽然技术入股减少了以后技术产业化带来的收益,但减少了技术交易的风险,对技术水平的担心减少了。因此,技术入股对双方来说都是有利的。

(4)技术典当。当技术成果拥有者不能将技术转让出去时,常产生许多不利的影响:技术的风险投入沉淀不利于技术成果拥有者继续从事技术开发;对于专利技术的专利权人还需不断支付专利的维持费,使其风险投入越来越多、风险压力越来越大;技术积压时间越长,因无形磨损而造成的损失越来越大,同时,技术被仿冒、替代的可能性也越来越大;随着技术积压时间的延长,专利技术受保护的剩余期限越来越短,从而导致专利权人利益递减。要解决上述问题,技术典当是一个较好的方法。技术供给方将技术典当给科技当铺而获得典当收益;科技当铺在这些技术得到再转让和实施时获取风险收益。技术典当一般实行折价,从而使技术供给方的收益减少,而科技当铺则有了获取风险收益的可能。一般技术当铺所承担的技术转让风险,要比技术成果拥有者自己转让低,这是因为技术当铺经营多个技术成果,其经营行为属于投资组合行为。

小　　结

信息商品既具有一般商品的特性,也具有与一般物质商品不同的经济特征。本章从信息商品的产生与发展、价值与使用价值、供给与需求,成本、价格和交易方式等方面研究了对信息商品进行了经济学分析。

(1)信息商品与一般物质商品的差异,许多源自于信息本身的特点,对信息、信息资源、知识资本的含义与特性的掌握,是理解信息商品特征的基础。

(2)信息商品脱胎于物质商品,知识产权的利制度的确立是独立于物质商品之外的信息商品正式得到社会承认的标志。在数字化、网络化时代,数字商品逐渐成为信息商品的一种重要形式。

(3)信息商品的使用价值具有共享性、潜在性、层次性、独特的有形磨损和无形磨损、"经验商品"性,以及外部效应等经济特征。信息商品的价值有效用价值、费用价值和效益价值3种含义。数字商品除了具有一般信息商品的特征外,还具有数字化带来的一些特征。

(4)信息商品的生产具有知识密集、高风险、控制难度大等特点,其需求与供给受到社会发展水平、技术水平、价格、商品化程度等因素的影响。

(5)信息商品的边际成本极低,且收益具有不确定性,这显著影响了其定价和交易方式。

复习思考题

1. 为什么说知识产权的专利制度的确立是信息商品正式得到社会承认的标志?
2. 什么是数字商品?数字商品有哪些主要类型?
3. 举例说明信息商品的使用价值和价值,其共享性和独占性。
4. 与物质商品相比,信息商品的使用价值具有哪些显著特征?
5. 数字商品由数字化带来的经济特征有哪些?

6. 信息商品的生产特点对人们管理知识产业有什么启示？举例说明。

7. 影响信息商品供给的主要因素有哪些？

8. 影响信息商品需求的主要因素有哪些？

9. 信息商品的成本有什么特征？它怎样影响价格？

10. 为什么要对信息商品进行差别定价？信息商品差别定价的特殊性是什么？

11. 什么是信息商品的外部效应？它对信息市场的供求机制有什么影响？应如何矫正？

12. 技术定价有哪些主要方式？影响技术商品价格的主要因素有哪些？

13. 技术交易有哪些主要方式？

第6章 信息产业的经济分析

信息产业是在当代信息技术革命和信息需求的作用下形成和发展起来的,已成为国民经济新的增长点,是具有战略性的新兴产业,信息产业的成长也是可持续发展的重要条件。在以信息产业为支柱产业的现代社会经济中,新的经济现象丰富和发展了传统的经济理论。信息产业具有一些与传统的农业、工业和服务业发展不同的经济规律,网络效应和收益递增机制就是信息产业中突出的经济特征。当某种产品或技术在收益递增机制的作用下锁定了市场时,它便成为该市场的事实标准。从信息产业多年的发展历程看,政府和企业都已认识到技术系统标准作为一种商业竞争武器和政府产业政策的潜在的战略价值,所以它们逐渐成为公司战略和政府政策所关注的焦点。信息产业的经济特征为产业政策干预提供了重要依据,而其创新性和高风险性要求产业政策需在微观层次上保证企业发展方式和行为的多样性,重视市场选择的作用,达到宏观上的有序和高效率。

6.1　信息产业的产生与发展

信息产业是继传统农业、工业和服务业之后蓬勃发展起来的新兴产业,信息技术革命和当代社会经济系统的信息需求是信息产业发展的基础,信息产业由于信息技术一体化和产业发展的内在规律逐步趋向综合集成。

6.1.1　信息产业的含义

1962 年,美国学者马克卢普最早提出知识产业的概念,认为"知识产业是一类为他人或者为自己所用而生产知识,从事信息服务或生产信息产品的机构、厂商、单位、组织和部门,有时是个人和家庭",[①]并将知识产业划分为教育、研究与开发、通信媒介、信息处理设备、信息处理服务 5 个部门。马克·波拉特则依据马克卢普对"知识产业"的研究,提出了信息产业、信息经济等概念,并将从事信息活动的部门分成第一信息部门和第二信息部门,第一信息部门指直接向市场提供信息产品和信息服务的部门,第二信息部门是指把信息劳务和资本提供给内部消耗而不进入市场的信息部门[②]。我国学者乌家培教授认为"信息产业是从事信息技术设备制造以及信息的生产、加工、存储、流通与服务的新兴产业部门",由信息设备制造业(硬件业)和信息服务业(包括软件)构成。[③]

不同的认识方位,不同的研究深度和研究目的导致了不同的信息产业的概念和分类。一般意义上的信息产业是指从事信息技术研究、开发与应用,信息设备与器件的制造,以及

---

① The Production and Distribution of Knowledge in the United States. NJ: Princeton University Press,1962.

② [美]马克·波拉特.信息经济论.长沙:湖南人民出版社,1987.

③ 乌家培.经济信息与信息经济.北京:中国经济出版社,1991.

为社会经济发展的需求提供信息服务等综合性生产活动,包括信息设备制造业和信息服务业。更广泛的信息产业概念还包括教育、科学研究等与知识的生产和分配相关的部门。

如表 6-1 所示,信息设备制造业包括计算机类产品、电信设备、半导体零部件、半导体制造设备、软件载体、科学仪器和其他信息产品等范围的制造业部门,这是信息产业产生和不断发展的物质基础,是信息产业的功能、结构、手段等方面高级化得以真正实现的根本保证;信息服务业指以计算机为主要平台的信息服务业,包括基础信息服务(含基础电信服务)和增值信息服务(含增值电信服务),如金融信息服务、软件与计算机维护、数据处理与检索服务、咨询和专业技术服务等部门,也称为现代电子信息服务业。应当指出的是,由于信息技术的广泛渗透,传统的信息服务如印刷出版、新闻报道、文献情报、图书档案、邮政电信等正在逐步转向电子信息服务,它们之间日渐融合。信息服务业是将信息产品生产和信息商品消费有机连接起来的纽带。

表 6-1   部分代表性信息产业的产品与服务

信息(技术)设备		信息服务	
计算机类产品	计算机整机及其辅助设备;计算机零部件如中央处理器、键盘、显示器、硬盘和电源等	基础信息服务	图书馆、情报中心、博物馆、公共数据库、文化教育、科学研究、研究与发展等
通信设备	电话机、可视电视、传真机、数据交换机、手机、电视与广播发送设备等	基础电信服务	电话、电视、广播通信、互联网络、局域网、信息系统
半导体零部件	集成电路块、芯片	增值信息服务	政治经济信息与影视服务软件、商业数据库、专业咨询服务等
半导体制造设备	真空干燥机、光刻机、切割机、显微镜、其他测试设备等		
软件载体	未含信息的磁盘、光盘等	增值电信服务	综合业务数字、传真存储转发、电子信箱、商业电信网、多媒体网、网络接入与网站域名服务、EDI 服务等
科学仪器	分光仪、光电设备、电子显微镜等		
其他信息设备	音乐等影视娱乐服务、办公设备等		

6.1.2   信息产业发展的动因

从产业发展的内在规律分析,产业的形成、发展及其演化主要受生产力发展水平的制约,受由生产力发展水平所决定的技术进步和社会需求两方面的影响。

1. 信息技术革命

产业结构的演化,都是由技术革命引起产业革命,形成新的社会分工,由此推动产业结构的高级化。人类历史上重大的技术进步,直接结果是导致一批新兴制造工业的发展,尔后对经济、对社会产生广泛而深远的影响。20 世纪以来,尤其是第二次世界大战以来,信息技术的巨大作用,其直接结果就是新兴的信息产业的崛起。

从历史的角度考察,信息技术经历了文字的发明、印刷术、电报、电话,直到现代信息技术,即从 20 世纪 60 年代以来,在半导体技术、微电子技术、集成电路技术等领域中实现重大突破,从而使信息技术取得了革命性的发展。计算机技术的产生和发展,使得信息处理技术得到了重大突破,计算机技术与通信技术的结合,又使得信息传输技术得到了重大突破。信息技术在传输、处理、储存等方面取得了全面的发展,真正成为适应现代社会需要的高技术群。

每一个时期的重大科学技术进步,都不同程度地带来经济、社会的深刻变化,甚至对整个社会制度的变迁起着强有力的催化作用。当前,信息技术革命正强烈影响着经济和社会的发展,这首先表现在产业结构的巨大变化上。在现代信息技术基础上产生了一大批以往产业革命时期所没有的新兴产业,传统产业比重逐步下降,信息技术等高新技术对传统产业的改造不断强化。现代信息技术的发展还使生产要素结构中的知识与技术的作用增强,物质资料的作用以及资本的作用相对减弱。产业结构的变化引起就业结构、消费结构、投资结构、贸易结构和产品结构相应的变化,而且信息技术在全世界的竞争性发展,还推动了经济国际化进程。总之,信息技术的发展使整个经济结构发生了巨大的变化。当然,信息革命的重大影响并不意味着物质和能量已不再重要或已经停止增长,而意味着它们的增长更多地体现在复杂性的增加而不是体现在数量的增长上,这种复杂性是与信息技术的影响紧密相连的。

2. 信息需求

任何一种产业的形成,都是由需求和供给两方面决定的,信息技术的革命性发展为信息产业的形成提供了技术上的支持,构成信息产业发展的供给条件;社会的需求则是信息产业形成的另一方面的必要条件。

1) 信息产业的形成是人们处理日益复杂的生产系统和社会系统的需求

应当指出的是,对信息产业的需求并不等同于对信息的需求。由于人类面临的不确定性永存,导致决策对信息的需求永存。但信息的生产、加工、传播等产业化却是对信息的需求达到一定程度时才产生的,即人们为了取得信息生产的规模经济性和范围经济性,信息生产专业化而形成独立的社会分工后才成为产业。

随着经济的发展,生产系统、社会系统越来越复杂,信息量呈指数增长,导致信息大爆炸。面对如此大量的信息,必然要求对信息进行专业化生产。因为专业化生产可以达到规模经济性和范围经济性。所谓规模经济性是指信息的专业化收集、鉴别、加工和综合整理,在专业化生产方式下可以获得明显的分工效益,而这种分工效益的取得是以大规模生产为条件的。当这一最佳规模超出原有产业内各厂商能达到的规模时,信息的专业化生产趋于成为独立的产业,在自己的最优规模上进行生产,为其他产业提供信息产品和服务,而成本远比其他产业自己生产同类产品低;所谓范围经济性指的是由于信息产品的多角化生产,使得每件信息都可以被利用,每个信息用户的信息需求都可以满足,从而获得范围的经济性。而在其他产业内部的信息生产中,由于需求的独特性,大量非适用信息将被过滤掉,造成信息资源的浪费。因此,可以认为,决定信息产业独立化的直接动机是生产成本的节约。

同时,可以看到,当信息产业因专业化而独立时,其他产业内部的信息生产并没有完全停止,这是因为出于节约成本的考虑,需要信息的其他产业希望信息产业独立以降低成本,但独立化过程又会增加信息产品的交易成本。因此,当专业化生产对成本的节约足以抵消交易成本时,其他产业将放弃自己的信息生产;当生产成本的节约并不能抵消交易成本,或该产业内部专用信息不宜共享时,该产业将保留自己的信息部门,形成产业内部的信息部门,相当于波拉特所划分的第二信息部门。

因此,信息产业的作用从根本上讲,是将普遍存在的信息经过加工,送往需要者手中,而产业化的目的是将这一过程以最低成本来完成。

2) 信息产业的发展是工业发展到一定阶段后的历史必然结果

工业技术革命曾经改变了整个世界,它将人类社会带入到崭新的现代工业化社会。但是,两个多世纪以来的工业发展,自然资源日益减少,生态环境严重恶化,使得后发展国家不能再走发达国家的工业化发展道路,因为无论是从国家财力还是从现有资源环境水平考虑,都难以再承受这种发展方式。而且,传统产业内部的产业技术发展已经接近极限,在美国等发达国家已经成为"夕阳产业",开始走上衰退之路。在这样的时代背景下,信息产业的形成是历史发展的必然选择,作为知识、技术、智力密集型的信息产业,依靠数据的即时传播,加速物质、能源、资金和人员的合理高速流动,促使生产、科技、商贸的增值,达到社会—经济—资源系统的和谐进化和发展。因此,信息产业替代或改造传统产业,是实现可持续发展的必然选择。

3) 消费结构的变化拉动了信息产业的形成

消费结构的变动将引起产业结构的变动,大量的统计分析表明,消费结构的变化与产业结构的变化是相对应的。在低收入阶段,对基本生活必需品的需求占主导地位,同时,居民储蓄较少,无力发展资本密集型产业;当人均国民生产总值提高后,消费结构的重点从必需品转向非必需品,并拉动了产业结构的变化,从农业和轻工业转向基础工业和重加工业;在人均收入达到高水平阶段时,物质产品已经非常丰富,人们的消费选择余地大为扩展,对精神生活、生活质量和生活环境的要求极大地提高,而且需求趋于多样化、个性化,同时,传统产业的发展积累了大量的资金,为信息产业的形成创造了需求和条件。

6.1.3 信息产业的发展趋势

信息产业的各个组成部分起初是独立、分散、不均衡地发展起来的,而后由于信息技术一体化和产业发展的内在规律逐步趋向综合集成,各部分之间的相互联系变得越来越紧密了。

从计算机方面的发展看,从 1946 年出现第一台电子计算机(ENIAC),半个世纪内就经历了主机时代、微机时代、网络时代 3 个阶段。由于 20 世纪 90 年代以来计算机网络,包括局域网(LAN)、市域网(MAN)、广域网(WAN),以至因特网及其内部的网中网(Intranet)的迅猛发展,计算机与通信、传播媒介、信息服务的结合越来越明显了。

从电信方面的发展看,1837 年发明电报,1876 年发明电话,100 多年的时间内,由话音通话为主逐渐转向数据通信为主,模拟式通信逐步为数字化通信所取代,有线通信与无线通信相结合,固定通信与移动通信相结合,传输线路从电缆到光缆,还有微波、卫星等多种方式,特别在内容上,现代通信已不仅仅是单纯的信息传输,而伴随着日益多样化的信息增值服务。随着现代通信网络体系的形成,通信又从另一端推动了它与计算机、广播、电视、信息服务的融合。

从信息服务的发展看,有着悠久历史的传统信息服务,如新闻报纸、期刊杂志、图书和档案、印刷和出版、广播和电影电视、音响视听、市场调查、广告、咨询、培训等,随着电子技术设备性能的不断提高和电子信息技术产品应用的增多,与从计算机、通信方面衍生出来的现代信息服务,如电子数据处理、电子数据交换、数据查询和数据传输、电子邮件、数据库联机服务、光盘产品的脱机服务、信息网络服务、信息系统集成服务等,逐步趋近而使它们之间的界限变得模糊起来。

信息产业的综合集成是由两个因素决定的。一是技术因素,二是产业因素。从技术因素看,信息的数字技术革命,全面实现多种信息表达形式的数字化,把模拟信息变成了数字信息,使任何话音的、文字的、图形的、图像的信息都可转换为 0 和 1 表示的数字信息,从而随着电子技术、计算机技术、软件技术、通信技术、多媒体技术、网络技术的发展及其相互结合,推动信息产业的发展。从产业因素看,信息的采集、处理、传输和应用这 4 个环节是紧密相连的,它们的能力必须处于动态平衡中,它们所形成的信息产业的各个分支不能不相互依存、协调发展,在发展中不断优化结构,才能够使整个产业得以持续发展。

从产业渗透的广度看,信息产业是为其他产业服务的产业,因此,信息产业的发展不能满足于产业内部的循环,而必须扩大外部循环,以改造传统产业为强大动力,抓应用、促发展,贯彻应用导向或市场导向的原则,把其他产业部门对信息技术和信息资源的应用看成巨大的潜在市场加以开拓,并使其成为现实市场来促进和推动信息产业本身的发展。

信息产业为其他产业的服务来源于信息产业的两大支柱:信息技术和信息资源。信息技术有极强的渗透性,它可以向任何产业部门和任何活动领域渗透,并取得应有的成效。信息资源有极广的应用性,它可以为任何产业部门和任何活动领域所应用,并产生一定的效果。

以微电子为代表的、计算机技术与通信技术相结合的信息技术,对制造业和服务业的渗透与应用,一般是通过辅助业务活动、辅助管理活动以及对这两类活动的改造、改组与集成的途径来实现的。计算机辅助设计(CAD)、计算机辅助制造(CAM)、计算机辅助工程(CAE)、管理信息系统(MIS)和计算机集成制造系统(CIMS)等信息技术系统在各行各业中应用范围和深度的不断推进,不仅提高了应用行业的工作效率、产出效能、经济效益,而且引起了这些行业的结构重组、管理变革和面貌更新。与此相联系,电子金融、电子货币、电子商务、电子购物,以及远程教学、远程医疗等新术语的不断涌现也说明了信息产业的发展扩大了人类的活动空间,从物理空间扩展到媒体空间,同时也缩小了时间对人类活动的限制。

信息资源是一种战略资源,它在制造业和服务业中的使用,是通过改善经营管理、提高决策水平的途径来实现的。各行各业利用的信息资源有从行业内部采集和积累的,还有从行业外部取得和加工的。大部分外部信息资源需依靠信息服务业通过信息市场来提供。在经济全球化和企业经营国际化的潮流下,其他产业部门对信息资源的需求日益加大,并且越来越多样化,这对于信息产业来说,是其发展的强大动力。

因此,信息产业的发展也是一个在产业信息化、整个国民经济信息化推动下不断调整发展方向和重点,而取得健康持续发展的演变过程。

6.2 信息产业在国民经济中的地位与作用

信息产业是国民经济新的增长点,是具有战略性的新兴带头产业,信息产业的成长也是可持续发展的重要条件。

1. 信息产业的发展对国民经济的推动作用

随着经济的发展和社会的进步,人类社会总是不断产生新的需求,为了满足新的需求,国民经济需要形成新的增长点。因此,不断培育新的增长点,转变经济结构,满足人们日益增长的物质和文化生活的需求,是促进经济不断增长和持续发展的关键,而经济结构的优化和调整,也必然进一步推动经济的增长和社会的进步。

社会经济发展到今天,从居民需求来看,对消费类信息商品的需求旺盛;从投资需求看,随着国民经济信息化进程的加快,对投资类信息产品和服务的要求越来越高,需求越来越大;从信息商品和服务的出口需求看,全球信息化浪潮的高涨导致了全世界对信息商品与服务的需求进一步增长,出口需求进一步扩大。因此,信息产业成为现今和未来社会发展中最大的战略产业,信息资源的开发和利用已成为国家竞争力和社会经济成就的关键因素和社会发展的重要推动力。

在工业发达国家,信息产业正逐步取代钢铁、造船、汽车、石油等传统产业的战略地位,成为当代社会的带头产业。在新技术革命的推动下,许多高新技术产业相继产生并构成新兴产业群,无论是宇航卫星通信、生物工程、海洋开发、光纤通信、新材料工业、新能源产业还是新兴服务业,都离不开具有核心地位和先导作用的信息产业作为其应用开发的突破口和带头部门,信息产业已成为战略性的新兴带头产业。

信息产业是国民经济发展的助推器。对国民经济的发展具有倍增作用。信息产业的带动效应很大,发展信息产业不仅本身可以创造巨大的社会财富,而且可以渗透到其他产业之中,推动其他产业生产率的提高,从而产生二次经济效益,依次类推,一系列直接经济效益与间接经济效益的总和构成了信息产业对整个国民经济的扩散效应,促进了其他产业和整个国民经济系统的发展和进步。因此,信息产业是国民经济发展的倍增器,对国民经济的发展具有带动和助推作用。

信息产业具有差异经济特征,提高了国家竞争力。发展信息产业可以为本国厂商提供更多的有关产品和服务差异性的知识和机会,不仅使政府和企业获得更多的信息量,而且极大地提高了政府、企业和个人获取信息的能力和效率。通过获取有关国际国内竞争对手的信息和对全局动态的把握,可以从中得到有关产品和服务差异性的知识,从而做到知己知彼,有的放矢,这构成了政府和企业形成经济竞争力的重要基础。因此,信息产业的发展可以减少国民经济各部门发展的盲目性,有效避免生产过剩、资源浪费,不仅提高了经济竞争力,而且有助于国民经济的持续发展。

信息产业是高就业型的产业,可以扩大就业,带动产出。信息技术与信息产业的高智力特点,对就业者知识水平要求很高,这在某种程度上会带来结构性失业;信息技术对传统产业的改造可能会提高传统产业的资本有机构成,使劳动力从传统产业的某些部门中游离出来。但是信息产业的发展带动了文化、教育、服务产业的发展,可以开辟许多新的再就业门路,因而形成了对新职业的更大需求。近年来,信息产业部门的劳动力,在经济发达国家的社会就业结构中已占有较大比重。

总之,信息产业在国民经济中具有举足轻重的地位和作用,社会经济发展水平越高,信息产业的作用也就越大,而信息产业比重大的国家,社会经济的信息化程度也越高,二者相辅相成,互相推进,促进了整个国民经济的持续高速和健康发展。

2. 信息产业的成长是可持续发展的重要条件

首先,可持续发展要求信息产业充分成长。工业革命使生产力获得巨大解放,机器大工业使生产制造能力大为增强,使资源开发、产品制造达到前所未有的规模。同时,也造成了自然资源的迅速枯竭和生态环境的严重恶化。在这样的条件下,无论是从国家财力还是从现有资源环境水平来看,后发展国家都不能再以传统方式发展经济,走发达国家的工业化发展道路,而必须走可持续发展之路。"可持续发展"是21世纪发达国家和发展中国家正确协调人口、资源、环境与经济间相互关系的共同发展战略,是人类求得生存与发展的唯一途径。

可持续发展战略鼓励经济增长,但要求注重经济增长质量,节约资源、减少污染,以保护自然为基础,与资源承载能力相协调;以改善生活质量与社会进步为目的,实现经济、社会、生态的可持续发展。现代信息技术将各社会组织和个人相联系,使整个地球成为信息交流通畅的整体,建立全球伙伴关系,共享地球上的资源,以实现人类可持续发展的共同目标;现代信息技术以极强的辐射能力,渗透到社会的各行各业,促进社会、经济、生态大系统的整合,使经济、社会的各个领域协调发展,提高整个系统的功能;信息处理的前瞻性,对未来趋势做出预测,指导经济发展的方向,从而实现"可持续发展"所倡导的"人类应既满足当代的需要,又不危害子孙后代的生存利益"的宗旨。

其次,信息产业的发展为经济增长提供了新的可能性。信息技术和信息产业的发展,代表着一种既细小又清洁的资源在发展,具有能源利用率高、资源消耗低、环境不受污染的特点,它主要依赖的资源是信息资源的开发,是人脑智力资源的开发,而不是大规模物质资源的消耗。物质资源与信息资源有一个本质的区别,即物质资源具有唯一性和排他性,因此,物质资源依赖型的经济主要服从于收益递减规律,如果不进行信息化改造,其发展是以自然资源的迅速枯竭为代价的,而且必然受到可开发物质资源数量的限制,很难维持持续的高速增长;而信息资源则具有共享性,表现为同一内容的信息可以在同一时间由多人占有,并且可以重复使用。信息资源的开发不仅不会使信息资源枯竭,而恰恰相反,是一个学习和积累的过程,信息和知识越来越丰富,信息资源利用范围的扩大不仅表现在信息内容的深化和扩大,而且表现在固定信息内容的共享范围的实现和扩大。以美国经济学家罗默(Paul Roomer)和卢卡斯(Robert Lucas)为代表的"新增长理论"认为,好的想法和技术发明是经济发展的推动力量,知识的传播以及它的变化和提炼是经济增长的关键,专业化的知识和人力资本的积累可以产生递增的收益,并使其他投入要素的收益递增,从而总的规模收益递增,而成为经济增长持续和永久的动力。

信息产业的这种发展特性使其可以突破传统工业发展所面临的物质资源束缚,使新型的经济增长可持续发展成为可能,信息技术的进步,信息资源的开发,信息产业的发展,信息经济基础的确立和信息社会的形成,很有可能是人类最大限度摆脱物质资源束缚的时代的到来。

再次,信息产业的发展对国民经济的基本资源有明显的替代作用。物质、能源、人力和资金构成了国民经济的基本资源,信息技术、信息产品和信息服务可以使这些基本资源的消耗得到节约。柔性自动化生产系统有可能使机器设备的自然寿命周期更新,新的高性能合成材料的研制成为许多自然物质资料的替代品,机制工业制品由于信息化改造不断由重、厚、长、大向轻、短、小发展,极大地节约了物质、能量的消耗。随着工厂自动化的发展,作为生产系统主要环节的人,将退出直接生产制造过程,整条生产线可以实现无人化柔性生产。电子货币的使用不仅可以降低现钞和支票的成本,还可以进一步促进贸易和分工的发展,当人们的一切支付能力全部储存在银行账户里,人们手持货币几乎降低为零时,货币的周转速度将不再有任何空间上的限制。知识创造新的财富不仅是通过发现和开发过去未开发的资源,而且通过恰当地使用资源,使资源的效用得到最大程度的发挥。

最后,现代信息通信使传统的生产系统、社会系统结合方式发生了变化。货币流通的电子化,生产资料存储、运输加工的信息化,商品流通的信息化,使银行、厂房、仓库、道路、商店以及许多文化设施如图书馆等建筑都将发生适应性变化。这些变化减少了建筑材料和能源的消耗,而且促进了人口分散,污染问题也由于烟囱工业的减少和人口的分散得到缓解。

从我国的实际情况来看,信息产业的发展是促进我国经济增长方式转变的关键。我国旧的经济增长方式从总体上说是粗放型的,主要依靠生产要素数量的扩张来实现经济增长,是一种高投入、高消耗、低质量、低产出、粗放型的经济增长方式。集约型增长方式主要依靠优化组合生产要素,提高要素质量和使用效率来实现经济增长,是消耗低、质量高、投入少、产出多、效益好、污染小的经济增长方式。促进经济增长方式由粗放型向集约型转变,提高国民经济整体素质和效益,是可持续发展的要求。信息技术对传统产业的装备与改造是传统产业走向集约化发展的关键。

信息产业的发展通过智能化生产工具体系的应用降低工业生产能耗物耗,减少环境污染,保护生态环境;信息化将提高企业经营管理水平,使需求、生产、供应的关系更加协调;信息化也将极大地提高产品质量和企业的竞争能力。信息产业的产品应用于传统农业的改造将使农业的面貌得到根本的改观,智能工具的应用使农林牧副渔业的生产在机械化的基础上实现集约化、自动化和智能化,使生产过程的观察、分析和管理实现科学化、智能化,从而极大地提高农业生产的劳动生产率;信息服务网络将极大地增强农业对市场的反应能力,有效地沟通产销关系,加快农业产业化进程;同时信息网络体系还将显著改善对农作物生产情况以及自然灾害的监测和预报,增强农业抵御自然灾害的能力。近几年,我国已开始重视农业信息服务体系的建设,那种认为农业与信息业无缘的观念已成为过去。

信息产业对传统农业和传统工业的改造,将使工农业的生产率得到提高,工农业从业人员逐步减少,而工农业产品的质量、品种和数量则不断改善和增长,自然资源的利用越来越合理、越来越科学,这有利于保障经济社会的可持续发展。

综上所述,作为知识、技术、智力密集型的信息产业,依靠信息的即时传播、加速物资、能源、资金、人员的合理高速流动,促进生产、技术、商贸的增值,达到社会—经济—资源系统的和谐进化和发展,是一种革命性的新的生产体系。信息产业发展的基础、方式及最终结果,与可持续发展战略的思想高度一致，是实现可持续发展的重要条件。

6.3　信息产业中的网络效应和收益递增机制

信息产业具有与其他产业发展不同的经济规律，本节讨论的网络效应和收益递增机制就是信息产业中突出的经济特征。在以信息产业为支柱产业的现代社会经济中，新的经济现象丰富和发展了传统的经济理论。

6.3.1　网络效应及其对经济主体行为的影响

网络效应一般被定义为：当消费同样产品的其他使用者的人数增加时，某一使用者消费该产品所获得的效用增量。在存在网络效应的经济结构中，消费者的消费行为是相互影响的。

网络效应主要分为直接网络效应与间接网络效应。直接网络效应是指同一市场内消费者之间的相互依赖性，即使用同一产品的消费者可以直接增加其他使用者的效用，如电话、传真以及互联网等。根据麦特卡尔弗定理（Metcalfe's Law），网络价值等于接点数的平方，即当一个网络中存在 n 个使用者，从而有 $n(n-1)$ 种电话连接的网络中，第 $n+1$ 个用户将给现有的用户增加 $2n$ 个新的连接，从而给所有的其他用户提供了直接的网络外部性价值。

间接网络效应主要产生于基础产品与辅助产品之间技术上的互补性，这种互补性导致了产品需求上的相互依赖性。例如 VCD 播放机与 VCD 碟片、PC 与应用软件等，没有与之相互配套的互补产品，那么单一的产品对消费者是没有多少价值的。在存在间接网络效应的市场中，用户使用一种产品的价值取决于与该产品互补的产品的数量和质量。一种产品的互补品越多，那么该产品的市场需求也就越大，Katz 和 Shapiro 将这种互补品之间的网络外部性关系称之为硬件-软件范式。消费者购买一种硬件（软件）产品时，将会关注有多少其他的消费者购买相同的硬件（软件）以及与之相配套的软件（硬件），因为一种预期用户安装基础大的产品将能引致更多的互补产品，从而使现在的购买者获得更大的价值。

1. 网络效应对消费者决策的影响

传统的经济学理论将消费者决策主要变量定为价格，消费者在一定的预算约束下选择使其效用最大化的消费组合。这种决策是独立的、理性的。

网络效应的存在，使得消费者的决策在一定程度上依赖于他人或群体的共同决策，人们一定是倾向于选择用户基础大的产品，以免日后屈就于一种应用面窄、配套产品少的产品，而不仅仅考虑价格因素。事实上，人们消费选择中的这种行为，还有来自于社会心理学的解释。德国的 Ekkehart Schlicht 教授认为[1]，人们倾向于适应他们所隶属的集团的行为方式，潜在的"集团行为参照系（reference group behaviour）"可能就是从纯粹的顺从（compliance）中产生；一个人想使用一种工具（比如信息技术产品）却不知如何使用，可能会模仿一个恰好使用它的人从而避免耗时、耗力和挫折，仅通过复制已经观察到的行为即可达到。同时还存

---

[1]　Ekkehart Schlicht. 习俗与经济（On Custom in the Economy）. 秦海，杨煜东，张晓，译. 长春：长春出版社，2005.

在这样的心理,在相同条件下,如果一个人采取与他人不同的行为,那么心理的紧张状态就会出现,即"认知失谐(cognitive dissonance)",每个人都偏好"认知一致性",以避免这种紧张。

在存在网络效应影响的情况下,反映消费者支付意愿的效用函数可表示为

$$U = r + v(x^e)$$

其中 r 表示不考虑外部性时产品带来的基本效用,$v(\cdot)$ 是预期网络规模 x^e 给消费者带来的网络效用,且 $v'(\cdot) > 0$,$v''(\cdot) < 0$。

这样的例子在信息产业中比比皆是,人们所熟悉的即时通信产品,如腾讯 QQ、微软 MSN 等,人们在选择使用何者时,总会考虑哪种用户多,这样才能与更多的人通信,这样的影响在消费者之间传递,网络效应十分明显。实际中的调查也证实了这个判断(如图 6-1 所示)。

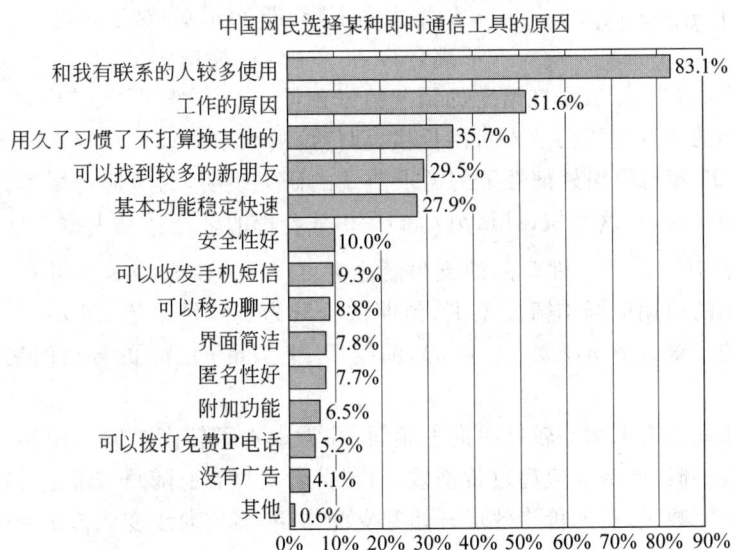

中国网民选择某种即时通信工具的原因

原因	百分比
和我有联系的人较多使用	83.1%
工作的原因	51.6%
用久了习惯了不打算换其他的	35.7%
可以找到较多的新朋友	29.5%
基本功能稳定快速	27.9%
安全性好	10.0%
可以收发手机短信	9.3%
可以移动聊天	8.8%
界面简洁	7.8%
匿名性好	7.7%
附加功能	6.5%
可以拨打免费IP电话	5.2%
没有广告	4.1%
其他	0.6%

注:样本总体为接受调查的网民中经常使用即时通信工具的网民。

Source:CNNIC, 2005.7

©2005.7 iResearch Inc.   www.iResearch.com.cn

图 6-1 中国网民选择某种即时通信工具的原因

(源自 www.iresearch.com.cn2006-5-4 访问)

2. 需求曲线

传统经济学中需求曲线的推导,是消费者面临预算约束时最大化效用函数的问题,价格是影响需求最重要的因素,而需求曲线一般是假定在除价格之外其他因素均保持不变的条件下,需求量与价格之间的关系。需求曲线有一个共同的规律,即它总是一条自左向右向下倾斜的曲线,这反映了需求量变动的规律:价格上涨,需求量减少;价格下降,需求量增加,两者通常按反方向变化。

当考虑到网络效应对消费者行为决策的影响时,可以得到一条不同寻常的需求曲线,如图 6-2 所示。

在存在网络效应的市场中,消费者在购买第 n 个单位的某产品时,消费意愿受到其对该产品预期销售量的影响,即消费者预期该产品销售量越多,他愿意为该产品支付更高的价格。但是,在预期的销售数量已经确定的情况下,他的消费意愿又将随着价格的下降而上升。因此有以下假设:当市场上有 n_e 件产品预期将被卖出时,消费者对最后一件(第 n 件)产品的支付价格为 $p(n,n_e)$。这里,可以将 n 和 n_e 标准化,使 $0 \leqslant n \leqslant 1$, $0 \leqslant n_e \leqslant 1$。根据边际效用递减原理,消费者的效用随着 n 的增大而下降,即 $p(n,n_e)$ 对于 n 递减;根据网络效应原理,$p(n,n_e)$ 对于 n_e 递增。

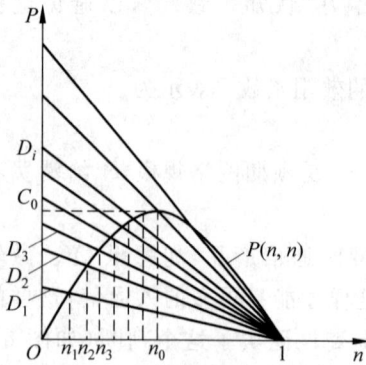

图 6-2 存在网络效应的产品
倒 U 型需求曲线

在图 6-2 中,曲线 D_i 表示在给定的预期销售数量 $n_e = n_i$ 情况下,其中,$i=1,2,\cdots$。消费者为一个变动的数量 n 所愿意支付的价格,即传统的需求曲线。经济学家 Economids 和 Himmelberg 1995 年对网络外部性下的需求曲线的研究表明,为了避免爆炸式的增长和无限的销售情形的出现,在这里假设 $\lim_{n \to \infty} p(n,n) = 0$ 是合理的。当产品占据全部市场时,即当 $n_e = 1$ 时,消费者对于最后一件产品的支付意愿为 0,因此,曲线 D 递减并相交于 $n_e = 1$ 点处。在一个简单的单期市场均衡模型中,预期供给量为实际供给量,即 $n = n_e$,进而可以定义已实现预期的需求为 $p(n,n_e) = p(n,n)$,曲线 D_i 上满足 $n = n_e$ 的各点的集合,就构成了曲线 $p(n,n)$。

总的需求曲线在需求水平较低时向上倾斜,在需求水平较高时向下倾斜。因为需求水平低且网络规模小时,网络效应超过价格效应,消费者支付意愿随总需求上升而上升。一旦网络规模超过一定数量,负的价格效应开始起支配作用,需求曲线变成传统的向下倾斜的需求曲线。而曲线的顶点即是临界容量点(critical mass)。

在市场规模的临界点处,对应着一个固定的成本水平 c_0,当厂商的边际成本大于 c_0 时,厂商将由于没有消费者愿意购买其产品而被淘汰出市场。这个临界市场规模构成一种市场进入壁垒。

事实上,有学者(Gary Becker)关于餐馆定价的论文也讨论了类似的需求曲线[①],但是主要关注了价格方面,并且有这样的暗示:如果价格较高,消费者会认为餐馆的质量很高,而乐于前往这样的地方就餐,反之则会怀疑其服务能力。这便是一个典型的信号显示机制,消费者怀有"便宜没好货,好货不便宜"的信念,这对市场需求预期对价格的正反馈给出了一个解释。

3. 供给方行为决策

供给函数反映的是市场上生产者的根据利润最大化原则决定的产量水平,影响供给量

---

① Becker G. A Theory of Social Interactions. Journal of Political Economy,1974,82(6):1063-1093.

的最主要因素有产品价格、可替代产品的价格、要素成本等，其中最重要、最敏感的是价格因素，供给曲线即是假定其他因素不变，仅研究价格与供给量之间的关系。供给曲线也有自己的规律：它一般是一条自左向右向上倾斜的曲线，即价格上涨，供给量就增加；价格下降，供给量就减少。

传统经济学对供给问题的研究是本质的和经典的，但也存在许多未能完全考虑的其他厂商决策因素，产业组织经济学家围绕这一主题做了许多具体化的深入研究。

厂商相对于消费者的优势体现在信息占有和行为的策略性上。例如，非线性价格和数量折扣、捆绑销售、横向和纵向的产品差异、战略性投资、长期销货或供货合约、同业厂商的合谋、掠夺性定价、先动优势、资产、业务重组等。厂商可以根据对市场环境的分析、对消费者的行为预测，选择策略性的供给行为，实现对市场的控制。其中有些内容在博弈论中作了介绍。这样，盈利模式的多样以及行为的策略性，随价格上升增加供给就未必成为厂商的必然选择。

当厂商考虑到网络效应对消费需求的影响时，就会有动机采取先占市场、日后图利的策略，这在博弈论的分析中属于两阶段（甚至多阶段）策略行为。这样，供给曲线的形状就值得考虑，还是向右上倾斜的吗？事实上会存在向右下方倾斜的情况，一个直观的解释是，厂商在当期可以选择低价甚至免费，发挥网络效应，引入更多的用户，而在下一时期通过直接（人头费用）或间接（如增值项目收费等）收费、向第三方收费（如广告）等手段，充分地占有市场。

4. 局部市场均衡及福利分析

在对需求和供给分析的基础上，可以考虑存在网络效应的局部市场均衡的问题。研究表明，网络效应将导致市场倾斜，即均衡（价格、市场规模、利润、剩余）在竞争的厂商之间常常是不对称的，最大份额者是次大者的好几倍，次大者是第三名的好几倍，⋯⋯这种倾斜乃至垄断的市场结构完全是市场的自然均衡。

导致竞争者之间分化的原因来源于需求和供给两种规模经济的双重作用，产生极强的正反馈（将在下节专门讨论收益递增即正反馈问题），也形成双重的进入壁垒（在位者成本优势和其产品的需求优势）。此外，还存在政府保护知识产权造成的进入壁垒，保护了垄断者市场力量，强化了规模经济作用。

从供求曲线的相互作用来看，如图 6-3 所示，水平的供给曲线与需求曲线将有两个交点，一个是高水平均衡，另一个是低水平均衡，前者当然为厂商所追求。二者的分水岭在于哪种产品首先突破临界容量，则可以迅速收敛到高水平均衡点。在 $Q=B$ 低水平的均衡情况

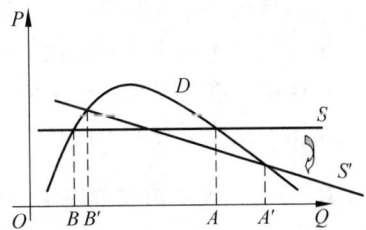

图 6-3　网络效应下市场的局部均衡

下，仅有那些对该消费评价高的消费者加入网络；此外在 $Q=A$ 的高水平均衡点，意味着重视程度较低的消费者也会加入网络。然而只有 $Q=A$ 是稳定的均衡点，因为在点 B，用户数量的小幅增长将使加入网络更具吸引力，引来 AB 之间的消费者纷纷加入。B 只是供给不变的情况下，保证消费者能从消费中受益所需的最少的消费者数量。

进一步地，生产者具有强化策略性行为、占据最大份额的动机时，供给曲线具有向下偏

转的趋势(S 到 S'),从而提高高水平均衡点的市场份额(A 到 A')。

6.3.2 信息产业中的收益递增机制

在网络效应和其他因素的影响下,信息产业的发展中收益递增机制起到重要作用,收益递增的市场呈现一些与传统产业不同的特点,相应地,政府的宏观政策以及企业的发展策略都应当依据产业发展规律而制定。

收益递减是经济学的重要规律,在研究收益递增之前,先来回顾收益递减的概念和原因。

1. 收益递减的概念和原因

收益递减可分为要素的边际收益递减和规模收益递减。要素的边际收益递减是指在技术水平不变的情况下,其他生产要素的投入不变时,一种可变的生产要素投入的增加,最初会使产量增加,但当它的增加超过一定限度时,边际产量会递减,最终还会使产量绝对减少。例如生产中需要投入资本和劳动,当投入的资本量保持不变时,单单增加劳动的投入,最初增加的产出比较多,以后会逐渐减少,最后会达到饱和,投入的劳动根本不起作用甚至起副作用。

所谓规模收益是指相对于投入要素的同比例变化的产量变化。规模收益递增是指产量增加的倍数超过投入要素增加的倍数,规模收益递减则是指产量增加的倍数小于投入要素增加的倍数。规模收益递增之所以存在有几个原因,首先,技术装备的单位产量成本一般在产量大时较低,在产量小时较高。例如通用汽车公司用于冲割车体的价值数百万美元的设备,对小汽车制造厂来说就无用武之地。专业化分工、存货经济性以及随机经济性(需求留有余地应付偶然事件,但所需数量不一定与产量成比例)也是收益递增的原因。但是,规模收益递增的趋势不可能是无限的,在生产达到一定规模后,上述促使规模收益递增的因素会逐渐不再起作用,劳动分工过细会导致工作单调,产出水平反而下降;设备生产率的提高最终也会受到当前技术水平的限制;同时在管理方面将出现效率降低的问题,如在协调与控制方面,随着规模增加,难以有效地发送和接收信息,因层次过多而决策缓慢,缺乏灵活性,以及企业家技能上的限制等。

规模收益递减意味着企业的扩张是有限的,具有不同技术经济特征的行业,由规模经济转向规模不经济的临界点也不同,如电信、铁路、汽车制造等行业,具有显著的规模经济性,大企业比小企业更有成本优势;而餐饮业则没有显示出显著的规模优势。

2. 信息产业中的收益递增

在信息产业的发展过程中,人们发现"赢家通吃"的现象,即市场呈现典型的垄断结构,居于优势地位的厂商有进一步扩大优势的倾向,而位居其次的厂商生存空间越来越小。领先企业享受着收益递增带来的发展优势。

信息产业中优势企业之所以出现收益递增的现象,可以从发展依赖的主要资源、供方的规模经济、需方的规模经济等三方面进行分析。

1) 知识要素的边际收益递增

传统的工业和传统的农业是物质资源依赖型的经济。物质资源具有唯一性和排他性,随着资源开发程度的加深，开发成本不断上升。而信息产业以现代科学技术为核心，建立在知识和信息的生产、存储、使用和消费之上，所依赖的主要资源是具有共享性的知识资源。当知识被纳入到新的生产函数而成为经济增长的内生变量后，传统的边际收益递减规律便发生了变化。

知识作为一种特殊的生产要素，作为生产投入具有递增的边际生产力。作为生产要素的知识，具有3个有形要素不具备的特征：即共享性、可重复性和可组合使用。这些特性的相互作用促成了收益递增。

知识的共享性，也可称为非排他性，它既不是传统的私人经济产品，也不是公共品，它是介于两者之间的非竞争性的、部分排他性的产品。一种知识可以被许多人使用，无论增加或转让给多少人使用，原来拥有的人都不因此失去这种知识。越是先进的知识或技术，越是被更多的人使用，其产生的价值越大。信息产品共享（流行）程度越高（广），其价值也就越大，并且由于网络效应的存在，一件信息产品的价值与使用者的人数平方成正比，所以也给企业带来销售规模报酬。

知识的可重复使用特点，是指其作为生产要素投入时，可反复使用，而不用再追加额外价值投入，并且知识的可重复使用是没有物质磨损的。作为生产要素投入的知识，主要消耗的是研究与开发费用，投入使用后的连续投入费用为零，它的成本不随使用量的增加而成比例增加，因此收益递减规律将不再起作用。同时信息技术的进步日新月异，它的生命周期短，更新换代快，在重复使用的过程中，因为知识还能被共享和改进，将获得更多的投入收益，表现为收益具有递增性。

知识的可组合使用，是指任何一种知识，与其他知识叠加使用后，就使得原来是单一的知识的效用被扩大，或能够完成更多的功能，起更大的作用，由此使知识得到增值，而这也是不需要再花费额外投资就可以实现的。叠加使用几种知识，使知识更能表现出收益递增作用，甚至直接实现了知识创新。

知识不仅自身具有收益递增的特点，而且会使资本和劳动等要素的收益递增，并改变各要素在生产过程中的结合方式，产生出更多新的产品和服务，产生一个"收益递增的增长模式"。而且由于知识的溢出效应使知识能在不追加投资的基础上反复利用，减轻了资本稀缺性的约束压力。

2) 供方的规模经济

信息产业的许多领域，如芯片、操作系统软件等，都具有显著的规模经济性。这一方面是由于其特殊的成本结构，另一方面则是由于学习效应的作用。

（1）成本结构。在信息产业中，设计与生产工艺复杂，需要在研究、开发和工具阶段进行大量的初始投入，形成较高的固定成本，而一旦推向市场，再增加产量，可变成本相对较低。如芯片制造是资本密集程度最高的产业，在软件业，软件产品的成本构成主要是知识附加值，即开发设计的成本，有形消耗成本很低，几乎可以忽略不计。因此，产量越高，单位成本越低，利润相应增加。这其实是一种规模经济效应。

在固定成本较高，而可变成本很低的产业中，规模经济效应尤其明显。成本结构的这种特点使收益递增机制在信息产业中占据了重要地位。市场份额的占有比眼前利润更有意义，因为只有扩大市场份额，扩大产量，才能降低成本，提高质量，形成有利于快速发展的正反馈机制,从而获得更大的市场和更长远的利益。

(2)学习效应。虽然现代社会中技术进步大多是寻求新思想、新产品和更好的生产方法的结果,但是也有一些技术进步是通过经验产生的,即干中学,增加产量带来了学习效应。

对于干中学是很重要的行业来说,第一个进入该行业的厂商比其他厂商具有决定性的优势。因为尽管第一个厂商掌握的一些技术会为其他厂商所了解,但并非一切知识都可以自由自在地传播,即使不存在阻止其扩散的制度上或法律上的障碍,如体现在某个特定生产过程设计和操作中的知识,要使这种知识内在化,常常需要一个相当长的时期。对技术变化的研究证明,技术能力随着生产的发展而发展,换言之,技术能力不能像购买一种商品一样轻而易举地得到;相反,它们是一种"传递式"的或"无声的"能力,这种能力取决于它们自身积极地参与生产过程,建立这种能力的种种知识是通过边干边学、在消费中学习,以及通过不同公司的科学家和工程师的合作中学习得到的。

学习效应在信息产业中起着非常重要的作用,因为在信息产业中,知识优势代替了物质优势成为产业发展最重要的因素。在传统制造业中,生产线技术发展得已非常成熟,每一个细节都可以用"显性的"规则固定下来,工人成为机器的附属品。而信息产业中,生产技术的发展仍在探索之中,人力资源、技术能力是一个企业最宝贵的财富,学习效应成为企业重要的竞争优势。

3)需方的规模经济

传统经济学对规模收益递增现象的分析多是从企业内部(供方)寻找原因的,其实,企业外部即企业产品或服务的用户也是收益递增的重要源泉。上一节中对网络效应的分析就是最突出的需求方规模经济问题。除了直接和间接的网络效应外,以下因素也是造成需方规模经济性的重要原因。

(1)深度的顾客适应(customer groove-in)。高技术产品通常难以使用,用户需要较多的培训和学习才能掌握。因此,一旦选择了某种产品并在培训上已大量投资,用户在适应之后就不会轻易地转移到其他产品去,这一方面是由于转换成本太高,另一方面老产品升级通常只需要少量的追加投资。所以,较广的用户基础有利于占领未来的市场。

(2)信息蔓延(Information Contagion)。当预购者从几种技术性产品中作出购买选择时,他们常常会询问以前的购买者购买了哪种产品,用起来怎么样,这是一个很自然也很合理的过程,却给产品竞争市场份额的过程加入了正反馈机制。新购买者对产品的了解依赖于原先的购买者所做的推荐,因此,买者众多的产品比买者较少的产品具有被更多人了解的机会。而风险厌恶者倾向于购买了解较多的产品。所以,早期偶然占据了较多市场份额的企业就具有信息反馈优势,在某种环境下,仅凭这种优势,一种产品就可能最终控制市场。通常将这种现象称为信息蔓延,并认为这是形成收益递增的原因之一。

(3)注意力经济。在当前"信息爆炸"的时代,信息产品数量和种类激增,而消费者的时间是有限的,也就是说,消费者的注意力是有限的,每个人对某个特定领域(即使是自己的专业领域)的投入与关心程度是有限的,因此只能把注意力集中在顶尖的竞争者身上。信息技术虽然使我们处理信息的能力得到了快速增长,但人类对于信息的吸收和理性思考能力相对而言却改变极微,真正利用到的信息与可取用的信息总量相比,占的比例越来越少。信息产生和信息处理之间的不平衡使得消费者的注意力成为一种宝贵的财富。"在信息经济中,注意力就是货币单位。"吸引了顾客注意力的企业,就在一定程度上锁定了顾客,从而创造了收益递增的开端。

6.3.3　收益递增市场的特点与发展策略

收益递增机制对信息产业的市场结构和企业行为影响显著,首先分析收益递增市场的特征,然后针对这些特征,对政府宏观经济政策制定和企业竞争策略提供相应的建议。

1. 收益递增市场特征

在收益递增机制起重要作用的市场上,会呈现以下特性。

(1) 市场呈现典型的垄断结果,即一种产品或一个企业垄断市场。古老的"胜者通吃"的逻辑(the-winner-take-all logic)在当代商业社会中复活。信息产业是体现"胜者通吃"逻辑的一个典型,如微软和英特尔这两大赢家占据了计算机产业硬件和软件市场的大部分份额。交通和通信的发达和市场规模的国际化等使企业更加向着专业化和全球化的方向发展,主导市场的企业的市场占有率不断扩大。虽然垄断企业及其国家在这种竞争中获得了巨大的收益,但从消费者整体利益以及经济长期增长来看,"胜者通吃"的经济秩序有其负面效应。信息产业的飞速发展离不开自由的竞争气氛,如果一家公司垄断了市场,持续的技术创新就会被扼杀。因此,应当研究和制定适当和有效的竞争政策,限制垄断,给消费者更多的选择和更多的创新,给新思想、新公司更多的机会。

(2) 潜在的低效率。在收益递增的市场上,正反馈机制将偶然事件放大,因此,早期领先的企业将比其他企业占据优势,并可能成为市场上最终被选择的结果。所以,当看到一种产品或技术战胜了其竞争对手时,应当小心寻找导致其广泛应用的内在优越性。例如,苹果公司的操作系统和 Mac 机是很优秀的,IBM 的 OS/2 操作系统性能也很卓越,但 Windows却能够在市场上独领风骚,一个重要原因就是微软充分利用其操作系统的兼容性迅速扩大了市场份额,从而获得巨大的收益递增效益。应当看到,即使个别选择都是理性的,也仍然不能保证从长远和整体的观点看,被选择的一方是多个可能的结果中最优的那一个。

(3) 路径依赖。在收益递减和收益不变机制作用下,最终的市场份额是由自然资源禀赋、偏好和交通便利条件等决定的,历史偶然小事件不能影响结果,市场本身将作出最优选择。这种解释将历史的作用仅仅局限为一种载体,即只是将某种注定要形成的结构逐渐展现出来。而在收益递增机制作用下,过程是路径依赖的,历史偶然事件不会被完全平衡掉,或被动态过程所遗忘,而是被正反馈机制所放大,逐渐积累并将系统一步步推入后来实际发生的结果中。因此,在这里,历史是非常重要的。

(4) 锁定。随着时间的推移,选择的结果渐渐固定下来,很难改变,这种锁定特性也称为"不灵活性"。锁定产生强有力的正反馈,将企业推向垄断地位,封杀小的、不那么成功的竞争者。由于市场份额的变化与现存市场份额成正比例,因此锁定不仅留住了顾客,而且由于重复购买的累积效应,市场份额的增加呈加速趋势,市场份额的加速增长使某种产品、服务和技术迅速占据市场主流。占据主流是企业追求的目标,一旦大量使用者锁定于公司的产品,这种选择就具有了一种"惯性",难以改变,主流产品控制着市场,在锁定顾客的同时也消除了竞争。以微软为例,它依靠用户对常规产品的升级而保持着在操作系统上的霸权,用户很少想到要抛弃它,由于已经付出了高昂的培训费用,由于微软的品牌声誉,以及由于众多的使用者已经结成了一个类似于宗族的共同体。但即便如此,在现实经济中,由于顾客偏好的多样性,收益递增也不一定意味着完全的垄断,即被一种产品完全锁定,只要偏好的多样性没有被收益递增完全淹没,市场最终仍被分割。

2. 政策和策略建议

政府宏观经济政策的制定,以及企业的发展策略,应当考虑上述收益递增市场的经济特征。

1) 适度的扶持和鼓励联合政策

传统的经济政策基于收益不变或收益递减,主张淡化政府作用,依赖开放的市场,限制垄断。但在信息产业中,自我强化机制发挥着重要作用,在某个高技术产业中拥有高产量和丰富经验的国家能够充分利用低成本、高质量的优势将其他国家排斥在该产业之外,目前在信息产业的计算机和软件等市场就存在这种情形。因此,有助于在高技术产品和国际贸易中成功的政策应当鼓励产业界在探索完善的产品及技术过程中积极进取,应当加强高技术产业所依赖的国家基础研究力量,应当鼓励产业中的企业以各自的资源联合起来,共同分担进入成本,分享市场营销网络以及技术知识和标准,甚至结成战略联盟。因为不联合起来,仅凭单个企业的力量难以在产业中占据优势地位。收益递增率还强调在一个新的产业领域率先开始研究时间的重要性,因为进入一个已经"锁定"的市场,要获得成功难度很大。当然,抓住时机,运用适当的策略,仍然可能突破"锁定"。

2) 突破锁定

市场一旦锁定于某种产品、服务或技术占主流的平衡状态中,再转入另外一种平衡状态,其难易程度取决于自我强化机制形成的原因。当学习效应和专业化的固定成本是自我强化机制形成的原因时,由此而形成的优势很难转化到其他平衡系统中,由此,重新定位系统就很难。而当合作效应是锁定的原因时,转化的成本相对较低。例如,当一项技术标准的使用者一致认为另一项技术标准更优越,而且当前的标准并没有固化在特殊的设备里,其使用优势仅仅在于它是约定俗成的,那么,通过谈判或强制的行政命令手段就可以以较低的成本转换到新的平衡系统中。

作为竞争政策,采用"改变规则"的方法也是击败锁定市场的巨人企业的有效方法,因为改变规则后,所有的企业在某种程度上又站在了同一条起跑线上。

3) 防止潜在的低效率

由于收益递增和正反馈机制,信息产业的发展可能会被锁定于较差的发展路径中。起初进步缓慢但长期潜力巨大的技术易于被排斥,从而将产业发展锁定于较差路径且难以逃脱。因此,应当运用适当的产业政策来对产业的发展进行引导。

制定有效的产业政策应当基于对市场失败的分析:早期的采用者对后继采用者的影响具有外部性,因为他们只是理性地选择了对自己是最好的技术,这里缺少能够促使人们探索那些富有潜力的、能够给后继采用者以丰厚回报的、但目前成本较高的不成熟的技术的动力。补救的方法之一是国家给予早期开发者以补偿权利,即可以从以后的用户那里得到补偿;另一种补救方法是政府作为超级代理人,可以自己研究富有潜力的技术发展路径,但技术的最终收益是难以确定的,由于资金的限制,政府也面临着选择的难题,所以即使在有计划的干预下,可能会锁定于较差发展路径中这个基本问题依然存在。但可以认为,政府的干预仍然是非常必要的,可以在相当程度上防止潜在的低效率。

4）开放的技术创新发展战略

在信息产业中,由于收益递增率的作用,高技术也不一定就必然能获得高附加值,把技术创新与市场联系起来才是最关键的一步。在信息产业尤其是计算机产业中,用户的主导地位更加突出。因此,企业必须采用开放的技术创新发展战略,如果企图通过技术封闭战略来保持技术优势,将不可能赢得较大的市场份额,并最终会丧失发展的动力。

因此,企业在选择技术领先策略时,应在加强对其核心技术保护的基础上灵活调整开放技术的比例,一种比较理想的技术创新战略应当是企业致力于在核心技术上保持领先,而在产品平台上实行尽可能广泛的开放与合作,以形成具有广泛用户和厂商支持的产品系统。

只有统一技术标准,才可能形成一个真正开放的产品平台,从而在用户不断反馈的需求推动下,以及众多中小企业的支持下,产生一种积累放大的扩散创新效应,以推进整个信息产业的高速发展。

5）改变营销观念,致力于开拓市场

在信息产品的营销活动中,应当注意克服两种观念。一种是以传统的工业时代的方式为产品定价和营销,例如按照传统工业的成本－利润观念,一家网络服务商通过接入互联网提供信息,向用户直接收费,这是再合理不过的。但从信息产业的收益递增机制出发,就应当从另一个角度考虑得失。如果以极低的价格或干脆免费向用户提供信息服务,就可以换取用户数量的急剧增长,而用户数量本身就是非常宝贵的资本,利用市场份额这个无形资产,可以以许多其他方式赚回钱来;第二种观念是认为产品的技术优势是导致商业成功的唯一决定因素,甚至极端地认为具有技术优势的产品根本不需要任何营销努力就可以获得可观的销售额。这两种观念都忽视了市场的作用,尤其是在信息产业中,收益递增机制使得市场份额的重要性远远超过了眼前利益,甚至技术优势。

经过营销努力,建立起一套行业事实标准是信息产业经营的最理想状态。企业在激烈的市场竞争中,凭借营销组合,创造出为市场所承认的标准,是一种明智的长期投资之举。因为标准是企业占领市场的重要筹码,其争夺和确立都标志着未来产业的发展方向。同时,建立起行业的事实标准对克服高新技术产品生命周期形态不理想有着积极的作用。高新技术产品一般开发期长,研发投入大;投入和成长期也较长,因为在此阶段要进行大量促销活动,刺激和引导消费者的潜在需求;而由于技术扩散和创新的速度很快,成熟期较短。这种生命周期形态使创新企业的盈利难度加大了。但如果自己的产品成为行业的事实标准,那么由于锁定效应,消费者就很有可能跟着产品的链条走下去。

6.4　信息产业发展中的标准竞争

当某种产品或技术在收益递增机制的作用下锁定了市场时,它便成为该市场的事实标准。从信息产业多年的发展历程看,政府和企业都已认识到技术系统标准作为一种商业竞争武器和政府产业政策的潜在的战略价值,所以它们逐渐成为公司战略和政府政策所关注的焦点。

6.4.1 标准的含义

标准是为了在一定的范围内获得最佳秩序,经协商一致制定并由公认机构批准,共同使用的和重复使用的一种规范性文件。标准以科学、技术和经验的综合成果为基础,以促进最佳的共同效益为目的。这里所讲的标准,不仅指生产标准、检测标准等单一标准,而且指以先进的技术为内涵、为广大用户所接受、由一系列技术标准所组成的技术系统;不仅包括法定标准,即往往是由政府或国际组织在权衡和折中的基础上建立起来的,还包括事实标准,即在企业或联盟的努力之下,由消费者的货币选票产生的。

按照标准的内容,标准可以分为基础标准、试验标准、产品标准、过程标准、服务标准、接口标准等;按照标准所涉及的范围,标准可以分为国际标准、区域标准和国家标准等。随着经济全球化进程的推进和国际竞争的日益激烈,标准的外延不断扩展,各标准主体之间的利益互动更加频繁,标准的作用和地位经历着一个不断深化的过程。标准不仅可以规范局部市场的产品生产和业务流程,还可以越出地域和国别的界限,成为人类社会所广泛遵守的规则。从有形商品到服务贸易,从技术规范到社会责任都被纳入标准范畴。

1. 标准的性质

标准具有以下一些性质。

(1)独占性。标准与知识产权越来越密不可分,标准的实质就是要通过专利战略、技术许可等知识产权战略从法律上确定垄断地位。由于知识产权具有独占性和排他性,一旦这种标准得到普及,会形成一定程度的垄断,尤其在市场准入方面,它会排斥不符合此标准的产品,从而达到排斥异己的目的。

(2)价值性。标准可使其制定者独占市场或在市场中占有相当份额,因此给制定者带来巨大经济利益。尤其在信息时代,经济效益更多地取决于技术创新和知识产权,所谓的"一流企业卖标准、二流企业卖技术、三流企业卖产品"说的就是这个道理。可见,虽然企业在技术、产品、价格等诸方面可以大做文章,但决定战争胜负的制高点还是标准。一流的企业通过创造和运用标准或规则获得超额利润。计算机生产厂商戴尔就是一个典型的例子。戴尔利用直接、顾客化的网上订购系统建立起自己的核心竞争力。与此同时,戴尔将这套系统申请了专利,形成了可保护的核心竞争资源。当戴尔为自身内部生产效益设计的系统成为产业标准时,标准给他带来了巨大的经济利益。首先,任何运用这套系统的企业,必须向戴尔交纳许可证费用;其次,任何与戴尔联营的附属企业都成为这套系统的使用成员,他们必须依照戴尔的标准进行生产;再其次,因为戴尔掌握了整套系统,任何软件修改、更新都直接影响到其他使用者,这为系统的不同版本与更新创造了内在的业务机会。最后,戴尔可以将直接订货和客户化的专利系统修改后,推广到其他产业中,帮助其他领域的企业解决物流问题,其本身又进入了完全不同的业务范围。思科的供应链系统和微软的操作系统莫不是如此。

(3)延展性。利用标准在不同产品或产业中的扩散和渗透,使企业在一定程度上将主导或控制某个或多个产品或行业,能够在一个较长的时期内获得垄断利润和规模经济收益。

例如,英特尔技术是计算机芯片的设计和制造的标准,它不仅为全世界计算机厂商生产芯片,还主动与福特合作,生产汽车内使用的专业芯片,使企业由产品的制造商变成服务与设计能力的销售者。由此可见,标准的建立过程就是核心竞争力的形成过程,标准是核心竞争力的最重要方面。

(4) 动态性。标准使其拥有者在这一领域中具有领先优势,但这种优势是发展中的优势。技术的更新,再加上来自竞争者的威胁,使标准的内涵不断向前更新,只有不断地完善、更新和补充技术,才能始终保持领先。

2. 信息产业中的标准

从技术层面上讲,信息技术标准体系中的各项技术标准,就是各项信息技术经认定后汇集一个技术集合体,从而达到制造信息产品的目的。

在信息技术领域,技术标准竞争的激烈程度远非其他行业所比,目前存在的最具代表性的技术标准大多是信息技术标准,如数字电视 ATSC、DVB 标准、MPEG 标准以及第三代移动通信(3G)标准等。信息技术标准的激烈竞争对信息产业的利益分配在国家、企业两个层面上都有非常重要的影响。

究其原因,这与信息产品的"系统性"特征有关。所谓的系统产品是一组严格互补的产品,只有当它作为一个整体被消费时才对消费者具有效用,否则的话效用为零,其中的每个单独产品被称为辅助品。消费者要正常消费一种信息产品往往需要另一种产品的支持。如操作系统与应用软件、CD 机与 CD 唱片,如果只有操作系统而没有应用软件,或只有 CD 机而没有 CD 唱片,那么操作系统和 CD 机对消费者的效用是零。在系统产品的竞争中,标准的作用尤其强大,不符合系统标准的技术和产品是没有生存空间的。

随着信息技术的发展,信息系统的规模也越来越大,功能也越来越齐全。信息系统作为一个系统,它是由许多部分组合起来的,这些部分相互关联、相互依存、相互制约,共同影响着整个系统的功能和效率。为了使信息系统的各个组成部分能够协调一致工作,使整个系统能够正常运转和充分发挥作用,就得制定、发布和实施各种信息技术标准,才能使信息系统达到各种所需要的统一局面;只有在各种统一的信息技术标准的约束和控制下,信息系统的各个组成部分才能按照系统总目标的要求,有条不紊地完成各自的任务,从而使整个信息系统获得最佳效益。如果没有各种接口标准,信息系统的各个分系统之间就不能进行信息交换;如果没有各种信息分类编码和文件格式,信息系统就不能实现信息资源共享。实践证明,信息技术标准化是信息系统建设的基本前提,同时也是实现信息交换的信息资源共享的根本保证。

3. 信息技术的标准类别

信息技术领域的标准可以归纳为以下 3 种类别。

(1) 公共正式标准。即由公共权威机构制定的标准。例如,国际标准化组织(ISO)、国际电工委员会(IEC)、美国标准学会(ANSI)、欧洲电工标准化委员会(CENELEC)、泛美标准化委员会(COPANT)等公共标准机构制定的标准。

(2) 行业事实标准。是在信息技术领域经常通过市场竞争形成的事实上使用的标准,通过市场来控制技术上的主导权。例如：操作系统领域 Windows 平台标准、录像机的 WS 标准、网络的 TCP/IP 协议等。

（3）论坛标准或合作体标准。是处于正式标准和事实标准之间的标准。所谓论坛是为了实现特定技术领域的标准化而自愿形成的标准化组织，而合作体是一种特定方式的企业联合。

公共正式标准往往是由政府或国际组织在权衡和折中的基础上建立起来的，而行业事实标准则是在企业或联盟的努力之下，由消费者的货币选举产生的。

与信息技术标准的类别相对应，标准竞争必然采取两种竞争和解决方式：

其一是政策干预路线。竞争一方试图通过政府干预保护己方相关产业和企业，争取获得一定的有利竞争位置。因为信息技术标准之争不仅仅是市场竞争主体企业之间的直接较量，信息产业作为信息和知识时代地区和国家之间实力竞争的支柱产业，信息技术标准竞争很大程度上依赖于政府的"宏观调控"，这对于一个国家的整体信息产业实力的发展和提升至关重要，尤其是信息技术发展相对落后的发展中国家。此种情况下，其他竞争对手自然不会坐视竞争优势的丢失而不管，他们会通过积极的活动来寻求"竞争公平"，通常通过双方或多方谈判推出一种相互妥协的标准方案。

其二就是市场竞争路线。即由消费者的选票选出市场认同的标准，这种路线往往是两个企业或者联盟之间的生死较量。为了能创造出市场公认的信息行业标准，独据市场的竞争优势，竞争企业不仅需要积极发挥技术创新能力，还要充分调动包括战略规划、营销渠道、公共关系等各方面的水平和能力，以赢得市场链条上各个节点用户的广泛认可。这是企业综合实力的体现，也是信息产业和技术标准竞争的最有效和最根本的方式。

对比二者的解决方式，前者通常会由于讨价还价带来的低效率而错过了市场机会，而后者则有可能导致"鹬蚌相争，渔翁得利"的结果。然而，一方面，标准谈判旷日持久而且有可能会贻误商机，另一方面，即使标准谈判达成妥协，而由于正式标准的所有权泛化带来的风险，迫使标准谈判各方格在谈判桌之外进行激烈的较量。在现实中，市场竞争是标准竞争最普遍和有效的形式。

4. 信息技术标准的发展趋势

当前，信息技术标准从广度和深度两个方面获得显著的发展，并呈现出以下发展趋势。

标准驱动市场化。信息技术标准过去是由新技术或新产品的研究开始所推动，标准的需求来源于信息技术和信息产品的发展。而目前，全球信息社会的建设，使得社会各个方面对信息技术及信息产品的需求剧增，标准规范代表着信息技术的主流，掌握标准往往就意味着掌握市场，使得信息技术标准由技术驱动向市场驱动转变。

标准合作国际化。国际社会普遍认识到，要实现全球性的信息系统互联互通，必须使各国通过开展国际性的信息技术标准化活动达成广泛的一致。另外，信息技术标准的内容复杂，数量巨大，无论从技术上、经济上还是使用上讲，其制定工作都不是一、两个国家所能单独承担的，必须依靠国际合作。如 ISO、IEC、ITU、IETF、OMG 等的国际标准化组织一方面积极听取工业、政府、用户等各方面对信息技术标准化的急迫需求，另一方面都表示在建立全球信息化过程中，彼此之间要建立相应的联系，共同制定信息技术标准。

标准内容广泛化。信息技术的多样性及应用的广泛性,决定了信息技术具有很高的渗透性,它可以应用到许多行业和领域。目前,电子信息技术的应用领域已覆盖到生产制造、产品设计、办公室业务、家庭生活、医疗保健、教育、交通通信、商业、科研、娱乐、保安、金融、气象、资源勘探、军事、大众传播等许多方面。随着信息技术向社会各个领域逐步渗透,相关标准的制定必须跨行业、跨学科,使得信息技术标准范围极大地扩展。

标准适用灵活化。信息技术是一门非常活跃的新技术,尚处在发展阶段,具有发展快、更新快等特点,这就使得在信息技术相关标准的制定和执行上,既要遵从标准的一般发展要求,又要摆脱传统标准化观念的束缚和某些现行标准化工作程序的限制,使信息技术标准化向更加灵活的方向发展。

6.4.2　标准在信息产业发展中的作用

从国家的层次来看,信息技术标准体系对于一国信息产业、知识经济的发展乃至国家竞争力的提高起着至关重要的作用。

1. 支撑信息产业发展

伴随着产业的发展,产业分工和交易形式越来越丰富。标准一方面促进产业增值,另一方面节约交易成本。经济学家瓦立安(Hal Varian)指出:"标准增进兼容性或互联性,通过扩大网络为用户产生更大的价值。同时,标准减少消费者面临的技术风险,这会加速技术的普及。"

从信息产业的发展历程来看,信息技术标准对信息产业的成长壮大至关重要。20世纪50—60年代,是大型机和小型机的时代。这时产品的标准都是各个厂商自己制定的,例如IBM的360系统和HP的3000系统,软硬件也都是一个厂商设计的,自成体系,标准各异。这时的系统被称为"垂直集成系统"。这种系统的问题在于:用户一旦在某种计算机上建立起应用和文件系统,就很难迁移到其他系统上。当用户更新系统时,只能找原来的公司,给用户的使用带来很多限制。20世纪70年代中期PC出现了,并且在80年代开始盛行,由此信息产业进入了"以PC为核心的计算时代"。这时计算机系统发生了变化:各个厂家依循一定的标准生产不同的软硬件,最后由整机厂商组装成标准的整机。PC的生产模式被称为"水平集成生产模式"。到20世纪90年代中期,信息产业进入以网络为核心的时代,互联网蓬勃兴起。现在又出现了数字化时代,通信、家电产品和计算机的融合日益紧密,模拟信号也正在快速地向数字信号转换,"普及计算机时代"已经来临。

从信息产业发展过程看,领导技术和产品发展的东西是标准和规范。如果PC没有标准,就不能大规模生产,大批量应用;也正是由于TCP/IP协议的确立,才带来了互联网的繁荣。毫无疑问,信息技术标准应用的程度极大地影响了计算机的应用范围、信息化实现程度及信息产业发展的规模。

需要注意的是,标准的作用是双面的,在产业的发展中标准也会有一定的阻碍作用。在高科技领域影响最深的是技术标准带来的专利税和产业控制。随着网络经济兴起和产品网络效应的增强,标准的重要性越来越大,因而技术壁垒更多地体现为标准壁垒。对技术和标准的垄断也就意味着对市场的垄断和对产业的控制。制定统一的技术标准和从事联合开发是行业寡头建立技术壁垒的重要手段。标准是知识产权战略的高级形式,是打包出售自己技术的高级方式。面对这种标准规则,来自后发国家的新进入企业,要想进入这一行业就必须接受寡头企业所制定的技术标准,受制于跨国企业的施加的控制,被锁定在国际分工的低技术链条和附属地位上。

2. 维护国家经济利益

在信息产业领域,有关标准之争如火如荼。比如数字电视标准,经过国际电联批准的无线数字电视广播标准有 3 个:美国的 ATSC 标准、欧盟的 DVB 标准、日本的 ISDB 标准,其中 ATSC 标准和 DVB 标准在北美竞争非常激烈,因为其本质是欧美企业界经济利益的对撞,这两个数字电视标准甚至惊动了美国国会,已经上升为"国家利益"之争。关于信息技术标准的竞争,说到底是对未来产品、未来市场和国家经济利益的竞争。

正是因为信息技术标准不但影响企业的前途和命运,还关系到国家的利益和主权,世界各国都非常重视这一问题,并投入了大量的人力和资金予以支持。美国在"信息高速公路"计划中强调"为保障高效率、大容量国家信息基础设施的许多组成部分之间的兼容性和开放性,必须开发用于声音、影像、数据及多媒体服务的标准",美国 28 家主要企业组建了"信息高速公路"技术标准工作组。日本、欧盟也都采取了相应的行动。信息技术标准战已从各厂家之间扩展到国与国之间。各国都积极参加国际标准的技术委员会,争取自己的信息技术标准成为国际标准。

从国际贸易发展的现状来看,非关税限制进口的措施比关税具有更大的灵活性、隐蔽性和合法性。在贸易保护主义趋势日益严重的情况下,世界各国都普遍采用非关税措施保护本国市场。我国加入 WTO 后,关税壁垒被打破,随之而来的是以"技术标准"为代表的非关税壁垒。许多发达国家将目光转向技术标准,利用自主知识产权建立了自己的贸易技术壁垒体系。在信息产业领域,标准可使制定者按自己的想法制定该市场的门槛,直接打击竞争对手,摧毁其竞争力,将其排斥在市场之外,使自己在竞争中获胜。标准在当前世界贸易中有着越来越重要的地位。而信息产业本身对标准的高度依赖性,就注定了技术标准贸易壁垒对一国信息产业发展、开拓国际市场的制约作用。

3. 关系国家信息安全

信息时代,各国的国家主权面临着新的问题:信息资源是不可能用传统的国家边界来保护的。在信息时代,一旦全球信息的控制权掌握在少数国家手中,这些国家就可以随时随地非常方便地侵占其他国家的信息资源,把别国的信息资源据为己有。

可见,随着信息技术标准的出现及其不断发展壮大,使得一个国家或一个地区实现信息技术垄断的可能性加大,也使得对手通过信息技术标准压迫本国自主信息技术产业化生存空间的操作性增强,更使得本国的信息安全得不到保障。当今世界,谁掌握了标准的制定权,谁就在一定程度上掌握了技术、经济竞争和国家安全的主动权。

从企业的角度来看,标准有着以下 3 方面的作用。

(1) 标准扩大了网络效应。这是最重要的,标准增进了兼容性或互联性,通过扩大网络为用户产生更大的价值。标准的设立,一方面使原处于各个独立网络中的消费者由于网络总价值的增值而获得更大效用;另一方面,庞大的网络又吸引更多的消费者进入,进一步扩大了已有的网络效用。正因为标准的这种作用,使得标准制定者所建立的网络(既可以是有形的,也可以是无形的)拥有庞大的用户基数(即消费者数量),形成了其竞争中的绝对优势,从而扩大了自己的市场占有率和盈利。

(2)标准可以弥补技术上的相对劣势。在网络效应明显的信息经济时代,成为市场标准的,不一定是那些功能最强、效率最高的技术或产品。例如常用的 QWERTY 键盘,已有大量数据表明另一种 DVORAK 键盘比它更有效率、功能更齐全,但是由于 QWERTY 键盘已成为市场上的事实标准,最终在竞争中败下阵来的是 QWERTY 键盘。前面提到的英特尔与 DIGITAL 的芯片之争也同样说明了这个问题。因此在信息经济的市场竞争中,仅靠技术领先是不够的,更重要的是要让技术能成为市场标准,即使是处于相对劣势的技术。这可以说是现代市场竞争的无效率之处,但它又的确为市场中的每一个商家提供了机遇。

(3)标准减少了消费者锁定,降低了风险。在信息产品的消费过程中,用户必须进行大量的专用性投资才能使产品发挥效用。例如若想使用微软的 Microsoft Office 软件,就必须事先花时间和精力掌握操作这种软件的技能,而这种技能对使用其他软件毫无用处。也就是说,这种投资只针对于特定的产品,而对其他产品效用为零,因此消费者面临高额的转移成本。正是这高额的转移成本使得消费者不轻易地采用新的产品或技术,哪怕是新的产品或技术对消费者更有效用。把这种现象称为消费者被一种产品或技术锁定了。但标准的存在却减少了这种锁定。由于标准所倡导的兼容性和互联性使消费者的专用性投资对更多的产品或技术都有作用,因而降低了转移成本,利于用户采用新产品和技术。而对于掌握标准的厂商而言,由于消费者锁定的情况减少,它所开发的产品和技术就有可能为更多的消费者所采用;又由于标准能够扩大网络效应并产生强烈的正反馈效应,这种可能性就会转化为必然性,从而降低了厂商开发新产品和技术的风险。当然,这种新产品和技术必须具有向后兼容性,以提供一条用户产品转换的通道。

6.4.3 标准竞争的策略

在标准对企业的生存和发展具有非常重要作用的信息产业中,企业的竞争战略必须充分考虑标准的影响。

根据企业及其竞争对手与现有标准的关系(即与现有标准是否兼容),可以把企业的战略以及成功的关键因素归纳为表 6-2。

在标准的竞争过程中,应当注意以下策略。

1. 先发制人

就是说要比竞争对手更早采取行动,例如使自己的产品和技术比竞争者先进入市场。在网络效应明显的市场上,先行者具有很大的先动优势,网络效应和正反馈作用利于先行者的产品和技术被更多的消费者采用,从而成为事实标准。研究表明,市场选择标准的过程类似于生物进化的过程,其选择结果将依赖于初始条件。事实上,最容易进入锁定周期的时机是品牌选择的时候。抢在对手的前面使消费者和关联厂商进入锁定,无疑会更快地达到临界安装容量,从而更快地促成网络效应。这种先发制人的优势的大小,直接取决于以下几个因素。

表 6-2　标准策略与成功关键因素

与现有标准是否兼容		本 企 业 策 略	
		是	否
竞争企业	是	迅速推出新标准,通过向后兼容与原标准保持兼容、开放技术标准,与主要厂商结成技术同盟。同时,采取渗透定价、产品绑定、价格歧视等办法尽可能地吸引消费者	技术经过不断测试才能推向市场。加强市场宣传,突出革命性功能。以吸引前卫消费者。由于没有现成的安装基础和互补性生产厂商,需要结盟,同时也需要耐心和魄力
	否	技术上关注与原有标准体系的吻合,以利用原有技术标准的安装基础,在用户市场上强化合同义务,低价格甚至免费延长合约,减少互补性投资价格,以刺激互补性投资等方法加强用户层面的锁定,在销售网络上给予大型的销售厂商更大的优惠,从而牢牢地控制用户安装基础	技术应该在趋于成熟的时候才能推向市场,在此之前应积极宣传,同时建立联盟。在造势的同时,分析人们对现有标准网络失去耐心的原因,对症下药
成败关键因素		如何利用现有标准的网络基础	技术是否卓越,推出标准时机是否成熟

(1)卓越的产品性能。如果所推出的产品质量差强人意,就会使网络效应朝着损害企业声誉的方向发展,这样还不如不推出这种产品。

(2)迅速循环的产品开发周期。一方面,可以针对消费者的反馈,开发出消费者满意的产品;另一方面,在产品研发上推陈出新,在速度上拖垮对手。这就是比尔·盖茨所说的"速度"的内涵,也是摩尔法则的精髓所在。

(3)先期的宣传。在推出新产品之前。许多信息产业企业都很善于造势,而且有愈演愈烈的趋势。

2. 预期管理

标准竞争的风险之一,就是它会使消费者和互补厂商对参与竞争的标准都产生怀疑,从而形成两败俱伤的局面。要想使自己的产品和技术成为标准,就要有足够的消费者使用它,以使得正反馈朝有利于自己的方向发挥作用。潜在的消费者是否会成为一种产品和技术的现实消费者,取决于他对这种产品和技术的预期,如果他预期这种产品和技术有很好的发展前景,会有很多其他消费者采用,那他就会购买。持有同种预期的潜在消费者越多,那么实际的消费者数量也会相应地增多,最终这种产品和技术的消费者数量就会达到临界市场容量而成为市场的事实标准。在网络市场中,预期是网络效应驱动的重要手段,信心孕育着成功,怀疑意味着失败。预期管理是建立正反馈的关键。因为,预期可以很容易地变成自我实现的预言。那么,如何进行预期管理呢?

(1)积极地介入市场营销。通过多种渠道如广告、公益活动、免费样品赠送等,加强对消费者和互补厂商的心理攻势,使他们相信本企业将在竞争中获胜。这里需要注意的就是培育市场,通过开展费用低廉的培训活动,可以使产品形象和安装规模得到极大的提升。如微软在世界各国开展的 MSCE 等考试,对影响预期起到了很大的作用。

（2）统一界面风格、快捷方式，强化注意力，减少消费、学习成本，从而赢得消费者认同。如 Office 套装软件的组成部分，在界面风格、基本操作步骤上都有惊人的相似之处，只要会操作 Word，这种特定的安排将保证你能操作 Excel。

（3）培养一定数量的忠诚顾客群。忠诚顾客不但是产品免费的推销员和测试员，而且是影响消费者预期的中流砥柱。因而，要想突破临界安装容量、没有忠诚的顾客群绝对不行。微软目前的用户群是其成为 IT 霸主的核心力量，失去了这些忠诚的顾客，微软不可能有今天的地位。

（4）对于潜在的关联厂商，应尽可能地予以扶持，为他们提供免费的技术支持。因为这些企业的成功实际上就等于自己实力的增强。DOS 时代的微软为使自己的 MS-DOS 成为标准，就曾支持过不少的互补厂商，其中包括 Compaq。

3. 建立战略联盟

信息产业普遍存在的模块化，使每一个公司控制整个行业的能力减弱，因此竞争在各个环节充分展开，同时，各种资源在不同企业中的分布是不平衡的，这就需要建立一种相互弥补的机制，这样，联盟就应运而生。企业与企业之间的竞争，多数情况下都是联盟与联盟之间的较量，同时也是由标准产生的产业链与产业链之间的竞争。不管采取何种形式参与标准竞争，都需要联盟引发正反馈。今天的信息产业各种各样的联盟、合作、结盟、伙伴关系等等层出不穷。手机厂家和电信运营商、芯片厂商和计算机厂商、硬件和软件、Linux 联盟、3C 联盟、自由联盟、硅谷反微软联盟等。

在建立战略联盟时，应遵循以下原则：①广交盟友，特别是与那些能够控制最终产品构成的厂商，如 OEM 厂商、操作系统开发商、电信产品制造商等建立联盟。②建立联盟是一个非常政治化的过程，作为一种权利和义务相互妥协的结果，企业必须要让渡一些资源以换取其他的资源，但企业必须防止由于战略联盟而导致核心资源的流失。③设计一个自己受益而且能够吸引合作伙伴的框架，尽可能地寻找自己的天然盟友，如 Navigator、Explorer 竞争浏览器标准时，Netscape 和 Sun 就是死党。

达成稳定的联盟与合作，企业之间除了要满足业务互补、利益双赢之外，还需要相互间的开放态度。对于如何与强大的微软竞争，Sun 首席执行官麦克尼利说："我们目前的优势在于各种开放的界面，通过这种界面来取胜，而剩下的工作由其他人来做。我们在同微软的竞争过程中从一些公司那里获得帮助，这些公司包括游戏公司、手机厂商、服务提供商，他们都同微软竞争，实际上我们在他们同微软进行对抗的过程中起到的是引导作用。"

联盟的价值在于不再是单个企业的高风险活动，而是风险共担、利益均沾的双赢行为。此前的单个企业之间的竞争便转化为系统与系统、组织与组织之间的竞争，竞争不仅在单个公司之间展开，而且在经济集团和各公司编织的网络之间进行。此外，有时联盟本身就是市场，比如合作伙伴在购买了微软的开发工具以后，一般都会带有销售微软其他产品的任务，合作厂商就成为了微软公司业绩的重要支持者。

松散型联盟也是当今信息产业比较盛行的竞争策略。这类联盟多是由多家企业组成的，或者是上下游关系，或者根本就不是一个产业的。这种联盟与合作具有很大的开放性、随机性和象征性，交叉联盟和"脚踩几只船"的情况也很常见。但它确实也都带有明显的市场竞争的目的。比如上游厂商英特尔发布移动"迅驰"技术时,就有世界范围内的多家软硬件企业表示跟进。即使是在 PC 领域密不可分的 Wintel 联盟到了新型的移动通信领域也不再那么密不可分了,微软与德州仪器的合作协议与其跟英特尔的协议几乎相同,而英特尔的芯片上也支持 Symbian、Palm 等。这充分说明了只有永恒的利益,没有永恒的联盟,联盟的存在与否、稳固与否都取决于是否能带来双赢的收益。

4. 取得政府支持

当市场上两个战略联盟实力相当,竞争无法分出胜负时,政府的态度就显得格外重要,能够获得政府支持的一方就将是最终的胜利者。最典型的案例莫过于通信行业的数字通信标准之争。为了强制建立移动通信市场秩序,1992 年欧盟各成员国政府和产业界帮助创立了电信巨人爱立信和诺基亚等领导的联合阵线,采纳了共同的数字通信标准——GSM,第一次使移动通信可以漫游全球。从此之后,GSM 获得飞速增长,1998 年 8 月,GSM 用户突破 10 亿大关。巨大的市场规模使得制造业的规模经济和低价竞争优势凸显出来,一种标准一旦取得政府支持,就可能会很快发生正反馈效应作用,使市场需求不断向这种标准的产品集中。

6.5　信息产业的空间集聚

信息产业的一个突出特点是许多厂商不是孤立地出现在某个地点,而是成群地集聚在有利的地理区位。如美国 67% 的计算机产业集中在 5 个州,大部分半导体行业经销商在硅谷设立总部,2/3 的小型计算机制造厂开设在马萨诸塞州。这是因为在信息产业这样的高技术综合体内有着密集的交易活动,劳动社会分工日益深化,随着企业的发展和市场的扩大,一方面,为了获得规模经济和范围经济,公司或工厂内部劳动技术分工深化,甚至发展为在一个等级管理体系下的国际劳动分工,在这种情况下,生产组织是垂直联合的;另一方面,某些产品由于受到内在的技术限制而不能达到规模经济或范围经济;或如果产品市场不稳定或不可预料,为避免市场的不稳定性通过公司的垂直机构传递;或由一些熟悉专业管理技能或拥有专门知识的来提供所需的中间产品或服务更具效率,各个局部的劳动过程就分开而形成专业化的独立公司,在这种情况下,生产组织是垂直分离的,劳动分工由企业内部的分工发展为企业之间的分工,即从企业外部通过在法律上独立的实体之间签订契约来实现规模经济和范围经济。由于高技术产品市场变化非常快,因而垂直分离的情况在高技术产业中十分普遍。

通过产业的空间集聚获得外部规模经济和范围经济效益在信息产业中具有特别重要的意义。因为信息产业是知识型产业,知识和技术创新非常迅速,产业的空间集聚形成了一种创新网络,在这个网络中,知识的溢出效应非常显著。这里的知识包括技术知识、供求信息、经营经验等,这些知识具有公共物品的性质,一旦被创造出来,传播的速度越快,拥有的人越多,为群体带来的福利就越大。许多知识难以具体化、系统化,没有人际间的频繁接触和耳濡目染很难传播或传播很慢。而在产业集聚地,高技术人员之间有着非常频繁的面对面交流信息的机会,包括各种正式和非正式的场合,人际交往范围广泛,谈话组合不断变化,谈话双方彼此对等地交换信息,这种情形使集聚地知识传播达到最快,拥有的人最多,溢出效应达到最大化。本来,在商业竞争时代,与对手分享信息和成果似乎是不可理解的事情,但在信息产业,技术创新如此之快,收益递增机制的作用又使抢占先机更加重要。因此,人们更重视的是通过相互学习和交流激发新灵感,完善新设计,进行技术创新,以攻为守,取得成功,保密的意义相对减少了。这种不损害个体利益的信息共享,使得整个区域的智力资源发挥出合力。如此密集频繁的信息交流,相当于随时随地都在组织集体研究,与其他物质条件相比,这种科学家、企业家、创业者密切交流、信任与合作的无形纽带是非常珍贵和难得的。

信息产业的空间集聚不仅为创新提供了非常有利的条件,而且在信息技术发展水平越来越高、速度越来越快的今天,也是技术创新的需要。研究表明,任何个人或企业都很难单独开发重要的新产品,尤其是高新技术所需的合作创新,是市场或等级组织都难以胜任的。因为市场的能力是有限的,创新所需的知识难以成交或交易费用很高;而单个企业又不能控制全部的创新过程,它必须跨越组织边界。因此,通过众多企业的合作,形成一种既竞争又合作的氛围,是实现技术创新的条件。

在当今的信息社会中,柔性生产方式已逐渐取代刚性生产方式。所谓柔性,指的是对内外部环境变化的适应能力,它强调企业间的动态集成和各种形式的合作,也就是建立以专业化为基础的协作生产方式,集中各专业厂商的优势,达到产品品种多、更新快、启动时间短,在激烈的国内外竞争中保持或获得竞争优势。相对而言,一个大而全或小而全的企业,往往由于其"惯性"较大,对市场环境的快速变化反应迟钝。产业的空间集聚使众多中小企业灵敏地动态结合起来,有效地克服了这个缺点。

产业的空间集聚除营造了一个非常宝贵的创新网络,并有利于快速适应环境变化取得竞争优势外,还能够获得以下一些集聚效应:①共用基础设施,享受优惠政策。在信息产业这种高技术产业集聚地,要求具备先进的物质性基础设施,共享降低了各个企业使用基础设施的费用。比如在印度,虽然其目前总体的通信设施和技术水平尚不理想,但在软件技术园区中,却可以看到印度现有的最先进的高速数据通信设施;而且,许多国家为了鼓励信息产业等高科技产业的发展,还为在高科技园中经营的企业提供各种优惠政策。②集中各种专门人才。产业集聚将各种人才吸引到同一地方,从而使厂商能够更容易地得到各种专业人才,而各种专业人才也更易于找到使自己发展的空间。而且,人才的集中使他们之间的竞争更加激烈,有益于他们不断更新知识,磨炼成长。③较高的专业化合作水平。规模经济产生足够高的需求水平,群集则减少了总运输成本,两者的结合可确保高度专业化的生产与服务得到报偿,进而吸引更多的合作厂商,形成一个良性循环。④增强信任、促进竞争。彼此的接近和密切的接触促进了各种实体之间的相互信任和长期合作,从而降低了交易成本。但同时,竞争也更加激烈,后进企业更易于模仿先进企业,先进企业为了保持优势会更努力创新,这种竞争有利于整个产业的发展进步。

由于产业空间集聚具有特殊的优势,各国都非常重视高科技园的发展,但是,发展高科技园需要一定的条件,包括产业本身的因素和外界市场环境。从产业本身来看,高科技园集中研究与开发的领域,应以有较强的研究与开发能力的骨干单位为首,有承担风险的能力,有销售服务网,骨干企业的能力及相应的组织协作是科技园成功的重要基础;其次,由于产业群集的优势来源于外在经济,因此它对知识密集、技术尚未定型、信息变化快的产业能带来较大的利益,而对知识密集程度低、已经十分成熟的产业影响较小;再次,应当注意市场的容量和需求,产业群发展的前提条件就是旺盛的市场需求和广阔的市场前景,在开放的条件下,国际市场作为国内市场的补充,不断地扩大了市场容量。因此,产业群发展的起点应当考虑国内市场容量,并与国际市场容量的扩充联系起来;最后,还应当考虑产业的技术进步与创新能力,因为这是始终影响产业群发展和优化的主要因素,随着经济的发展,产业群对技术进步与创新越来越敏感,科技的进步与发展水平直接决定着产业部门的多少,进而决定着产业联系的日益复杂化。

从外界环境来看,首先要求具备发达的要素市场,主要包括资本市场、劳动力市场和技术市场。产业群的发展和企业规模的扩大,主要是由企业通过资本市场进行的,具体的形式是发行债券和股票(而我国目前的资本市场尚处于发育阶段,无论从规模上还是机制上,还不能保证及时有效地大规模筹措资本);一个成熟的劳动力市场应当能够保证人才最大限度的自由流动(目前在我国,由于各种社会保障制度尚不完备,以及户籍制度的影响,人才的流动还有一定的障碍);在技术市场上,则应当加强知识产权的保护,疏通和强化技术源与企业主体之间的联系;其次,应当注意,集聚地的经济结构和发展水平、要素条件和基础设施状况、高科技园内部的组织管理水平,以及高科技园与地方政府、大学、研究机构、地区内原有企业之间的联系都将影响科技园的发展。

6.6 市场选择与信息产业政策

发展信息产业是促进产业结构优化升级,提高国际竞争力和国民经济整体素质的关键因素。无论是发达国家还是发展中国家,为在信息时代经济和科技角逐中立足于世界之林,占据国际竞争的主动权,纷纷制定和实施信息产业发展战略。从以上对信息产业经济特征的分析中可以看到,网络效应、收益递增以及标准的作用在信息产业影响显著,在此类特征的产业中,一个国家的竞争地位较少地决定于这个国家的要素禀赋而越来越多地受到公司和政府、公司之间以及其他国家的公司和政府之间的战略性相互作用的影响。简而言之,信息产业的经济特征为产业政策干预提供了重要依据。

然而,需要注意的是,信息产业技术创新速度之快,创新方向的不易预测,是传统产业无可比拟的,由于技术创新不再受土地、劳动力和资本的限制,并且可以创造出以前并不存在的市场,吸引并产生更多的创新,例如计算机行业有大约 70% 的收入来自甚至在两年前还不曾存在的产品,因此其创新的方向在很大程度上是不可预测的。高速度的创新也蕴含着极大的风险,而受正反馈机制的影响,技术或产品的发展可能会锁定于低效率的路径中。通常甚至不知道哪些技术是社会和经济所需要的,或它们最终可能应用于哪一特定领域的人类活动。因此,不仅在基础研究中存在不确定性,而且在产品设计和新产品开发中也是如此。而由于收益递增机制的作用,早期领先的某种技术(或产品、企业)将比其他技术(或产品、企业)占据优势,并可能成为市场上最终被选择的结果。所以,即使个别选择都是理性的,也仍然不能保证从长远和整体的观点看,被选择的一方是多个可能的结果中最优的那一个。技术的发展可能会因早期的偶然因素出现路径依赖现象,而且最终可能会锁定于较差状态,即那些早期效益不明显但长期潜力巨大的技术被放弃了,再加上预测技术的发展趋势是一件很难的事,因此,即使政府出面干预,也难以保证能够选择出最优发展路径。如果在产业发展中的决策问题都是相互独立的,那么,虽然存在得不到最优结果的可能性,但在实践中也许并不太重要,只不过效率低一些罢了。不过,通常的情况是问题之间并不独立:早期的行为可能会决定以后可供选择的范围,而且从早期问题中得到的知识可能会以预期或"先见"的方式传递到以后的相似问题中。因此形成经济中决策问题的生态学,早期的决策方式影响其后的决策。这种相互联系就可能将"次优"从一个决策传递到另一个决策,从而整个产业经济将沿着一条部分由偶然决策的、历史依赖的、次优的路径发展。

因此,人们会希望存在多种平衡的市场能够保持某种"均衡",防止垄断的出现,或保持"必需的多样性"以适应经济环境未来的变化。所以,在制定产业政策时,应当充分考虑市场选择的重要性。

市场最终是通过企业规模的扩大或缩小来选取和淘汰优劣企业的。当企业规模发生由小到大的变化时,市场在肯定企业,实际上是在肯定企业的经营特点;而当企业规模发生由大到小的变化时,市场是在否定企业,也就是否定企业的经营特点。市场选择是一个过程,而且是对正在进行中的事物起作用。因此,常常会发生这样的情况:在某一时刻的某种情况下导致企业获利的行为,在另一时刻另一情况下可能会导致企业的亏损。成功或失败只能说明企业的过去而不是现在的经营特点。

市场选择的意义表现在以下两方面。

1. 在面临与新技术能力的用途有关的巨大的不确定性时,市场鼓励多种途径的探索

企业是由利润推动的并千方百计去增进其利润的经济组织,其行为总是趋于追求满意利润。企业又是具有一定能力和决策规则的知识集合体,在给定的时间内,由于企业具有不完备信息和有限的智力,市场环境发生的变化常常是企业预料不到的,由于单个企业对环境的控制能力十分有限,企业总是必须对自身进行调整去适应或利用那些变化。在这个适应过程中,形成了多种多样的企业经营特点。这在不确定性很高,而且需要鼓励意见不同的个人(通常是基于各自获得的信息的差异)按照自己的直觉和预感行事时,是非常有利的。的确,在面临大量不确定性时,产业进步需要这种意见和行为的差异。因此,充分竞争的市场环境会导致多样化企业行为出现,给市场提供充足的选择空间。

2. 市场选择能够讯速而低成本地选择正确的发展方向

当由于获得新的信息,或经济环境发生改变,或社会与政治优先权出现重新调整,而导致原本充满希望的研究方向突然变得黯淡时,市场能够迅速淘汰它。整体看来,这种迅速而及时的淘汰,成本是最低的。竞争给在实践中证明是好的选择以利润鼓励,并抑制坏的选择。从长期来看,在充分的公平竞争市场环境中,竞争制度会促进那些一般作了很好选择的企业的发展,并会淘汰始终犯错误的企业,或者强迫它们进行改革。因此,市场选择的结果正好能够弥补人类有限理性带来的不足,确定产业的演化道路总是向着最有效地获取资源和利用资源的方向进行。

综上所述,政府的产业发展政策如果过早地集中支持某种技术的发展,可能会导致对资源的浪费。政府的职责应当负担起大部分的基础研究,并精心管理分散化的研究项目的组合,这一组合应该能够在对社会和经济的优先项目重新排列时,或任何一个重大的研究攻关出人意料地失败后,提出一系列的可选项目。政府的职责还应着重于培育产业发展的环境,发展和规范资本市场、人才市场,加快立法,保护知识产权,规范市场竞争。这样,政府就能为企业提供更多的从外部获得规模经济和范围经济的机会,为确实具有优秀技术和产品的企业提供良好的发展壮大的机会,为企业的公平竞争提供一个更高的起点,而不是直接参与企业集团的经营活动。这就是要在微观层次上保证企业发展方式和行为的多样性,由市场来进行选择,从而达到宏观上的有序和高效率。

小　结

信息产业具有一些与传统的农业、工业和服务业发展不同的经济规律,新的经济现象丰富和发展了传统的经济理论。本章研究了信息产业的形成与发展、在国民经济中的地位和作用、网络效应和收益递增机制、标准竞争、空间集聚、产业政策等问题。

(1) 信息技术革命和当代社会经济系统的信息需求是信息产业发展的基础,信息产业由于信息技术一体化和产业发展的内在规律逐步趋向综合集成。

(2) 信息产业是国民经济新的增长点,是具有战略性的新兴产业,是可持续发展的重要条件。

(3) 网络效应和收益递增机制是信息产业中突出的经济特征,对政府宏观经济政策制定和企业竞争策略有重要影响。

(4) 当某种产品或技术在收益递增机制的作用下锁定了市场时,便成为该市场的事实标准,标准作为一种商业竞争武器具有重要的战略价值,是企业发展战略和政府产业政策关注的焦点。

(5) 通过产业的空间集聚获得外部规模经济和范围经济效益在信息产业中具有特别重要的意义。

(6) 信息产业的创新性和高风险性,要求产业政策在微观层次上保证企业发展方式和行为的多样性,重视市场选择的作用,达到宏观上的有序和高效率。

复习思考题

1. 试阐述信息产业的含义。
2. 信息产业形成和发展的动因是什么?
3. 信息产业与可持续发展的关系如何?
4. 从对信息产业发展演变趋势的分析,你认为当前我国信息产业发展的重点应是什么?
5. 什么是网络效应?分析网络效应的来源。
6. 网络效应对消费者决策有什么影响?
7. 具有网络效应的产品需求曲线有什么特点?
8. 网络效应对厂商决策有什么影响?

9. 收益递增机制形成的原因是什么?

10. 试述收益递增市场的特点。

11. 标准在信息产业发展中的作用如何?

12. 在标准的竞争过程中,应注意哪些策略?

13. 空间集聚效应的源泉是什么? 为什么信息产业的发展会出现空间集聚现象?

14. 制定信息产业政策应注意什么问题?

第7章 信息经济与信息化

前面的两章,从微观层次(商品和企业)和中观层次(行业)分析了与信息相关的经济议题。本章则从宏观的、全社会的层次上观察经济与整个人类社会,分析与理解现代信息技术的冲击所带来的深刻的、全面的、持久的变革。

从信息经济学来说,对于宏观的信息化政策的研究是前面各章的延续,是前面所研究的基本的、微观的理论在宏观层次上的反映和运用,不妨称之为宏观信息经济学或实践信息经济学(相对于微观信息经济学或理论信息经济学而言)。诚然,对于这样的定位,在学术界是有不同看法的。但是可以认为,至少从实践的角度讲,这些问题的现实意义和作用是没有疑义的,对于为数众多的、亲身参与社会实际工作的人们来说,了解和正确认识这些事情确实是很有必要的。况且,即使在理论上,著名经济学家斯蒂格利兹也曾经对于宏观经济学和微观经济学的分割提出过质疑。例如,在他的《经济学》一书的序言中,就明确地指出:"整个经济学界已经相信:宏观的变化必须以微观经济学的原理为基础;经济学的理论只有一套,而非两套。然而,这一观点却没有在现有的人和教科书中被反映出来。"[①]所以,在本书中准备用这一章的篇幅对此进行扼要的介绍。

首先需要明确的是广泛使用的"信息化"一词的确切含义。作为人类文明的一个新的发展阶段,信息社会与工业社会究竟有没有质的区别? 如果有质的差别的话,究竟是什么? 这是信息经济学必须回答的基本问题。在此基础上,对于国家、地区和企业的信息化发展水平的测算和评价,这个现实的、操作性的议题也需要给出可行的回答。在上述理论探讨的基础上,根据多年来参与信息化政策研究的实际体会,本书简要地讨论了 4 个具有现实的重要意义的政策议题:关于服务经济的问题;关于中小企业和企业集群的问题;关于全球经济一体化的问题;关于资源和转变经济增长方式的问题。经济基础的变革不可避免地导致上层建筑的变化,这一基本原理在现实的信息化进程中得到了再一次的证实。本章的最后一节,从法制、教育、文化、科学思维等方面对此进行了简要的讨论。确切地说,这已经超出了经济学的范围,但是可以认为,作为信息经济学的研究者与学习者来说,认识和理解这些议题,还是很有必要的。

7.1 信息化的概念

信息化作为我国社会主义建设的一项重要的基本战略,已经广为人知。它在各种文件、论著、媒体上的出现频率比信息经济还要频繁。比较确切地说,人们所说的信息化,是指在现代信息技术迅速普及和广泛应用的基础上,人类的经济和社会正在经历的一场全面深刻的大变革。如果说,现代信息技术的应用是信息化的技术和物质基础的话,那么,从工业经

---

① 斯蒂格利兹. 经济学. 北京:中国人民大学出版社,1997.

济向信息经济的转变则是这场大变革的关键和核心。

然而,社会上对于信息化的概念存在着众多误解。一切社会关系的基础是经济关系,人类社会的进步,在相当大的程度上可以归结为生产关系的演变和进化。从信息经济学的角度出发去理解,就可以从根本上澄清一些关于信息化的基本观念。

7.1.1 信息化是一个很长的历史过程

究竟什么是信息化呢?首先简单地回顾一下这个概念的形成过程。

"信息化"一词源于日本。1963年1月,日本社会学家梅掉忠夫发表《信息产业论》,首次提出"信息社会"概念,并向人们描述了"信息革命"和"信息化社会"的前景。其主要观点是:信息社会环境下信息产业结构的形成,如同动物器官进化一样,是产业进化的结果。农业、水产业和畜牧业构成人类社会产业结构进化的第一阶段;交通、运输、建筑、军事产业,以及人类的迁徙和各种制造业的发展,构成进化的第二阶段;进化的第三阶段则是以教育、邮电、通信、广播、娱乐等产业为核心的发展。并预言:今后的人类社会将是一个以信息产业为主体的信息化社会。但作者关于信息社会的观点在当时并未获得世界范围的影响。直到1973年,美国社会学家丹尼尔·贝尔(Daniel Bell)的《后工业社会的来临,社会预测初探》的问世,特别是20世纪80年代初以来,A·托夫勒的《第三次浪潮》,J·奈斯比特的《大趋势——改变人们生活的10个新方向》的出版,以及20世纪90年代初,美国克林顿政府信息高速公路计划的提出,使得信息化一词逐渐为人们所普遍接受和使用。人们从不同的研究角度和使用的出发点,对"信息化"给出了各种描述。例如常见的说法有以下几种。

(1) 信息化主要是指以计算机技术为核心来生产、获取、处理、存储和利用信息;

(2) 信息化就是知识化,即人们受教育程度的提高以及由此而引起的知识信息的生产率和吸收率的提高过程;

(3) 信息化就是要在人类社会的经济、文化和社会生活的各个领域中广泛而普遍地采用信息技术;

(4) 信息化是生产特征转换和产业结构演进的动态过程,这个过程是由以物质生产为主向以知识生产为主转换,由相对低效益的第一、第二产业向相对高效益的第三产业演进;

(5) 信息化是指国民经济发展从以物质和能源为基础向以知识和信息为基础的转变过程,或者说是指国民经济发展的结构框架重心从物理性空间向知识性空间转变的过程;

(6) 信息化是指从事信息获取、传输、处理、提供信息的部门及各部门的信息活动(包括信息的生产、传播和利用)的规模相对扩大及在国民经济中的作用相对扩大,最终超过农业、工业、服务业的全过程;

(7) 信息化是向信息产业高度发达且在产业结构中占优势地位的社会——信息社会前进的动态过程,反映了由可触摸的物质产品起主导作用向难以触摸的信息产品起主导作用的根本性转变;

(8) 信息化是当代新技术革命引起的新的经济和社会发展现象。

上述说法各有一定的道理。然而作为科学的定义和概念,则在一定程度上有失偏颇,存在缺陷和不足,容易引起误解和歧义。这些说法,有的只着眼于信息化的实现手段,有的只着眼于信息化的结果;有的则单纯从技术、经济或其他的某个方面看待信息化。

可以认为，乌家培教授提出的，与工业化相对而言，把信息化看成是人类社会进步一个历史进程的观点是比较全面、比较深刻、比较科学的。具体地说，所谓信息化，是指在现代信息技术广泛普及和应用的基础上，人类社会的各个领域发生深刻的、全面的变革，通过信息资源的有效开发和科学利用，导致各种社会活动的效率和水平空前提高，从而使人类进入一个全新的、具有更高的物质文明和精神文明的历史阶段的过程。

按照这样的理解，对于信息化应当从以下5个方面去认识。

第一，信息化的物质和技术基础。这就是以现代数字电子计算机和现代通信技术（包括光纤、卫星、微波等）为核心的一系列采集信息、处理信息、传递信息、储存信息、显示信息的新技术。没有这一大批从20世纪中叶以来发展起来的新技术，信息化就无从谈起。这是信息化的基础。

第二，信息化是人类社会的全面变革。技术是基础，但不是全部。如果把信息化只理解为技术上的变革，那就太狭窄了。马克思主义的基本原理告诉人们，人类社会是一个相互紧密联系的整体，生产力的发展必然导致生产关系的变化，经济基础的变化必然导致上层建筑的变革。现代信息技术的普及和应用，已经开始对于人们的社会生活的方方面面产生影响，一场深刻的、全面的变革还只是刚刚拉开序幕，更大的变化还在后面。对于这点，近10年来的许多事情已经显示出了这样的趋势。

第三，对于信息资源的开发和利用是信息化的核心。为什么信息技术会对人类社会产生如此深刻的影响呢？原因很简单，没有一项人类的活动可以离开某种意义上的信息和信息处理。从商业到政府活动，从教育到科学研究，从文学艺术到生活娱乐，哪一项可以离开信息的收集和利用？当信息技术帮助人们在这些活动中成百倍地提高效率的时候，这些活动的组织和实施方式怎么还可以保持不变呢？如果说工业革命依靠的是对于能源的开发和利用的话，信息化的巨大力量就来源于对于信息资源的认识、开发和利用。

第四，信息化的效益体现在各种工作和社会活动的效率和水平的大幅度提高上。对于信息化的疑虑，常常来源于这样一种误解，"信息不能吃、不能用，社会需要的还是原子，而不是比特"。这种误解来源于对于信息作用的不理解。信息的作用不在于信息本身，恰恰在于它对于物质等资源的优化配置和合理利用。正如人们把信息看成"倍增器"、"增值剂"那样，对于信息资源的正确理解和深入开发，将使人们对于物质、能源、人力、资本等资源的利用效率得到大幅度的提升。把信息和其他资源对立起来，是一种形而上学的思维方式。具体地说，可以认为，信息化的效益或者成果，主要不是在IT领域自身体现出来，而是通过全社会的物质文明和精神文明水平的提高体现出来的。正因为这样，必须强调：信息化的进程和信息产业的发展是不能混为一谈的。只有在人们的政务活动、商务活动、教育水平、医疗服务、社区建设等所有方面，都在利用现代信息技术的基础上，得到了切切实实的提升，原来做不到的事情现在能够做了，原来做得慢的事情现在做得快了，这才叫信息化。

第五，信息化进程的结果是人类社会全新的历史阶段和社会形态。从上面的分析，就可以很自然地得到最后一个要点：信息化的目标和结果是人类的社会和经济达到一个全新的阶段和水平，人类的物质文明和精神文明提升到一个新的高度，这就是人们所说的信息社会。

对于信息化的全面理解，是正确制定和实施有关政策的基础。根本的问题在于，是否承认信息和信息处理在经济生活中的重要地位与作用,从而进一步认识和分析现代信息技术的出现、应用和普及给人类社会带来的根本性的变革。显然,(狭义的或微观的)信息经济学的理论正是这种认识的基石。学习了信息经济学,就可以对于信息化得到更深刻的认识。所以把关于信息化的理解作为信息经济学的一个部分在这里加以研究和讨论。

7.1.2　信息化是社会进步的必然趋势

信息化的到来不是偶然的,它是人类社会发展的必然趋势和发展方向。对此可以从经济、技术和科学思想3个方面去理解。

材料、能源、信息是支配人类社会发展的三大基本要素。随着社会生产力的发展,不同的时期,它们有着各自不同的地位,并发挥着不同的作用。20世纪50年代以来,电子计算机与通信技术的结合发展,信息要素迅速成为影响人类社会发展的一种决定性力量,信息资源的开发利用日益走向社会化、产业化,并逐步成为主导现代社会的支柱产业,这种变化不仅迅速地改变着人类社会的各种活动和社会运行机制,而且还贯穿于各种社会职业活动之中。结果是,社会经济的信息投入产出比迅速增长,社会交往合作不断加强,科技与经济加速发展。发生在现代社会中的这一变化趋势就是人们通常所说的"信息化"。

因此,信息化的兴起与发展首先是社会经济历史发展的客观要求。

经历了差不多两个世纪的工业经济的发展,人类创造了丰富的物质文明,同时也带来了这种社会经济系统本身难以克服的问题。这就是:在资本主义制度的背景下,工业经济日益发展,形成了对世界市场的瓜分,整个世界市场竞争的异常激烈;现代交通依靠工业技术,首先发展起来海运,之后是铁路、航空、高速公路等。这些发展成百倍地提高了人类社会的物质生产的能力。另一方面能源、材料等物化资源的过度消耗,并由此带来的环境污染,竞争能力相对削弱,这又反过来制约了经济的发展。从20世纪的两次世界大战,到多次中东战争,无不与此密切相关。这些都是由于生产力发展在这一时期与社会经济发展所带来的社会矛盾的国际化。这就客观上要求新的技术、新的生产力、新的社会结构出现。

正当能源、水资源、矿产资源、土地资源日益短缺并威胁到人类的生存之际,人类从知识爆炸、信息爆炸中得到了新的启示:信息资源不仅储量无限,而且会在开发利用中不断增值。因此,加快信息资源的开发与利用就成为促进社会经济发展的必由之路。20世纪60年代以来,首先在发达国家,其次是世界范围内,都在大力推行"信息资源化"政策,信息作为投入要素,被广泛地运用于经济活动的所有领域,掀起了"经济信息化"浪潮。由此可见信息化兴起确实是经济与社会发展的客观要求。

其次,信息化的兴起与发展又是信息技术发展的必然。恰恰是战后的20世纪50年代,电子技术得到了极大的发展,而进入一个非常活跃的时期。1948年美国贝尔实验室的第一个晶体管的发明,并且由日本人首先把它应用于民用收音机上,使半导体技术得到迅速发展,电子技术从20世纪30年代的电子管发展到20世纪50年代的半导体时代,之后又出现了集成电路。计算机技术的发展也是如此,从20世纪40年代的电子管发展到晶体管计算机,一直到集成电路计算机的出现。20世纪60年代到20世纪70年代,集成电路到大规模集成电路的发展,计算机技术的发展出现了一个新的飞跃,由过去的主机、大型机时代,逐步发展到PC时代,伴随着相应软件技术的发展,改变了整个计算机应用的局面。同时期网络通信技术特别是卫星通信技术的发展,迅速改变了世界经济发展的格局,也改变了人们的生活。进入 20 世纪 90 年代以来,数字通信网络革命,特别是因特网在世界风靡一时。随之信息资源网络也迅速发展,有大众传媒网络如广播网、电视网、新闻网等;有综合信息网络,如宏观经济信息网、咨询服务网等;有专业信息网,如金融信息网、教育科技网等。由此可见,信息化的兴起与发展,也是信息技术发展的必然。

最后,还必须看到,人类的科学思想的发展对信息化的到来也起到了思想准备和先驱的作用。自 20 世纪 30 年代始,信息论、系统论、控制论、数字电子技术等科学理论相继出现,并互相交融,衍生出人工智能、仿生信息模拟等科学分支。一些有远见的学者敏锐地注意到,随着信息技术的发展和普及,以开发和利用信息资源为主的活动将逐渐成为人类社会活动的关键,并最终演变为一场巨大的社会经济变革,使人类社会从工业时代迈入一个新的时代——信息时代。许多学者分别从哲学、社会、科学、经济、文化、政治等各方面入手,对这一正在形成发展中的社会现象进行了考察分析。信息化的提出是理论界跨学科研究的结果。例如,美国马克卢普提出的知识产业;日本梅掉忠夫进行的信息产业研究;"信息化社会"概念的提出;美国 D·贝尔的"后工业社会"论;M·波拉特的信息经济研究;到 20 世纪 80 年代奈斯比特的大趋势预测;S·诺拉、A·盖克提的法国社会信息化报告,从不同的角度探讨了信息化社会的模式、结构、特点及信息化政策,从而加深了人们对"信息化"的认识。进入 20 世纪 90 年代,美国克林顿政府提出了"信息高速公路"计划,随之而来的世界各国的纷纷响应和采取相应的对策,加快了信息化的进程,形成了信息化的世界性的热潮。

总之,理解信息经济,必须把它放在整个人类社会的信息化的大背景下,才能体会到其必然性和深远意义。

7.1.3 全面理解信息化的深远意义

信息化这个词的出现频率近年来越来越高,这一方面表明了历史发展的必然趋势,同时也出现了种种片面的甚至是错误的理解或解读。这种情况在一定的意义上讲,是不可避免的。例如以下这些说法:

——信息化就是计算机化;

——信息化就是上网、建网站;

——信息化是 IT 业、IT 技术人员的任务;

——信息化就是发展信息产业;

——信息化是 IT 厂家出于商业目的炒作起来的;

——信息化与传统产业没有什么关系。

科学地、全面地理解信息化的深远意义,对于当今社会的所有成员都是非常必要的,对于政府和企业的决策者更是具有重要的意义。这种认识,概括地说可以包括以下几个方面。

(1) 对于信息作为一种在社会和经济生活中具有重要意义和作用的资源的重新理解。

(2) 对于信息技术作为当代新技术革命的核心和代表的理解和认识。

(3) 对于信息系统在现代社会和经济生活中的地位和作用的认识;各种类型的信息系统的成功建设和稳定运营是信息化建设的基本任务之一。从而实现快速有效的信息交流,达到信息资源全社会范围的充分共享。教育水平信息资源的开发利用,全民族信息化意识的提高,有赖于人口素质的提高。而发达的教育则是提高人口素质的关键。

(4) 全社会的信息意识和信息观念的提高,即人们在思想上、行动中都能自觉地做到重视信息、利用信息。在信息化进程中人们的工作方式、生活方式乃至娱乐方式形成新的格局,相应地生活习性、观念、道德标准产生新层次的变化。

(5) 信息立法的形成和完善,即与上述经济生活的变化相适应的信息法规、制度的全面建设与不断完善,这也是信息化进程中应先行一步的重要工作。

(6) 最后,信息时代的新的文化、艺术、科学、教育的形成,人们的生活方式、工作方式、思维方式、娱乐方式都将经历深刻的、人们今天还无法预测的变革。

7.2 信息经济与工业经济的关系和区别

上一节介绍了信息化的基本概念。由此必然会引申出来的第一个问题就是信息化与工业化的关系。若干年前,"因为工业化没有完成,信息化为时过早"的议论曾经是人们怀疑信息化的必要性和可行性的主要论据。自从党的十六大正式把"信息化促进工业化,工业化带动信息化"列入了最基本的国策以来,公开的反对意见虽然不再出现,但是怀疑和观望却是不会随着文件的下达而一风吹掉的。认真弄清信息化和工业化、信息经济和工业经济的关系和区别,仍然是一个需要认真研究和宣传的问题。

7.2.1 信息经济的意义和特点

从微观意义上讲,信息产品的生产和流通构成了信息经济的基础。在人类社会中,经济发展的历史表明,社会生产从低级阶段向高级阶段的发展,在生产力层次上,主要是通过先进技术的产业化形成新的产业,以及通过先进技术对原有产业的改造来实现。信息经济的形成与发展也是如此,它一方面依靠信息技术与信息生产或服务的产业化,并逐步发展形成信息产业。另一方面依靠农业、采掘业、加工制造业、建筑业、交通运输业、金融业等传统产业的信息化。传统产业在生产、管理、设计等各个环节全方位地应用信息技术,使这些产业降低消耗、提高效率、增加效益。同时通过信息技术的应用,又促进信息产业的发展,伴随信息产品和服务商品化程度的提高,以及信息市场规模的不断扩展,每一种产品中的信息成分将逐渐增大,国民生产总值和就业总人数中,有关信息业的产值和从业人员的比重也逐渐增大,在信息组成达到相当高比例时,就形成了一种新型的经济结构,即信息经济。它是继农业经济、工业经济之后的现代化经济形态。相应地通常称农业经济、工业经济为物质经济和能源经济。市场经济作为一个系统,存在某种不确实性,这给各级各类的管理者、决策者凭借自己的经验、判断、运气所作的决策带来风险。为了避免风险或减少不确定性,人们就产生了强烈的信息需求,于是信息成为一种特殊的商品,而被视为与物质、能源相并论的重要资源,其作用在于促进物质、能源在生产中数量的增加和质量的提高,在使用中节约消耗和提高效益。信息商品的作用还在于减少不确定性。帮助经济管理中的决策者做出正确的判断与选择。近半个世纪不断提高的社会生产力表明,信息经济形成的第一个基础条件是,信息成为重要的资源;其次是信息与信息技术形成新的产业,且其规模的增长直接影响着现代经济的发展速度;第三是现代信息技术的快速进步。从总的发展来看,信息经济的内容是处于一种不断丰富和发展的过程中。这个进程至少包括以下一些方面：信息职业的形成与信息劳动力的培养；信息产品与信息服务的发展；信息市场的形成；信息基础结构的发展和建设等。

总之，信息经济是以信息资源为基础、信息技术为手段、通过生产知识密集型的信息产品和信息服务来把握经济增长、社会产出和劳动就业的一种新型的经济结构。

与以前的经济系统相比，信息经济具有一系列新的特征。

(1) 信息产业成为产业结构中的重要的、迅速发展的部分。信息产业的增长与发展将成为经济增长的主要推动力。

这表现在，一方面在就业结构上，从事知识产业、信息产业的人数在大幅度地提高，乃至占主导地位。另一方面，在信息经济的产出中，信息、知识的含量普遍高于物质的比重。人们把信息产品和信息服务称为知识密集型的产品与服务。超巨型计算机上一块几十厘米见方的标准印刷线路板远比一台几万吨功率的水压机的信息知识含量要大、技术含量要高，其价值也要大得多。后者基本上是工业经济的产物，而前者则是典型的信息经济的产物。根据波拉特的测算，到 20 世纪 70 年代美国信息经济活动创造的国民收入已占国民收入总额的 51% 以上。

(2) 信息技术是信息经济的主要技术手段和物质基础。

从语言的产生开始，经过文字的创造，印刷术的发明，电报电话和广播的使用，电子计算机的普及和卫星通信的发展，人类社会经历了 5 次信息革命的高潮。与此相应，各种相关的技术，包括信息处理的技术（从石子、木条、算盘、机械计算器，直到电子计算机），信息存储的技术（从结绳、甲骨、竹简、布帛、纸张、唱片、胶片、磁带，直到光盘），信息复制技术（从刻字、印刷，直到激光照排），信息传递技术（烽火台和驿站、电报、电话、电缆、微波，直到卫星和光纤），信息显示的技术（包括电视、多媒体），都大致都经历了这 5 个阶段。

现代信息技术是以微电子技术为基础，以计算机技术为核心，以光纤和卫星通信为先导。信息作用的发挥与实现是以信息技术的应用为其支撑手段。现代化生产彻底改变了传统的工业化生产方式，更能适合用户的特定需求，更能发挥企业自身特点，更便于售前售后服务，更符合生态平衡的高新技术、集约化的生产。信息技术无疑是信息时代的生产力的重要因素。

(3) 信息资源结合物质、能量资源一起构成信息经济的新的资源格局。

信息经济的资源开发与利用，更注重智力、知识资源的开发与利用。信息资源管理是信息经济的主要方面。在现代社会里，信息资源是一种经济资源。它同劳动资源、资金资源、物资资源、能源等可用于经济目的的自然资源一样具有稀缺性、有用性和可选择性。但它还具有许多物质资源、能量资源所没有的特性：依附性；信息资源与载体的不可分性；共用性，即一人对它们使用，不影响他人的使用；非对称性，即交易中供求双方拥有它的状态不相互对称；时效性，即信息资源对时间的高灵敏度；等等。信息资源的开发利用，不仅可以自身增值，而且可以通过提高质能资源的素质，以及质能资源范围认识的扩大，节约和提高经济资源开发和利用价值，从而形成信息经济的资源优势。

现代社会的信息爆炸和急剧膨胀，并非说明信息资源的稀缺会自动得到改善，不经过开发的信息是难以发挥资源作用的，信息资源的共用性和非对称性，则很容易产生侵犯诸如知识产权、个人隐私等人们权利的许多问题。信息资源的强时效性极大地影响着其效益的发挥，这些都客观上要求加强信息资源的管理、信息法制建设。这是信息经济的一个基本特征。

（4）信息经济的经营和管理决策，更多地依赖于数据等信息的迅速交流、传播和利用。网络、智能技术日益成为政策研究和制定的基本手段。

网络技术、数据库技术等信息技术的发展，使信息变得更容易获取。这意味着业务活动的控制和协调可更快地完成，而且决策可以在更接近于实际活动的较低层次上完成。决策支持系统、专家系统等智能技术的发展，使得更多的人员参与到决策的过程中。然而在另一方面，要成功地完成信息经济的庞大系统中的每一项业务，都需要有关人员齐心协力地努力与合作，无论从资金筹措、原材料获取、人才与技术的引进还是产品的生产、销售等各环节都将形成一个相互紧密联系的整体。因此，集体合作是信息经济的又一个基本特征，联合型、综合型和协同型的组织和工作方式将成为信息经济的主要组织方式。

（5）信息经济的流通和价格具有一些以前没有的特殊属性。

① 物质商品在流通中是价值的交换、所有权的转移，而且在使用过程中被消耗；信息商品在流通中可多次被交换、多次被使用，不但不会一次消耗殆尽，而且会在流通中产生可能的增值。

② 信息商品的价格属性不同于物质产品，尽管也是价值的货币表现，但它在反映价值时更为多样化和复杂化。例如，信息商品价格受供求关系、稀缺性、获利可能性等因素的影响要更大些。因此，其定价方式就显得有些特殊。有两种思路，一种是成本定价，一种是效益定价。但更偏重于后者。如为确保买卖双方能比较合理地得到信息商品所获总利润的一定部分而规定的专利价格，是物质商品所没有的。

（6）信息经济必然是全球化的、跨国界的。

在地域上，各国经济发展将更多地相互补充，相互促进，随着国际网络的发展，信息流通基本不受时间、空间的限制。波拉特断言：信息市场的形成和壮大已开始冲破国界，向贸易保护主义和关税壁垒提出了挑战。信息市场就其本质而言是国际性的。

当然，信息经济正处于一个成长发展和逐步完善的阶段，还有其他一些特征也正在逐渐显露出来，以上只是一个简要的描述。

7.2.2 信息化与工业化的关系

我国的工业化基础薄弱，一些工业化时代的任务还没有很好地完成。这对于我国的信息化进程无疑会带来一些问题和困难，也使得一些人对于信息化的重要性和迫切性产生动摇和怀疑。对此需要有清醒的认识。

的确，西方发达国家是先工业化后信息化，后者成为工业化实现后的一个自然发展的阶段。然而，到了21世纪，任何一个国家的工业化与信息化都必须同步发展，而不可能等到工业化完成之后再开始信息化。对此可以从以下两个方面分析。

一方面，工业化和信息化是两个性质不同的社会发展过程。工业化的核心是发展大规模高效率的制造业，并以此带动农业和服务业的发展，向社会提供丰富的物质产品。信息化的主要目标则是提高社会各领域信息技术应用和信息资源开发利用的水平，从而提高社会各领域生产、服务、管理的效率和质量,为社会提供更高质量的产品和服务。在今天的经济发展中两者是不可分割的。

例如在制造业中,信息化体现为制造业各部门应用信息技术改造其研究、开发、设计、生产、销售和管理的各个环节。因此,从工业化的角度看,信息化是工业化在新的历史阶段和新的技术条件下的一种新形态,而不是对工业化的替代。这两者已经紧密结合在一起。今天的工业化是不可能离开信息化的。

另一方面,如果说工业化水平反映的是物质和能源的开发利用水平,则信息化水平反映的是信息资源的开发利用水平。而物质、能源、信息是社会发展的 3 种基本资源,对这 3 种资源的开发利用是社会发展的各个阶段都不可缺少的。信息化的提法并不否定社会对物质和能源的有效开发利用。信息化作为一种策略或口号,是因为在今天的历史条件下,信息技术为信息资源的有效开发利用提供了手段,经济和社会的发展也已经离不开先进的信息技术的支持,这种互动的状态就是信息化的进程。

那么,信息化对于经济的作用究竟具体体现在哪些方面呢?这个问题涉及的面非常广,可以说,信息化的增值作用无处不在。这里只举出几个比较突出的方面作为例证。

1. 农业的集约化

以农业为例。农业发展经历了农业的机械化和化学化阶段、农业的信息化和生物技术化阶段。在前一个阶段,机械化代替了畜力和人力,承担了所有的农业重体力劳动,化肥代替了人和牲畜的粪肥,化学除草剂取代了谷物的轮作,机械耕作和人工的除草极大地提高了农业生产率。从 20 世纪末开始,一些先进国家的农业开始进入信息化的时代,即便是田间管理也有农用软件和农用机器人的帮助。计算机化的专家系统帮助农民利用置于农田中的各种以计算机为基础的传感器来收集气候变化、土壤条件,以及其他农业生产重要变量的数据,并利用这些数据所提供的信息向农民提出各种操作对策的建议。目前美国有 15% ~ 17% 的农民使用计算机作为农业生产、管理的工具。在以色列和美国计算机控制的机器人将被用来种植、培育和收获圆形的或"有头"的农作物,如西瓜、南瓜、卷心菜等。在澳大利亚,机器人开始用于牲畜的生产管理,如剪羊毛、饲料的配置等。上述只是对农业信息化的开始,其未来发展将远比此辉煌得多。

2. 制造业的集成化

制造业是工业化的标志和核心。在工业化时代,自动化的含义是工人按动电钮,机器就会自动地大批量生产出某种产品来。这种自动化,除了将工人原来的手工操作换成机械和电气操作外,工作的本质没有发生什么变化。而今天的以计算机和网络为手段的 CIMS 系统(Computer Integrated Manufacture System,计算机一体化制造系统)所形成的是系统自动化或网络自动化。

自 20 世纪 80 年代起,CIMS 在许多工业发达国家得到蓬勃发展,企业缩短了产品上市时间,提高了产品质量,降低了成本,提供了更为良好的服务。如 IBM 在 20 世纪 80 年代的早期就开始引进计算机辅助设计(CAD)和计算机集成制造系统来提高生产率和缩短从产品设计到交付生产的时间。其中一项就是设计图纸可以在整个 IBM 范围内通过计算机网络传送,包括送至生产车间和实验室,目标是缩短新产品投放市场的时间和加快对现有产品技术更新的进度。这个系统与先前实现的产品信息系统一起,将所有的产品信息完全数字化(包括产品数据、结构等),形成一个由计算机辅助制造、计算机集成制造系统和柔性制造系统结合在一起的自动化生产系统。根据评估的结果,这套系统将新产品设计的速度加快了 16 倍,而产品更改和更新的速度则提高了数百倍。

这个系统中最重要的改进就是通过数据通信网络传送图纸。在这套系统实现之前,草图是在生产地和实验室之间通过邮寄传递的。而从实验室将图纸邮寄到千里之外的生产厂,可能需要 10 天的时间。现在,则只是几分钟甚至几秒钟的事情。这种改进所带来的好处是生产部门可以更早地进入产品的生产准备。而且生产部门可以对产品的设计提出反馈意见,使得产品生产可以更有效地进行。以前,如果生产部门提出对产品的修改意见,从邮寄意见书、设计部门分析意见的合理性,到重新绘出产品图纸大约需要 20 天的时间。现在,则只需要两三天时间。因为邮寄意见和图纸的时间,以及重绘图纸的时间(通过 CAD 系统)都可以省去了,这也就极大地降低了成本,取得了竞争上的优势。CIMS 的应用极大地提高了企业生产的柔性、敏捷性和适应性,使高质量、低成本的产品能伴随及时供货与周到的服务,把时间和服务同质量和成本并列为企业生产的两大要求。如今,CIMS 已被认为是制造业信息化的最终目标。通信网络系统的发展则为企业克服地理上的障碍、传递供需和生产的信息并改善对客户的服务提供了条件。信息化对于生产领域的深刻影响在 CIMS 的实施中得到了充分体现。

3. 金融电子化

1965 年,国际商用机器公司董事长小汤姆森·沃特逊曾预言:在我们的有生之年,可以看到,电子交易事实上将消除对现金的需要。他描述道,银行里的具有巨大存储能力的巨型计算机,可以容纳所有储户的账户。顾客在商店、办公室、汽车加油站要存款或取款时,只要做两件事情。将证件插入安装在那些地方的终端装置,并在其键盘上敲出转账金额,这笔金额立刻就从其账户转入有关的账户上。今天,这个预言不仅仅是活生生的事实,而且世界范围内的金融电子化进程正向纵深发展。

金融业对信息化的需求可分为 3 个彼此相关的领域。一是银行内部的信息系统。银行会计和总账系统是各个银行实现电子化的最基本需求。目前许多银行都在建设自己的数据通信网络,实现其各个分支结构及自动出纳机(ATM)与总行的计算机系统的网络化,构成了一个完整的、一体化的银行内部会计系统。银行内部信息系统的发展方向主要包括:以对银行经营成本管理(如财务、人事、行政管理等)以及价格管理(如存贷款利率、资产评估等)为目标的银行管理信息系统,以对银行的信用风险管理为目标的银行贷款管理的专家系统。系统的建设不仅提高了银行的工作效率,也极大地加强了银行决策的科学化。

二是银行间的信息系统。随着市场经济体制的建立,商业化银行间对支票、汇票等结账业务量急剧增大,银行间信息系统的目的之一就是实现银行间的自动结账与结算业务,以提高银行业务处理的效率。

三是银行与客户间的信息与交付系统。银行与客户间的联系业务量大且重要。银行利用终端向公众提供各种银行服务,客户利用电子转账系统付账,这里是信息技术最广泛的一个应用领域。我国目前正大力发展信用卡业务,但是如果不在统一的网络环境中进行,信用卡业务迅速膨胀和各自为政的种种卡业务,势必影响银行的效率和效益,致使信息技术所能带来的提高生产率和效率的能力,不仅不能被体现,而且将产生新的问题。所以,发达国家里,信用卡已被网络电子转账系统所取代,客户有自己的账户,在任何终端均可办理业务。上述这些应用的实现前提必须是网络技术的发展深入到社会经济生活的各个角落。

另一方面,信息技术可以极大地提高银行的生产率和效率。在信息化的进程中,可以极大地减少在途资金占用,提高资金周转利用率。其次,可极大地提高银行的生产率和办公效率。美国安德森咨询公司估计,信息技术的应用使美国银行的生产率提高20%～30%。美国"舰队金融公司"设立了一个客户服务部,每日工作24小时,每月处理150万个电话查询业务,其中80%的业务由计算机处理,从而使该公司减少了40%的为客户提供服务的人力。自动出纳机的出现极大地减少了银行出纳员的工作量,同时方便了顾客,手持银行卡,客户可随时提取所需数量的货币。

目前,金融业务国际化、全球化更加势不可挡,金融服务及其功能的多样化与日俱增。只有加快信息化的进程才能顺应历史潮流,促使国民经济加速发展。

4. 电子商务

电子商务是以电子通信为媒体进行广告宣传、购买结算商品和各种服务的一种商业性经济活动。商业电子化是国民经济信息化的重要内容。电子商务的目的之一就是所有的商业行为都可在网络上实现。

例如早期的EDI(Electronic Data Interchange,电子数据交换)。EDI技术将数据与信息规范化,通过计算机网络联通处理。它的应用体现了以微电子技术为核心的高新技术正逐步渗透到人们生活的各个领域。借助于先进的计算机技术,实现信息资源充分利用和准确迅速地交换,促进了办公自动化及无纸贸易的进一步发展。国际上EDI技术的应用发展迅速,美国前100家大企业中97%的企业应用了EDI。欧洲各国也存在众多行业的EDI网络。日本的销售贸易和运输业中,EDI的应用最为普遍。EDI的效益是显著的。例如,美国通用汽车公司采用EDI技术后,每生产一辆汽车可节约成本250美元,按其年生产500万辆计算,一年可产生12.5亿美元的效益。

再如On-line Service即商业联机服务。今天,众多的On-line Service公司向用户提供的服务有投资和金融、计算机和软件支持、旅游、联机参考资源、商业职业、新闻和天气、联机购物、健康、体育爱好和休闲、游戏等。我国的商业联机服务也发展迅速,这些服务集语言、文字、图像于一体,将电话、传真技术、计算机技术与中国现有的通信设施有机地结合起来为用户提供知识信息、商业信息和服务信息。它的最大优势是突破语言和地理障碍、行业和时间限制,极大地提高了作业效率和扩大了业务范围。

5. 管理现代化

信息是管理的核心。错误的信息,必然导致错误的决策,这是人所共知的道理。在信息化进程中,方便容易的信息获取,将导致一场管理变革。

BPR(Business Process Reengineering,业务流程再造)是20世纪90年代以来管理界的

热门话题,也是信息化发展的结果。20 世纪 80 年代以来微机技术与网络技术的发展,根本上改变了信息处理和存取方式——分布式信息处理,使人们在任何地点,任何时候取得任何信息成为一种可以实现的目标。人们发现,信息化不仅可以将原来人们进行的业务流计算机化,而且可以以一种全新的方式来进行业务活动,乃至完全改造原有的业务流。因而,在各个机构中应用信息技术的着眼点,已经不是如何设计一个信息系统去支持现有的业务过程以提高一点效率和生产率问题,而是从根本上考虑如何将现代信息技术所提供的各种潜力发挥出来,重新对本机构及其业务过程进行设计的问题。这就是所谓"Reengineering",从而引起一场管理现代化的革命。

业务过程改造的成功例子是 IBM 信贷部门的改造。这个部门负责向购买 IBM 产品的客户提供贷款。在机构改造前,完成一些贷款要经过几个部门和几个层次的审批,程序复杂而费时,客户往往等不及,而购买了其他公司的产品或经由其他渠道贷款,从而使销售员失去了抓住客户的机会。改造之后,IBM 管理部门撤销了 5 个分离的部门,合并为一个部门,由一个工作人员,利用计算机提供的充分信息来处理整个申请过程,使原来需要 7 天的申请过程降为不超过 4 小时,而且少用了许多工作人员,消除了许多不必要的中间管理层次。

信息化对管理变革的影响是全面的。这表现在:不仅仅是提高管理的效率,而且增强了管理的功能;信息化改变了管理的组织结构,由"金字塔"型转变为"矩阵"型,原来起上传下达作用的中层组织将被削弱或走向消失;管理组织结构的变化,促进管理方法的改善,成功地完成一个业务流,需要有关人员齐心协力地合作;20 世纪 90 年代初重组、虚拟企业思想的出现,是适应信息化发展的管理思想革新的具体表现。

上述仅仅叙述了信息化对经济发展贡献的部分表现。实际上,国民经济信息化涉及经济社会的各个领域,而且其贡献的表现形式也是多方面的、多角度的。

7.2.3 我国信息化建设的进程

中国信息化的进程经过了一个曲折的发展过程。

20 世纪 70 年代末期以前,只有军工等少数领域和单位使用计算机技术,这可以说是计算机应用的初级阶段。它的基本特点是局限在国防、科研、院校等重点单位,应用面窄,涉及的领域窄,仅局限于计算机技术本身及少数孤立的应用,和通信技术没有紧密的联系。从经济特征来讲是在计划经济的阶段,没有形成市场的机制和环境,以计划分配的手段分配给其应用单位使用。这一阶段可以说只是计算机技术的应用,整个经济与社会的信息化还没有提到议事日程上来。

改革开放使计算机应用开始走向市场。其特点是计算机的应用扩大到了经济领域、政府管理领域。在技术上的特点是不仅仅用计算机的设备,有硬件、软件和信息服务来支撑的应用,并且出现了计算机和通信的结合,逐步向网络方面发展。这时的提法是"计算机应用的推广",还没有完整的信息化概念。

1984 年 9 月,邓小平同志提出"开发信息资源,服务四化建设"的指示,把信息资源的开发与信息产业的发展,同国民经济的发展与腾飞联系在一起。之后不久,国家成立了国家信息中心,在此后的 10 年左右时间里,全国逐步形成了以中央、省、地、县(市)各级计划部门信息中心为骨干的信息专业队伍。20 世纪 80 年代中期开始,全国范围内计算机的应用、通信的普及进入了一个新的发展阶段,信息化的任务和目标已经提到了议事日程上。随着市场经济的发展,各地开始涌现出以信息开发为主的企业,一些具有远见卓识的企业家开办了信息公司、咨询公司、经纪人事务所等,它们与各大城市的信息机构相配合,掀起了中国第一次信息化高潮。"七五"期间,国家投资 200 多亿元人民币,重点建成了经济、科技、统计、银行、邮电、电子、铁路、民航、海关、气象、人口等 12 个国家信息服务系统,初步构筑起了国家综合信息服务系统的基本框架。

"八五"期间,江泽民主席指出"振兴我国经济,电子信息技术是一种有效的倍增器,是现实能够发挥作用最大、渗透性最强的新技术,要进一步把大力推广应用电子信息技术提到战略高度,充分发挥电子信息技术对经济的倍增作用,……"。1993 年,以"三金工程"的提出及 1994 年以邹家华副总理为主席的国家经济信息化联席会议的成立为主要标志,中国进入了第二次信息化的高潮。到 1997 年,第一次全国范围的信息化工作会议在深圳召开,首次比较完整地提出了信息化的目标和原则。

2001 年,由朱镕基总理亲自担任组长的国务院信息化工作领导小组成立,极大地加快了信息化进程的步伐。几年来,在这个小组先后五次会议上,先后制定了从各方面推进信息化建设的一系列重要文件,从信息产业(包括软件产业)、信息资源、电子商务、电子政务、信息安全等各个方面,为信息化的建设制定了一系列重要政策和方针。特别是在党的第十六次代表大会上明确了"以信息化促进工业化,以工业化带动信息化"的基本国策。近年来,信息化不断向纵深发展,更加深入、更加讲求实效。电子商务、电子政务、电子社区建设的广泛开展,充分表明了这种深化的广度和宽度。

回顾这一段历史,可以看到,经过这 20 多年的努力,我国的信息化进程已经取得了巨大成就。这个进程的成果可以从以下几个方面去看。

1. 信息基础设施的建设方面进步显著、初具规模

20 多年前,当以叶培大院士为首的一批专家向党中央提出"金桥"工程的时候,我国的光纤通信刚刚起步,信息基础设施处于相当落后的状态。然而,经过这 20 多年的大力推进,我国今天的信息基础设施的建设,无论在规模上还是技术上,均已经居于世界的前列。根据国务院信息化工作办公室提供的《中国信息化发展报告 2006》,到 2005 年底,我国的电话用户已经达到 7.4 亿,其中固定电话 3.5 亿,移动电话 3.9 亿。固定电话主线普及率达到 27线/百人,移动电话普及率达到 30.3 部/百人。互联网上网人数达到 11 100 万,联网计算机4950 万台,国际出口带宽 136 106MB。这些数字充分表明,我国的信息基础设施已经实现了跨越式的发展,在规模和技术水平上处于世界先进行列。

2. 信息技术的应用渗透到经济的各个领域,特别是在传统产业和农业中产生了巨大的作用

应用是技术发展的根本推动力,信息技术和信息基础设施的作用只有在广泛的应用中,才能真正得到实现。从这种意义上讲,信息化的成果必须在整个经济系统的效率提高和结构改善上体现出来。在这方面,20 几年的进展也是非常明显的。

在信息技术的推动下,钢铁、石油化工、建筑材料、电力等传统行业的应用取得了显著的成果。例如,中国石油天然气集团公司建立了电子商务平台,仅在 2005 年 1—11 月,就节省了采购费用 25.96 亿元。全国约 80％的浮法玻璃生产线采用了计算机控制系统,在提高质量、节约能源、降低成本方面成效显著。2005 年,国家电力调度数据网已经建成,四大电网相继联网,运行和管理水平明显提高。特别值得注意的是农业的信息化建设,在近年来得到了更多的关注和迅速的发展,覆盖省、地、县、乡的农业信息网络平台初具规模,建立起了以中国农业信息网为核心的、集 20 多个专业网为一体的国家农业门户网站。

3. 作为信息经济的重要部门和生长点,信息产业(包括电子信息产业和电信服务业)发展迅速,已经成为我国经济发展最快的领域之一

信息产业的发展水平是一个国家的经济发展的重要方面和突出标志。我国的信息产业(包括电子信息产业和电信产业)近年来发展迅速,已经成为经济增长的重要推动力之一。2005 年,我国电子信息产业的增加值占全国工业增加值的 13.6％,对于 GDP 增长的贡献达到 8.8％。计算机、手机、彩电等产品的产量稳居世界首位。在国家政策的鼓励下,软件产业发展势头强劲,2005 年,软件产业实现销售收入 3900 亿元,增长 40.3％,出口 35.9 亿美元,增长 28.2％。

4. 信息技术的应用渗透到社会生活的各个领域,信息化作为全面的社会变革的作用正在逐步显示出来

信息化是一场全面的变革,经济的变革是基础,但不是它的全部。电子商务、电子政务、电子社区就是这种变革的具体体现。电子商务带来的不仅是经济的增长和贸易的繁荣,它更是经营模式和管理体制的一场变革。新型的供应链和信息服务体系正在形成,国家商务部的网站已经成为政府网站中点击量最多的网站,表明这种新型的服务方式和经营方式正在逐步走向成熟,为社会所普遍接受。2006 年 1 月,中国中央政府门户网站(www.gov.cn)正式开通,标志着我国的电子政务建设进入了一个新的阶段。到 2005 年底,中国政府域名(gov.cn)注册量已经达到 23 752 个,政府网站达到 11 995 个,分别比上一年增长 45.5％和 16.9％。电子政务在建设和谐社会、提供服务功能方面的作用正在开始显示出来。到 2005 年底,社会保障卡的持有人数已经超过 1800 万。

5. 与经济基础的变革相配合,上层建筑的深刻变革,包括法制、教育、文化、思想的变化,取得了明显的成果

信息化进程的深入,很大程度上表现在对于上层建筑变革的推动。近年来,在法制建设、教育、文化、科学等领域中,信息化的作用和影响正在逐步显露出来。在法制建设方面,2005 年 4 月,《中华人民共和国电子签名法》的正式实施是一个里程碑,其他的一系列相关法律法规也正在制定之中。这种以法律形式固定下来的、信息时代的利益和权利的界定,将对于信息化的健康发展起到极其重要的保障作用。在教育领域、文化领域和科学研究领域,远程教育、网络文化、电子游戏、新的交叉学科、新的学术思想、新的社会思潮等新现象、新事物、新问题不断涌现。从根本上说,这些都是信息化这场社会大变革的组成部分和必然产物。这些新的事物,需要人们去认真研究和分析,寻找合理的认识和有效的应对策略,这是这一代人的不可推卸的历史责任。

总之,我国的信息化进程中,在信息产业和信息基础设施迅速发展的基础上,信息技术的应用在社会生活的各个领域已经取得了明显效益,在提高生产和管理水平、节能降耗、稳定生产过程、提高质量和工作效率、促进和谐社会建设等方面取得了一系列经济效益和社会效益。

但在信息化进程中,人们也还面临着许多困难和问题,需要很好地研究和解决。我国目前信息化进程中存在的主要问题包括:信息化意识有待进一步提高、信息资源开发不足、重硬轻软、信息人才短缺、信息法规不健全等。这就要求人们认真地处理好信息化进程中的各种关系,克服前进中的困难,保证信息化健康地、有效地进展。

从信息经济发展的全局来看,以下一些问题是特别需要注意和正确处理的。

1) 正确处理经济信息化与社会信息化的关系

信息化的发展遍及各个领域,由于国力,包括财力、物力、人力等因素的限制,应选择有限目标,突出重点领域。

现时期国家工作重点是以经济建设为中心,因此,国民经济信息化应该是重点。在经济信息化领域,以"金"系列工程为重点,促进企业信息化和产业信息化。企业信息化是产业信息化的基础,企业在研究开发、设计制造、经营管理、市场营销等各个环节都有信息化的问题,这对企业研究竞争环境、了解竞争对手、制订竞争对策,以便在竞争中取胜至关重要。然而,经济与社会是密切相关的两个领域,国民经济信息化在实践中也必然要扩展到社会生活的信息化。对此,各级政府应当有充分的认识,不能把信息化单纯地看成经济工作,而应该把信息化作为建设和谐社会的一个重要的战略举措来看待。

2) 正确处理信息化的地区布局

中国是一个经济社会条件很不均衡的大国,农业生产还不发达,还处于工业化阶段,因此在促进信息化进程中,不能急于求成,也不能失去机会,应该是:选定条件相对较好的地区作为信息化的重点地区,集中力量先进行示范建设。比如,广东的珠江、上海、北京,以及一些沿海地区,信息化的需求强烈和迫切,党政领导高度重视,经济比较发达,技术力量相对较强,居民的收入水平和承受能力相对较高。对这些地区可以进行试验性示范建设,以积累经验。但是,不应当认为信息化只是有钱的地方的事情,与其他地区没有什么关系。事实上,信息化正是这些地区摆脱贫困、发展经济的有效途径和出路所在。因此,在内陆省区特别是西部的一些有条件的地区和城镇,部署信息化先行点,利用现代信息技术提供的有利条件,发挥后发优势,正是一种改变落后面貌的有效手段。

3) 正确处理信息设备制造、信息网络建设和信息资源开发三者之间的关系

在信息化进程中,一定要避免历史上出现过的"重硬轻软"、"重技术装备、轻信息内容"的倾向。就目前我国的实际情况看,无论是信息设备制造、通信网络建设和信息资源开发这三方面都与发达国家有很大差距,但差距最大和最薄弱的环节还是信息资源开发。信息设备和通信技术落后,还可花钱引进,或者通过研究开发,利用"后发效应"变为先进,而开发信息资源的客观困难和复杂程序则更大。这同国民的文化素质以及政府与企事业单位的管理水平密切相关,也同历史上形成的现行体制密切相关。中国的经济和社会信息资源只能靠自力更生开发,靠长期的积累和不断的更新,靠艰苦的协调与组织。除此之外别无他路。因

此，在推进信息化的过程中，应高度重视和积极促进信息资源的开发和利用。

4）加快信息标准、规范和信息立法建设

分清轻重缓急、有序地促进信息化需要加强全国范围的信息标准、规范和信息立法工作，是信息化建设的迫切需要。这样做一方面可以避免各行其是，在全国统一的标准下建设信息化，另一方面便于与国际标准接轨。对国际上成熟的标准、规范，可以实行"拿来主义"，避免了许多重复劳动。目前我国已经通过了"电子签名法"，还没有"信息法"、"通信法"、"广播电视法"、"数据库振兴法"、"政府信息资源管理法"、"信息市场管理法"等，这是国民经济建设和社会发展所急需的。立法先行是信息化正常有序发展的必要条件。

5）开拓思路，通过多种途径，大力发展基于信息技术的新型服务业

基于信息技术的新型服务业是信息社会的重要的、不同于传统产业的新兴产业。从世界经济的发展可以看到，它在经济与社会发展中的地位和作用越来越大。因而基于信息技术的新型服务业究竟怎样发展，以及朝什么方向发展的问题，实际上就是我国经济如何适应市场经济发展、如何应对全球化挑战的根本问题。信息化建设的实践表明，多种形式的、面向各种迫切的社会需求的、基于信息技术的新型服务业是满足新时代社会和广大人民的物质和文化生活的需求的有效手段，也是建设文明和谐的社会的重要措施，这是我国的经济建设的一项基本的理念和思路。

6）大力加强信息化所需要的、各种类型、各种层次人才的培养

信息化人才不仅要熟练掌握现代信息技术，具有丰富的科技知识和较高的外语水平，有信息搜集、处理、研究、传播方面的知识和能力，还要有经济、管理、营销等方面的知识。目前，信息机构拥有一定量掌握了电子、经济、管理、图书情报等技术人才，在信息服务部门发挥了重要作用，但掌握全面知识的较少。我国过去没有专门培养信息服务业专门人才的院系和专业。现有培养出来的大学生，包括计算机专业和图书情报专业等相关专业的学生，虽然掌握了电子信息技术或图书情报专业方面的知识和技能，但在现代意义上的信息搜集、研究和传播方面的知识，以及经济、管理、法律方面的知识往往不够。同时信息化需要的人才是多方面的、多层次的。例如电子商务，不仅需要策划和组织的高级人才，同时也需要大批的运行、维护、管理的实施人才。我国的现行教育体制和社会对于人才的现实需求之间的矛盾，越来越突出。虽然近年来，我国的大学大规模地扩大招生，数量的增长明显，但是，质量问题，特别是所谓结构性的人才短缺现象，已经引起了教育界内外的普遍关注。所以，加强信息人才培养仍然是信息化进程中的一项紧迫任务。

7.3 信息化发展水平的测算

前面的两节从概念上对于信息化和宏观的信息经济进行了讨论，作为经济学中的科学概念，很自然地需要进一步探索定量的评价和描述的方法。没有这样的科学方法和指标，就不能对于信息经济和信息化进行具体的、深入的分析和考察。必须看到，传统的经济学的评价和描述方法是不适用的，因为它们所依据的基本假设和理念已经不符合信息时代的实际。所以需要探索新的、符合信息时代的经济生活的描述和评价方法。这是个新问题，至今在学术界有不同的理解和观点，可以说还没有完整的答案。本节将对于这方面的研究和应用的

基本情况进行简要的、概括的介绍。

7.3.1 信息化水平测算的一般方法的研究

从信息化概念的提出开始,关于测度和指标体系的问题就一直是各派学者普遍关心的热点问题。几乎所有涉足信息化研究的学者都对此提出过自己的见解。限于篇幅,在这里只介绍其中影响较大的三位学者的观点和方法:马克卢普、波拉特和小松崎清。

1. 马克卢普的知识产业测度理论

马克卢普(Fritz Machlup)是信息经济的最早的倡导者之一。他的测算方法是在这方面的最初尝试。他一生出版了许多著作,发表了百余篇论文。在知识产业领域的主要著作有《美国的知识生产和分配》(1962),《知识:它的创造、传播与经济意义》(第一卷《知识与知识生产》(1980);第二卷《知识的分支》(1982);第三卷《信息与人力资本经济学》(1983))和《教育与经济增长》等。

马克卢普的出发点是把知识的生产和传播作为经济活动加以考察。在他看来,知识包括以下 5 方面内容。

(1) 实用知识:对于人们的工作、决策和行为有价值的知识。实用知识可以根据人们的行动进一步分为:①专业知识。②商业知识。③劳动知识。④政治知识。⑤家庭知识。⑥其他实用知识。

(2) 学术知识:就是能够满足人们在学术创造上的好奇心的那部分知识。学术知识是科学知识,以及一般文化的一个组成部分。

(3) 消遣知识:是指满足人们的好奇心,或者能够满足人们对娱乐等需求的知识。这类知识常常包括小说、故事、幽默、游戏等。

(4) 精神知识:这类知识用于满足人们的精神需求,例如宗教知识等。

(5) 多余的知识:这类知识不是人们有意识获取的知识,通常是由于偶然,或无意识地保留下来的知识。

后来,马克卢普又从科学的与历史的、一般抽象与特殊具体的、分析的与经验的、永恒的与暂时的角度,对知识类别进行概要的分析。一般地说,马克卢普的"知识产业"研究基本上就是对上述 5 个层次内的知识,特别是前 3 类知识的生产与分配问题进行分析。

马克卢普认为,科学本身就是一项知识生产活动。从经济的角度看,科学生产知识可以被看成是对于提高未来的生产率的一种投资;从另一角度分析,科学知识又是作为社会生活的消费品之一而受到部分社会成员的偏好,人们对它进行投资是为了获取知识满足消费。这样,知识的生产就是一项投资,它是作为社会中间产品而为人们所使用。知识在社会生活中的这种经济意义使马克卢普看到,可以从知识角度重新对待社会投资及其相关的资本理论。首先,马克卢普从各种形态的知识产品中区分出知识存在的以下3 种基本形式。

第一,储存于那些建立在成本巨大的研究与发展基础上的技术规范以及由此而专门制造出来的物质性机器与工具中的知识。例如,计算机软件、飞机机体、雷达仪器等。这些知识可以称为固化在物质形态中的人类智慧。

第二,储存在那些接受过教育与职业培训的"知识传输者"和技术工人身上的知识,即个人所拥有的知识与技能构成知识储存的第二种形式。

第三,储存在那些既不属于具体的物质机器,也不属于"知识传输者"和技术工人等个人,而是以某些社会规定的形式存在的知识,例如专利。这些知识需要时间和劳动成本才能产生和普及,如有关一项新的生产加工工艺的发明等。这种知识或者在专利形式下被一定的生产者占有,或者以公共财货形式被任何需要利用它们的个人或集团所使用。

与这3种知识储存形式相对应形成了资本的3种形式,即物质的或具体的资本形式、人力资本形式和非物质非人力资本形式。所有资本理论都将涉及下述4个基本概念:①耐久但可耗尽、有价值但可折旧的资源储备。②可增加资源储备的投资或积累。③伴随资本或投资带来的服务与收益等的流动量。④附加劳动所形成的附加价值。这样,马克卢普为其资本的3种形式找到了逻辑上的依据,在一般资本理论中增加3人力资源的要素。按照马克卢普的意见,物质的或具体的资本和人力资本固然都与知识因素有着密切联系,但只有非物质非人力资本才完全由知识构成。也就是说,物质资本与人力资本未必一定以知识活动或知识投资为基础,而非物质非人力资本则必须与一定的知识活动或知识投资相联系。这里,非物质非人力资本基本上是一种无形资本,它是教育、研究与发展等知识生产活动的产物。

区别知识储存形态与资本的三个类别的最为简单的方式,就是分析利用它们带来的各种收益的流动。储存在机器或类似物质形式中的知识是以这些机器或物质形式的事物的市场销售价格的交易收入形式,或以这些机器或物质形式的事物所创造的产品的销售收入的形式体现出对它们投资的回报;储存在个人身上的知识以提高劳动者的技能而获得的工资形式反映对它们的报酬;最后,储存在非机器非个人中的知识以提高劳动效率或生产要素效率的收益,通过垄断利润或提高生产者实际收入的形式体现对它的报酬。马克卢普称这种报酬是一种"无形的"资本带来的收益。既然作为"无形的"资本形式的知识能够给人们带来收益,那么,就没有理由阻止追求利润极大化的市场参加者开展大规模的知识生产活动。当这些知识生产活动达到这样的程度,即人类发展的各个方面都已经不可脱离知识资本而发展时,人们开始认识到在经济领域将知识生产的社会组织活动以"知识产业"概念加以概括而给予特别的对待,不仅是必要的,而且是可行的。这样,马克卢普就提出了"知识产业"的概念。

"知识产业"(knowledge industry)一词最早是在马克卢普《美国的知识生产与分配》第3章"生产知识产业及其职业"中正式提出的,马克卢普在这章中同时给出了知识产业的一般范畴和最早的分类模式。一般说来,知识产业是指这样一些厂商或组织机构,而且在某些情况下可能还包括家庭和个人,他(它)们生产知识,特别是信息产品和服务,无论这种生产的目的如何。很明显,马克卢普的知识产业的范围大到几乎令人眼花缭乱的程度,但这种"几乎无所不包"的知识产业主要由5个分支30个产业构成。它们是教育、研究与发展、通信媒介、信息设备和信息服务。马克卢普在此基础上建立起了对美国知识生产与分配的最早的测度体系,即马克卢普信息经济测度范式。

马克卢普选择了1956年和1958年为测度基准年,通过对美国1958年国民生产总值的调整测度得出:1958年美国知识生产总值为136 436百万美元,大约占其国民生产总值的

28.5％或29％；人们可以从知识产业各分支对国民生产总值贡献从高至低依次为：教育、通信媒介、信息服务、研究与发展和信息设备。知识产业中各分支之间对国民生产总值贡献大小的排序，对于分析国家经济发展结构与投资结构具有重要意义。马克卢普还计算出1958年美国知识产业经费来源，说明消费者才是知识产业发展的最大的支持者，其次是厂商企业，政府对知识产业的财政支持程度处于最末地位。显然，美国知识产业发展的这种财政支持状况及其结构，对于发展知识产业的后来者在制定信息产业发展战略和政策上具有重要的参考价值。此外，马克卢普发现，在美国国民生产总值中，知识产业生产的增长率是其他生产部门生产的平均增长率的25倍。据此，马克卢普预言，在不久的将来美国知识生产的产值将接近或超过国民生产总值的50％。

此外，马克卢普还对于相应的知识职业和知识生产者的地位和作用进行了分析。马克卢普得出这样一个结论：1959年美国知识生产者已占总劳动人数的31.6％，如果将所有已达到工作年龄的全日制学生计算在内的话，这项比例将达到42.8％。马克卢普的研究引起不同领域众多学者的关注。可以说，马克卢普知识产业论在社会科学界的影响，超过了在经济学界的影响。

宏观信息经济的测度理论和方法最早由马克卢普确立，后经波拉特进一步发展。马克卢普1962年出版的《美国的知识生产和分配》，是一部奠基性的具有国际影响的宏观信息经济学著作。它在20世纪60—70年代先后被译成法、德、意、俄、日和西班牙6种语言文字，其后他又有一系列的有关著作发表。然而至今，马克卢普在宏观信息经济学中影响最大的著作依然是《美国的知识生产和分配》一书。该书刚出版，就引起了经济学界的注意，《美国经济评论》和《政治经济学杂志》等国际一流杂志纷纷载文评论，这类评论文章甚至持续到20世纪80年代。1963年，制度学派的代表人物肯尼思·鲍尔丁（Kenneth E. Boulding）在《挑战》杂志上以《知识产业》为题，对马克卢普的知识产业思想和测度结果做了简要的介绍，并提出一个被广泛引用的评论："知识产业的这个概念所具有的能量，足以将传统的经济学炸飞到九霄云外。"此外，吉比特·伯克（Gibert Burck）在《幸福》杂志（1963）也做了相类似的评论，并模仿马克卢普测度方法，得出当年美国知识产业生产占国民生产总值33％的结论。

作为开创性的工作，马克卢普的工作产生了深远的影响。例如威尔逊·迪扎德（Wilson P. Dizard，1983）对马克卢普的工作评价道，这是一项"有用处但不完全的工作"，它"在确定或划分美国以信息为基础的社会经济活动的规模及大小上迈出了重要的第一步"。当然，人们也对马克卢普知识产业论提出种种批评，特别是来自经济学的评论。这些批评归纳起来有两个方面，第一，马克卢普将教育，特别是大学教育也划入"知识产业"，使某些研究者感到不安，甚至某些大学教授和学生对马克卢普提出指控，说他将大学比作"知识工厂"破坏了大学自由和独立于社会之外的传统；第二，马克卢普宽泛的"知识"概念，以及他将许多未被列入常规的国民生产总值核算体系的社会活动或职业列入其核算内的做法，成为批评者反对其理论和方法的主要论据之一。然而，即使是那些对马克卢普思想或方法进行猛烈批评的人们，也不得不承认正是他使"知识"和"知识产业"概念成为经济学理论中的基本观念之一。

马克卢普《美国的知识生产和分配》客观上成为西方学术界持续长达20余年的所谓"知识社会"、"信息社会"、"后工业社会"和"电子社会"等形形色色的各种思潮的先导。将马克卢普作为信息社会思想的首创者不是没有理由的。

2. 波拉特的 GNP 比重法和就业结构分析法

继马克卢普之后,美国经济学家马克·尤里·波拉特(Mare U. Porat)有关信息经济的研究工作是引人注目的。其研究成果成为世界各国对信息经济学的研究以及对信息经济测度的典范之一。

1977 年,美国商业部出版九卷研究报告《信息经济》(The Information Economy)。作者波拉特以马克卢普的理论为基础并吸收了丹尼尔·贝尔的"后工业社会论"思想,以全社会所有的信息活动为范围,把第一、第二、第三产业中的信息与信息活动分离出来,构成了独立的信息产业,进一步对美国信息经济进行了定量测算。波拉特系统地论述了国家信息经济规模的主要测度指标。他的工作为信息经济和信息产业的定量研究提供了一套可操作的方法。1981 年 OECD(经济合作与发展组织)成员国开始采用波拉特的理论和方法测算各国的信息经济规模和国民经济结构。1985 年底,联合国组织的"新型信息技术和发展"专辑中,专门系统地介绍了波拉特的理论和方法。

波拉特理论和方法的核心内容是将信息部门从国民经济的各部门中逐一识别出来,形成自己独特的分类体系。其识别的标准是根据各种经济活动与信息的形态转换的相关度而确定的。

波拉特首先将美国的经济结构进行了重新划分,在概念上分为信息部门和非信息部门。信息部门生产和分配国民经济中所需要的一切信息产品和信息服务,而非信息部门则提供物质产品和服务,它包括公共制造部门和民间制造部门。把信息部门进一步区分为一级信息部门和二级信息部门,是波拉特的一个重要思想。

一级信息部门是指直接向市场提供信息产品和信息服务的产业,例如电信、印刷、大众传播媒体、广告宣传、会计工作、教育等。

二级信息部门是指生产的信息仅供单位自身消费的部门,例如大部分政府公共部门和一切私人企业的管理部门。事实上,在政府部门和各种企事业部门内部也存在着信息劳动、信息产品和服务的生产和消费,它们在本质上与一级信息部门没有什么区别。但这些具有经济意义的活动,其价值是通过非商品化形式,不通过市场交换,而是通过分配实现的。政府公共部门包括政府中一切发挥信息功能的部门,而民间管理部门是在非信息企业中从事纯粹信息活动的部门。例如,钢铁厂显然不属于一级信息部门,但其内部却存在信息劳动、信息工作,如研究设计、技术开发、数据处理、财务会计等都是信息工作。这些信息劳动所提供的信息服务价值虽然没有在市场上直接反映出来,但是作为成本被计入该企业产品的市场价格中,波拉特认为它们是属于二级信息部门的。

波拉特首先从美国"国家产业划分标准"(SIC)中识别出 116 个信息行业,将它们归纳划分成 8 大类:

——生产知识和具有发明性质的行业;

——信息交流与流通产业;

——风险管理业;

——调查和协调业;

——信息处理与传递服务业；

——信息商品业；

——部分政府活动；

——基础设施。

它们构成了一级信息部门。在此基础上，采用了最终需求法和增值法来测算信息部门的产值，并利用投入产出表及模型方法作了详尽的投入产出分析。

1）最终需求法

主要用来测定独立的商品化信息部门的产值。计算公式为

$$GNP = C + I + G + (X - M)$$

其中：C(消费)表示消费者对信息部门最终产品和服务的需求量和消费量；I(投资)表示企业对信息部门最终产品和服务的需求量和消费量；G(政府购买)表示政府对信息部门最终产品和服务需求量和消费量；$(X - M)$(净出口)表示信息部门产品和服务的国外销售额减去从国外的购买额。用最终需求法测定信息市场的产值时，C、I、G、$(X - M)$这4个指标分别代表信息产品的消费额、投资额、政府购买、净出口。其中，C部分通常还要加上某些估算价值。

2）增值法

这种方法是将所有部门的销售额或营业收入扣除从别的部门购买生产资料的支出之后的余额相加后求得一定时期内社会生产的新增价值总额的一种计算方法。用增值法可以在一定程度上避免 GNP 的重复计算问题。例如，纱厂买进 50 元棉花后，纺成纱，再卖给织布厂，售价 100 元；织布厂买进这 100 元棉纱后织成布再卖给印染厂，售价 150 元；印染厂买进这 150 元白坯布后印成花色布再卖给服装厂，售价 200 元；服装厂买进花色布后制成服装再卖给消费者，售价共 250 元。如果按每一次销售价格总计产值，就达 750 元，其中包含了重复计算的产值。如果将每一生产环节的新增值累计相加就是：$50 + 50 + 50 + 50 + 50 = 250$ 元，这与最后的售价正好相符。

用增值法测定信息市场的产值时，需要运用投入产出矩阵，并把其产品不采用商品形态的非独立的信息部门的增值也计算进去。

对二级信息部门产值的测算是困难的，波拉特的方法是把这类不直接进入市场的信息产品和服务的价值，看成是由这些产品和服务在生产时所消耗的劳动力和资本这两种资源的价值所构成。即二级信息部门的产值由以下两方面可测算的投入量构成。

(1) 在非信息行业就业的信息劳动者的收入；

(2) 非信息行业购入的信息资本(如用于信息生产和服务的各种机器设备等固定资产)的折旧。

在非信息行业就业人员中识别抽取出信息劳动者是较困难的，波拉特从美国 422 种职业中归纳出 5 类职业的信息劳动者。这 5 类信息劳动者可以属于一级信息部门，也可以属于二级信息部门，但是在这里只与二级信息部门的信息劳动者有关。这 5 种类型职业的信息劳动者如下。

(1) 知识生产和发明者(包括科技人员、金融人员、律师、医生、法官、计算机专家、设计师等)；

（2）知识的分配和传播者(包括教育工作者、艺术家、作家、记者、图书馆人员等)；

（3）市场调查和咨询人员(包括信息收集人员、调查人员、计划管理人员等)；

（4）信息处理和传输人员(包括秘书、邮递员、电影放映员等)；

（5）信息设备劳动者(包括印刷工人、计算机操作人员、电信工作人员等)。

在测算二级信息部门信息劳动者收入时，波拉特利用美国劳动统计局的"产业-职业结构矩阵"数据库，将劳动力人数变换为劳动者收入，从而按产业逐步测算出二级信息部门的信息劳动者的总收入。此外，波拉特利用美国经济分析局"产业-资本流动矩阵"数据库，测算出二级信息部门信息资本折旧。将以上两项数据汇总后，即得到了二级信息部门的总产值，再加上一级信息部门的总产值，就得到了信息产业的国民生产总值。

关于信息产业的总就业人数的统计，关键在于如何识别信息职业。由于任何有意识的人类活动都含有一定量的信息利用和处理成分，如一个搬运工人在装卸货物时也会利用杠杆原理等力学知识或经验进行操作。因此，简单地按是否与信息处理有关来进行信息职业的识别和分类是行不通的。

波拉特认为，识别信息职业的一般原则是根据信息劳动的程度而不是根据职业类别来进行区分。即如果职工的收入主要是靠操作符号(文字、数字或编码)等信息而获取的，或职工的工作主要是与信息生产、处理或分配、交换有关，则该职工从事的职业应划为信息职业。相反，一个熟练的机械制造工在操作时虽然也需要进行识别、测量和计算等信息活动，但这些不是他的主要操作活动，因此机械制造工不能划入信息职业。在具体识别和划分时，应在现行的官方职业分类的基础上，运用一般原则进行识别和分类。

在给出上述两级信息部门的基本测度方法之后，波拉特利用这些基本资料，采用投入产出模型对美国信息经济结构作了分析。投入产出分析(Input Output Analysis)是经济学中用于研究经济系统的整体状况的一种有效工具。波拉特运用投入产出分析的方法，考察了一级信息部门同整个经济之间的一般关系。关于这些投入产出分析的详细过程和结果，这里不再详细叙述，有兴趣的读者可以阅读《知识经济的测度理论与方法》一书(陈禹、谢康，中国人民大学出版社，1998.9，北京)。

在对美国经济结构进行这些分析的基础上，波拉特进一步利用美国商业部分析局的数据，对美国信息经济进行有效的测度，系统论述了测量一个国家信息经济水平的两个重要指标：一是信息经济增加值占整个国民生产总值的比重——产值结构及其长期趋势；二是信息产业的就业人数占全社会就业总人数的比重——就业结构及其长期趋势。这两项指标的提出具有十分重要的意义。经过测算他指出，1967年美国国民经济附加值的25.1%产生于第一信息部门，21.1%产生于第二信息部门。这样，1967年美国的GNP中的46.2%与信息部门相关。同时，通过对美国劳动力构成长期趋势的考察他指出，自1955年后，美国信息部门就业人数的比重迅速提高，大约一半的劳动力都与某种"信息职务"有关，到20世纪70年代，该比例已达到55%。

应该说明的是，波拉特的分析是基于1967年美国的经济数据，它充分说明了信息产业的先导性。经过近30多年的信息化进程，许多情况发生了变化，但波拉特的测算方法却仍然是一个为人们普遍接受的基本研究框架。他的工作是开创性的。波拉特的研究是以马克卢普的理论为基础，并在马克卢普的基础上进一步拓展了他的理论。

由波拉特的信息产业分类体系可知,波拉特描述的"信息经济"的范围是非常广泛的。它不仅包括与信息的生产、加工处理和流通直接有关的经济活动,而且包括间接与之有关的信息技术硬件、载体等生产部门或这些部门的经济活动。

波拉特对信息经济的贡献是不容忽视的。哈佛大学教授丹尼尔·贝尔曾对波拉特理论的杰出之处作了如下概括。

第一,波拉特所用的方法论是出色的。在对经济领域里的信息活动作定量化研究时,波拉特采用了 3 种方法进行推算,同时使用了投入产出表。使得不仅马克卢普所创立的第一信息部门,而且对其他部门相互间的影响也都可以做详细的分析。

第二,波拉特的设想是十分出色的。其新颖之处在于第二信息部门的提出。这样,非信息产业,如服务业、汽车工业等与信息有关业务的重要性也可得到阐明。

第三,将就业结构的变化分为 4 个部门来分析,从而更准确地掌握了美国就业结构的变化情况。

波拉特的贡献主要体现在以下 3 个方面。

(1) 提出经济的两大领域划分的观点,一个是包含有物质和能源的转移的领域,另一个是包含从一个模式向另一个模式的信息转换的领域;

(2) 将信息部门划分为一级信息部门和二级信息部门两类部门;

(3) 分别计算两类信息部门对国民经济的贡献,建立波拉特测算体系,从而导致世界范围的信息经济测度活动的广泛进行。应当指出的是,波拉特方法是至今世界上比较通用的方法。因此,为了便于国际上比较对照,对于我国信息产业的测算工作来说,波拉特的方法还是有很大的价值的。

3. 小松崎清的信息化指数模型

利用现有的统计资料,通过一定的计算,得出一个反映社会经济信息化程度的总体指标,这就是用信息化指数来描述信息化发展水平的方法。这种方法最早是由日本学者小松崎清在 1965 年提出和使用的,他从邮电、广播、电视、新闻出版等行业中选出了 4 类、11 项指标作为基础,先将基准年各项指标的值指数定为 100,然后分别将测算年度的同类指标值除以基准年指标值,求得测算年度的各项指标值的指数,再将各项指标值指数求算术平均,即得到测算期的信息化指数。

这些指标是:

——信息量指标:包括 5 项——人均年使用函件数;人均年通电话次数;每百人报刊订阅数;每百人书籍销售网点数;每平方千米人口密度。

——信息装备率:包括 3 项——每百人电话机数;每百人电视机数;每万人计算机台数。

——通信主体水平:包括 2 项——第三产业就业百分比;每百人在校大学生人数。

——信息消费系数:包括 1 项——个人消费中除了衣食住外杂费的比率。

在测算过程中,也可以先测算出信息量指数、信息装备率指数、通信主体水平指数和信息消费系数指数,再求算术平均,即求得信息化指数。

按照这种方法,小松崎清以日本 1965 年的数据为基础,即日本 1965 年的信息化指数为100,对日本、美国、法国、英国、德国 5 个国家进行信息化指数的计算。他的计算结果是,

1965 年美国的信息化指数为 242,居五国之首,英国的信息化指数为 117,居第二位,德国 104,法国 110。

1970 年之后,随着日本劳动就业结构的变化,信息产业的就业人口迅速增加,到 1973 年,日本的信息化指数达到了 221,超过了英国(209)、德国(211)、法国(210)的水平,但是与美国(531)还有相当的差距。

如果按照他的方法测算,我国 1985 年的信息化指数为 37.88,还不到日本 1965 年的一半。如果用日本 1965 年信息化指数为基准 100,到 1977 年其信息化指数为 221,平均年递增率 6.83%。反过去推,日本 1951 年的信息化指数为 40,即我国 1985 年信息化指数大体相当于日、英、法、联邦德国 20 世纪 50 年代初的水平。我国的信息量、信息装备率以及通信主体水准都远远落后于这些发达国家。到 1990 年我国信息化指数已经达到 61.7,平均年增长率为 10.25%,已经达到日本 20 世纪 50 年代末的水平。

运用信息化指数衡量社会信息化水平有许多可取之处,首先该方法简便易操作,所用数据可以准确地得到,可靠性高。它既可用来测算国家或地区的信息化纵向的历史发展进程,又可以横向比较不同国家和地区之间信息化程度的差别。

但这种方法也有其明显的不足之处。从方法论的原则上讲,把不同质的指标进行汇总是有很大的风险的,其实际意义需要非常小心地加以界定和解释,否则就会产生荒诞的结论。其次,在实际的操作时所采用的指数如何选择,是需要认真地考虑的。小松崎清的选择没有反映出人均生产方面的指标,也没有准确反映出信息产业发展的状况。如果说,在 1965 年,电视机的数量可以是一个指标,到了今天,电视机已经普及,这个指标就没有意义了。而光纤通信的数量和水平却已经成为重要的指标,必须加以考虑了。

当然,从科学发展的历史上讲,小松崎清的工作开创了实际地测算和比较信息化发展水平的新的阶段,这是值得肯定的。今天,在实际中使用的许多测算方法,包括宏观的和微观的,许多还是按照他的基本思路制订的。当然,具体的指标内容和计算权重等已经根据实际情况有了很大的变化。

上述 3 种方法在历史上是起了重要作用的,他们的思想和方法值得人们认真学习和借鉴。但是,由于信息化进程本身是一件全新的事物,而且发展的速度很快,变化很大,所以在实际工作中还需要根据中国的实际情况,以科学的、与时俱进的态度进行研究和探索,寻找和建立能够有效地推动信息化进程的测度方法和指标体系。下面两节将介绍我国现在的实际测算方法和工作情况。

7.3.2 国家和地区的信息化水平测算

对于我国的信息化建设来说,建立科学的信息化指标体系,对于评价国家及地区信息化水平,指导全国信息化发展具有重要意义。信息化的迅速发展,对理论研究提出了新的要求,特别是信息化发展水平分析方法的研究显得尤为重要。采用定量分析方法对国家和地区信息化发展水平进行测算,可以从数量上揭示不同国家和地区信息化发展的状况,以及同一国家和地区不同时期信息化发展的程度,从统计规律角度总结信息化发展的一般规律和趋势,为进一步的理论和政策分析创造基础条件。通过对信息化指标的测算,定量地比较国际及各地区的信息化发展程度,可以提高推进信息化建设决策的科学性和准确性,使宏观决策部门和行业管理部门能够有效地指导和促进信息化建设工作,为研究制定经济和社会发展计划提供科学的依据,进而推动我国的经济和社会发展。

我国政府对于这项工作历来非常重视,从 1993 年开始,就组织了国家信息中心、国家统计局、信息产业部、中国人民大学等单位的力量立项研究。2001 年,经过国务院批准,首次公布了《国家信息化指标体系构成方案》的试行草案。该测评指标体系如表 7-1 所示。

表 7-1 国家信息化指标体系构成方案及说明

序号	指标名称	指标解释	指标单位	资料来源
1	每千人广播电视播出时间	目前,传统声、视信息资源仍占较大比重,用此指标测度传统声、视频信息资源	小时/千人(总人口)	根据广电总局资料统计
2	人均带宽拥有量	带宽是光缆长度基础上通信基础设施实际通信能力的体现,用此指标测度实际通信能力	千比特/人(总人口)	根据信息产业部资料统计
3	人均电话通话次数	话音业务是信息服务的一部分,通过这个指标测度电话主线使用率,反映信息应用程度	通话总次数/人(总人口)	根据信息产业部、统计局资料统计
4	长途光缆长度	用来测度带宽,是通信基础设施规模最通常使用的指标	芯长公里	根据信息产业部、统计局资料统计
5	微波占有信道数	目前微波通信已经呈明显下降趋势,用这个指标反映传统带宽资源	波道公里	根据信息产业部、统计局资料统计
6	卫星站点数	由于我国幅员广阔,卫星通信占有一定地位	卫星站点	根据广电总局、信息产业部、统计局资料统计
7	每百人拥有电话主线数	目前,固定通信网络规模决定了话音业务规模,用这个指标反映主线普及率(含移动电话数)	主线总数/百人(总人口)	根据信息产业部资料统计
8	每千人有线电视台数	有线电视网络可以用作综合信息传输,用这个指标测度有线电视的普及率	有线电视台数/千人(总人口)	根据广电总局、统计局资料统计
9	每百万人互联网用户数	用来测度互联网的使用人数,反映出互联网的发展状况	互联网用户人数/百万人(总人口)	根据 CNNIC、统计局资料统计
10	每千人拥有计算机数	反映计算机普及程度,计算机指全社会拥有的全部计算机,包括单位和个人拥有的大型机、中型机、小型机、PC	计算机拥有数/千人(总人口)	根据统计局住户抽样数据资料统计
11	每百户拥有电视机数	包括彩色电视机和黑白电视机,反映传统信息设施	电视机数/百户(总家庭数)	根据统计局住户抽样资料统计
12	网络资源数据库总容量	各地区网络数据库总量及总记录数、各类内容(学科)网络数据库及总记录数构成,反映信息资源状况	吉(G)	在线填报
13	电子商务交易额	指通过计算机网络所进行的所有交易活动(包括企业对企业、企业对个人、企业对政府等交易)的总成交额,反映信息技术应用水平	亿元	抽样调查

序号	指标名称	指标解释	指标单位	资料来源
14	企业信息技术类固定投资占同期固定资产投资的比重	企业信息技术类投资指企业软件,硬件,网络建设、维护与升级及其他相关投资,反映信息技术应用水平	百分比	抽样调查
15	信息产业增加值占GDP比重	信息产业增加值主要指电子、邮电、广电、信息服务业等产业的增加值,反映信息产业的地位和作用	百分比	根据统计局资料统计
16	信息产业对GDP增长的直接贡献率	该指标的计算为:信息产业增加值中当年新增部分与GDP中当年新增部分之比,反映信息产业对国家整体经济的贡献	百分比	根据统计局资料统计
17	信息产业研究与开发经费支出占全国研究与开发经费支出总额的比重	该指标主要反映国家对信息产业的发展政策。从国家对信息产业研发经费的支持程度反映国家发展信息产业的政策力度	百分比	根据科技部、统计局资料统计
18	信息产业基础设施建设投资占全部基础设施建设投资比重	全国基础设施投资指能源、交通、邮电、水利等国家基础设施的全部投资,从国家对信息产业基础设施建设投资的支持程度反映国家发展信息产业的政策力度	百分比	根据信息产业部、广电总局、统计局资料统计
19	每千人中大学毕业生比重	反映信息主体水平	拥有大专毕业文凭数/千人(总人口)	根据统计局资料统计
20	信息指数	指个人消费中除去衣食住外杂费的比率,反映信息消费能力	百分比	根据统计局资料统计

在发布这个重要文件的时候,有关领导指出,国家在制定这个指标体系的时候遵循的原则是:第一,符合中国的国情;第二,便于国际接轨和国际比较;第三,综合性和可操作性;第四,对于各地的工作具有导向性。可以认为,这也正是从事科学研究的人应当遵循的原则。同时,这个指标体系,也体现了我国对于信息化的发展方针和重点。1997 年在深圳举行的首次信息化工作会议上,有关领导明确了信息化的 6 个基本要素:信息资源,信息基础设施,信息技术,信息产业,信息化人才,信息政策、法规和标准的制定。不难看出,指标体系正是按照这样的基本理念制定的。

这几年来的实际测评数据和结果,读者可以从国家信息化测评中心的网站上得到。该中心的网址是 www.niec.org.cn。

7.3.3 企业的信息化水平测算

相对于宏观的信息经济测度来说,对于企业的信息化水平的比较和度量更加多样和复杂。行业的特点、规模的作用、地区和文化的影响,都给企业信息化发展水平的比较带来了困难。近年来,经过大量的实际工作,我国在这方面的工作也取得了可喜的进展。自从2002年以来,国家信息化测评中心根据大量实际情况的分析和研究,提出并不断完善企业信息化的测评指标体系,并在此基础上从2003年开始,评选企业信息化500强,在信息化的推动方面发挥了积极的作用。在这里作为例子,简要介绍一下该中心提出的企业信息化水平测算指标体系。

这个指标体系包括两个部分:基本指标和效能指标。基本指标是从上面的宏观指标体系延伸出来的,从信息化的概念和要素出发,针对企业的具体情况,考虑到实际的可操作性选择和制定的。考虑到需要特别强调信息化建设的实际效益和作用,该体系中增加了另一类指标——效能指标。基本指标包括6类,21项指标;效能指标包括2类,17项指标。共计8类,38项。

基本指标包括以下6类。

(1) 战略地位(1项)企业对于信息化的重视程度,如是否设置了CIO,CIO的级别等。

(2) 基础设施建设(4项)。

① 计算机数量(每百人平均拥有量)。

② 上网的比例。

③ 出口带宽。

④ 投入资金占固定资产投资比例。

(3) 信息技术的应用状况(7项)。

① MIS建设情况。

② DSS建设情况。

③ 信息采集的数字化程度。

④ 核心业务电子化程度。

⑤ 办公自动化发展程度。

⑥ 企业网站建设情况。

⑦ 网络营销情况。

(4) 人力资源(3项)。

① 大专以上学历人员比例。

② 掌握信息技术的人员的比例。

③ 参加信息技术学习与培训的人员数量和比例。

(5) 信息安全状况(2项)。

① 信息安全的投入资金在信息化建设经费中所占的比例。

② 信息安全的措施和制度的实际使用情况。

(6) 与信息化效益相关的指数(4项)。

① 库存资金占用率。

② 资金运转次数(次/年)。

③ 企业财务结算速度。

④ 企业销售收入和利润的增长率。

效能指标包括以下2类。

(1) 适宜度指标(5 个方面,13 项)。

① 战略适宜度(2 项)与企业战略的匹配程度,与技术战略的匹配程度。

② 应用适宜度(3 项)MIS 的适用程度,数据库的适用程度,安全措施的适宜程度。

③ 投资适宜度(3 项)与投资理念的适宜程度、与投资力度的适宜程度,客户反映。

④ 资源匹配适宜度(3 项)与投入结构、人力资源结构、系统运行状况等的适宜程度。

⑤ 组织文化适宜度(2 项)与组织结构、文化建设的适宜程度。

(2) 灵敏度指标(4 项)。

① 信息灵敏度(1 项)对外部信息的收集速度。

② 管理运行灵敏度(1 项)财务决算和分析的速度。

③ 对外反映灵敏度(1 项)客户服务电话的拨通率。

④ 创新灵敏度(1 项)产品创新速度。

这个指标体系还在不断地修改和完善之中,但是它的推动作用已经在实际中显示出来,得到了企业界和学术界的关注和重视,可以作为读者进一步探索和研究的参考。

7.4　信息化政策研究的若干重点议题

信息经济学得到社会各界的重视,一个重要的原因是它与信息化的政策研究密切相关。近 30 年来,在我国的信息化政策研究中,许多重要议题得到了深入的研究和分析,这些工作既是科学研究和学科发展的进展,又是国家制定政策的有效支持。作为信息经济学的研究者有必要加以关注,这不但是学术研究的需要,同时也是知识分子的社会责任。这些年来,与信息经济学相关的政策研究议题很多,不可能在这里详细说明。本节只是选择几个例子加以简要地介绍。

1. 对于经济这个复杂系统的重新理解

从 20 世纪中叶开始的新技术革命,不但从根本上改变了人类社会的经济和生产环境,同时也给人们的观念和意识带来了深刻的变革。从自然科学到社会科学,人们对于客观世界的认识不断深化,以综合集成为突出特点的现代科学思维,正在取代以分析为特点,基本上是还原论的近代科学思维。强调系统、强调全局、强调发展和演化,已经成为科学思想发展的趋势。

在这种新的科学思维中,现代系统科学和博弈论的思想特别值得注意。作为系统工程的理论基础,现代系统科学(包括复杂性科学)近年来发展迅速,为人们认识、研究、处理复杂系统提供了新的工具和思路。其中,顾基发教授提出的"物理—事理—人理"(WSR)理论,以及美国霍兰教授提出的"复杂适应系统"(CAS)理论,特别值得注意。产生于不同背景和环境中的这两种理论,不谋而合地强调了主体(特别是人)的主动性,为人们研究经济等复杂系统提供了新的、有力的思想工具(关于这些理论的详细情况可以参看有关的文献,例如,顾基发、唐锡晋的《物理事理人理系统方法论——理论与应用》,上海科技教育出版社,2006)。作为信息经济学的基本方法,博弈论也已经得到了普遍的重视。特别是纳什近年来关于三方博弈的研究,对于人们重新认识经济系统,提供了有益的启发(例如可以参见纳什 2005 年在北京工商大学的演讲）。

当人们讨论经济和社会的信息化的时候，涉及的经济主体一般有 3 类：政府主管部门、大型企业、中小企业。在目前的一般讨论中，只对于政府和企业的角色加以区分，把大型企业和中小企业混在一起。事实上，这两者的情况和特点是有很大区别的，它们对于环境和外部条件的诉求也是完全一样的，有必要从分析的思路上加以区别对待。

把这个问题一般化，可以回顾一下人类分工产生的历史。由于种种原因，任何分工都不可避免地造成某种不对称，或者说得更直接一点，某种不平等。分工的某一方面占据了优势或强势的有利地位，而另一方面则处于某种意义下的劣势或弱势地位。然而由这种分工合作关系而形成的新的实体（组织、企业、供应链、行业、地区经济、国民经济、WTO、世界经济等）一般地说这种宏观的系统整体，将提供比以前高得多的生产效率。这就是系统科学经常讲的，整体大于它的各部分的和，一加一大于二。然而，这种提高，是以整个系统的存在，即双方的参与和分工关系的确立为前提的。需要说明的一点是，由此形成的整体（无论它叫什么）是一种新的、具有自身利益和行为规律的实体。用系统科学的语言来说是一个新的主体——Agent。这里的关键是，它将具有新的、自身的利益取向和价值标准，而不是简单地等同于强势地位的群体或弱势地位的群体。概括地说，在分工过程中所形成的三类主体中，强势群体和弱势群体在博弈中各自争取或保护自己的局部利益，而整体的根本利益则在于系统的和谐与平衡，而这种平衡的实现只能是有效的博弈的结果，而不是某一个方面的一厢情愿。

把上面的一般理解应用到这里讨论的信息时代的经济这个复杂系统，就可以得到下面的三主体模型，它可以作为进一步详细分析有关的经济问题的框架，如图 7-1 所示。

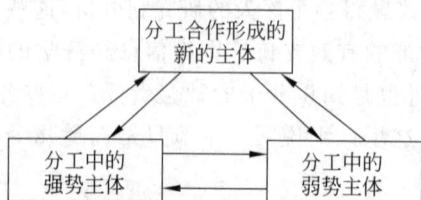

图 7-1　三类主体构成的复杂经济系统的模型

在这个模型中，这三种主体的目标和需求是不同的。比如，在工业化的进程中，占据优势地位的大型企业更多地考虑的是在市场上的份额和领头地位、与竞争对手相比的相对优势、企业发展的后劲和战略等。而中小企业作为在供应链里的从属者，更多考虑的是直接的成本和效益，如何找到更多的订单，节省生产和销售的成本。所以，同样讲企业行为，大型企业和中小企业的实际情况是相去甚远的。至于代表整体利益的政府主管部门（包括地方政府和行业主管部门），作为整体利益的代表，考虑的主要是宏观的发展和协调，是整个地区或行业的健康发展。这三者构成了一个完整的经济的生态系统，缺一不可。

之所以要说明这一点，是因为人们习惯于一种二分法的思维方式，不是讲"政府和企业的关系"，就是讲"大企业和中小企业的关系"，而没有从一个完整的生态环境来看问题。所以这是首先做的一点说明。

2. 关于企业规模、中小企业和企业集群

关于规模，人们多年来形成了一种观念，似乎现代化、进步、发展总是和巨大的规模联系在一起的。在现实生活中，"现代化大生产"、"小农经济"、"规模效益"等习惯用语大量出现在文件、文章、教科书以至媒体里面，表现出这种认识的普遍程度。所谓"80/20"法则就是这种观念的集中代表。然而,信息时代的实际情况,特别是中国改革开放以来的实际情况,对于这种观念提出了挑战。

从分散的、自给自足的自然经济发展到分工合作的专业化的工业经济,是人类历史上的一个巨大进步。在相对来说比较短的几百年中,这种变革"像用魔法召唤出来似的"(马克思语)成百倍地提高了人类活动和生产的能力。究其根源,最基本的就是两条:科学技术的发展,人们的分工合作。用经典的说法,那就是:生产的社会化程度的空前提高。这不但是理论上的科学论断,更是已经为几百年来的现实所一再证实了的客观真理。

问题是:生产的社会化程度的提高,是否就必须伴随着企业规模的不断加大?或者反过来说,随着社会的发展和进步,中小企业是否还有存在的必要和空间?是否已经变得无足轻重、可有可无?正是在这里,人们的认识出现了偏差。改革开放以来,当人们在珠江三角洲和浙江看到成千的充满活力的小企业,像蚂蚁啃骨头一样地推动着经济的发展的时候;当人们看到在硅谷,活跃在巨型企业周边的众多小企业不断涌现出新的技术和理念的时候;当人们逐步接受供应链、虚拟企业、外包等新的概念的时候,对于人们的习惯思维方式的修正就是顺理成章的事情了。

大量实际的统计数据和案例已经充分表明,在现代经济生活中,中小企业发挥着不可替代的重要作用。根据国家发改委 2007 年 10 号文件,到 2006 年 10 月底,我国中小企业和非公有制企业的数量已经超过 4200 万户(其中,经工商部门注册的中小企业数量达到 430 多万户,个体经营户达到 3800 多万户),占全国企业总数的 99.8%;中小企业有力地推动了经济与社会的发展,创造的最终产品和服务的价值已占国内生产总值的 58%;生产的商品占社会销售额的 59%;上缴税收占 50.2%;出口总额占全部商品出口额的 68%;中小企业已经成为我国技术创新与机制创新的重要主体,改革开放以来,我国 75% 的技术创新来自中小企业,80% 以上的新产品由中小企业开发,65% 的专利由中小企业发明;中小企业还对维护社会稳定做出了突出的贡献,提供的就业岗位已占到城镇就业人数的 75%。从 Yahoo、Google 到近两年的 Craigslist、YouTube,大量实例表明,在信息时代,中小企业不仅不是走向消亡,而且有了更大的发展空间,由于 IT 技术的广泛运用,特别是在 Internet 条件下的新一轮专业化分工的浪潮中,中小企业可以做许多以前做不到的事情,在某些方面还具有大企业不具备的优势。

总之,现实告诉人们,"社会化生产"并不一定意味着企业规模的"大",在社会从工业化走向信息化的时候,中小企业不但没有失去存在的必要和空间,而且由于现代信息技术提供的条件和手段,更加显示出它们的特有优势和在经济发展中的不可替代的作用。这种新的认识本身就是信息化带来的变革之一。在工业化时代,由于客观条件的限制,中小企业确实处于明显的劣势地位。由于种种资源的限制,中小企业只能处于大企业的附庸地位,随时会被并吞,只能在夹缝中求生存。他们是分散的、无力的、沉默的、在经济生活中没有发言权的"分母"。在这种意义上讲,"80/20"法则确实是反映了工业时代的现实。然而,正是信息化时代的到来,这种情况正在发生变化。

作为单独的个体,中小企业是经济生活中的弱者;然而作为企业集群的不可缺少的组成部分,中小企业的作用和地位是不可忽视的。在这种意义下,推动广大中小企业,与大型骨干企业一起,形成各种不同类型的企业集群,对于地区和行业的经济发展来说,是一种有效的、重要的手段。企业集群的概念运用得相当广泛，它可以包括地区集群、行业集群、虚拟集群、创新集群等不同的内涵和种类。

必须认识到，作为一个完整的、协调的社会经济系统，中小企业这个群体和大型骨干企业一样，是不可缺少的组成部分。只有大树，没有小草的生态环境，不是一个健康的、稳定的、可以持续发展的生态环境。中小企业的蓬勃发展是整个经济健康发展的组成部分和必要条件。在研究和讨论资源运营的时候，这种观念上的转变是必须的。

3. 从产品经济到服务经济的转变

世界权威的计算机学术团体 ACM，在其会刊（Communication of ACM，CACM）2006 年 7 月号上，以"服务科学"（Service Science）为专刊标题，集中发表了 13 篇文章，从学术内涵、企业理念、统计口径、质量标准等许多方面讨论了"服务经济"的各种问题。特约主编、IBM 的服务研究中心主任 Jim Spohrer 在序言中指出：在过去的 50 年里，服务业的增长异常迅速，并已经成为各发达经济体的最大部门。这种从产品经济向服务经济的转变，已经成为世界经济发展的潮流，并且在向更多的国家，包括我国扩展。转变经济发展方式的任务正是在这样的背景中提出的。

事实上，早在 20 世纪末，关于从产品经济到服务经济的转变已经引起了各国政府和学者的关注。无论从产值来说，还是从就业来看，服务业超过制造业，至少在发达国家已经成为事实。正如 Jim Spohrer 指出的，今天的农业部门虽然只占用了百分之几的劳动力，却为社会提供了人类历史上前所未有的丰富食品，其原因就在于有许多不同类型的公司为农业服务，种子公司提供种子，化肥公司提供化肥，这些专业化的服务使得农业的生产效率有了成百倍的提高。今天，制造业正在经历着同样的过程。基于现代技术的新型的服务企业，为传统的制造业企业提供各种各样的服务。从财务到物业，从秘书到服务器托管，都可以外包给专门的公司，从而提高本企业的效率。

大量理论研究和实际案例都表明，服务经济和产品经济在经营理念、管理模式、质量标准、赢利点等方面存在很多根本性的差别。面对这样的转变，进行经济活动的观念也需要更新。一些跨国公司，如 IBM、微软等，最近一再宣传他们提供的是服务，而不只是产品，正是看准了这种正在发生的根本转变。

对于这样的转变，总地来说人们的准备是不足的，包括观念和体制两个方面。在资源运营问题上的障碍，在很大程度上，正是传统的产品经济的观念和体制造成的。现在迫切需要做的是，认真研究服务经济的特点，切实从为企业服务出发，以帮助传统企业，特别是大量的中小企业进入电子商务为切入点，设计和建立新型的服务机制。

4. 关于资源及其运营方式的转变

科学的发展观还要求人们扩展对于资源概念的理解，建立广义的资源和资源利用的观念。信息资源是现代社会的战略资源。信息资源与能源、材料资源同等重要，在经济社会资源结构中具有不可替代的作用。充分利用信息资源对能源、材料等资源的节约和增值作用，优化资源利用结构，是实现经济增长方式根本转变、建设资源节约型社会、推动可持续发展的重要途径。这些理念是我国改革开放以来的大量经验教训的科学总结，认真研究资源和资源运营,在信息化建设的过程中具有重要的意义。

关于资源,我国的许多企业对于信息、对于知识、对于品牌还没有认识到其作用。我们在研究和调查中深深感到这个问题的重要性和紧迫性。如果还是用传统的观念看待资源,处理资源,就不可能有效地抓住信息时代提供的时机,开创新的局面。这里有两点需要略微展开一下。

第一,资源的概念要拓展。 我国的许多企业至今还停留在"只见物资,不看信息"、"只看有形资产,不看无形资产"、"只看现在,不看将来"的传统的资源观上。如果说到库存、设备、厂房,许多领导如数家珍,一清二楚;然而问到无形资产,如专利、技术、信息、能力则不甚了了,甚至完全没有想过。同样的,对于未来可能成为资源的财富,许多人也没有基本的概念和考虑。至于如上述文件中提到的"与能源、材料资源同等重要"则还远远没有成为普遍的意识。而资源运营的意义恰恰正是发挥这些广义的、未来的资源在经济生活中的潜在作用。因此如果不把这种广义的资源观普及推广,资源运营的发展是很难深入到各行各业,特别是传统产业中去的。

第二,从以占有资源转向整合资源,发挥资源的潜在的作用。 传统的资源观是努力占有更多的资源,就像古代的攻城略地一样。现代的资源观则是"不求所有,只求所用",重在整合与增值。前者是瓜分蛋糕,你多一分,我就必定少一分。后者是发挥资源的潜在价值,一加一大于二,共同把蛋糕做大,实现双赢。前者是家家备一个大水缸,比谁家的水缸大。后者是把水龙头接到千家万户,由自来水公司实现资源的运营和开发,实现全社会和个体两个层次上的资源优化。没有这样一种观念的转变,资源运营是不可能有效地、健康地发展的。

正是因为在资源的问题上存在误区,许多企业总是认为资源紧张,其实,实际的情况往往是:资源的存量不少,流量太少,资源的配置不合理,造成了惊人的浪费。这种情况对于社会主义建设的危害是非常巨大的。在转变经济增长方式,建设节约型经济的过程中,找出切实有效的方法解决这个问题是非常需要的。

基于这样的理念,国外从 20 世纪 90 年代开始就已经开始出现了基于广义的资源观念的、不用现金进行交易的商业模式,即 Barter。目前在美国实施资源运营职能的服务商,主要是 IRTA(International Reciprocal Trade Association,国际互换协会)和 NATE(National Association Trade Exchange,全美互换协会)两大机构。可惜的是,在我国,这个词从开始就被译为"易货",被错误地理解为单纯地以物易物,丢掉了广义的资源运营和资源整合的积极意义,这一误解必须澄清。我国目前不仅存在大量积压的库存物资(数以万亿计算),而且更多的无形资产在闲置、浪费和无效贬值。而在目前的电子商务领域,基本上没有渠道和平台可以进行这样的跨地区、跨行业、跨资源类型的资源运营和资源整合。在这种情况下,有必要恢复 Barter(建议译为"对冲交易")的本来含义,开辟有效的资源运营和资源整合的渠道。

7.5　信息化进程中的上层建筑的变革

马克思主义的基本原理告诉人们,人类社会是一个有机的整体,经济基础的变化必然引起上层建筑的变革。本章的前面几节讨论的经济的变革,毫无疑问地将导致上层建筑的各个领域的深刻变革。作为信息经济和信息化的研究者,很有必要从社会变革的大局去研究和认识这些变革,虽然,这些已经不是经济科学范围内的事情了。近30年来的经验已经一再表明,人们不能就经济谈经济,上层建筑不只是被动地受到经济基础的影响,同时也对于经济的发展和变革有着重要的、不可忽视的反作用。这不仅是马克思主义的基本理念,同时也已经为古今中外的无数事实所证实。所以研究经济科学的人们,从事经济工作的人们有必要对于相关的上层建筑的变革进行了解和认识。作为信息经济学的教科书,这里不可能全面地、详细地讨论这方面的议题。本节仅就和信息经济、信息化进程关系最密切的4个方面:信息化的法制建设,信息化对于教育的影响,信息化对于文化事业的影响,信息化对于科学思想的影响,进行简要的说明。

1. 信息化进程中的法制建设

一种社会体系中的法律制度,是这种社会中的各种利益关系的界定,而所谓利益关系最基本的就是经济关系。从这个意义上讲,法制可以说是上层建筑中,与经济关系最直接相关的一个领域。这一点在信息经济中得到了再一次的证明。

近年来,在知识产权、网络安全、电子支付等问题上,原有法制的不健全所造成的问题越来越突出。在工业化时代,人们关注的主要是物质财富的归属和产权,在这方面的界定经过几百年的发展,已经比较完善、比较明确了。然而,正如上面讨论过的,在信息时代,信息、知识等无形的资源越来越重要。在实践中,人们从实际的商务活动中已经明显地感觉到,原有的法律和制度在涉及处理无形的资源的事务的时候,往往无法给出明确的、有效的答案,需要修改或者重新制定法律或制度。电子签名法就是应运而生的新法律的一个典型例子。在法学界,越来越多的专家学者,关注和参与一系列重要法规的研究和制定,这已经成为信息化工作的一个重要的、不可缺少的组成部分。

对于从事信息经济和信息管理的人员来说,学习和了解有关的知识和最新进展,具有两个方面的现实意义。一方面,自己的工作必须遵守有关的法律和制度,一定不要成为信息立法方面的“法盲”,在不经意中侵犯了他人的权益;另一方面,当自己的权益受到侵犯的时候,要能够自觉地运用法律武器保护自己。其实,这些应当是信息时代的普通公民就需要了解和遵守的,只不过对于在信息时代从事经济管理工作,特别是信息管理工作(如信息系统的规划、设计、咨询等)的人员来说,尤其需要注意学习和了解。

2. 信息化与教育改革

信息化的进程必然伴随着对于教育的全面改革。一方面,信息化的目标——新的物质文明和精神文明,从根本上来说,就是全新的一代管理者和劳动者的培养。信息化的进展需要教育改革,没有教育的全面改革,就谈不上信息化。另一方面,经济和技术的变化使得人才培养和知识传授的内容和要求发生了巨大的变化。人们需要学什么,怎么学,学校的社会职能和任务究竟是什么,都需要重新考虑。特别是信息社会要求的综合型、创新型人才,是传统的教育所无法提供的。国内外的大量实例和统计表明,在信息化的进程中,教育本身的全面改革是历史的潮流。近年来,我国教育领域的巨大变化,正是这种发展趋势的具体表现。

具体地说,信息时代的教育改革涉及内容、方法、体制、观念等许多方面。

从内容上说,日新月异的信息技术已经成为教育甚至中学教育必须的内容;如何在有限的时间内,使走向社会的学生能够较快地适应新的经济和技术环境,怎样才能使我们的下一代,不但能够掌握和运用现代信息技术,而且能够建立起与信息时代相适应的法制和道德观念,这是摆在教育领域的所有人面前的紧迫的、无法回避的任务。而且,客观地说,这个问题至今还没有得到很好的解决。

与此相关,教育和教学的方法也已经不能沿袭传统的路走下去了。以课堂教学为主,以理论传授为主的情况已经无法适应实际的需要。黑板加粉笔的教学方法,在互联网上浩如烟海的知识海洋面前,显得苍白无力、极度单薄。当学生们可以自主地从网上搜索最新的知识的时候,教师应该发挥怎样的作用呢?这都有待于探索和回答。

再进一步,固定的班级教学,学科分割的专业设置,直到现有的学位体系,也都与信息时代的现状格格不入。工业化时代形成的"批量生产"式的教育体制,面对着强调综合性、创新性、多样化、个性化的信息社会,彻底的变革显然是不可避免的。现在的学校究竟应该在社会上发挥什么样的作用,这样的讨论已经在世界范围内展开。

最后,终身学习、全民教育、学习型国家这些关于教育的新理念,已经在各种场合开始讨论和研究。教育已经不再只是学校和教师的事情,它将成为国家和政府的最重要的任务。教育在社会生活中的地位和作用将得到空前的提高。

总之,信息化带来的深刻变革,在教育领域已经得到明显的体现,而且这种变革还只是刚刚开始。

3. 信息化对于文化事业的影响

现代信息技术使信息的复制和传播成本极大地降低,为传媒和文化事业提供了以前无法想象的便利和廉价的手段。从电视到互联网,从录像带到光盘,今天的人们可以享受的文化生活,是 50 年前的人所无法想象的。这是众所周知的客观事实。

然而,对于这一变革的深刻性和带来的问题,并不是大家都已经充分理解的。当任何一个普通观众可以通过手机短信或热线电话发表自己的观感的时候,当青年学生可以很方便地制作并在网上发布自己的录像片的时候,当一场比赛可以向全世界几十亿人直播的时候,人们的文化观念、价值取向、欣赏需求将会发生怎样的变化?在这种情况下,大众文化的评价标准和发展方向将会如何?在这样密集的信息轰炸下,社会心态将会如何变化?特别是,对于青少年的正确导向应当如何进行?这并不是危言耸听,网络游戏和网吧管理已经把类似的问题尖锐地提到了人们的面前。

面对这样的情况,视而不见、回避问题、采取不承认主义是无济于事的;因噎废食、消极堵塞也是不能得到良好效果的;听之任之、放任自流更是不负责任的态度。正确的做法应当是:认真研究新的情况,在正确认识、区分情况的基础上,以正面引导为主,努力减少消极影响。现在许多事情还是处在刚刚开始的阶段,正确的引导可以发挥很大的作用。我们对于人类的前途是乐观的,我们相信,人类的前途是光明的,不管经过怎样的曲折,在现代信息技术的基础上成长起来的新的社会形态,不但会在物质文明方面创造出一个新的高峰,而且在精神文明的建设方面也一定会迎来一个新的高峰。

4. 信息时代的科学思想的变革

科学思想的深刻变化是信息时代的又一个值得注意的重要发展。科学是人类对于世界运动和发展规律的认识。人们经常说的科学,实际上是指从欧洲的文艺复兴以来建立起来的近代科学体系。这个科学体系为工业化提供了思想武器和技术手段,成为人类近几百年来进步和发展的思想基础。它的功绩和成就是没有疑义的。然而需要指出的是,从人类进入 20 世纪以来,随着人类眼界的不断扩大,以牛顿力学和古典经济学为代表的这个科学体系正在面临挑战。特别是,20 世纪后半叶的信息化浪潮,为人类更准确、更有效地认识世界,提供了前所未有的海量信息和更加有力的分析工具,其结果是:人类对于世界的认识有了新的飞跃,不同于近代科学的现代科学的新体系正在建立起来。这可以说是信息化进程的最深层次的成果和社会作用。对此,应该有足够的认识。

现代科学在一系列重要的理念上,纠正了近代科学的偏颇,使人类对于客观实际的认识提高到了一个新的水平。例如,对于人类和自然界关系的认识(环境观念),对于不确定性的认识(风险观念),对于协作和竞争的认识(博弈论)等。科学史的专家指出,现代科学与近代科学相比,在思想方法上实现了以下 5 个重要的转变。

(1) 从片面强调分析,转变为更加强调综合;

(2) 从片面强调量变,转变为更加强调质变;

(3) 从片面强调确定性,转变为认识到确定性何不确定性的统一;

(4) 从片面强调一致性,转变为更加重视多样性;

(5) 从忽视层次间的质的差别,转变为重视层次之间的质的差别。

这场科学思想的变革,席卷了几乎所有的学科。从物理学、生物学、经济学一直到数学和逻辑学,这 100 年里,几乎都发生了根本性的、学科体系的变革。经济学的变革(包括信息经济学的产生)就是一个典型的例子。同时,大批新的学科涌现出来,它们打破了传统的学科划分,开拓了大片以前没有研究过的领域。从 20 世纪中期的三论——控制论、信息论、系统论,到 20 世纪 70 年代盛行的新三论——耗散结构理论、协同学(也称协同论)、突变理论,以及近年来的混沌理论、分形理论、复杂适应系统理论等,极大地扩展了人类的视野。

这场变革有两个显著的特点。第一,几乎所有学科都充分地利用了现代信息技术提供的工具——计算机现代通信技术,这些技术与数学、统计学的结合,极大地提高了人们利用和分析信息的能力。可以说,这一轮科学革命是和信息化分不开的。第二,这场科学思想的革命和实际应用紧密结合的,它不是脱离实际的纯理论研究。

总之,当今世界的科学和社会、经济一样,也正处于深刻的变革之中。21 世纪的全新的科学正在形成的过程之中。这种科学思想的变革,构成了信息化和信息管理的理论基础。

小　　结

本章从宏观的层次上讨论信息经济的有关议题。第一部分(前三节)讨论了基本的理论议题:信息化的概念,信息经济和工业经济的区别与联系,以及对于信息化发展水平的测算方法。第二部分(第四节)从政策研究的角度简要地讨论了 4 个实际工作中经常遇到的议题：关于服务经济的问题；关于企业集群的问题；关于全球经济一体化的问题；关于信息资源的问题。对于这些实际问题的理解和回答，是基于本书前面的各章节所介绍的信息经济学的基本理论的。第三部分（第五节）的讨论延伸到了上层建筑的领域，作为信息时代经济变革的逻辑后果和社会影响，值得研究和学习信息经济学的人们关注。

复习思考题

1. 简述信息化的兴起和发展过程。
2. 什么是信息化？其内涵的构成要素有哪些？其发展方向是什么？
3. 现代社会的三大资源是什么？它们的作用是什么？
4. 论述信息化与工业化的关系。
5. 信息化发展水平如何测度？
6. 什么是服务经济？它和信息经济的关系是什么？
7. 企业集群和中小企业在信息时代有什么新的特点？
8. 电子商务在信息经济中的地位和作用是什么？
9. 信息时代的法制、文化、科学思维有什么新的特点？
10. 我国国民经济信息化进程中应注意哪些问题？

第三部分
信息资源与信息管理

第8章 关于信息资源的经济问题

从资源和资源配置入手,分析和观察经济系统和经济现象,是一个重要的研究视角。从理论上说,目前资源经济学已经成为经济科学的一个重要的、独立的分支。学习和研究信息经济学时,无疑需要认真研究和吸收资源经济学的研究成果和方法。从实践的需要来说,如第7章已经谈到的,重视信息资源管理已经成为信息时代经济不同于工业时代经济的关键区别之一;显然信息经济学很有必要对于信息资源的问题进行专门的研究。本章将从这样一个不同的视角,简要地介绍和讨论有关的理论与实践议题。

本章的8.1节和8.2节将简单地介绍有关的理论背景,包括资源经济学的基本情况和核心议题,信息作为资源的一般性质和特殊性质,资源经济学与信息经济学的关系等。8.3节和8.4节则集中讨论信息资源价值和信息资源配置两个核心问题,介绍有关的理论研究状况。作为一个新的、开放的研究领域,这里更多的是提出问题,而不是回答问题。8.5节和8.6节则介绍了与实践有关的问题——信息资源管理。8.5节从不同角度对于企业管理、产业发展、宏观政策等问题进行一般性的讨论,8.6节简要地介绍了我国信息资源管理的现状和发展战略。

作为信息经济学的一般教材,本书不可能对于这个领域进行更深入和详细的介绍。对于信息资源管理的理论有兴趣的读者,可以阅读有关的专著与教材。

8.1 资源经济学和信息经济学

资源经济学和信息经济学是现代经济科学的两个关系密切的领域。它们都是在20世纪的大变革中顺应社会的需要应运而生的、带有鲜明的时代特色的新型学科。它们之间的相互交叉和融合,不但是理论发展的必然趋势,更是实际的信息化工作的迫切需要。作为信息经济学的学习者,对于资源经济学的基本概念和核心议题进行了解,并且把它和信息经济学有机地联系起来、结合起来,对于理论和实践都是很有益处、很有必要的。

1. 资源经济学的由来与意义

在早期的资源经济学中,资源的概念主要指自然资源,或者说是稀缺的自然资源。资源经济学是关于资源开发、利用、保护和管理中的经济因素和经济问题,以及资源与经济发展关系的科学,它研究资源的稀缺情况及其测度、资源市场、资源价格及其评估、资源配置与规划、资源产权、资源核算、资源贸易、资源产业化管理等。它可以说是一门应用性很强的交叉学科。

资源经济学的研究,最早可以追溯到20世纪初期。1924年的《土地经济学原理》(Ely和Morhouse)是最早的著作之一。1931年,霍林(Hoelling)发表了《耗竭性资源经济学》,提出了资源保护和稀缺资源的分配问题。1940年,Ely和Wehrweln又发表了《土地经济学》，认为土地一词不仅限于土地的表面，它包括一切的自然资源——森林、矿藏和水资源。在中国，早在20世纪30—40年代就有章植的《土地经济学》(1930)、朱剑农的《土地经济原理》(1940)和张丕介的《土地经济学导论》(1944)等。这些工作对于经济科学的发展做出了贡献，为资源经济学的确立奠定了基础。

20世纪60年代以来，以罗马俱乐部的工作为标志，人类对于资源问题的认识发生了质的变化。包括著名的《增长的极限》(梅多斯等，1972年)在内的一系列著作的出版，使得资源和可持续发展的问题得到了普遍关注。随着生态保护主义的崛起和资源有限论的确立，世界范围的资源经济学的研究进入了一个蓬勃发展的时期。如邦克斯(Banks)出版了《自然资源经济学》，之后《经济学理论与耗竭性资源》(Dasgupta，1978)、《自然资源经济学——问题、分析与政策》(Howe，1979)、《经济学和资源政策》(Butlin，1981)、《资源经济学——从经济角度对自然资源和环境政策的探讨》(Alan，1981)、《自然资源经济学》(Daniel，1986)和《自然资源与宏观经济学》(Peter&Sweder，1986)等一系列著作也相继出版。1989年国内翻译出版了艾伦·兰德尔的《资源经济学》，他明确指出，资源经济学是微观经济学的一个分支，是研究自然资源和环境政策的应用经济学。

自从改革开放以来，我国学术界对于资源经济学的研究迅速赶上了世界学术发展的潮流，陆续出版的相关著作有《资源经济学和农业自然利用的经济生态问题》(牛若丰，1984)、《资源经济学》(黄亦妙、樊永廉，1988)、《农村资源经济学》(黄鸿权，1989)、《矿产资源经济学》(贾芝锡，1992)、《资源经济学》(史忠良，1993)和《中国自然资源经济研究》(程鸿等，1993)等。

从最一般的意义上讲，经济学就是研究稀缺资源有效配置的科学。所以，资源经济学的产生和发展，是十分自然的事情。按目前一般的提法，资源包括3大类型：第一类是自然资源，有土地资源、生物资源、气候资源、水资源、矿产资源；第二类是经济资源，有人力资源和资本资源；第三类是社会资源，如人文资源、旅游资源和信息资源。事实上社会资源与经济资源没有严格的区分，在市场化充分发达的经济中，社会资源也同样是经济资源。到目前为止，一般所说的资源经济学仍然是以自然资源为主要研究对象。至于关于经济资源的研究，如把人力资源和资本资源作为最主要的经济要素，均已经发展成为独立的学科领域；而关于社会资源的研究也正在从管理学向经济学扩展，比如近年来从资源的角度，对于文化产业、旅游产业、信息产业等进行的研究都已经取得了一定的进展。

2. 资源经济学的核心议题

资源经济学的研究议题可以从理论和实际两个方面概括。在理论方面，以资源及其配置为核心，围绕着提高资源的利用效率、实现资源配置的优化、保证资源利用的可持续性3个目标，探讨有关的理论和方法。在理论研究的基础上，以土地、矿产、生物、水等各种具体的资源，研究相应的管理的措施和方法，针对资源的生产、资源的流通和分配、资源的开发和利用、资源的管理和保护等各个具体环节，研究现状、分析问题、设计对策、提出政策建议。

事实上，经济学的基本理论就是围绕着资源的优化配置的，所以，多数的资源经济学的著作，都是针对某一种具体的资源，运用经济学的一般原理进行分析和论述。

例如,秦德先、刘春学在《矿产资源经济学》一书中,对矿山企业的经济效益、资源的充分利用和环境保护,勘探成本与利润分析、矿山经营效益、矿床经济评价、矿产资源充分合理利用以及矿产资源开发的环境经济评估核算等问题进行了分析。

一般来讲,资源经济学包含如下主要研究内容:资源概念及资源议题的界定,资源的稀缺程度及其测度,资源市场与资源贸易,资源价格及其评估方法,资源的配置与规划,资源产权问题,资源的核算及其纳入国民经济核算体系的方法,资源的产业化管理,以及部门资源经济学如土地资源经济学和水资源经济学等,此外还包括区域资源经济学。

根据资料,目前资源经济学研究工作和成果中,有不少是很值得参考和借鉴的。以下仅举几个例子。

(1) 最优耗用理论与霍特林定律(Theory of resources optimal depletion or Hotelling rule)。所谓最优耗用理论是关于不可更新资源最优耗用速度和条件的理论。这种理论认为,达到资源最优耗用状态要具备两个条件。以矿产为例,其一是随时间推移,矿区使用费项要以与利率相同的速率增长,即资源在任何时点上时间机会成本应均为零,这就是最佳存量条件,这被后人称为霍特林定律;第二个条件是资源品价格等于资源品边际生产成本与资源影子价格的和,这是资源最佳流量或最佳开采条件。

(2) 资源稀缺程度及其度量和指标(resources scarcity)。资源(如耕地和石油)及资源性产品(如农产品和石化产品)的价格及价格指数,是测度资源稀缺状况的主要指标。价格高或价格指数大,说明资源稀缺度高或稀缺度提高;反之亦然。除此之外,资源性产品的生产成本、原位性资源(只可以就地利用而不能移至他地再利用的资源)的租金(如地租和矿区使用费)等,也是测度资源稀缺状况的重要指标。

(3) 资源的估价与核算(resources pricing and accounting)。资源估价是资源有偿利用和资源市场运作的基础。一般常用的有以下 5 种方法:收益资本化法(renuecapitalization)、市场比较法(market comparison)、市场趋势法(market trend)、影子价格法(shadow pricing)、竞价法(bidding)等。

(4) 资源的产权理论(public goods/common property)。资源产权不同于资源所有权或使用权,是包括资源处置权和获益权在内的资源权利束(bundle of rights)。资源经济学特别关注资源共享和共享资源问题,关注资源共享现象出现的原因、共享资源的有效管理途径等问题。

资源经济学的这些研究成果,对于人们研究信息资源的管理无疑是很有启发的。需要说明的一点是,目前对于信息资源管理的研究基本上还是处在实践的阶段。随着信息化建设的深入,已经出现了不少有关信息资源管理的论著,国际上也已经成立了信息资源管理学会,人们对于信息资源管理也提出了不少方法和概念。然而对于信息资源的经济学研究却还没有引起人们足够的重视,一些零星的研究散见于信息经济学、信息资源管理和其他方面的著述当中。这种理论落后于实践的现状,是人们应该充分认识的。当然,这也给理论的创新提供了很大的空间。

3. 资源经济学与信息经济学的关系

从上面的介绍已经可以看到,资源经济学和信息经济学虽然是从不同的视角看待经济现象,但是作为一个整体的现代经济是不可分割的,因而它们的交会和汇聚是必然发生的。今天,在讨论信息化的时候,必须更多地把信息作为一种重要的资源来看待;同样,在寻找可持续发展的道路,建设资源节约型社会的过程中,也不可能回避和忽视现代信息技术、信息系统的巨大影响。大量事实已经证明,这两个学科的相互渗透和交叉是学科发展的必然趋势。

具体地说,信息经济学对于资源经济学的影响,可以从两个方面进行考察。一方面,信息作为一种越来越得到重视的资源,进入资源经济学的研究视野,并由此扩大和深化对于资源概念的理解。今天,资源经济学已经再也不可能把信息排除在资源之外。对于信息资源的开发利用和合理配置,必将成为现代资源经济学中不可缺少的部分。另一方面,信息在资源优化中的关键作用,使资源经济学也迫切需要吸收和研究信息经济学的相关成果,进一步加强资源优化配置的具体措施的可操作性。

至于资源经济学对于信息经济学的影响,更是从信息经济学的早期就明显地表现出来。资源的优化配置从一开始就是信息经济学的重要的研究课题之一。著名的格罗斯曼-施蒂格利兹悖论,就是从研究价格体系和信息资源配置的研究中提出来的(详见8.3节)。在谈到信息、信息技术、信息系统对于社会的影响和效益的时候,人们总是提到信息对于优化资源配置的重要作用,例如说信息对于其他资源的"倍增器作用"等,这都是资源经济学的原理的具体运用。

因此,可以充满信心地预料,随着全社会范围和企业范围的信息资源管理的实践活动的发展,随着资源经济学和信息经济学两个学科的进一步发展,对于信息资源领域的规律进行深入的、系统的经济学研究必将成为科学研究的一个新的重要领域。信息经济学和资源经济学的这种结合,必将对与现代经济科学的发展做出新的、显著的贡献。

8.2 信息资源的概念

8.2.1 经济学意义下的资源

在传统的资源经济学当中,资源是指自然资源,即在一定的技术条件下,自然界中对人类有用的一切物质和非物质的要素,如土壤、水、草地、森林、野生动植物、矿产、水产动植物、阳光、空气等。

从生命周期的角度,可将资源划分为可再生资源和不可再生资源。可再生资源一般指能够不断繁衍生长的生物资源和可以循环利用的自然资源。但如果耗用无度,也有可能打断再生循环的链条,使其枯竭。例如滥砍、滥捕、过度开采等,使得土壤沙化、森林萎缩、有些生物品种逐渐灭绝。不可再生资源则是指储量有限、形成速度极其缓慢、一般需要几万年甚至上亿年时间才能形成的自然资源,如矿产资源,金属、石油、煤等。

资源的概念是与人类对于资源的有效利用不可分割的。有些学者认为哪怕是已经被发现的但尚不具备开采条件的自然矿藏也还不能被称为资源。所有的教科书总是开宗明义地说明:经济学是研究稀缺资源有效配置的科学。因此,经济学意义上的资源具有以下几个基本属性。

1. 稀缺性

如果某种要素十分丰富，其数量远远超出需要，比如目前地球上的氧气，那就不存在资源合理配置的问题，就没有必要作为资源来讨论。所以经济学中讨论的资源必然是稀缺的。就自然资源而言，它与人类的关系是不可逆的。这从本质上决定了资源的"单向"特征，即资源是供体，人类社会是受体。作为供体的资源总是被消耗的，而人类社会的需求却是无限的。就单个的消费者而言，由于其存在收入约束和生理约束，如每月的收入是有限的，每天24小时是固定不变的，因此可供其支配的资源也是稀缺的。因此无论是对于全人类来说，还是对于个别的消费者来说，资源总是稀缺的。

2. 不均衡性

如果在社会上，在经济系统中资源的分布是均衡的，也就没有合理配置的问题了。所以，经济学中讨论的资源必然是不均衡的。在现实中，无论在质的方面，还是在量的方面，资源都不可能均匀地分布。它们总是相对集中于某些区域，表现出其丰富程度上的差异和地理分布上的差异。同样的资源在有些地方开发成本比较小，开采效率比较高，而在另一些地方开发就比较难，成本就比较高。这也是造成资源稀缺的一个主要原因。资源的不均衡性使得社会分工和贸易具备了必要性，而由不均衡性引起的竞争利益也促进了资源开发技术的进步和利用效率的提高。

3. 竞争性

竞争性来源于稀缺性。这也可以从两个方面去理解。首先，在资源的选择和利用中，人类社会总是努力选择在应用上最为合适的、在经济上最为合算的、在时间上最为适宜的那些资源。不同的资源在接受开发、提供利用上存在着竞争性。例如，用煤还是用石油作为燃料，用木头还是用石头作为建筑材料。其二，在众多需求者中，均不同程度地需要同一类资源。因此，资源的优劣和稀缺特征，必然在资源受体之间引起竞争。也就是说，资源在空间与时间分布上的不均衡性在客观上造成了资源拥有者相互竞争的格局，而为了最有效率地开发利用资源，就存在着开发技术、开发的组织管理等诸方面的竞争。因此，这种经济选择本身就体现了竞争。这样的例子古今中外不胜枚举，比如游牧民族争夺草场的征战，现代国家为了石油而进行的政治、经济及军事方面的竞争等。历史上的地缘政治与战争，实际上往往可以归结到资源之争。

4. 循环性

另一方面，在自然界中，各种资源之间又是相互联系的，并按各自固有的规律运动和转化，保持着一定的平衡关系，例如自然界中水的循环。资源的稀缺性和循环性的联系和统一，为经济学探寻可持续发展的道路提供了新的思路和空间。这也正是近年来资源科学、环境保护科学等迅速发展的动力之一。目前，一些相关理论已经应用于社会实践活动并正在接受检验。比如"轮作制度"、"退耕还林还草"等。这些都是资源经济学理论的具体体现和应用。

8.2.2 信息是一种特殊的资源

从上面对于资源的一般理解不难看出,信息确实是一种资源,由于它在经济活动中的重要作用,人们对于信息越来越重视。它具备了上述资源的 4 项基本特征。今天把信息也作为资源是顺理成章的。

然而,又必须看到,信息资源是一种特殊的资源。它不同于物质资源,也有别于人力资源与资本资源,具有一系列独特的经济学特征,需要人们认识和研究,主要包括以下几点。

1. 相对稀缺性

人们常说,我们处在信息爆炸的时代,那么为什么说信息仍然具有稀缺性呢?

的确,不同于自然资源的可耗竭性,信息资源在客观上是无限丰富的。随着技术的发展,社会分工的深化与人类知识的不断丰富,经过组织序化的信息越来越多,另外科技发现的不断延伸与人类思想体系的扩大,也使得新的信息资源不断增加,因此信息资源存在着不断丰富的趋势。然而相对于人类的需求来讲,特定的信息总是存在于某一个特定的时空点上;对于特定的人群来讲,由于所处的信息环境的局限以及信息获取手段的限制,他们所需求的信息与他们所能获得的信息之间总存在着程度不同的差距。因此相对于人们的具体需求而言,信息总是稀缺的。这也正是无论信息技术如何进步,信息不对称与信息不完全总会存在的原因。

信息资源的相对稀缺性还表现为其无限膨胀的趋势与人们处理信息的有限能力之间的矛盾。过多的信息造成人脑的疲惫和种种心理压力,比如紧张焦虑等情绪,反而影响了人脑创造力的发挥和决策的科学性。人的有限理性使得他不可能充分注意所有的可得信息,有用信息淹没在大量的无用信息当中,尽管有了互联网,可是从信息的海洋中去搜索与需求相匹配的信息,仍然非常不容易,甚至会影响决策的时效性。比如说用 Google 对某个主题进行搜索,常常会出现上万甚至几十万条信息,而且每天还有新的信息不断增加,就算是跟踪阅读,也是十分不易的。这与其说是信息资源的相对稀缺性,还不如说是信息处理能力或"注意力"的稀缺。无论是哪一种稀缺,都要求人们合理配置信息资源,最大限度地提高配置效率。由此可以得出结论,经济学家必须研究稀缺的信息资源的有效配置问题。这当然是信息经济学应当担负的任务之一。

由于信息具有相对稀缺性,专家的作用日益重要。所谓专家,就是在信息资源日益丰富和有用信息相对稀缺的情况下,专门从事专业知识的整合以满足大众需求的专业人士。这就产生了新的产业——信息内容的提供商和服务业。这又是信息经济学需要研究的一个议题。

2. 空间分布的不均衡性

如同自然资源,信息资源在地域分布上也存在着不均衡性。无论是信息技术还是信息内容,在不同国家、不同地区之间都存在着不平衡发展的特点,这被人们用"数字鸿沟"加以描述。信息资源的不均衡分布来源于各国各地区社会科技文化的发展水平和历史积累,同时也与自然资源的丰裕度有关。由于"马太效应",这种不平衡还会自我强化,信息资源的不平衡会越来越大。在信息经济时代,这种正反馈的现象表现得十分明显。

信息资源在空间分布上的不均衡性,根源在于信息资源的产生是与人类活动密不可分的。自然资源天然存在于大自然中,是自然环境赋予人类的生存资料。信息资源来源于人类社会,与社会之间有着更频繁的互动。人类不仅仅是信息资源的受体,同时也是供体。自然资源的有效开发受到人类现有知识技术条件的限制,但其存在具有独立性。而对于信息资源来讲,人类的智能水平决定着特定时期或特定个人的信息资源的量与质,影响着信息资源的丰度与凝聚度。在科研和教育发达的国家或地区,信息资源更丰富,而信息资源越是丰富的地区,科技、教育、经济就越发达。

3. 开发利用的竞争性

对于信息资源来说,从资源的角度讲的竞争性,与从产品的角度讲的共享性并不矛盾。与自然资源相同,信息资源的竞争性是稀缺性与不均衡性的逻辑结果。作为对于人类社会有价值的资源,信息资源的竞争性表现在以下两个方面。

(1) 不同的国家、地区与个人为了寻求更多的发展机会,需要更快更早更多地获取信息。或者说经济的发展要求以更为优越的信息资源优势作为条件或基础。这种竞争在宏观层次上发展到成熟阶段时,表现为传统产业信息化进程之间的竞争。

(2) 信息资源自身的规划、布局、建设、开发与利用效率方面的竞争,是制度与技术共同作用的结果。可能是国与国之间、地区与地区之间的竞争,也可能是企业与企业、个人与个人之间的竞争。这种竞争表现在宏观层次上,就是新兴的信息产业(广义上包括教育、媒体出版、计算机技术及通信等)内部的竞争。

竞争会导致效率的提高,多年来许多学者总在呼吁信息资源的共享,要求有相对统一的管理和规划,避免重复建设和资源浪费。从政府或公益性信息资源的建设来讲,这个观点是正确的。但是从信息资源的市场配置来讲,适度重复有利于形成竞争局面,提高资源利用效率。举个简单的例子,当市场上出现了同类信息的多个资料库的时候,它们的使用价格就会极大地下降,而且功能与效率不断提高,消费者从中得到的好处正是来源于“一定程度的重复建设”所引起的竞争。这也说明仅仅从管理学的角度研究信息资源的建设与开发是远远不够的,还需要从经济学的角度研究信息资源的建设、开发与配置效率,这是非常必要和有意义的。

4. 使用技术上的公共性

在某些方面,许多信息产品具有公共产品的性质。非排他性与非竞争性是公共产品的两个基本特性。在纯个人产品中,财产权决定人们对产品的所有权,拥有财产权的个人可以排斥其他人对该产品的占有。而公共产品却不具有排他性,这或者是因为排他在技术上的不可实现性,比如灯塔上的灯光, 国之内人们对国防的享受。或者是因为尽管排他在技术上是可行的,但排他的成本却可能非常昂贵。信息产品的非排他性原因主要属于后者,尽管有知识产权法律的保护,但信息产品的低复制成本却使得法律的执行成本非常高。

当增加一个人消费某产品的边际成本为零时,这种产品就可以说在消费上是非竞争性的。信息产品正具有这样的特性,当大规模生产时其边际成本也就是复制成本趋于零,即再增加一个人也不会影响他人对该产品的消费。而互联网上的信息更具有这样的特点,在带宽允许的范围内,增加一个人的浏览不会影响他人的阅读。

当信息产品出售之后,生产者很难监督其运行和使用过程,大量的"搭便车者"使得信息生产者的边际收益小于边际社会效益,从而导致信息生产者的成本无法通过市场机制取得有效的补偿,信息生产不足,信息资源配置无效。比如一所大学图书馆购买了某种学术数据库,只允许学校的局域网用户使用,但常常无法控制恶意下载。

使用上的非竞争性与非排他性,导致了信息产品生产的外部性。所谓外部性是指当一方的生产或消费活动,直接成为另一方的生产或效用函数的一个变量时,就产生了外部性。前面已经讲过,经济外部性是导致市场失灵的原因之一,在信息时代这一点表现得十分明显。

关于外部性,庇古曾得出社会福利最大化的又一条件,称为"黄金法则",作为对帕累托边际条件的补充:要使社会经济福利最大化,就要使任一经济行为的边际社会收益等于其边际社会成本。即必须以某种方式让生产者对"负的外部效应"付出代价或从"正的外部效应"中取得效益。外部性使以信息资源有效配置为目标的机制设计面临又一个难题,除了加大政府对知识产权保护力度之外,还需要其他的经济手段与技术手段发挥作用。

这些特点使得信息资源产品在技术上具有公共产品的性质。作为公共产品,纯粹的市场配置会导致效率低下。因此在较大的范围内,信息产品需要由公共部门来提供,这就是为什么科研、教育、信息服务机构大都是政府投资的公益性事业的原因。在考虑信息资源的配置问题时,要分清哪些信息可以由市场来提供,哪些信息必须由政府来提供或资助提供。一般来讲,高使用价值、专用性强的信息产品可以由用户自己开发,比如银行、海关、税务的高保密性的专用系统;高使用价值、用户规模大的信息产品由市场来提供,比如办公软件、ERP系统等;低使用价值、用户规模大的信息产品由公共部门来提供,比如图书馆、情报机构的信息资源。

8.2.3　信息资源在经济活动中的地位与作用

随着经济技术的发展,信息资源在经济发展中的作用日益重要,对信息时代的经济具有基础性的支撑作用。信息已经成为与能量和物质同等重要的资源。信息资源对经济发展的基础性支撑作用体现在 3 个层面上:一是宏观层面,信息资源的开发利用对经济社会资源的优化配置发挥着重要作用;二是中观层面,即信息资源的开发利用产业化,形成新型的信息服务和信息内容产业,成为新的经济增长点;三是微观层面,也就是企业对于信息资源的利用。

信息资源对经济发展的重要作用,首先体现在宏观层次上,即信息对全社会资源开发与配置的重要作用上。相对于人类的需求与现有的开发利用能力,自然资源总是稀缺的。因此,稀缺资源的有效利用就备受人类社会的关注。人类通过开发利用信息资源提高劳动生产的水平,加快技术进步,提高劳动者的素质,加速了资本周转,提高了资本的利用效率;同时,市场信息资源的开发利用又极大地提高了物质产品的交换效率。这都从本质上提高了自然资源的开发能力与配置效率。自然资源的储量大多是有限的,而且是不可再生的,信息资源的使用将会极大地减少资源开发利用过程中的浪费,节省自然资源。从资源的角度来看,信息资源通过提高人类的劳动生产率来满足社会不断提高的物质与精神需求。同时,信息资源作为精神产品,又极大地满足了人类的精神需求,从而提高了人类的生存质量。

从管理的角度看,宏观经济的管理越来越离不开信息资源的开发利用。现代市场经济的运行,已不再是古典的自由竞争时代,各国经济的运行都离不开政府计划的宏观调控。从信息流转的角度看,宏观调控是指政府运用所掌握的经济运行信息,做出有利于促进经济增长、减少失业、保证经济安全、优化产业结构等目标的宏观经济计划。因此,科学的决策依赖于对目前经济信息的准确把握和未来经济信息的合理预期,信息资源,尤其是经济信息资源的开发对于宏观经济的运行十分重要。

政府进行宏观调控所需要的信息包括各部门、各地区的增长状况、结构变化、人力资源现状,重要产业部门的市场状况、物价情况,科技、文化、教育、卫生的最新变化,政府内部的运作及效率情况,世界经济及国际政治的变化及趋势等复杂而庞大的经济变量。政府各级部门在执行多种职能的同时,还有一个重要的任务,就是搜集经济信息并加以汇总、整理、分析,而这个汇总的工作往往由专门的职能部门负责,并定期提供给决策者。从广义上讲,政府的职能就是为市场经济中的各个企业、家庭提供信息,这些信息既包括指导性计划,也包括各种财政、金融政策等信息,这些信息发生作用的方式有引导投资方向、引导人们的预期等功能,从而达到经济管理的目标。

从中观角度来看,信息技术对于国民经济的贡献和重要性正日益增大,信息资源的开发利用本身已经成为一种新的产业,有的地方称之为信息内容产业,这是信息产业的重要组成部分,而信息产业对于 GDP 的重大贡献已经被世界各国的实际所充分证明。

另一方面,自然资源的有效开发又进一步丰富了信息资源的体系,源源不断地产生出许多新的知识与信息,从而使信息资源体系有无限延伸的趋势。传统理论认为,信息能够减少不确定性。但是,人类的理性是有限的,当信息过多增长时,它对人的决策能力就不再起到积极的作用,反而成为干扰,让人难以做出清晰的判断和正确的决定。因为有时候,决策的正确性并不重要,而时效性却十分重要。因为当可供选择的方案集合中要素太多,并且相差质量不太大时,人们所能做的应该是当机立断地做出决定,因为将太多的时间花在选择上,本身就是一种效率的损失。因此,如同沙里淘金,如何快速地找到所需要的信息就十分重要。从这个意义来讲,信息资源的重要性主要在于其有效的开发利用。

如前所述,只有经过加工的信息才能称之为信息资源。信息资源有效发挥作用需要经过一个自然的过程:建设(包括采集、整理、加工)、开发(包括分类组织的序化处理、数字化、网络化、知识挖掘)、管理(包括人员管理、设备管理、资金管理、信息建设、开发利用的流程管理、信息库、知识库、数据库的管理)、利用(包括检索、用户培训、深度开发、知识转化等)。从经济的角度来讲,这个过程需要考虑成本分析、资源评价、效益分析等,来判断信息机构的存在价值和调整方向。所有这些,使得新型的信息产业,特别是信息内容产业成为国民经济发展的新的增长点。

从微观层次上看,信息资源开发利用是企业创新与发展的基础。企业是经济的细胞。企业在参与市场竞争、加强企业管理、创新生产技术方面,由于不完善和昂贵的信息,造成企业在人员激励、要素选择、决策结构化方面,付出了极大的代价。在信息经济中,企业在参与竞争的过程中所依赖的主要资源之一是信息。企业信息资源分为企业的内部信息资源和外部信息资源,前者主要指企业的技术开发、生产、销售、人事、财务等内部信息,后者则指与企业经营有关的政策、法规、技术、市场等各种信息。企业信息资源的有效开发与利用对于企业的管理、技术及市场创新极其重要,是企业决策的重要依据。

在管理的改革方面,借助于信息系统的管理被称为"扁平化"管理,更有人称为"直接管理"。传统的管理以对企业各级进行繁复的组织、协调和控制为特征。相对封闭的部门体系使企业的管理处于相对静止的状态,垂直层与水平层间信息传递速度缓慢。中间管理层的主要作用为监督协调,造成严重的官僚主义及本位主义,使得管理高成本、低效率,甚至出现负效应和内耗。在借助信息系统的管理中,信息流不断地、适时地在各层级间流动,这种动态的流动需要各级管理做出动态的反应。企业不再需要长期维持一个庞大的组织机构,减少官僚作风,降低业务开支,从而最终降低管理成本,提高管理效率。同时,企业内部各创新单位活动能力增强,有了更大的决策权限,也缩短了企业与客户间的距离。因而增强了企业的灵活性,使企业有能力适应新的、多变的竞争环境。目前,用于企业信息资源管理的软件技术发展已经相当成熟,如 MIS、ERP 等系统已经成为企业信息资源管理的重要工具。

同时,企业在技术创新中需要利用大量的技术信息。这类信息资源主要有:一是文献及网络技术信息。在技术创新初期,需要最大可能地识别、把握环境与约束,正确决定技术创新的基本方向、规模和形式。因此,需要进行大量回溯性的文献信息检索。包括专利信息、期刊信息、标准信息等,制订基本的创新决策。二是企业外部的科研机构信息。确定创新方向之后,有必要了解企业外部科研机构信息,以选择合适的科研机构或高校进行技术合作,启动创新项目。三是企业内部信息。在创新活动的中后期,外部信息的作用强度逐渐减弱,随着内部人员对新技术的掌握,内部信息流成为主要方面,对创新活动进行整体协调,保证创新项目顺利完成。确切地说,这个阶段的信息资源开发已成为人才资源的开发。

另外,市场信息资源的开发利用对于企业的经营的重要性正在变得越来越显著。市场信息资源主要包括供应商、竞争对手、客户、最终消费者信息,以及国家有关的行业政策、国际市场的最新动向、目标市场的风土人情及消费习惯等各种信息。企业了解市场信息,首先要靠推销人员,为其搜集、整理、分析市场信息,其次要注意跟踪专业出版物,还可以通过发信调查市场行情。这些信息的获得,需要借助于完善的高速信息网络系统。从而提高信息的处理速度与传递效率,为决策者提供准确、完善、及时的市场信息。目前,通过互联网进行各项市场及非市场活动已经十分普遍。企业信息化与电子商务技术使得企业信息资源的开发利用效率极大地提高,客户信息、市场信息、管理信息与研发信息都得到前所未有的开发与利用。在现代信息技术条件下,市场信息可以通过竞争情报系统来获得。而竞争情报的获得渠道多种多样,既可以委托咨询中介公司,也可以通过企业的市场分析等手段来获得。目前,获得市场信息的常见软件有客户关系管理系统 CRM 与供应链管理系统 SCM 等。

总之,利用各级各类信息系统,有效地开发信息资源,将给经济带来巨大的效益。无论从宏观、中观还是微观的角度来看,还是从市场、管理、技术创新的意义上讲,信息资源的开发利用已经成为当前经济发展的重要推动力量。对于这一点,是没有任何疑问的。

8.3 信息资源的价值和度量

把信息看成资源,这个理念上的深刻变革,带来了一系列的基础理论议题。首当其冲的就是信息资源的价值和度量。

这个问题在理论上的挑战是显而易见的。信息资源的价值和物质资源的价值具有本质的区别。即使限制在经济学的范围内,对于商品、资源的价值和度量也是仁者见仁、智者见智,各个学派都有各自的概念和定义。如果把视野扩大到一般的信息科学,那就更无所适从了。另一方面,这个问题的实际意义也是非常明显的。当人们考察信息产业、信息服务业的时候,不可避免地要对于信息资源进行评价和度量。当人们埋怨"信息爆炸"、"有数据缺信息"、"网上有车没好货"的时候,不正是在对信息资源的数量和质量进行评价和度量吗?

这个议题的难度不仅在于它和传统观念的巨大差别,而且在于信息时代现实的丰富多彩和变化多端,要能够得到具有一定的普遍性的理论和结论,是非常困难的。这里,只是根据已有的现象和初步的思考,进行一些讨论,为读者进一步的研究提供一些线索。

1. 资源的价值——一般概念

价值的问题是经济学的最基本的议题,也是永恒的争议。关于这个议题的论著汗牛充栋,不可胜数。这里就本书的讨论目的和范围,只是从最一般的意义上进行讨论,作为教材,只是从最一般的意义上进行讨论。

人类社会的最根本的机制是分工合作,这是人类区别于动物的基础。当然,也有一些动物被称为社会性动物,具有一定意义上的、分工合作性质的本能。这里不去讨论这些有争议的问题。只是强调人类社会的基本机制是分工合作,并把这作为讨论的出发点。

只要有分工合作,就需要交换;交换就必须比较,而且是不同质的事物进行定量的比较。这就出现了两个根本性的悖论。第一,要对于本质不同的事物进行比较。讲得更通俗一点,就是对不能比较的东西进行比较。比如,水和空气哪个更重要,萝卜和青菜哪个更好吃。抽象的、绝对正确的、然而也是无用的回答是:水和空气都不可缺少,萝卜青菜各有所爱。它们是根本不同的、无法比较的。第二,要对于不同质的事物进行量的折算。一斤麦子换多少棉花?充饥和御寒的功能之间如何进行定量的折算?显然,这是个没有绝对标准的悖论。

这两个悖论表明,要想找到一个公认的、抽象的、绝对的交换标准几乎是不可能的。换句话说,这里要定义的所谓价值,是一个相对的、因时因地而异的概念。为了避免陷入无意义的、空洞的概念之争,认识到这一点,是十分重要的。实践永远是领先于理论的。人类社会从一开始就进行着社会化的、以分工合作和交换为基础的生产活动,从来没有因为缺乏理论而停止过。这并不是否认理论的意义和作用,而是强调理论不是从天上掉下来的,不是从人们的头脑中自己生长出来的,而是在认真研究实际中来的。好比在物理学领域,没有力学之前,人类已经从事了几千年的生产活动。正是在认真研究这些经验的基础上,才归纳出了力学定律。然而,一旦掌握了力学的定律,人们的生产活动的自觉程度和效率就极大地提高了。在经济领域也是一样,今天要做的就是,针对信息时代的具体情况,认真研究现实的、正在进行的分工合作和交换是如何进行的,从中归纳出概念和理论。

回顾经济科学的发展历史,可以得到不少启发。例如,价值和使用价值的区分,显然就是一个进步。在这一步上,人们认识到资源的实际用途,即使用价值,是无法比较的,是不能作为交换的标准的。而社会必要劳动时间对于一定时期的商品生产者来说,能够成为交换的基础,这在一定程度上揭示了市场运行的机理。再比如,边际概念的提出,使人们对交换的机制有了进一步的理解,所谓"因时因地而异"得到了具体的解释,一件商品、一项服务在不同的时间和场景中,价值是不一样的。而且对此还有了数学的表达方式,从而使经济科学又向前迈进了一大步。

经济科学的这些历史经验,对于人们今天考察信息时代的经济,提供了研究和思考的基础。至少可以很明确地说,价值不只是资源的内在属性,而是和环境、条件、场景密不可分的(外部性);价值具有多方面的属性,不能只从某一个角度去看待;资源的价值是因时因地而变化的;等等。不同之处就在于,今天是在信息技术广泛普及的背景下,把信息本身也作为一种重要资源来加以考虑。

2. 信息资源评价的意义和困难所在

放弃信息完全假定,把信息本身作为资源,这使经济学的思路得以拓宽,为理解和认识新时代的经济现象提供了新的视角,开拓了新的天地,同时也提出了新的挑战和议题。

从正面看,承认信息资源的价值,使得经济活动得到了新的动力和增长点。特别是在人们越来越感受到物质资源的有限性和稀缺性的时候,一片新大陆出现了,信息资源为人们显示了充分发挥主观能动性、开拓新的广阔市场的美好前景。当执政者和企业家开始认识到信息资源的价值的时候,他们就不再拘泥于争夺有限的物质资源的"红海战略",而转向更加重视智力和信息的"蓝海战略",向科技要财富,向经营管理要财富,对于教育、人才、信息系统投入更多的关注。举一个例子。据联合国有关的研究报告,对于南朝鲜和加纳的比较研究表明,在第二次世界大战以后的40多年中,这两个国家的人均国民生产总值,从大致相当变成相差5倍!原因何在?从物质资源和自然环境的角度去解释,是怎么也讲不通的。研究的结论是:两个国家在信息资源的开发和利用方面的巨大差别是根本的原因。毫无疑问,对于信息作为资源的重新认识是一个巨大的进步、一个理念的飞跃,无论对于理论研究者来说,还是对于实际工作者(包括企业家和政府官员),实现这个飞跃,都具有重要意义。宣传和推广这种理念,正是信息经济学的使命和任务之一。

然而,同样十分明显的事实是,由于这个变化而引起的争论和歧义也许比人们的共识要多得多。只要稍微进入到信息资源的概念讨论、度量方法和实际工作中,不同的理解和解释马上就会表现出来。本书作者也曾就此发表过专著(例如,参考文献[6]、[7]),由此也引起过某些批评和争论,有兴趣的读者可以阅读相关的专著。对于一个新的研究领域来说,这种情况是完全正常的。特别是对于信息资源的定量研究,恐怕在今后相当一段时间内,将始终是一个开放的议题。作为教材,在这里仅就我们的研究,对于其研究难点和研究方向提供一些线索。

按照传统的经济学的思路,资源的评价是从需求和供给两个方面去看待的,也可以说是从效益和成本两个方面去看待。从需方来说,是效益,即愿意为之付出的代价;从供方来说,是成本,是提供所必需的付出。信息资源的提出在这两方面都带来了新的困难。不管是出于实际工作的决策需求,还是为了精神生活需要的满足,作为信息资源的需方,其个体性、主观性、易变性,总之不确定性远远超出物质资源,使得信息资源的市场呈现出与物质产品市场完全不同的情况,有时甚至可以说是非理性的状况。这从音像产品市场、网络游戏市场的现状可见一斑。同样地,作为信息资源的供方,情况也变得十分复杂。信息资源的形成是一个复杂的过程,从采集、传递、存储、分析到提供,不但需要多个环节的配合,还需要创造性的加工和提炼,有时还要等待几百年后才能到达发挥作用的时候。中国古代的天象记载,第谷(Tycho Brahe,1546—1601)终身的观测记录,他们的成本和效益如何计算?(可以再追问一步,站在谁的角度计算成本和效益?)信息资源的作用是从不知到知,这个转变是质的变化,是创造性的劳动,是无法类比的。歌德写《浮士德》,曹雪芹写《红楼梦》,爱因斯坦提出相对论,他们的劳动的"成本"是什么? 相当多少"社会必要劳动时间"? 现在人们常说"创新型社会"、"创新型企业",在这里已经几乎无法再墨守传统的思路了。信息经济的现实对于经济科学的挑战是根本性的、不可回避的。

如果超出传统的经济科学的思考框架,问题将变得更加复杂。

信息与物质的根本区别,使得其度量方法必须另找新路。物质和能量遵从守恒定律,信息则不同。它可以在不同的载体之间传递、复制,而且可以在进一步的加工中创造和发展,很难说是守恒的。维纳曾经说过:"信息不是物质,也不是能量,信息就是信息。"他已经认识到,信息是一个新的范畴,需要全新的思维和视角。在广义的信息科学中,关于信息的基本概念和基础理论属于哲学范畴。它是整个学科的基础,也是迄今为止最不成熟的部分。信息技术和信息管理已经得到了相当大的发展,成为了世人瞩目的产业。然而,作为基础部分,信息的基本概念和基础理论却远远没有形成共识。学科的发展和盖大楼是相反的,基础往往是最后完成的。微积分的历史就是最好的例证。在这个问题上,香农的信息论(1948 年)迈出了最初的重要步骤。他把信息定义为不确定性的减少,提出了今天广泛使用的比特(bit)的概念,并且给出了适合于通信领域定量计算方法。这构成了现代通信的基础。然而,作为更广泛的信息概念来说,香农的定义和计算方法是远远不够的。关于这点,已经有许多论著说明。原因很简单,信息的使用和处理过程远远不止传输和存储这两个环节,香农的概念和算法对于传输和存储是奏效的,但是对于更广泛的应用领域就无能为力了。这可以说是信息价值问题的最根本的理论困难。目前,中外许多学者都正在致力于解决这个难题(例如,我国的钟义信教授等),我们期待着这方面的突破。

其次,信息效用的主观性也是一个根本性的障碍。信息的价值对于不同的人是不一样的。这个简单的道理导致了信息资源评价的巨大困难。经济学引进了"偏好"这样一个概念来描述这种主观性。然而,近年来信息时代的现实显示出了比这个概念的内涵更为复杂的情况。在这里,有一个根本性的转变值得注意。在人们为解决基本的温饱问题而奋斗的时候,相应的资源效用还比较容易得到客观的、可以比较的评价。而在温饱的需求已经得到满足之后,人们的需求就更多地体现在精神生活的需求方面。在这时,不要说定量的比较,即使是定性的好坏,都成为非常主观的了。古典音乐和流行音乐,对于不同的人来说,可以是为之一掷千金,也可以是深恶痛绝——倒给我钱都不愿意听。在无线通信、旅游休闲、网络游戏等新的产业和领域中,价值的判断和评价更是众说纷纭、莫衷一是。为了回答这个问题,人们不得不从经济领域转向社会领域,以至心理领域。现在的实际做法往往是躲开理论和概念,唯象地从统计数字中摸索趋势和走向。然而在瞬息万变的市场环境中,这样的方法也很难奏效,难怪拼搏在市场经济汪洋大海中的人们,常常发出"谋事在人、成事在天"的哀叹,感慨于"确定性的终结",甚至求神拜佛。从我们来看,这正是人们对于信息效用的主观性还没有把握,还处在必然王国的表现。

从复杂系统科学的视角来看,这个问题还来源于经济系统的复杂性的空前增加。随着生产社会化程度的空前扩大,国际分工经济走向全球化,人类的社会经济系统变得越来越庞大、越来越复杂,与以前的经济体系相比较,产生了质的变化。现代系统科学的研究表明,随着系统规模和复杂程度的增长,系统行为将显示出更多的不稳定性、不确定性、脆弱性,变得更加难以预测。对于这样的现象,人们进行了许多研究和思考,努力寻找其根源和处理办法。在这方面,已经有许多可以参考的观点和思路。例如,从因果链的延长导致的结果滞后去考察,从系统的复杂性导致信息不对称、进而导致逆向选择的思路来分析,从行为主体对于信息的正反馈导致的马太效应和羊群效应去理解等。这个方向也是目前研究的热点之一。

显然,以上几个方面的议题都已经超出了传统的经济学的范围。因而问题的解决也需要与信息科学的基础理论、行为科学、系统科学等领域的发展联系在一起。这正是现代科学的交叉和融合的一个典型的例子,这也正是这个议题的困难之所在。恐怕很难指望能够在近期得到比较完全的、彻底的解决,需要有从长计议的准备。

3. 信息产品、信息服务、信息能力、信息产业的测度问题

上面所说的理论困难并不能成为实际工作停滞的理由。在现实中,由信息资源的评价引出的各种实际问题,迫切要求经济科学马上给出可操作的、不一定是理论上完善的实施方案。这种客观存在的压力,对于经济科学来说,并不完全是坏事。这些在实际中逼出来的"权宜之计",往往能够成为理论研究前进的阶梯和中间环节。

这样的问题很多,在这里仅举出 4 个例子。

首先是信息产品的定价问题。信息产品,比如一张光盘或一本书,其价值主要在于内容,而不是载体(金属或纸张)。从表面上看,这种产品的定价当然也应当取决于信息内容的数量和质量。但是,可以看看现在的实际的书籍市场情况。能否断言"价格贵的书就是信息量多、信息质量高"? 客观的情况是,存在着多方面的、复杂的影响因素和环境条件。类似地,电影的票房、电视的收视率、网站的点击率也面临着类似的悖论。与此相关的还有盗版问题。由于复制成本的极度下降,盗版问题越来越难以应付,并且直接威胁到了原创性产品的创造和产业的健康发展。无论从产品的成本,还是实际的需求都无法对此给出令人信服的解释,只靠"看不见的手"已经难以有效处理这个问题了。于是,是否要管、如何管、管到什么程度就成了争论不休的问题。表现在实际工作中,就是左右摇摆、没有稳定的政策。这是一个典型的例子,缺乏理论的基础,面对现实问题就会难以处理。

信息服务的测度是又一个例子。从产品经济向服务经济转变,是已经得到公认和证实的社会发展趋势。在迅速崛起的现代服务业中,信息服务业占有重要的位置。与信息产品相比,信息服务的数量和质量就更难确定。以电信服务为例,用户需求的多样性导致满意度的概念都难以确定。随着所谓"增值业务"的增长,理解和满足用户对于信息服务的要求已经成为一个需要认真研究的新问题。在这种情况下,市场需求的概念需要根据行业的特定环境重新界定。另一方面,服务的成本也比产品的成本更复杂。在基础设施已经相当完善的地区,增加一个新的服务对象,成本几乎可以忽略不计;反之,对于人烟稀少的偏远地区,增加一个服务点或用户则需要花费巨大的成本。由于这些情况,在信息服务领域中,"烧钱"和暴利并存,表面上的"免费午餐"和"搭便车"现象随处可见,使得从业者和消费者眼花缭

乱、无所适从。这些在工业时代罕见的现象,对于信息经济的研究者来说,正是需要研究和回答的议题。

信息能力的测度也是一个十分值得研究的议题。前面曾经谈到,现代信息技术对于经济的影响是从企业管理的基础层面切入的。所以,从现代信息技术进入企业的时候开始,人们就一直在讨论:"现代信息技术对于企业的竞争力究竟有何促进? 能否有定量的测度和指标?"目前人们谈论得比较多的是:企业信息化的发展水平,或者企业的信息能力。目前,由国家信息化测评中心组织实施的"信息化500强评选"已经进行了7次,评选的指标体系包括8个大类指标,参加的企业有几千家。关于信息能力可以在不同的层次上进行考察。对于企业的信息能力进行考察是最基本的,此外还可以从城市、地区、国家等不同的层次进行考察和研究。在这些实际工作中,人们不可避免地要提出许多问题:什么是信息能力? 如何衡量? 信息系统(包括信息基础设施、信息技术、信息人才等)的能力如何估算和比较? 围绕这些,共同的基本原则、各自的评价方法和指标体系都需要从基本的理论出发进行思考和研究。关于这方面的具体工作,8.5节和8.6节将会介绍一些有关的细节。这些工作为理论上的更深入的基础研究提供了丰富的材料和具体的经验。

对于宏观经济来说,信息资源和信息产业的测度问题也具有十分重要的意义。在目前通行的社会经济统计系统中,信息的价值是没有得到体现的。这些建筑在工业化时代的资源概念基础上的统计体系,今天已经很难确切反映经济系统的实际运作情况。从20世纪末开始,把信息化发展水平和状况,特别是信息产业的状况纳入社会经济发展统计系统的需求变得越来越强烈。世界上许多国家都在这方面进行了许多探索和尝试。经过从1993年开始,为时8年的考察和研究,我国政府于2001年颁布了比较地区信息化发展水平的试行指标体系。这标志着我国信息化建设进入了新的、更加深入、更加实际的发展阶段,也表明信息资源的理念已经逐步深入到宏观经济的实践活动中。在第7章曾经讲过,从波拉特开始,人们就在讨论信息产业在经济中的地位和作用,讨论如何定量地确定信息产业在经济中的地位和作用。在这里再加上全社会在信息资源的拥有、开发、利用能力的评估(包括第9章要讨论的信息系统的有关经济问题),就构成了人们对于信息经济的比较完整的理解,这就是信息经济学需要思考和研究的基本议题。

总之,作为一个新的、开放的研究领域,信息资源的价值和度量在理论上和实践中都具有非常重要的意义,需要探讨的议题很多,也很迫切,有待有志于信息经济学的研究者去开拓。

8.4　信息资源的配置

前面两节简要地讨论了信息资源的概念和评价,这些理论的探讨,最终目的都是为了实现信息资源的有效利用,这就是信息资源的配置问题。由于这个问题直接影响到现实的相关政策研究,从信息经济学的开始就理所当然地得到了普遍的关注。

和对于物质资源一样,所谓信息资源配置的3个基本目标仍然是效率、优化和可持续性。但是,由于信息资源与物质资源之间的本质差别,信息资源配置的理念和实现方法就需要重新考虑。相应的物质资源配置的一些结论和观点,也必须加以修改和补充。这种重新思考，从方法和理念来说，可以归结为现代系统科学的新思想的渗透和借鉴。这就是本节讨论的基本内容。

1. 与物质资源配置的区别

传统经济学用"信息完全假设"回避了信息资源配置问题，而信息经济学则是从承认信息的不对称开始讨论这个议题。显然，所谓不对称是对于一定的范围或系统相对而言的。所以，效率也好，优化也好，可持续也好，都需要相对于整个系统而言，无法就信息资源自身的特点进行讨论。信息资源之所以有用，就是因为不对称；一旦转移，不对称消失，其作用也就没有了。离开了一定的环境和外界条件，讨论信息的价值是没有意义的。同时，众所周知信息资源的价值和作用是间接的，它是通过实现其他资源的优化配置实现自身价值的。人们把它比作"加速器"、"倍增器"或"催化剂"。正是这些特点，使得信息资源的配置问题变得十分困难。

首先是效率问题。效率简单地说，就是用较低的成本，得到较高的效益。毋庸讳言，信息资源配置效率低下的现象是十分普遍的，人们常常无法在需要的时候和地点，得到所需要的信息。采取什么样的方法来提高信息资源的配置效率，是信息经济学需要解决的基本问题。在这个问题上，传统经济学指望靠"看不见的手"和政府干预两个方面的机制来调节。然而，这些方法对于信息资源的配置可以说是收效甚微。其原因就是前面已经分析过的成本和效益计算的困难。同时，许多信息资源还具有明显的公共财货（public goods）的特征，"搭便车"的现象随处可见。再加上低廉的复制成本使得产权不能得到有力的保护，发现和打击侵犯知识产权要付出很高的成本。所有这些因素，使得传统经济学提供的资源配置理论，在信息资源配置问题上变得难以实施，甚至对于这个效率问题本身的描述都说不清。

其次是优化的问题。典型的难题就是所谓"数字鸿沟"的现象：在市场力量的牵引下，信息资源流向对于直接经营者效益最大的地方，而不是使信息资源产生的社会福利达到最大。现代经济系统之所以如此复杂，原因之一就是多种主体的利益冲突，从而导致所谓"优化"的目标和标准的巨大歧义。即使在物质资源的配置问题上，已经可以看到站在不同的角度，对于"优化"的不同理解和认识。对于信息资源的配置，这种歧义就更加明显。由于信息资源在全球化的经济系统中发挥的作用远远大于以往任何时代，"马太效应"和"羊群效应"之类的现象频频出现，3个本质性的矛盾突显出来：个体利益与系统整体利益的冲突，眼前利益和长远利益的冲突，原因和结果的时间差扩大。这些难题的直接后果就是：系统行为的复杂性和不确定性的增加，决策难度的加大，群体非理性现象的出现。在这样的情况下，优化本身的含义已经成为一个问题，更不要说如何实现优化了。

还有一个可持续性的问题，这也面临着理论上的困难。由于信息价值的时效性和个体性，在对信息资源进行经济学考察时，可持续利用问题并不像自然资源那样具有直接的"为将来保存机会"的含义。一方面，技术的更新使大量的信息资源面临着在将来难于利用的危险，有些软件的向上不兼容使得一些信息资源变得不可解读，更不要说大量的非电子方式存储的历史信息资源。另一方面，如同自然资源一样，由于信息获取、处理、传递技术的进步，现在用处不大的某些信息资源，在将来也许将会具有不可估量的价值，比如生物学领域的大量遗传信息。从实际工作的角度看，目前大量的网络信息资源的生命周期十分短暂，积累量越来越大,是否需要长期保存,保存哪些,如何保存,都需要研究和应对。这些问题是在市场选择的情况下发生的,但是从社会整体和长远利益考虑,如何能保存和挖掘有价值的资源,如何在效益和维护之间得到合理的平衡,无疑是一个难题。在这个问题上,仅仅依靠市场的力量是难以有效地解决的。

所有这些难题的根源都在于信息的不对称、多主体系统的复杂性。这并不是经济科学独自面对的难题,这是整个人类科学(和文化)的共同难题。在这方面,人们一方面等待着有关领域的进展和突破,同时也抱着这样的希望:经济科学的进展为回答这些共同的难题提供线索、做出贡献。

2. 对于价格体系的重新思考

在第 4 章中曾经讨论了价格体系,指出:"虽然价格体系具有非常重要的信息传递作用,并因此而在资源配置发面发挥着非常重要的作用,但必须指出,价格体系作为资源配置的指示器存在许多限制。"在那里主要是从信息不对称这个角度指出了它的局限性。"由于价格所隐含的信息内容不是完备的市场知识,或者说,价格并没有充分反映市场参与者的全部现行信息,这样,依据价格体系信息内容所制订的决策就不可能是最优的。"这里,从复杂系统理论的角度,再进一步加以分析。

复杂系统之所以复杂,根源之一是它的非线性属性,即由于信息对于各种主体行为造成的影响,从而导致的非线性放大作用。正是在这里,作为资源配置手段的价格体系遇到了难以逾越的、根本性的困难,并不只是信息不完备的问题。

众所周知,在传统的经济学提出的资源配置方式中,把产出 Q 作为资本 K 与劳动力 L 的函数

$$Q = Q(L, K)$$

如果把信息资源的投入 I 单独分离出来,则可以改写成

$$Q = Q(L, K, I)$$

显然其中的 I 和 L 之间是有重叠和交叉的。经济中有隐性知识和显性知识之分,显性知识可能作为独立于 L 和 K 的因素,而隐性知识则存在于人脑中,应当属于 K 的一部分。事实上在传统经济学中,保罗·罗默(Paul Romer, 1990)、格罗斯曼(Gene M. Grossman)和赫尔普曼(Elhanan Helpman)(1991)等人提出的新增长理论中,都已经将知识与技术对产出的贡献做了具体的研究,并指出了知识在经济增长中所起的放人和增值作用。

如果用系统科学的思路来考察,可以把信息产业或某个具体的信息行业看成"黑箱"。信息资源配置所考虑的是信息产业的投入(包括投入的数量、方式和结构)和产出(包括产出的数量、质量、形式和品种)之间的数量关系,按照一般的思路,似乎就可以以此来判断信息资源配置的效率了。然而正是在这甲,非线性和因果关系的作用显示出来了。经济学,特别是计量经济学的线性思维方式与现实发生了巨大的偏离。由于极易扩散和低复制成本,在信息产品的生产和交易过程中很难监督其运行和使用过程,需要很高的维护成本,大量的"搭便车者"使得信息生产者的边际收益小于边际社会效益,从而导致信息生产者的成本无法通过市场机制取得有效的补偿,信息生产不足,配置失效。另一方面,由于"马太效应"和"羊群效应",短时间的暴利和大起大落现象也是屡见不鲜。一句话,价格体系失灵了!

在这里，有 3 个以前没有给予足够考虑的因素。第一，信息导致的主体行为方式的改变，这种改变导致的结果不是线性的变化，而是非线性的放大。从整个系统来说，不是维持系统的负反馈，而是导致系统崩溃的正反馈。第二，信息不再只是杠杆，它作为特殊的资源和产品的特殊性质。如果只靠市场机制，利益驱动至上，那么纯粹的、短期利益的追求，必然将导致"信息寻租"、"虚假信息"等现象出现。这里，特别值得注意的是所谓"操纵信息的行业"的出现。追星是个人行为，"专业粉丝"就成为扭曲价格体系的"行业"；足球是体育运动，操纵赌球则成为价值链中的新"行业"；网上商店评级的本意是提高信誉，但是随之产生的炒高信誉度的专业公司就又成为一个新"行业"。这些现象都是信息这种特殊产品的特殊价值造成的。与此相关的第三点就是社会责任和道德问题。有一种观点认为，经济学不应该涉及社会责任和道德问题，经济规律就是经济规律。然而，在信息作为资源和产品进入市场后，这个问题已经无法回避。整个经济系统和作为利益主体的企业的矛盾，在这里体现为社会责任和赢利的矛盾。股市中的信息披露就是一个最典型的例子。

一句话，由于信息的介入，"政府管得越少越好"的观点已经站不住脚了。市场失灵需要政府来纠正。政府在信息资源的配置中所能运用的手段包括行政手段和经济手段。行政手段包括政府的强制性命令、政策和法规等。经济手段则指政府通过税收、补贴或直接投资的方式支持信息资源的建设，比如投资建设国家信息高速公路、国家数字图书馆工程，对信息类企业在一定的经营年限内减免税收，或运用财政补贴的方法支持电子政府或政府信息化工程等。

那么，是不是要回到计划经济时代的、完全由政府进行计划和控制的体制呢？当然不是。不必重复改革开放之前的大量教训，只要看看现在电子政务工程中的许多现象，就可以看到信息资源配置的众多不合理的情况。（关于这点，8.5 节和 8.6 节还会谈及。）这又是信息经济系统的复杂性的必然结果之一。

所以，目前可以达成的共识就是："看不见的手"和"看得见的手"必须同时并用，互相配合。困难的问题在于如何配合、如何权衡、如何协调。一句话，又是复杂系统科学需要回答的基本问题。从经济科学的角度来说，对于信息经济背景下的价格体系需要重新理解和构建，这恐怕是没有异议的。然而，这涉及价值这个根本性的概念，其答案恐怕还需要相当长期的探索和研究。

3. 格罗斯曼-施蒂格利兹悖论

在第 4 章已经说明，格罗斯曼-施蒂格利兹悖论从信息的作用出发，揭示了市场参加者受到市场体系的影响，又反过来影响价格体系在传递信息方面的功能，从而为观察价格体系的作用提供了新的分析角度和理论基础。经过上面的讨论，可以进一步从复杂系统的角度来看待这个悖论。

格罗斯曼-施蒂格利兹悖论的出现，直接起因是把价格体系理解为传递信息的唯一机制，而且能够完全预测未来。如果从认识方法的角度看，这里隐含着两个出发点：第一，对于信息处理规律的一元化、绝对化的理解，即市场利益驱动的价格体系是信息传递和处理的唯一机制；第二，信息系统（包括管理意义下和技术意义下的信息系统）可以完全地消除不确定性。这两点正是现代系统科学所要纠正的传统理念的内容。简单地说，就是低估了系统的复杂性,高估了信息消除不确定性的能力。

复杂系统之所以复杂,就在于其机制是多种多样的,不是单一的。特别是在演变的过程中,不同阶段上起作用的因素和机制是在变化的。传统的科学主义,把理论的一元化和绝对化误认为是深刻和完整,因而往往把在一定范围、一定尺度上的正确结论无限地放大到所有领域、所有尺度,以至整个宇宙,从而导致了悖论和僵化。这样的例子在科学史上不胜枚举。热力学第二定律就是一个典型的例子。格罗斯曼-施蒂格利兹悖论从肯定信息系统的价值出发,引出否定信息系统价值的结论,从认识方法上讲,正是重蹈了"热寂说"的覆辙。从一定意义上说,格罗斯曼-施蒂格利兹悖论对于信息概念和信息经济学,就像热力学第二定律对于能量概念和热力学一样。

关于不确定性的认识也与此类似。传统的科学主义,把科学性和确定性画上等号,如恩格斯所批评的那样,把科学引向宿命论,回到上帝那里去了。现代科学重新肯定了作为客观存在的不确定性的意义和价值,20世纪关于不确定性的3个伟大发现(海森堡的测不准原则,哥德尔的不完全性定理,阿罗的社会选择理论)重新确立了不确定性的位置。当人们跟随香农把信息理解为"不确定性的减少"的时候,就已经把信息和信息系统的价值和减少不确定性内在地联系在一起了。在实际中,人们天天做的是减少不确定性,然而,从原则上讲,人们又知道,不确定性是不可能完全消除的。这很像工程师们做的事情,他们设计热机、实现能量的转化和应用,尽管他们很清楚地了解热力学第二定律,知道永动机是不可能的。在这里,著名的卡诺定理起了关键的作用。

1824年,法国工程师卡诺提出了卡诺循环,并由此引申出卡诺定理。

(1) 在相同的高温热源和相同的低温热源之间工作的一切可逆热机,其效率都相等,与工作物质无关。

(2) 在相同的高温热源和相同的低温热源之间工作的一切不可逆热机,其效率都小于可逆热机的效率。

热力学第二定律告诉人们,永动机,即效率为1的热机是不可能实现的,那么热机的最高效率可以达到多少呢?卡诺定理正是回答了这个问题。

作为类比,是否可以猜测:如果把格罗斯曼-施蒂格利兹悖论比作热力学第二定律,那么今天需要的是信息系统工程领域的卡诺定理(关于这个问题,第9章还会进行具体的讨论)。

总之,不应该消极地看待格罗斯曼-施蒂格利兹悖论,正如第4章已经说过的,它"为我们研究和观察价格体系在资源配置方面的作用提供了新的分析角度和理论基础"。信息经济学的研究者的任务,是沿着这条新开辟的道路,加深人类对于信息和信息系统的认识,为实际工作找到切实可行的、有效的方法。

4. 信息资源的宏观配置——"数字鸿沟"与信息资源丰裕系数模型

另一个相关的议题是对于"数字鸿沟"的理解和认识。

"数字鸿沟"一词,指的是在信息化的进程中,由于种种原因造成的地区、国家、居民群体之间的差异扩大的趋势和现象。在现代信息技术刚刚出现,其巨大潜力刚刚显示出来的时候,人们曾经有过一种不现实的想法:"信息技术是如此的强大,信息资源的获取将会变得越来越容易;这样一来,全人类将会处于同一条、全新的起跑线上。技术和资源上的平等,将为实现社会公平提供难得的机遇。"特别是对于发展中国家,所谓"后发优势"将发挥更大的作用。然而,几十年来的事实却正好相反。大量事实表明,在信息化进程中,地区、国家、居民群体之间的差距不是缩小而是在不断加大。近年来,这一现象得到了越来越多的实际统计数据的证实。

怎样认识和对待这现象?这不只是理论问题,更是现实问题。为此,联合国和各国政府都已经给予了相当多的关注。

从信息经济学的角度来看,这就是信息资源的宏观配置失衡的表现。事实证明,现代信息技术提供的方便和机会只是一种潜在的可能性,能否实际地产生经济与社会效益,还受到诸多因素的制约和影响,其中最主要的就是文化和知识能力的影响。联合国的一份报告明确指出:"问题不在于计算机,而在于使用计算机的能力。"同样具有一个可以上网的接入点,对于不同的人来说,能够做的事情是大不相同的。在这里,复杂系统中的"马太效应"再次显示出其不可阻挡的作用。富裕的地区和群体,利用现代信息技术,可以得到更多的利益;而落后的地区和群体,即使免费赠送给他们计算机,接通网络,他们也常常使用不起来。

这种现象很早就引起了学者们的关注。日本学者曾经提出了信息资源生产和传播测度模型,通过信息流的测度来分析一个国家的信息资源的状况。在此基础上,人们提出了所谓"信息资源丰裕系数模型"。这个模型把相关的各种要素定量化,计算出综合的系数 R,从而对于宏观信息资源的配置情况给出定量的比较。具体地说就是,$R=R_1+R_2$。

R_1 表示基本信息资源的生产能力,它的构成为

$$R_1 = (P_1 + P_2 + P_3 + P_4)/M$$

在这里,各个指标的含义如下。

P_1:数据库的数量;

P_2:获得专利和商标的数量;

P_3:图书报刊出版的数量;

P_4:视听产品生产数量;

M:人口总数。

R_2 表示基本信息资源的发展潜力,它又由 S_1(信息资源的储备能力)和 S_2(信息资源的处理潜力)构成。其中 $S_1=(I_1+I_2+I_3+I_4+I_5+I_6)/M$,$S_2=(T_1+T_2+T_3+T_4+T_5)/M$。这些指标的意义如下。

I_1:计算机拥有量;

I_2:文化设施拥有量(图书馆、博物馆、档案馆等);

I_3:新闻设施拥有量(电台、电视台等);

I_4:娱乐设施拥有量(电影院、剧院、体育馆等);

I_5:邮电设施拥有量(邮电局网点等);

I_6:通信设施拥有量(电话数量等);

T_1:识字率;

T_2:学校在校人数 ;

T_3:科研人员数量;

T_4：政府人员人数；

T_5：咨询人员人数。

M：人口总数。

这些指标的具体统计口径和计算方法不再详细列出。

根据这个模型计算，从 1970 年到 1992 年，中国的信息资源丰裕系数从 0.8110 增长到了 1.2874。1991 年，世界主要国家的信息资源丰裕系数分别为：美国 3.4768，日本 2.8515，英国 2.7290，新加坡 2.0388，印度 1.0026。

当然，这只是某些学者的尝试，对于这个模型无疑会有许多质疑和补充。而且，由于信息技术的快速更新，这种定量指标也必须不断修正和调整（例如，手机的兴起，互联网的普及，对于这个在 20 世纪 90 年代初使用的模型来说，就是需要添加和考虑的。再比如，电视机已经基本普及，也就需要从统计指标中去掉等）。在这里举这个例子，只是想说明，对于"数字鸿沟"的定量描述，是一个值得研究的议题。

至于对于"数字鸿沟"的对策，各国也已经有了许多尝试。例如，挪威为了解决人口稀少地区的信息基础设施建设问题，对于电信公司在这些地区架设线路提供补贴，以便使所有人都能够学习和使用互联网。我国在这方面的关注和投入也在不断增加，例如电信的"村村通"，最近的"家电下乡"等。总地来说，信息资源的宏观配置涉及社会的公平、和谐，在很大程度上是公益事业。在这方面，政府需要发挥更大的作用，不能听任"马太效应"的恶性发展，造成社会的冲突和不稳定。

8.5 信息资源管理的实践

尽管理论上的困难重重，社会向信息化前进的脚步是不会停歇和等待的。实践中围绕信息资源的开发、利用和管理的大量工作，已经在广泛地进行。本节将从实践工作者的角度进行考察，看看目前社会上所说的信息资源的开发、管理和应用，究竟包括哪些具体的内容。

首先从最实际的企业信息资源管理开始，整理和列举实际工作内容和处理思路。然后就信息资源如何进入会计体系介绍一些初步的成果。最后，简要地讨论社会和公益信息资源管理的任务和特点。

1. 企业信息资源管理——原则和任务

企业是经济系统的细胞，企业的日常经营管理工作是最基本的经济活动。当信息作为资源进入了经营管理者的视野的时候，对于信息资源的管理也就顺理成章地成为日常管理工作的一个必不可少的组成部分了。这正是最近一些年来，在企业管理领域正在发生着的情况。

从管理的原则来说，实践中的信息资源管理吸取了来自两个学科的理念和方法：管理学和图书情报学科。从前者，对于物质资源管理的一套成熟经验成为信息资源管理的出发点；从后者，信息资源管理吸取了编码、分类等概念和方法。这两者的结合，形成了目前在企业级的信息资源管理工作中的基本思路。

从组织形式上来说，信息资源管理的承担者，从计算站、计算中心到信息中心，逐渐成为普遍认可的、必要的一种企业管理机构。在这些年的发展过程中,信息资源管理的任务曾经由其他各种机构"代管",例如企管办、财务处、档案室、办公室等。专业机构的出现,标志着信息资源的理念已经逐步深入人心。下一步的发展将是这种专门机构的地位的提升,也就是现在常说的 CIO(Chief Information Officer)制度的出现和推广。也就是说对于信息资源的关注和管理即将进入决策层。正像工业化的进程导致了总工程师的产生并进入企业的决策层,信息化的进程也将以 CIO 制度的成熟作为它的实质性进展的里程碑。

在实际工作中,企业的信息资源管理工作可以分为两个层次。在基础层面上,核心的任务是:建设、运行、维护企业的信息系统(包括管理意义上的和技术意义上的);保证企业的核心信息资源的准确、完整、及时、安全。在提高层面上则是深度开发和利用信息资源,提高企业科学决策和创新的能力。简单地说,在信息资源管理方面,作为企业的决策者,特别是 CIO 的责任就是:组织专业人员做好上述基础工作,努力开拓提高层面的工作。

基础层面的工作比较单调琐碎,然而却是信息资源发挥作用的基石。没有准确、完整、及时的基础信息,没有可靠、稳定、安全的信息系统,信息资源的利用就是一句空话。这方面的工作包括以下一些主要方面。

(1) 保证信息系统的正常运行与使用,包括例行的信息采集、信息更新、报表生成、服务提供、系统(包括硬件和软件)维护、安全保障等;

(2) 信息系统各种操作规程的制定与实施,包括运行规范、安全规范、维护规范、人员职责规范等;

(3) 信息系统运行和使用状况的准确记录、定期分析和分析审计等;

(4) 对于信息系统的工作人员和使用人员进行必要的技术更新培训或应用方法辅导;

(5) 根据技术与应用的发展,对于信息系统进行必要的修改和调整。

提高层面的工作比较灵活,难以形式化、规范化,然而却往往是信息资源真正发挥作用的突破点。这方面的工作可以从以下几个方面考虑。

(1) 根据企业的战略目标,制订和实施信息系统建设和信息资源开发的战略和总体规划;

(2) 从管理信息系统(MIS)向决策支持系统(DSS)发展,紧密围绕企业的发展战略,在信息资源积累的基础上,设计和开发有针对性的、确有成效的决策支持功能;

(3) 运用数据挖掘技术,在海量信息积累的基础上,充分发挥信息资源的作用,从根本上提高企业的竞争力;

(4) 组织专业人员和使用人员学习现代信息技术和信息资源管理的知识,为企业信息化的长远发展奠定基础;

(5) 运用知识管理的理论和方法,促进知识的接纳和发现,提高企业和员工创新和学习的能力;

(6) 通过企业文化的建设,形成有利于知识创新和知识传播和氛围。

这两方面的工作是相辅相成的。前者是基础,后者是领导者关注的重点。打个比方,前者是士兵,后者是参谋。前者特别强调的是规范化和遵守纪律,后者更多要求的是灵活性和创新性。两者的有机结合就是完整的信息资源管理。

关于这些实际的信息资源管理工作,至今理论研究还没有比较完整的总结。倒是一些培训教材进行了一定的总结和汇总。例如：中国劳动社会保障出版社 2007 出版的《企业信息管理师教程》。信息经济学研究的任务之一就是认真总结这些实际经验，把它们提高到理论上来，形成信息资源管理的完整体系。

2. 信息资源在会计制度中的反映

在物质资源的定量测度方面，最成功的要算是会计制度了。现实的经营管理活动，投入、产出、成本、盈亏、效益无疑不是在会计的核算中体现出来。所以，信息要真正成为资源，就必须进入会计体系。但是上面所提到理论障碍，再一次成为拦路虎。信息资源作用的间接性、主观性、不确定性使得它很难进入现行的会计体系。显然，信息资源的理念和现行的会计制度都需要进行必要的调整，才能达到这个目标。这显然是一个难题。

可喜的是，这两个领域的学者已经在这方面进行了不少创造性的研究，并且已经有一些成果发表。例如，山东经济学院的胡元木教授的《信息资源会计研究》一书，就是其中的代表。

该书确定的研究目标是：建立有效的、切实可行的信息资源的会计方法，完善关于信息资源的会计理论，指导会计实施。作者认为，在信息经济高速发展的今天，在许多国家信息产业产值的增幅大于农业和工业的情况下，作为以货币为主要计量指标，反映经济活动过程的会计，仅以物质产品作为对象，是不符合财务工作的现实。我们对此十分赞同。

胡元木教授在深入研究的基础上，提出了不少值得重视的见解。例如：提出信息资源会计的理论基础是"新经济"增长理论和会计发展理论；对于信息资源的成本的概念和分类进行讨论，并分别就信息资源的生产成本和服务成本利用图示的方法进行了说明，对信息资源的成本属性进行了研究；通过实例介绍了信息资源成本的核算方法。作者还对信息资源会计报告与相关信息披露的实施办法进行了总体设计，对信息资源的效益评价与分析进行了总体构思，对信息资源管理的运行进行总体规划。这对于学术的发展和实际工作都是很有意义的。

当然，这方面的研究还是处于起始阶段，距离信息资源真正进入会计体系，还有很长的路需要走，需要理论工作者和实际工作者紧密合作、积极推进，在实践的基础上找到科学的、完满的答案和切实可行的解决方案。

3. 社会和公益信息资源的管理

关于信息资源管理的实践活动，还必须讨论一个重要的方面：社会和公益信息资源的管理。必须注意到这样一个事实，相当大部分的信息资源具有公共财货（public goods）的特性，不能笼统地都靠市场机制管理和运营。比如，天气预报、自然灾害等方面的信息。

在 2010 年 2 月 27 日的智利强烈地震中，人们根据以前积累的知识和教训，及时地预报了太平洋周围各地的海啸，从而避免了巨大的伤亡。对比 2004 年 12 月的印尼海啸，造成逾十万人伤亡的惨剧，不能说不是信息时代的巨大进步，从中可以引发许多值得深思的问题。

首先，关于地震和海啸的大量的历史和科学数据，需要认真地收集、保管、分析和利用。这不是出于它们能卖多少钱、有什么样的市场价值，而是出于对全人类命运的关注和意义，而绝不是简单的商业利益。其次，当地震发生的时候，社会如何准确地、及时地得到这样的信息，做出地震级别、强度、可能的影响范围等判断，这涉及信息采集、传递、分析等一系列的技术，涉及一个庞大的信息收集和处理系统。第三，当预报形成以后，如何及时地把警报送到需要得知的所有人那里，告诉他们应当采取什么样的行动。例如，此次智利地震引起的海啸，预计 2010 年 2 月 28 日中午到达夏威夷，当地从早上八点开始鸣响警报，用各种语言广播，从海边疏散了 10 万人到安全的地区。结果是无一伤亡。而有些其他地方，则由于海啸的警报没有及时到达而造成了伤亡。这里涉及的又是一个极其庞大的、复杂的、有效的信息传递和服务系统。最后，为了在平时做好这样的准备，社会应该如何分配资源、设立经常性的机制；简单地说，应该谁来做、谁出钱、如何出钱。所有这些问题中，既有技术问题，也有社会运作的机制问题，更有经济学需要回答的问题。

其实，在现代社会（即信息社会）中，类似的问题越来越多。全球预防 H1N1 流感的问题，气候变暖的问题，人类基因组的问题，转基因粮食的问题等，也都与此有关。甚至在最普通的社会的公共图书馆和公众信息服务问题中，也可以看到这类问题的影响。

经济学中对于"公共财货"有专门的研究和讨论。社会和公益信息资源的管理进一步把这个问题突出了出来。对此需要认真地研究，提出明确的理念，制定科学的、切实可行的管理办法。这是社会的现实需要。目前对此可以说的就是：社会和公益信息资源的管理是一个值得重视的问题，它不能简单地推给市场解决，政府和社会必须承担起更多的责任。

8.6　我国信息资源管理的现状和策略

30 年来，我国在信息资源管理方面经历了从无到有、从缺乏认识到逐步认识的发展过程。前面已经提到，在 20 世纪 80 年代，信息化建设刚刚起步的时候，人们看重的是技术和设备，甚至还有过"信息化就是计算机化"的说法。然而随着信息化走向深入，信息资源的概念和重要性逐步得到了认识。1997 年的深圳会议，把信息资源的开发利用作为信息化的 6 个基本任务之一明确地提了出来。2001 年，国务院批准了地区信息化指标的试行方案，信息化开始被列入国家日常的统计体系。特别是 2004 年，中共中央和国务院制定和发布了"关于加强信息资源开发利用工作的若干意见"，即 2004[34]号文件，这标志着信息资源的开发利用已经上升到了国家战略的层面。在这里，对于这个重要文件的基本内容进行简要地介绍。

首先，文件对于信息资源的重要地位给予了充分的肯定。文件指出，"信息资源是现代社会的战略资源。信息资源与能源、材料资源同等重要，在经济社会资源结构中具有不可替代的地位。充分利用信息资源对能源、材料等资源的节约和增值作用，优化资源利用结构，是实现经济增长方式根本转变、建设资源节约型社会、推动可持续发展的重要途径。信息资源作为生产要素、无形资产和社会财富，已成为全球化形势下国际竞争的重点。提高信息资源开发利用水平是增强我国综合国力和国际竞争力的必然选择。"

其次，文件强调了信息资源开发利用工作的重要意义，文件指出："信息资源开发利用对经济社会发展具有重要作用。加强信息资源开发利用，有利于贯彻落实科学发展观，促进经济社会协调发展；有利于政府更好地履行经济调节、市场监管、社会管理和公共服务职能；有利于满足人民群众日益增长的精神文化需求，体现以人为本，提高全民素质，促进社会全面进步;有利于发展信息资源产业,扩大就业,优化经济结构,提高市场效率;有利于节能降耗,保护环境,推动传统产业改造,促进经济转型。"

基于这样的认识,文件分析了我国信息资源管理的现状和存在的问题,并提出了在政务信息资源的开发利用,推动公益性信息服务,发展信息内容产业等三个重点方向上的任务和策略。以下就这些内容进行简要地介绍。

1. 我国信息资源管理的现状和发展战略

文件强调需要增强对于推进信息资源开发利用工作的紧迫感,指出这是信息化取得实效的关键。

关于我国信息资源管理的现状,文件回顾了信息化取得的进步,肯定了取得的成绩。大量事实表明,这些年来,信息资源的总量在不断增加,质量也逐步提高,开始在现代化建设中日益发挥重要作用。但是,存在的问题也不能忽视。文件指出:"信息资源开发不足、利用不够、效益不高,相对滞后于信息基础设施建设;政府信息公开制度还不完善,政务信息资源共享困难、采集重复;公益性信息服务机制尚未理顺;信息资源开发利用市场化、产业化程度低;信息资源产业规模较小,缺乏国际竞争力;信息安全保障体系不够健全,对不良信息的综合治理亟待加强;法律法规及标准化体系需要完善。"显然,这些问题的存在是不符合社会主义建设的实际需要的,必须努力加以解决。

要解决这些问题,指导思想是什么呢?文件指出,要"以邓小平理论和'三个代表'重要思想为指导,牢固树立和落实科学发展观,以体制和机制创新为动力,以政务信息资源开发利用为先导,充分发挥公益性信息服务的作用,提高信息资源产业的社会效益和经济效益,完善信息资源开发利用的保障环境,推动信息资源的优化配置,促进社会主义物质文明、政治文明和精神文明协调发展"。从信息经济学的研究工作角度看,这里有以下3点需要认真领会:政务信息资源的开发,公益性信息服务的发展,信息资源产业(即信息内容产业)的建设。对于这3点,后面还要略加展开。

文件还强调了这项工作的主要原则,包括以下4点。

(1) **统筹协调原则**。强调这个原则,是基于对于信息化的实质的认识。信息化是一场全面的社会大变革,涉及社会生活的方方面面,许多深层次的矛盾和问题将会凸现出来。所以,信息化,包括信息资源管理必然会涉及权力和利益的变更。所以,必须强调统筹兼顾,正确处理加快发展与保障安全的关系,公开与保密的关系,开发利用与规范管理的关系,重点突破与全面推进的关系等。综合运用不同的机制和措施,分类指导,分步推进,促进不同领域、不同区域的信息资源开发利用工作协调发展。

(2) **需求导向原则**。提出这项原则是为了进一步强调,信息化必须紧密结合国民经济和社会发展需求,紧密结合人民群众日益增长的物质和精神文化需求,以利用促开发,注重社会效益和经济效益相统一,注重切实解决实际问题。

(3) **创新开放原则**。信息化是崭新的、没有先例的事业,所以特别需要强调观念创新、制度创新、管理创新和技术创新,充分利用各种资源,鼓励竞争,扩大对内和对外的交流与合作。

(4) **确保安全原则**。信息安全的问题近年来得到越来越多的关注。在推动信息资源的开发和利用的过程中,必须注意增强信息安全意识,建立安全保障体系,强化信息安全的管理,打击违法犯罪活动,维护国家安全和社会稳定。

2. 政务信息资源的开发

由于历史和体制的原因,在我国,无论从数量来说,还是从质量来说,政府掌握着数量最多、最重要的信息。所以当人们讨论信息资源的开发利用的时候,首当其冲的就是要解决政务信息的开发和利用。

在这里,首先需要的是建立健全政府信息公开制度。文件要求:"加快推进政府信息公开,按照依法行政和政务公开的要求,行政机关要主动向社会准确、及时地公开政府信息。加快制定《政府信息公开条例》,编制政府信息公开目录。要充分利用政府门户网站、报刊、广播、电视等媒体以及档案馆、图书馆、文化馆等场所,为社会公众获取政府信息提供便利。"

开发利用政务信息,实现信息共享,就要打破"信息孤岛"。为此必须明确相关部门和地区信息共享的内容、方式和责任,形成切实可行的信息共享制度,依托统一的电子政务网络平台和信息安全基础设施,建设政务信息资源的目录体系和交换体系。近年来,人口、企业、地理空间等基础信息共享试点工作已经在逐步推广。

政务信息的开发是一项巨大的工程,无论是技术层面还是经营层面,都需要各方面的社会力量的介入。因此,对政策允许社会力量加工利用的政务信息资源,应鼓励各种社会力量进行增值开发利用。为此,各地各部门应当合理规划政务信息的采集工作。明晰信息采集的分工与协作,减少重复,降低成本,减轻社会负担。此外,还需要对政务信息资源进行分级分类,建立健全采集、登记、备案、保管、共享、发布、安全、保密等方面的规章制度。推进政务信息资源的有序的、科学的管理。

3. 公益型信息服务的发展

前面已经讲到,许多信息资源属于公共财货,这些信息资源的提供属于公益型信息服务。这种信息服务不同于政府的职能,也不同于单纯的企业行为。例如,某些国家已经在实施的全民医疗服务的信息系统,支持普及教育的信息服务系统,作为文化基础建设的图书馆、文化馆、博物馆等信息服务系统等。现代信息技术的普及和应用,对于这类信息服务事业的发展,提供了强有力的、价格低廉的技术手段,提供了难得的发展机遇。这类信息服务事业对于社会的安定和协调发挥着重要的作用。正因为这样,2004[34]号文件,把"充分发挥公益性信息服务的作用"作为发展的三项重点任务之一。

文件要求各级政府大力支持信息资源的公益性开发。政府应当主动为企业和公众提供公益性信息服务,积极向公益性机构提供必要的信息资源。同时鼓励社会力量开展信息资源的公益性开发利用。通过这些不同的渠道和方式,增强普遍服务能力。特别要加强农业、科技、教育、文化、卫生、社会保障、宣传等领域的信息资源开发利用。加大向农村、贫困地区和弱势群体提供公益性信息服务的力度。为了促进有序发展,还需要明晰公益性与商业性信息服务界限,形成合理的定价机制。

4. 发展信息内容产业

信息资源的开发带动了一系列新兴的产业，包括信息资源产业，或称信息内容产业（Information Contents Industry）。信息产业一词现在已经用得很多了，本书前面也已经有专门的介绍。但是，关于信息内容产业还比较生疏。如果说一般的信息产业包括信息设备制造业、信息基础设施运营业、信息服务业三大部分的话，那么这里所说的信息内容产业就是人们熟悉的信息服务业的延伸和发展。相对于一般意义下的信息服务业来讲，信息内容产业对信息与知识开发更深入、使用更加方便。信息内容产业是以基础的信息产品为开发对象，对其进行更深度的开发，生产出更有针对性、更具个性化的产品。比如在一些大型的基础数据库（如人口、国土资源、地理信息等）的基础上，进行再处理、深度分析、包装加工，形成更加方便实用的、为社会提供更有效的服务的产品，比如数字化、可视化、网络化、知识挖掘、咨询、课题研究等服务项目。

欧盟《信息社会 2000 计划》中把内容产业界定为：制造、开发、包装和销售信息产品及其服务的产业，其产品范围包括各种媒介的印刷品（书报杂志等）、电子出版物（联机数据库、音像服务、光盘服务和游戏软件等）和音像传播（影视、录像和广播等）。所以，文字、语音、音乐、图形、图像等数字化的产业就属于信息内容产业。

目前我国信息内容产业主要存在着信息深加工度不够和专业化水平不高两大问题。信息的增值来源于对原始信息的组织与加工。尽管近年来中文网站增加迅速，但雷同的、大众性的内容较多，而学术性的或专门化的数据库或网站仍然不多，很多数据不能适时更新。另一个问题是专业化水平不高，许多门户网站或电子商务网站内容相似，市场定位不够细，目标用户群划分失当，致使用户的深度信息需要难以满足。而这些缺陷使得我国的信息内容产业缺乏国际竞争力，从而面临着我国的信息内容市场被外国企业占领的危险。

针对这样的情况，2004[34]号文件提出："加快信息资源开发利用的市场化进程。积极发展信息资源市场，发挥市场对配置信息资源的基础性作用。打破垄断、行政壁垒和地方保护，营造公平的市场竞争环境，促进信息资源商品流通，鼓励信息消费，扩大有效需求。"同时，为了促进信息资源产业健康有序快速发展。文件要求各级政府"研究制定促进信息资源产业发展的政策和规划。鼓励文化、出版、广播影视等行业发展数字化产品，提供网络化服务。促进信息咨询、市场调查等行业发展，繁荣和规范互联网信息服务业。完善信息资产评估制度。开展信息资源产业统计分析工作。鼓励信息资源企业参与国际竞争"。

为了保证这个新兴行业的健康发展，文件还要求："依法保护信息资源产品的知识产权。加大保护知识产权执法力度，严厉打击盗版侵权等违法行为。健全著作权管理制度，建立著作权集体管理组织。完善网络环境下著作权保护和数据库保护等法律法规。"并且"建立和完善信息资源市场监管体系。适应数字化和网络化发展形势，建立健全协调一致、职责明确、运转有效的监管体制，完善法律法规和技术手段，强化信息资源市场监管工作。加强市场准入管理，提高信息资源产品审批效率，完善登记备案和事后监督制度。保护信息资源生产者、经营者和消费者的合法权益"。

应该相信，在国家的有利的政策支持下，我国的信息内容产业会在今后一个时期内，得到显著的发展，为我国信息资源的开发利用，做出积极的贡献。

小　结

　　本章从资源和资源管理的角度讨论了有关信息和信息经济的议题。8.1节和8.2节讨论了基本的理论议题,资源经济学的概念和基本思想,作为一种资源的信息与物质资源的区别,以及信息经济学与资源经济学的关系。第二部分(8.3节和8.4节)围绕信息资源的配置、信息资源的价值和度量介绍了相关的理论研究的工作与成果。第三部分(8.5节和8.6节)延伸到了实际的信息资源管理领域。基于前面所介绍的有关信息资源的理论研究,8.5节从产业的角度讨论了实际工作中的一些问题,8.6节则专门就我国的信息资源管理的目前状况和发展策略进行了简要的介绍。从资源和资源配置的角度研究信息经济,是值得学习信息经济学的人们注意的。

复习思考题

1. 资源经济学的基本思想和核心议题是什么?
2. 作为一种资源,信息与物质资源有什么本质的区别?
3. 分析信息经济学和资源经济学的关系。
4. 说明信息资源配置的概念和原则。
5. 如何认识与度量信息资源的价值。
6. 从系统科学的角度看,格罗斯曼-施蒂格利兹悖论说明了什么?
7. 什么是"数字鸿沟"? 其产生的根源是什么?
8. 政府信息资源的管理的重要性和基本原则是什么?
9. 公益型信息服务业的作用和意义是什么?
10. 信息内容产业的意义和作用是什么?

第9章 关于信息系统的经济问题

经济学和管理学的密切相关和相互支持是众所周知的。在信息经济学和信息管理之间,同样具有天然的、不可分割的相互渗透和相互支撑。所以,从事信息管理的人员对于信息经济学需要有一定的了解;从事信息经济学研究的人,也应当对于信息管理的实践有所认识和理解。这对于双方的研究工作都是很有必要、很有好处的。

在这方面的一个重要的接口就是关于信息系统的经济问题,具体地说,就是在各种类型的信息系统的规划、建设、运营和管理中的经济问题,例如成本和效益的问题。严格地说,信息系统的建设和运营,属于工程和管理的领域,即所谓信息系统工程和信息系统管理。其中大量的日常工作是十分具体的管理议题,而且和现代信息技术(计算机和网络)有密切的关系,具有鲜明的技术和工程的特点。然而,实际工作的经验告诉人们,作为经济建设的一个有机的组成部分,信息系统的建设离不开经济环境,不能不讲效益,不能不考虑成本和效益。这就不可避免地涉及前面所考虑过的种种信息经济学的问题:信息作为资源的概念和度量,信息系统对于经济管理的价值所在,宏观和微观的信息系统的成本和收益的计算等。所以,在本教材的最后,需要对于信息系统相关的经济问题进行一下简单的梳理和讨论。这对于信息经济学和信息系统工程、信息系统管理来说,都是有好处的。

本章的9.1节简要地讨论了信息系统的有关基本概念;9.2节讨论信息系统的成本构成;9.3节到9.5节集中讨论信息系统的效益和价值问题,这是理论上的难题,也是实践中人们问得最多的问题。显然,限于篇幅,这里的讨论只能是非常一般的。有兴趣的读者可以阅读有关信息系统工程和信息系统管理的专著和教材。例如教育部推荐的黄梯云教授的《管理信息系统》(高等教育出版社)、本书作者的《信息系统的分析与设计》(高等教育出版社)等。

9.1 信息系统的基本概念

"系统"无疑是当代科学中最基本的概念,但它至今仍然没有一个公认的定义。前苏联学者萨多夫斯基,在研究了近40种关于系统的定义后指出:系统是相互联系的诸要素的复合体。我国著名科学家钱学森则进一步阐明,应该把极其复杂的对象称为系统,即相互作用和相互依赖的若干组成部分结合成的,具有特定功能的有机整体,而且这个系统又是它所从属的更大系统的组成部分。

那么,什么是信息系统呢? 它同样是一个外延十分广泛的概念,在本书中它的含义如下。

信息系统(Information System,IS)是指在人类活动的社会经济大系统中,实施对信息进行收集、存储、检索、加工、传递、安全保护等各种管理功能、使其得到有效利用的人机结合的子系统。

显然,尽管加了一些限制,已经排除了纯天然的系统,这仍然是一个十分宽泛的概念。

信息系统本身就是一个相当庞大、相当复杂的系统;它不但具有输入、处理、输出、反馈和控制这 5 个一般系统所共同具备的要素,而且可以从信息的采集、传递、存储、加工、展示以及安全等特点和角度去分析和认识;而且,这里所说的信息系统,又是特指由人、机共同组成的系统,其中"人"是整个系统的核心,既包括系统的操作者也包括系统的服务对象,为人类提供各种各样的服务乃是这里所说的信息系统存在和得到研究的意义所在。在这里,"机"的含义较为广泛,包括在信息的收集、存储、检索、加工和传递过程中所采用的一切机器——电子的、机械的装置,电子计算机或网络设备等。最后需要指出的是,由于信息自身并不能独立存在和交流,必须依附于载体(例如数据、信号等)而存在,因此,信息系统必然是依附于社会经济的整体,即更大的系统的,它永远是一个子系统;它所处理的是包含了信息内容的特定载体。

在经济管理领域中,研究的是以经济管理为服务对象的信息系统,即以电子计算机、网络等现代信息技术为工具的,对经济信息与管理信息进行收集、存储、检索、加工和传递,使其应用于组织机构或企业管理领域的人-机系统。这是一个外延已经缩小了的概念。它面向 R. N. Anthony 管理模型中的 3 个管理层次,分别对战略管理信息、战术管理信息和操作管理信息进行收集、加工和各种处理,从而反映组织(或企业)的当前运行状况,对未来进行预测,对用户的经济行为进行分析,从而辅助管理人员进行决策。例如,电子商务中的信息系统、企业管理中的信息系统、财务分析决策支持系统、电子政务中的信息系统、物流管理信息系统等,这些都是典型的、面向经济管理的信息系统。在这个意义下,医疗诊断中的专家系统、地理信息系统 GIS 和辅助设计系统 CAD 并不在这里考虑的范围内,虽然它们之间也还是有着不少相通的规律性。

另一点需要强调的是,这种信息系统是建立在现代信息技术基础上的。作为理想化的完整的现代信息系统,应该充分运用当代先进的信息技术手段。在这样的信息系统中,计算机技术的作用是进行信息的加工和存储,它相当于人的思维器官;传感技术则用于信息的采集,它对应于人的感觉器官;通信技术用于信息的传递,相应于人的神经系统的功能;控制技术用于信息的使用,相当于人的执行器官。任何一个组织或企业,在计算机化的信息系统建立之前,都必然存在着以手工方式进行信息处理的系统。但是在人类社会发展和科学技术进步的今天,要想在激烈的市场竞争中求得生存并得以发展,就需要借助现代信息技术的有力工具。

根据研究目的的不同,可以从不同角度对这些信息系统进行分类。从系统的技术特征出发,通常将信息系统分成电子数据处理系统(Electronic Dataprocessing Systems,EDPs)、管理信息系统(Management Information Systems,MIS)、决策支持系统(Decision Support Systems,DSS)、管理专家系统(Management Expert Systems,MES)和办公自动化系统(Office Automation,OA)等种类。

现代管理学派的代表人物 H. A. Simon 曾经指出:管理就是决策,决策贯穿于管理的全过程。同时他提出管理决策的结构化程度概念及其划分标准,他认为,结构化决策是指有规律可循,能用形式化方法描述和求解的一类决策问题;非结构化决策则无规律可循且难以用确定方法表述,只能根据当时情况凭经验来做出决策;介于上述两者之间的是半结构化的决策问题。按照 Simon 的理论,在一个管理系统中,基层和中层管理通常所面对的是结构化决策或少量的半结构化决策问题,而高层管理则主要涉及半结构化或非结构化决策问题。

按照系统的规模和服务对象不同,可以将信息系统分为宏观和微观两大类。宏观信息系统即通常所说的经济信息系统,它是为国家宏观管理部门服务的综合性信息系统,它收集、分析和处理与宏观经济活动有关的各类经济信息,为国家和地方的经济管理部门进行宏观调控和经济决策提供信息依据和现代化手段;微观信息系统主要指用于企业管理的信息系统,它主要为企业的经营管理和决策提供信息依据和辅助手段。两者既相对独立,又相互联系;前者反馈的信息是后者辅助决策的重要外部信息源,而后者的输出通常又是前者的原始输入数据。

另一种较常见的分类方式,是将信息系统按职能分成综合职能与专业职能两大类。前者包括中央综合经济部门、政务部门、党务部门信息系统和城市信息系统;后者又包括国家安全,国家经济、国家科教、社会、资源等许多子系统,其中最为复杂的国家经济类信息系统包括宏观经济系统(如工业信息系统)和微观经济系统(如企业信息系统)。

9.2 信息系统的成本

9.2.1 信息系统成本构成

信息系统通常是规模庞大,复杂程度高的人-机系统,它的开发、使用、维护和管理等过程是一项复杂的系统工程,需要投入大量的人、财、物等资源,需要各种硬、软件的支持,这一切就构成了信息系统的成本。

在现实的经济活动中,成本是一个应用十分广泛的概念,它反映产品生产过程中所消耗的各项费用总和,包括原材料、燃料和动力、折旧、工资、管理费等项开支。在成本分析活动中,根据不同的目的,可以从不同角度对成本进行分类,常见的分类方法就达10余种(例如表 9-1 所列举的一部分),这些方法原则上也适用于信息系统的成本分析。

表 9-1 生产成本的构成

序 号	分 类 依 据	类 别
1	费用计量范围	总成本、单位成本
2	费用指标来源	计划成本、实际成本、预算成本
3	费用的经济特征	要素成本、项目成本
4	费用涉及范围	车间成本、工厂成本、销售成本
5	费用与产量的关系	固定成本、变动成本、半变动成本
6	概念与应用情况	理论成本、实际应用成本
7	核算程序	直接成本、间接成本
8	可比性	可比成本、不可比成本
9	各部门间的关系	个别成本、部门平均成本
10	效益与责任的关系	宏观经济成本、微观经济成本
11	其他	机会成本、相关成本、……

下面就根据这些一般方法,从信息系统的生命周期和信息系统的成本用途两个角度,给出信息系统成本分析的两种一般思路。

1. 按信息系统生命周期的阶段划分

按照这种思路,首先是把信息系统的生命周期划分为开发和运行维护两个大的阶段,然后再按照支出的用途细分,其结构如图 9-1 所示。

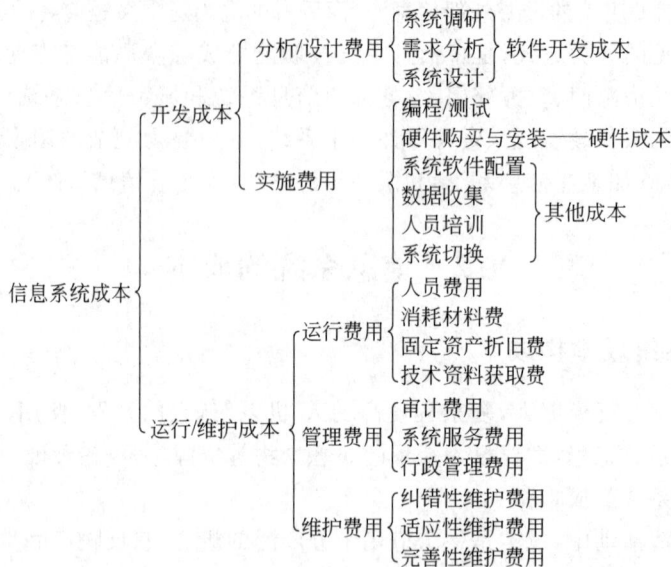

```
                                  ┌ 系统调研  ┐
                  ┌ 分析/设计费用  ┤ 需求分析  ├ 软件开发成本
                  │               └ 系统设计  ┘
         ┌ 开发成本┤               ┌ 编程/测试
         │        │               ├ 硬件购买与安装——硬件成本
         │        └ 实施费用       ┤ 系统软件配置 ┐
         │                        │ 数据收集     │
         │                        │ 人员培训     ├ 其他成本
信息系统成本┤                        └ 系统切换     ┘
         │                        ┌ 人员费用
         │              ┌ 运行费用  ┤ 消耗材料费
         │              │          │ 固定资产折旧费
         │              │          └ 技术资料获取费
         └ 运行/维护成本 ┤          ┌ 审计费用
                        │ 管理费用  ┤ 系统服务费用
                        │          └ 行政管理费用
                        │          ┌ 纠错性维护费用
                        └ 维护费用  ┤ 适应性维护费用
                                   └ 完善性维护费用
```

图 9-1　信息系统的成本构成(按生命周期)

图 9-1 所示的信息系统成本分类方法与传统的信息系统生命周期的阶段划分是一致的,因此,可以采用国际流行的信息系统开发规范和我国有关信息系统工程的国家标准中的一系列约定,这就便于按照信息系统开发和应用的不同层次进行成本的核算和分析。此外,当把"开发成本"按照图 9-1 右边所示的方式划分为软件、硬件和其他成本三类时,则可最大程度地兼容目前已有的一些研究成果。例如,"软件开发成本"的分析和研究完全可以借用国外在软件工程经济学方面的理论、方法和技术,这是因为信息系统软件只不过是软件大家族中的一员而已。

2. 按信息系统成本的经济用途,即成本项目划分

用于信息系统的全部费用,按其用途不同可以分为各种具体的费用项目即"成本项目"。而按照费用发生的环节和用途计算考核的成本就是"项目成本"。针对信息系统成本的特点和国家对成本项目的统一规定,信息系统的成本项目可由以下 10 个大类组成。

(1) 硬件购置费用,主要指购买计算机及其相关设备,如不间断电源、空调器等费用。

(2) 软件购置费用,包括购买操作系统软件、数据库系统软件和其他应用软件等的费用。

(3) 基建费用,包括新建或改建机房、购置计算机台、柜等的费用。

(4) 通信费用,购置计算机网络设备、通信线路器材、租用公用通信线路等。

（5）人工费用，包括各类系统开发人员、操作人员和与系统有关的管理人员的所有工资费用。

（6）水、电费用，包括系统在开发、运行与维护期间消耗的水、电费和有关的维修费。

（7）消耗材料费用，主要用于购置打印纸、色带、磁盘等。

（8）培训费用，包括用户培训、有关的技术人员或管理人员进修的费用。

（9）管理费用，指办公费、差旅费和会议费用等。

（10）其他费用，包括资料费、固定资产折旧费和咨询费等。

以上各类成本项目还可根据实际情况进行细致或者合并。例如，当委托专业开发部门进行软件开发时，可从"人工费用"中分离出"开发费用"另计成本；当自行架设通信线路构成计算机网络时，也可考虑将"通信费用"、"硬件购置费用"和"软件购置费用"合并为"主要材料费"。

上述按成本经济用途分类的主要优点在于：可以明确指出费用的目的，便于对信息系统开发、运行过程中的经费使用情况进行监督和管理，同时也为信息系统的价值分析奠定了基础。

9.2.2 信息系统成本测算过程

1. 成本测算的一般过程

测算（Estimation）也称估算或估计，根据简明牛津英语词典，测算是一个大概的评判，是项目承包者对预算总额的陈述。所谓信息系统成本测算，就是根据待开发的信息系统的成本特征以及当前能够获得的有关数据和情况，运用定量和定性分析方法对信息系统生命期各阶段的成本水平和变动趋势作出科学的估计，这里所说的成本主要是指信息系统生命周期中所需投入的工作量，即所需人月数。其他成本项目，如开发工期（TDEV）、需要人数（ESP）或具体费用等项目则可在此基础之上得出。

信息系统的成本测算是信息系统项目投标或报价的基础，是进行规划和作出实施方案的前提，也是进行信息系统项目管理和审计工作的有效手段。然而，信息系统成本测算的理论和技术目前还很不成熟；在信息系统开发项目中，成本测算值与实际情况相差甚远；费用超过测算值或开发工期算比原计划延长的情况屡有发生；尤其对于大、中型的信息系统更是如此。在本节的分析中，把信息系统的成本划分为开发成本和运行维护成本两部分，前者又可分成软件开发成本、硬件成本和其他成本三部分（参见图 9-1），按照这种分类思路的信息系统成本测算的一般过程，如图 9-2 所示。图中，硬件与系统软件成本既包括计算机设备、通信设备和机房其他设施的安装、调试成本，也包含了操作系统软件和数据库系统等应用软件的购买、安装和调试成本，软件成本包括信息系统软件的分析、设计、编程和系统调试等阶段中涉及软件开发的全部费用；其他成本则包括用户培训。数据收集与整理、新旧系统转换等，不能计入前面两类的成本费用。

从图 9-2 中可以看出，信息系统开发成本测算首先应该建立在对过去项目成本情况进行数据分析的基础上，历史的经验和教训对于成本测算的各个阶段均有参考价值；其次，进行硬件成本及用户方面（培训、数据收集、系统转换等）成本的测算，这是因为该两项成本处理相对于软件成本而言要容易一些，同时它们对软件成本的分析有着一定的影响（例如，开发人员对所采用的硬件或数据库系统的使用经验将明显影响软件生产率，从而影响着软件

以往项目的数据　　　待开发软件的特征　　　　　所选用硬件的特征　　　用户环境特征

对以往项目的数据分析　→　软件规模测算　←影响因素←　硬件和系统软件计划　　培训和系统切换计划

软件规模测算值↓

软件成本测算　环境因素　　　安装,调试的人力和时间　　培训,切换的人力和时间测算值

经验数据

人力和时间的分配　　人力,时间测算值

人力,时间及其他资源的分配结果↓

灵敏度和风险分析

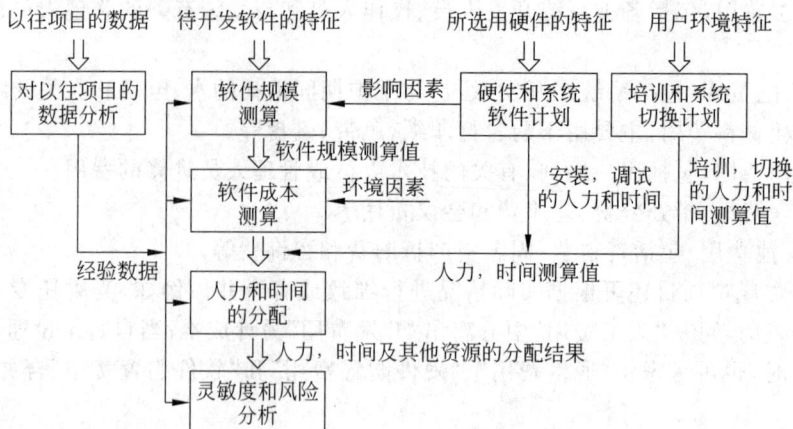

图 9-2　信息系统开发成本测算的一般过程

成本),对此先作测算可以减少软件成本测算中的不确定因素。然后是软件成本测算,通常分为以下两步。

(1)测算软件的规模或程序量;

(2)利用参数模型测算出在该种规模的软件成本。

也可运用专家判定等方法将这两步合并直接测算成本。软件成本测算是整个信息系统成本测算中最为复杂的一个环节,因此引起了广大理论和实际工作者的兴趣,对此作了许多研究。在本章接着的部分,将重点论述这个问题;最后,将硬件、软件和其他类的成本数据分配到信息系统开发的各个阶段,并进行灵敏度分析和风险性分析。

2. 成本测算方法

目前信息系统成本测算的方法很多,分类方式也不尽统一。1974 年,R. W. Wolverton(沃尔弗顿)曾将信息系统成本测算方法分成 5 大类。BW. Boehm(贝姆)在 1981 年则进一步将其分为 7 类。考虑到成本测算中所采用的工具、思路以及判断的主客观性等多方面因素的结构化分类如表 9-2 所示。

表 9-2　信息系统成本核算方法分类

通常的分类		B. W. Boehm	R. W. Wolverton
算法模型	解析模型 列表模型 复合模型	算法模型 专家判定 类比	自顶向下 自底向上 相似与差异估计
任务分解	自底向上 自顶向下		
专家判定	类比 Delphi		
其他方法	价格制胜 Parkinson 自动化系统		
	……		

算法模型方法中采用的是建立在历史数据基础上的测算模型,它将成本估计值看成是以若干成本影响因素为自变量的函数,模型的一般形式为

$$R = F(X, C)$$

其中,R 是信息系统的成本项目,可以是系统开发所需人月数、工期和费用等;X 则是一组经过选择的影响成本的自变量;C 是模型的一组参数常量。

上述模型根据其具体形式的不同,可分为:①解析模型,也称为公式化模型。例如,E. A. Nelson 在 1966 年提出的 SDC 模型,是一个由 13 个自变量线形组合所构成的一个成本测算模型。此外,还有乘积形式,指数形式等各种结构。②列表模型。通过表格形式直观地给出成本影响变量值与成本之间,或者上述变量与模型调整因子取值之间的关系。列表模型的例子有 Wolverton(1974)模型和 Boeing(1977)模型等。③复合模型。将上述两种模型结合使用的算法模型,如 Putnam(1979)的 SLIM 模型和 Boehm(1981)的 COCOMO 模型等。

算法模型的主要优点是,它较充分地利用了以往的经验、测算效率高并可以在重复测算的情况下获得相同结论,受测算人员的主观影响比较小;由于测算步骤和形式比较规范化,这就便于进行灵敏度分析等处理。其中,表格形式的模型直观性强,因而便于使用。算法模型方法的不足之处在于对特定开发环境的适应力不够,无法妥善处理一些异常情况。模型计算时需要输入软件规模的估计值,以及一些成本影响因子值,成本测算结果的准确与否在很大程度上依赖于上述变量的精度。

任务分解方法可以按照分解的先后时序,分为"自底向上"和"自顶向下"两种策略。前者将一个系统分成许多基本的模块和相应的任务,分别测算其成本,然后累计得出整个系统的成本;后者则先从系统的总体特征中推得开发成本,例如,在系统开发的初期,通过初步的调研和用户需求分析,大致确定系统的结构,给出系统规模、边界和基本的功能要求(包括信息存储量、报表输出种类与格式、查询处理方式、数学模型运用等要求),再利用经验或类似系统的情况即可得出总成本的估计值,然后可将此总成本在各子系统或模块中分配。

自底向上测算可由与该部分开发有关的人员直接参加,由于他们对模型的理解较详细,故测算结果误差较小,往往可以达到±10%以内。事实上,开发人员往往宁愿加班加点争取在自己测算的资源范围之内完成任务,也不愿轻易接受别人指定的资源限制。自底向上方法的主要缺陷是测算本身的成本较高,并且对于系统级(如系统联调、项目管理等)的成本,往往容易忽视或不易测算准确。自顶向卜测算方法的优、缺点与自底向上方法正好相反。

专家判定方法就是依靠领域专家自己的经验、直觉以及对所测算信息系统项目的理解给出成本的测算值。按照具体的实施方式不同,专家判定法又可进一步分为类比法和Delphi 法,它们的思想方法也被广泛应用于其他领域的预测和综合评价。类比法的优点是充分利用以往的经验、测算快速且廉价,其缺点是误差较大,得出的结论较难使人信服,通常认为它只能为数量级的测算提供很初步的近似。

Delphi 法是美国 Rand 公司推出的一种专家意见定性测算方法,它通过给领域专家发判定表、无记名填表、统计综合、向专家反馈结果并进行下一轮填表等步骤的多次重复,逐步使专家的结论趋于一致而作为测算结果。Delphi 法的主要优点在于能够充分应用专家的经验并能处理一些特定的环境影响,不足在于专家可能具有某些偏见无法处理,同时该方法

非常费时。

价格制胜法和 Parkinson(帕金森)法也是信息系统成本测算的方法,前者又称"可以接受的投标价格"法,是指为了在与同行竞争中取胜——赢得开发项目订单,无条件地在费用和进度上迎合用户要求而制定成本预算的方法;后者根据著名的 Parkinson 定律而得名,该测算方法的基本思路是"既然规定此项目应在 X 年内完成,并且又有 y 位全时制开发人员可以投入,那么,此项目就需要 $X \times y \times 12$(人月)的工作量"。

价格制胜法和 Parkinson 法带来的后果或者是成本测算值太低而草草应付完成开发,造成信息系统产品性能低劣;或者是成本测算过高,造成资源的大量浪费。显然这是两种不科学的测算方法,但在实际工作中却不时被人采用。究其根本原因,除了管理体制不健全、官僚作风影响之外,还在于目前的成本测算技术尚未提供足够有力的手段,能令人信服地将合理的测算值和伪科学的结论区分开。

在信息系统测算中运用自动化系统是一个必然的趋势,目前已有一些该方面的实际软件包。问题在于,现有的自动化测算软件只不过是将涉及的各类成本测算模型在计算机中进行简单复现与少量扩充,更为理想的方法应该是引入人工智能中的产生式推理或神经网络学习机制,开发出能够进行自适应学习专家经验、分析历史数据、积累测算知识并自动推理的成本测算专家系统。这应当是信息系统经济学研究的方向之一,但是难度很大。

上述成本测算方法的分类只是相对的,在实际应用中往往交叉使用。例如,在算法模型法中如何正确选择成本影响因素的取值,就需应用类比法,根据过去的经验来确定。除了价格制胜法和 Parkinson 法不足为取以外,其余的测算方法都各有长处。在信息系统开发的不同阶段,应该根据所掌握成本影响因素的信息量,根据各种测算方法的特点而选用不同的方法进行成本测算。在系统开发的准备阶段,因对新系统的功能需求、开发环境情况等方面的理解比较模糊,宜采用类比法、Delphi 法或自顶向下法,根据过去的经验进行类比,从总体上测算出成本值。随着系统开发工作的推进,在系统规划和系统分析阶段,许多成本影响因素逐渐明朗,这时可采用算法模型或自底向上等方法,得到的成本测算值也将会相对准确些。

3. 成本测算的原则与策略

一项成功的信息系统成本测算,必须满足以下基本原则。

(1) 真实性与预见性原则。前者指的是成本测算值应该接近实际成本;后者说明测算必须能在系统开发的前期做出,因此,在测算过程中不应该使用那些要等开发完成以后才能清楚了解的信息。这是对测算工作的最起码的要求。

(2) 透明性与适应性原则。对于测算人员或其他有关人员来说,成本测算方法及其过程应当是透明的,即对测算所涉及的参数、变量必须给出明确的定义,对于测算过程及其结果应该易于理解并能提供合理的解释;适应性则要求区分所测算信息系统的类型、规模、环境等而选用适当的测算方法和模型。

(3) 方便性与稳定性原则。方便性指的是成本测算的方法本身应易于理解和使用,有较强的可操作性;稳定性说明在系统功能需求、技术条件和环境因素基本相同时,由不同测算人员作出的测算结果也应该大致相同,绝不能因人而异。就此而言,前面所述的"价格制胜"和 Parkinson 法就不是一个好的测算方法。

根据以上原则,信息系统成本测算可以采取下面的策略:信息系统成本测算工作应当由与该项目无直接或间接关系的专业人员承担,国外通常称其为"测算顾问"。这是因为信息系统成本测算涉及各种技术和非技术因素,即使采用严格的算法模型进行测算,其中许多成本影响因子参数值的选取等,也与测算人员的心理和感情有关,如考虑到测算人员本人或其所在部门的经济利益等,从而直接影响到测算结果的真实性。先由开发部门作出测算,再经其他部门的专家进行审核或调整,也不失为一种较好的措施。当然,测算人员必须在充分了解所涉及的信息系统以及开发部门情况、用户环境的基础上,才能进行测算工作。不可能找到一个现成的测算方法能适用于所有开发部门或用户企业,必须注意积累本部门有关的历史数据,用这些数据对测算方法或模型中的参数进行调整,使之符合本部门的实际情况。该项工作无论是对用户企业还是开发部门都十分必要。

提高成本测算准确度的重要途径之一,就是要减少用户对于新系统功能需求方面的不确定性,这是由于在系统开发过程中,对新系统开发方案的任何改动都将带来工作量或其他资源的变化。为此,应在充分了解用户需求的前提下进行成本测算。例如,借助于快速原型法、辅助软件工程(CASE)等方法,提前从用户那里获得有关系统功能需求方面的反馈信息。

应该加强信息系统开发工作的管理。信息系统成本测算不仅仅是一个技术上的问题,而且是一个管理上的问题,它涉及大量的人的因素。对于一个管理混乱、纪律松懈、人际关系紧张的开发小组,根本无法想象它的开发进度和工作质量,成本测算工作也无从谈起。反之,作为一个合格的项目开发管理人员,必须能够合理安排有关的开发任务,协调好各开发小组成员间的关系,充分调动他们的工作热情,从而在项目预算所允许的范围之内按时完成系统开发任务。

9.3　信息系统的经济效益

9.3.1　信息系统效益及其分类

"效益"(benefit)概念在我国的普遍使用始于 20 世纪 80 年代前期,事实上,除了1973 年版的《现代汉语词典》中有"效益" 词并释为"效果与利益"以外,《辞源》、《辞海》(1987 年版)和《政治经济学辞典》(许涤新,1981)中均无该词。我国当时使用"经济效益"概念的主要出发点是为了在经济建设中提高经济效益而增加经济收益。因此,经济效益一般被定义为社会经济活动中通过提高经济效果(效率)而得到的实际经济利益。

当前,经济效益与经济效果是两个使用十分广泛的概念,关于它们的严格定义及其相互关系问题,在我国理论界至今仍无明确结论。因此,在研究信息系统经济效益之前有必要进行简要的分析与界定。

一般来说,"效果"指的是由行为产生的有效结果,人们将经济活动中取得的有用成果同消耗的劳动量之间的比值称为经济效果。在经济学范畴内,经济效果与效率是同义语。

可以认为,信息系统的经济效果,是指信息系统所带来的货币成果与为此所付出的资源费用的比值。对于系统开发部门,信息系统经济效果是指该系统被售出所得的货币收入与系统开发费用之比;对于系统用户来说,信息系统经济效果则是应用该系统以后所带来的货币成果与为得到并正常使用该系统所付出的费用之比。若用 B 和 C 分别表示货币形式的收入和为此而作的付出(成本),则可用公式表示为

$$信息系统的经济效果 e = \frac{B}{C}$$

在信息系统的开发和使用过程中,为获得一定量的收入,所消耗的成本越小,经济效果越大;反之,所消耗的成本越大,则经济效果就越小。因此,经济效果可以综合反映信息系统开发部门或用户的经济管理水平。

信息系统的经济效益,是指信息系统带来的成果与为此而付出的资源费用之差,即投入与产出,或收益与成本之差。若用公式表示则为

$$信息系统的经济效益 E = B - C$$

根据上述定义可以推导出经济效益 E 与经济效果 e 之间的关系式为

$$E = C \cdot (e - 1)$$

从信息系统经济效益的定义以及该关系式中可以看出:经济效果着重考虑投入多少、产出多少,经济效益除此之外还要考虑收到的实际利益是多少;经济效果的重点是说明经济活动的效率,经济效益的重点则在于说明经济活动的受益情况;经济效果是经济效益的基础,经济效益必须以一定的经济效果作为前提,具体说,要取得经济效益($E > 0$),必须首先有一定的经济效果($e > 1$,即产出必须大于投入)。

以上阐述的是经济效益的狭义概念。但是,人们在实际工作中则更多地从广义角度去理解经济效益,认为经济效益只是社会经济活动中取得的有用劳动成果与资金、劳动力及其他资源等的投入之间,即产出量与投入量之间的一种比较关系。在相同的条件下,若投入量不变而产出量增加;或者投入量减少而产出量不变;或者在投入量减少的同时产出量增加;或者两者都增加,但产出量增加的速度或幅度大于投入量的增加速度或幅度,都认为是经济效益的提高。在以后的讨论中,将较多地使用信息系统经济效益的广义概念。

在社会经济活动中,经济效益问题一直受到人们的重视,经济效益的概念被极为广泛地使用,但是由于使用场合、看问题的角度以及研究目的的不同而出现了形形色色的定义。与经济效益的一般概念类似,信息系统经济效益的概念和分类至今仍然没有一个统一、严格的标准。通常较多地按照下列的习惯方法对信息系统的经济效益进行分类。

1. 按效益所涉及的领域分为经济效益和社会效益两个方面

社会效益是指人们的各种活动对社会发展的积极作用或有益的效果,它包括经济、思想、政治、文化等方面的效益。所以,从广义的角度看,社会效益包括经济效益,经济效益是社会效益的重要方面,而社会效益又是经济效益在社会发展中的反映。从狭义上说,信息系统的社会效益是指其经济效益之外的使社会生活实际得到的有益效果。

经济效益与狭义的社会效益之间的关系是对立统一的关系,在一般情况下,经济效益好,社会效益也好;反之,经济效益差,社会效益也不会好。但是这两者并不总是一致的,从经济学角度看,造成信息系统经济效益与社会效益的不一致性的主要原因,是信息系统的外

部经济效果。它指的是,信息系统的开发和应用对其他人产生了附带的成本或效益,但有关的人却没有为此而付出代价。换言之,外部经济效果是一个经济人的行为对另一个人福利所产生的效果,而这种效果并没有从货币或市场交换中反映出来。外部经济效果可以有多种形式。例如,由一个企业培训的信息系统操作人员可以到其他企业工作,但前一个企业却未得到其他企业所偿付的培训费用;企业管理信息系统的大量建立和应用,使得系统开发部门得到规模经济的好处从而推动软件产业的发展,上述两种情况下的社会所得都大于企业所得,这是积极的外部经济效果(也称外部经济)。又如,当一个企业对信息系统输出的年终财务状况数据弄虚作假,致使上级有关部门作出错误决策而造成损失,但该企业却没有因此而赔偿,这就是消极的外部经济效果(也称外部不经济或外部经济负效果)。

2. 经济效益按受益面分为直接经济效益和间接经济效益

一般来说,直接经济效益包括企业内部经济效益与直接受益部门、单位的经济效益的总和;间接经济效益则是指直接受益部门和企业自身经济效益以外的经济效益,多指对社会、环境、生态等的影响。这种分类方法在具体问题的分析和定量计算上虽然存在一些困难,但是仍然有一定的实际意义。这是因为,企业或组织对信息系统建设项目的经济效益进行论证分析时,首先将考虑对其本身所带来的经济效益大小,一个没有直接经济效益的项目是很难被列入议事日程的。

3. 经济效益按层次分为宏观经济效益和微观经济效益

宏观经济效益一般指全社会、整个国民经济的经济效益,是社会生产、分配、交换、消费等整个经济活动过程的经济效益。微观经济效益一般指一个企业(或组织、项目,或措施等)的经济效益。显然,信息系统的经济效益首先表现为微观经济效益,它是宏观经济效益的基础,没有好的微观经济效益就不可能会有好的宏观经济效益。

4. 经济效益按时间分为近期经济效益、中期经济效益和远期经济效益

上述 3 类效益的时间界限划分往往采用习惯或主观的方法。例如,在一般情况下,近期、中期和远期可分别定为 2~4 年、5~9 年和 10 年以上。在分析、研究经济效益,对各种技术方案和政策进行决策时,不仅要考虑时间因素,而且必须协调好近期、中期和远期经济效益之间的关系。由于信息系统通常是分阶段实施的,并且在投入运行后还有一个纠错和维护、用户适应的过程。因此在近期内不能很快进入最佳运行状态,其经济效益主要集中在中期或远期。

5. 经济效益按测定的难易程度分为有形、准有形和无形经济效益

这是比较适合于信息系统经济效益分析的一种效益分类方式。其中有形(tangible)经济效益是指可以用货币定量计算的经济效益,主要来源于生产成本的节约和减免。例如,新的信息系统以自动化手段代替部分人工信息加工过程,从而带来的工资费用的节省。无形(intangible)经济效益是指难以定量计算,不能直接用货币来体现的效益,主要指企业、组织机构的各种行为的有效性的增强。例如,信息系统使用后,企业或组织机构能够获得更多、更及时和更准确的信息,使企业的组织计划加强,经营更具灵活性,加强了决策手段等。介于有形经济效益与无形经济效益之间的是准有形(qusai-tangible)经济效益,该类效益主要表现在生产效率和工作效率的提高上。例如,提高了信息处理的效率,加强了对资源的控制,提高了业务人员的工作效率等。这类经济效益很难直接用货币价值来衡量,但可以通过一些评估技术将其作近似的量化。

9.3.2 信息系统经济效益的特征

信息系统经济效益的表现形式随企业或组织机构管理水平、信息系统类型、目标及其应用环境的不同而不同。J. King 和 E. Schrems(1978)曾经把信息系统(实际上是 MIS)的效益划分为以下 6 个方面:改进计算和打印工作;改进记录保存工作;改进记录查找工作;提高重新构造系统的能力;改进分析和模拟能力;改进过程控制和资源控制。这些效益的具体表现形式包括:节省费用、减少差错、增加灵活性、增加处理速度、改进管理控制或规划等。

事实上,随着信息系统的发展,从进行结构化管理信息处理的 EDPS、MIS 到支持半结构化决策的 DSS,目前信息系统可能取得的经济效益已经远远超出前面所列内容。一般地说,信息系统的经济效益主要可以从下面两个方面来实现。

(1) 面向企业或组织机构的内部实体(Internal entity)的管理。它使企业的一系列经营活动及计划管理工作得到改进,从而提高生产率并为高级管理人员提供决策支持,如 EDPS 及 OA 系统可以减少数据处理人员数目,提高数据处理的速度和质量;MIS 和 DSS 能为决策人员提供更丰富、准确的背景信息,提供决策支持模型,减少管理决策中的不确定性等。

(2) 面向外部实体(External entity)的信息服务。它通过信息加工或生产信息产品为社会提供信息服务而获利,如证券交易信息系统、信息咨询系统等,这方面的经济效益可以直接用市场价格来衡量。

下面仅对信息系统在上述第一个方面,即在企业或组织机构管理中的经济效益表现形式给出一般性的描述。

① 信息系统的应用可以减少人工信息处理的工作量,从而节省人工费用和办公用品开支。例如,在财务和人事部门的信息处理中,由计算机部分地代替人工系统可以极大地提高工作效率,从而精简人员,减少人工费用;同时,利用计算机存储容量大、查询速度快的特点,可以节省许多文件的纸张、印刷和保存等费用。

② 信息系统可以加快资金周转而得到成本的节约。例如,在物资供应部门应用信息系统确定最优库存量,可以减少流动资金的占用;在销售和采购部门,过去因市场供、需信息反馈慢,常常把大量资金垫支于周期很长的流动之中,应用信息系统后,快速的市场反馈和及时的账务处理可以使资金的周转期极大地缩短;在财务部门,可以对应收款等影响资金占用的重要账户进行实时查询,随时监控这类账户的变动情况。

③ 信息系统对控制成本、提高产品质量带来的效益。例如,在采购和生产管理部门应用信息系统辅助统计分析和优化计算,制订科学、合理的定额标准,可以控制生产成本、减少不必要的资金;把信息系统用于质量控制方面,可提高产品等级并减少废品损失;利用信息系统对市场调研信息进行加工分析,将加快新产品的开发速度。信息系统可以辅助制订合

理的中、长期规划,优化企业的战略决策。信息系统除了对上述材料采购、生产、销售等企业短期计划的支持以外,在企业的中、长期规划中,使用信息系统可以更全面、准确、迅速地得到市场变化情况和同行的信息、外部环境的有利和不利因素,以及企业内部的约束等信息,应用规划模型对企业的发展速度、规模及布局等进行整体规划,从而获得理想的投资效益,并具有良好的发展前景。

④ 信息系统将加快信息传递速度,从而减少决策失误。运用计算机系统网络技术,实现企业、行业、地区、全国乃至全世界的信息系统联网。计算机网络技术及其普及,能够极大地改善决策环境,并在相当程度上避免经济活动的失误。

⑤ 信息系统有助于改善服务水平、提高企业的声誉和市场竞争能力。例如,订货信息系统能够迅速、准确地向顾客提供产品的规格、性能、价格和可供数量等全面信息,将极大地提高服务质量。又如,车船票联合订购系统,能提前较长时间预约服务,使旅客更加方便。显然,信息系统将加快信息传递速度,从而在加强市场竞争能力的同时,也使企业声誉获得提高。

作为一个特殊的投资项目,信息系统的经济效益既与一般投资项目有相类似的表现形式,又有其自身的特性。从上述讨论的内容中,可以归纳出信息系统经济效益的主要特性如下。

广泛性:在企业或组织机构中,从高层领导到一般的信息处理人员,从战略管理层、战术管理层到执行管理层,从高层的管理思想、中层的决策方法到基层的具体事务处理,无一不因信息系统的应用而受到影响,这种影响所带来的经济效益广泛产生于企业的各个层次和领域。

间接性和转移性:信息系统主要是通过对管理活动的支持来间接取得经济效益的,不如其他工程项目那样可直接实现或体现经济效益,这就是信息系统经济效益的间接性。此外,信息系统的投资通常发生在管理部门,但其效益却往往产生在生产和流通领域,此即信息系统经济效益的转移性。

相关性:信息系统效益的转移性和间接性特点,使得信息系统经济效益一般都包含在企业或组织机构的总体经济效益之中,它与其他因素如技术创新或新的管理措施等所产生的经济效益有密切的联系,很难把信息系统产生的经济效益单独从中区别和分离出来。

递进性和滞后性:企业中的信息系统通常是逐步建设、发展和成熟的,或从 EDPS、MIS 到 DSS 逐步开发与完善,或根据具体情况分批实施各个分系统,因此信息系统的经济效益也将在一个较长时期内逐步体现,形成一个递进过程。此外,一个新的信息系统投入运行,需要进行新旧系统的切换,需要全体有关人员的熟悉和适应,其经济效益要在一段时间的试运行后才能逐步体现,这就是滞后性。

无形性和不可估价性:信息系统经济效益中很大一部分是无形效益,如经营决策水平的提高、市场竞争能力的增强等。这部分效益虽然客观存在,但难以通过货币价值直接度量和估计。

不确定性:信息系统是由人、机共同构成的复杂系统。它的建设、管理和维护等一系列活动都与人的因素密切相关。一个好的信息系统,不仅需要自身的性能良好,还要有企业管理规章的健全、高层领导的重视和有关管理人员的支持,才能在企业管理中充分发挥作用,从而获得较大的经济效益。用户态度、企业管理水平等信息系统外部环境因素的多变导致了信息系统经济效益的不确定性。

9.4 信息系统经济效益评价

9.4.1 评价方法及其分类

所谓评价，是指根据确定的目标来测定对象系统的属性，并将这些属性变为客观的定量数值或者主观效用的行为，简言之，评价就是对某一事物进行的考核。信息系统经济效益评价，就是对信息系统项目的方案、开发或运行的经济效益状况进行的考核。没有评价就没有鉴别，没有鉴别就不可能有发展，信息系统的建设和应用就是在对系统项目的投入和技术、经济效益的比较、评价和鉴别中不断发现，不断改进和提高而迅速发展起来的。

按评价的时间与信息系统所处阶段的关系，可把信息系统评价分成事前评价、事中评价和事后评价 3 种类型。

(1) 事前评价是指信息系统方案在系统开发前的预评价，即系统规划阶段中的可行性研究。在这里，评价的目的是分析当前开发新系统的条件是否具备，明确新系统目标实现的重要性和可能性，主要包括技术上的可行性、经济上的可行性、管理上的可行性和开发环境的可行性等方面。这时的经济效益评价则是对新系统在经济上的可行性进行分析，估算系统开发和运行所需的费用以及新系统的经济效益，将投资和经济效益进行比较，说明在经济上是否合算。由于事前评价所用的参数大都是不确定的，都是预测的结果，所以评价的结论具有一定的风险性。

(2) 事中评价通常有两种理解，一种是指项目方案在实施过程中，因外部环境出现重大变化。例如市场需求变化、竞争性技术或更完美的替代系统的出现，或者发现原先设计有重大失误等，需要对项目的方案进行重新评价，以决定继续执行还是中止该方案。另一种事中评价也称阶段评价，是指在信息系统正常开发的设计、实施阶段，对总体中的各个子系统和各个部门进行的详细评价和统计分析，经汇总后将成为设计报告的组成部分。

(3) 事后评价是指信息系统投入正式运行以后，为了了解系统是否达到预期目的和要求而对系统运行的实际效果进行的评价。信息系统项目的鉴定也是事后评价的一种更为正规的形式。事后评价的主要内容包括系统性能评价。例如，功能的完整性、可靠性、适应性、可操作性、可维护性和安全保密性评价等；系统的经济效益评价。例如，一次性投资。机时成本、运行费用和年生产费用节约额等直接效果；以及企业管理效率提高，管理水平改善，管理人员劳动强度减轻等间接效果；其他方面的评价，如系统开发是否拖延、系统文档是否完整、清晰等。通过事后评价，用户可以了解系统的质量和效果，检查系统是否符合预期的目标和要求；开发人员可以总结开发工作的经验、教训，这对今后的工作将是十分有益的。

按评价方法所涉及的学科领域，可以把目前国内常用的经济评价方法分为专家评价法、经济模型法、运筹学方法、其他数学方法，以及组合模型方法 5 大类，每一大类中又可细分成多种方法，如图 9-3 所示。

(1) 专家评价法。这是以领域专家的主观判断为基础的一类评价方法，主要包括评分

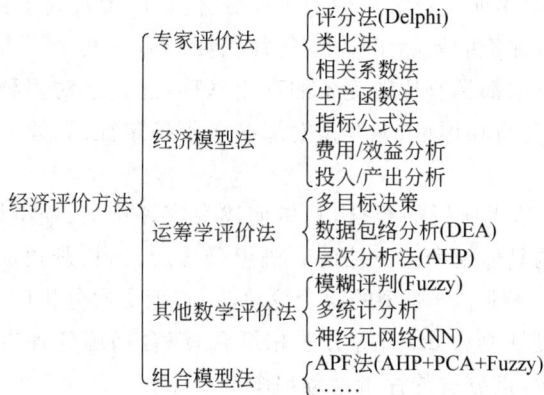

$$
\text{经济评价方法}
\begin{cases}
\text{专家评价法}
\begin{cases}
\text{评分法(Delphi)} \\
\text{类比法} \\
\text{相关系数法}
\end{cases} \\
\text{经济模型法}
\begin{cases}
\text{生产函数法} \\
\text{指标公式法} \\
\text{费用/效益分析} \\
\text{投入/产出分析}
\end{cases} \\
\text{运筹学评价法}
\begin{cases}
\text{多目标决策} \\
\text{数据包络分析(DEA)} \\
\text{层次分析法(AHP)}
\end{cases} \\
\text{其他数学评价法}
\begin{cases}
\text{模糊评判(Fuzzy)} \\
\text{多统计分析} \\
\text{神经元网络(NN)}
\end{cases} \\
\text{组合模型法}
\begin{cases}
\text{APF法(AHP+PCA+Fuzzy)} \\
\cdots\cdots
\end{cases}
\end{cases}
$$

图 9-3 常用经济评价方法的分类

法、类比法和相关系数法等具体方法。其中评分法就是通常所说的 Delphi 法,即由多名专家根据预先拟定的评分标准及专家的经验和主观认识各自对评价对象进行打分,然后用一定的方法对分数进行综合;类比法是将待评价项目与相似的已评项目进行类比而得出评价结果;相关系数法通过专家评分或者类比来确定信息系统对企业总经济效益的贡献度,如果更精确些,还可以具体给出对每一类经济效益的贡献程度,然后运用下面公式计算出信息系统带来的经济效益。

信息系统的经济效益为

$$E = \text{企业经济效益增长额} \times \text{信息系统贡献程度}$$

或者为

$$E = \sum_{j=1}^{n} \text{各类经济效益增长额} \times \text{信息系统对各类效益的贡献程度} \qquad (9\text{-}1)$$

专家评价法具有操作简单、直观性强的特点,可以用于信息系统定性或定量经济效益指标的评价,一般采用多位专家评价等措施来克服主观性强及准确度不高的缺点。

(2)经济模型评价法。这是一类定量的评价方法,具有客观性强、实用程度高的特点,适合于信息系统直接经济效益的评价。该类评价方法主要包括生产函数法、指标公式法和费用/效益分析法等,将在稍后的内容中对此加以讨论。

投入产出分析,是通过投入产出模型或投入产出表格来研究经济系统各个部分(作为生产或消费单位的产业部门、行业、产品等)之间表现为投入与产出的相互依存关系的经济数量分析方法。因为在投入产出的价值表中,既有反映各种劳动消耗(投入)的指标,又有反映生产成果(产出)的指标,所以可以通过它计算各种经济效益参数,并用来分析、评价经济效益。具体地说,将不同年份反映各种消耗的参数如劳动或产品的直接消耗系数等进行对比,可以评价各个部门由于使用信息系统而带来的各种消耗的节约;将不同年份完全消耗系数进行对比,可以看出由信息系统造成的完全劳动消耗的节约。

(3)运筹学评价法。这是指运用线性规划、非线性规划、动态规划、层次分析等运筹学方法,对于信息系统的效益进行分析与评价,在这方面,需要用到运筹学中的许多具体方法。

(4)其他数学方法的评价法。除了运筹学之外,还有一些数学方法也可以用于经济效益分析。例如模糊评判、多元统计分析中的主成分分析(PAC)、因子分析和聚类分析等。

在对客观事物进行评价的实际工作中,往往需要同时用几个标准作为评价的依据。上述各种数学和运筹学方法都具有比较完备的理论基础,适合于对多种因素的综合变化进行多视角的、定量的动态分析和评论,尤其是对那些含不确定性的、模糊因素的评价能够获得较好的评价结果。

(5) 组合评价法。这里所说的组合,是指前述专家评价法、经济模型法、运筹学评价法和其他数学评价法中的具体模型或方法的有机组合应用、扬长避短而形成的一种综合评价方法。其中,APF 法是一种十分典型的组合评价法,它把层次分析(AHP)、多元统计中的主成分分析(PCA)和模糊评判(Fuzzy)等方法相组合,综合利用各种方法的不同特性对评价对象作出较全面的评价,该方法的评价过程如图 9-4 所示。

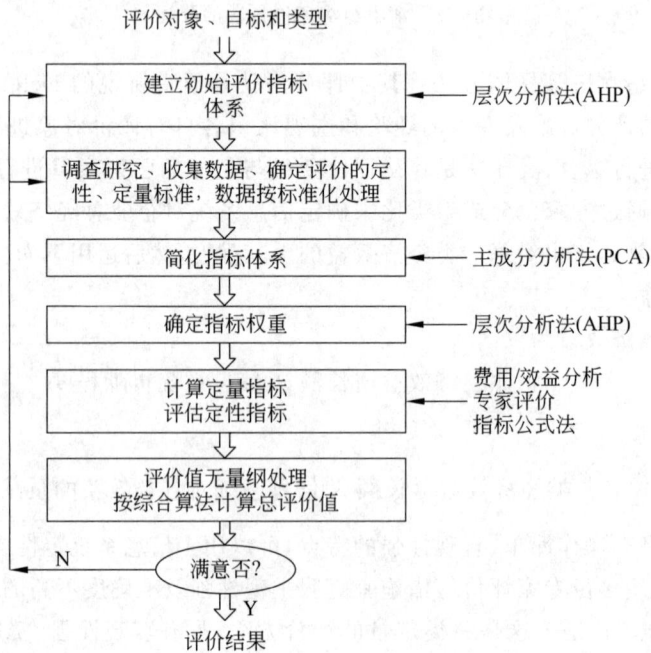

图 9-4　基于 APF 方法的评价过程

从图 9-4 中可以看出,APF 组和评价首先以层次分析法(AHP)为主体,建立起分层指标体系,然后采用主成分法(PCA)对指标进行简化,消除了原指标之间可能存在的相关关系;再用 AHP 法的两两比较原则确定各指标的权值,以消除专家评价中主观偏差的影响;在分层指标体系中,分别运用专家评价、费用/效益分析和指标公式等评价方法,来确定各定性、定量指标的具体数值。为使定性指标数量化,可用 Fuzzy 评判方法进行处理;最后将所有指标值作无量细化处理,按一定的综合法则进行加权合成,即得到评价的结果。

从图中可见,APF 组合评价首先以层次分析法(AHP)为主体,建立起分层指标体系;然后采用主成分法(PCA)对指标进行简化,消除了原指标之间可能存在的相关关系;再用 AHP 法的两两比较原则确定各指标的权值,以消除专家评价中主观偏差的影响;在分层指标体系中,分别运用专家评价、费用/效益分析和指标公式等评价方法,来确定各定性、定量指标的具体数值。为使定性指标数量化,可用 Fuzzy 评判方法进行处理;最后将所有指标值作无量纲化处理,按一定的综合法则进行加权合成,即得到评价的结果。

上述 APF 组合评价方法的主要特点是:①能较好地将复杂的定性和定量指标有机结合在一起,获得较为客观的数量化评价结果,同时,该方法具有较强的通用性。②由于 PCA 方法的采用,有效地消除了评价指标间的相关关系影响以及有关被评价对象的重复信息,使得指标体系极大地简化,减少了评价的工作量。此外,PCA 方法所形成新的指标的各分量之间是相互独立的,这就更加适宜最后的加权合成。③运用 AHP 方法确定指标权重,可使权重值较为客观、合理。另外,Fuzzy 评判法的采用也提高了定性指标值定量化的合理程度。总之,根据以上分析,可以认为 APF 是一种比较适合于信息系统经济效益评价的组合评价方法。

9.4.2 生产函数评价法

1. 库柏—道格拉斯生产函数及其参数估计

自从 20 世纪 20 年代末美国经济学家库柏(C. W. Cobb)和道格拉斯(P. H. Douglas)提出生产函数概念,并用 1899—1922 年美国生产情况数据导出了著名的库柏—道格拉斯生产函数(简称 C-D 型生产函数)以来,几十年间,该领域的研究与应用呈现长盛不衰的局面,我国近年来也进行了这方面的研究。

生产函数是一种描述生产过程中所投入的生产要素的某种组合同它可能生产的最大产量之间的依存关系的数学表达式。生产函数的形式有多种,其中最为典型的 C-D 型生产函数的一般形式为

$$Y_t = A_t \cdot L_t^{\alpha} \cdot K_t^{\beta} \tag{9-2}$$

其中,Y_t 为所观察系统在时间 t 内的总产出(总产值);L_t^{α} 和 K_t^{β} 分别为所观察系统在时间 t 的劳动和资金(包括流动资金)的投入量;α 和 β 分别为总产出 Y_t 对投入劳动量 L 和资金量 K_t 的弹性,即当劳动量(或资金量)增长 1% 时,总产出的变化量,一般约定 $\alpha + \beta = 1$,这时,生产系统具有不变的规模报酬,即已达到一定技术条件下的最优规模;A_t 反映了所观察系统在时间 t 除 L_t 和 K_t 以外所有对产出发生影响的因素的综合作用,包括 L_t,K_t 质量的改进、管理水平的揭高、资金分配更为合理、其他要素的投入等。

生产函数的形式确定以后,就应该考虑函数中参数的估计问题,而参数估计的结果则与估计的算法以及样本数据的选取有很大关系。根据前面提到的生产函数定义,它是描述一定的投入要素组合与最大产出量之间的关系。但在具体应用时,人们往往用实际产出量作为样本数据估计生产函数,所以得到的生产函数所反映的只是 定投入要素与平均产出量之间的关系。需要指出的是,人们过去往往忽视了上述两种情况下的区别,而造成生产函数应用上的失误,在此有必要加以强调。为了将二者加以区分,一般称前者为边界生产函数或前沿生产函数,后者为平均生产函数。

根据以上分析,如果需要通过生产函数预测一组要素投入量所对应的"最大"生产能力,那么,必须使用边界生产函数,这时所有实际产出量只能在预测值的下方或在边界上;如果

需要预测一组要素投入量下"一般讲"可以获得多大产出量时,则可以应用平均生产函数,这时实际产出量可能在预测值的上方也可能在其下方。所以,企业可以利用边界生产函数预测产出量的边界值,度量出实际产出与边界值的距离来评价企业的生产效益情况。换言之,一个实际产出量与边界的差距可以作为该样本的非效益情况的度量。

边界生产函数中参数的估计,可以采用线性规划方法。以确定性 C-D 型边界生产函数为例,参数估计的基本思路如下。

考虑 m 个生产部门的生产系统,设在时间 t 得到的样本点为 (L_{tj}, T_{tj}, Y_{tj}),$j=1,2,\cdots,$ m。为计算方便,不妨记式(9-2)中的 A_t 为 $A_0 e^{\lambda t}$,其中 λ 为常数项,则式(9-2)便成为

$$Y_t = A_0 e^{\lambda t} \cdot L_t^{\alpha} \cdot K_t^{\beta} \tag{9-3}$$

对上式的两边取对数,则得到

$$\ln Y_t = \ln A_0 + \lambda t + \alpha \ln L_t + \beta \ln K_t$$

这样一来,估计 C-D 边界生产函数的线性规划模型就是

$$\min \sum_{j=1}^{m} \left[(\ln A_0 + \lambda t + \alpha \ln L_{tj} + \beta \ln K_{tj}) - \ln Y_{tj} \right]$$

$$\text{s. t.} \begin{cases} (\ln A_0 + \lambda t + \alpha \ln L_{tj} + \beta \ln K_{tj}) - \ln Y_{tj} \geqslant 0 \quad (j=1,2,\cdots,m) \\ \alpha > 0, \beta > 0, \alpha + \beta = 1 \end{cases} \tag{9-4}$$

在这个模型中,前面是目标函数,后面是约束条件。对于它求解,就能够得到确定型的 C-D 边界生产函数。类似地,可以进一步考虑随机因素的影响,这只是数学工具需要再复杂一点,思路没有什么不同。

2. 信息系统的贡献程度的估计

按照经济学研究的思路,对于信息技术进步带来的影响进行定量分析,是很自然地需要考虑的课题。在这里,生产函数就是其理论基础。

首先,对于式(9-3)的生产函数进行扩充

$$Y = A_0 e^{\lambda t} \prod_{i=1}^{n} X_i^{\alpha_i} \tag{9-5}$$

其中,X_i 表示第 i 种生产要素的投入量;α_i 表示第 i 种生产要素的投入弹性,即该要素投入增长 1% 时,产出的增长量;A_0 是一个常数;λ 是技术进步因子。对于此式的两边取对数,并对 t 求导数;然后把连续变量离散化,即用差分代替微分,令 $dt=1$,移项后就可以得到公式如下

$$\lambda = \frac{\Delta Y}{Y} - \sum_{i=1}^{n} \alpha_i \frac{\Delta X_i}{X_i} \tag{9-6}$$

这就是信息系统总的技术进步速度的计算公式。粗略地可以这样理解:在总产出的增长中,去掉各种投入要素直接带来的影响后,就是信息系统建设的进步。

对于该公式进行整理变形处理后,就可以得到

$$\sum_{i=1}^{n} \frac{\alpha_i \dfrac{\Delta X_i}{X_i}}{\dfrac{\Delta Y}{Y}} + \frac{\lambda}{\dfrac{\Delta Y}{Y}} = 1$$

这就明确地分离出了信息系统的贡献，即前面求和的各项是各种要素的直接贡献，而最后一项就是信息系统的贡献。所以可以给出最后的定义。

信息系统对于经济效益的贡献程度为

$$C = \alpha/[\Delta Y/Y] \times 100\% \tag{9-7}$$

3. 用生产函数评价信息系统的经济效益

在上述讨论的基础上，可以开始按照如下的步骤对于信息系统的经济效益进行具体的分析和评价。

(1) 确定投入要素 $X_i(i=1,2,\cdots,n)$，建立生产函数式(9-1)；

(2) 计算各种要素的产出弹性 α_i；

(3) 利用样本数据计算总产出与各种要素的增长率；

(4) 利用式(9-6)计算信息系统的进步 λ；

(5) 利用式(9-7)计算信息系统的贡献率 C；

(6) 回到式(9-1)计算信息系统的经济效益 E。

9.4.3 费用/效益分析

作为工程项目的一种，信息系统工程也普遍使用费用/效益分析的方法进行核算。特别是作为与传统财务分析相对而言的一种新的视角，对于信息系统工程的经济分析来说，具有特别的意义。所以在这里，对于这种方法进行也进行一下简要的介绍。

1. 费用/效益分析的基本概念

长期以来，国内、外企业在进行工程项目投资决策的经济评价时，基本上采用传统的财务分析(Financial Analysis)方法。其主要过程是根据市场价格计算工程项目寿命期内的现金流量，按财务折现率折现后求得净现值，或根据现金流量计算内部收益率，以净现值的正负或内部受益率的高低作为是否进行投资的判据。该方法考虑了资金的时间因素和项目整个寿命期内的收入和支出，辅之以债务偿还能力分析、盈亏平衡点分析、敏感性分析和风险分析等手段。确实在一定程度上发挥了有效作用。

然而，从 20 世纪 50 年代起，西方经济学家发现传统的财务分析结果不能用来作为一些公共部门工程项目的决策依据，便针对这类问题提出并逐步扩充了一个新的分析体系——社会费用/效用分析(Social Cost Benefit Analysis)，将工程项目的经济分析分为 3 个层次：财务分析、费用/效益分析和社会分析(费仲虎，1984)。该体系把传统财务分析作为其他两个分析层次的基础；第二层次的费用/效益分析(也称成本/效益分析)从经济整体出发进行考察，采用称之为"影子价格"的价格代替市场价格；第三层次的社会分析，则是考察、评价项目对实现社会目标，例如，经济增长速度、收入的公平分配等方面所作的贡献。

所谓费用/效益分析，是从国家，即经济整体角度出发，通过对项目的费用和效益进行划分、量化和对比等步骤来计算若干评价指标，以确定项目对国民经济的净贡献的一种经济评价方法，表 9-3 给出了费用/效益分析与传统财务分析的主要区别。从表 9-3 可见，这两种评价方法的目的、观点、数据和结果都不同。

表 9-3 费用/效益分析与财务分析方法的区别

	费用/效益分析	财务分析
出发点	国家	企业
目的	提高对全社会的投资经济效果	评价经济上最优方案的财务生存能力
价格	影子价格	市场价格
一般的通货膨胀	不考虑	考虑
间接费用和效益	计入	不计入
税收和补贴	不考虑	考虑
折旧费	不考虑	考虑
贷款和偿还	不考虑	考虑
评价(判据)指标	经济净现值、经济内部收益率	净现值、内部收益率

首先,费用/效益分析是从国家的角度来评价项目对全社会的投资经济效果情况,而财务分析只从企业自身利益出发,评价项目的财务收支能力。

其次,财务分析过程中采用的是市场价格,费用/效益分析则采用能体现资源对社会目标的边际贡献程度的"影子价格",它反映了资源在最优产出水平下所具有的价值和有用性。从而较大程度地避免了因物价不稳定或价格政策失误所造成的价格扭曲,使经济评价更为科学合理。

再次,由于考察的出发点不同,有些在财务分析中作为支出的内容,如各种税收、计算机设备或机房的折旧、贷款及其偿还等,在费用/效益分析中则不被看成支出的费用,这是由于从整个国家看,这只是其内部的某些集团的财富转移,并不是资源的真正耗用。相反,有些在财务分析中没被看成支出的内容,却有可能构成国民经济的费用,如企业在进行计算机房建设时占用原属于该企业的土地,因没有发生土地征用等开支,财务分析中可能没有这笔支出,但在费用/效益分析中则必须予以考虑。

最后,费用/效益分析应该包括项目对国家产生的所有效果,除直接的费用与效益外,还要包括与本项目无直接关系而引起的间接的费用和效益,分别称其为外部费用和外部效益,虽然它们大多是难以用货币来反映的。如工业项目产生的烟尘引起的空气污染就是一种外部费用。但是,信息系统项目则大多反映为外部效益方面,如企业销售信息系统在为本企业服务的同时,能为客户的求购、查询等提供极大的便利,这也是外部效益。

尽管有上述种种区别,但是,从分析所采用的指标形式来看,费用/效益分析与财务分析同样都采用现主流量折现的分析方法,最后也采用净现值(Net Present Value,NPA)、净现值率(Net Present Value Rate,NPVR)和内部收益率(Internal Rate of Return,IRR)等评价指标。实际应用时,往往在指标前面冠以经济二字,如经济净现值(ENPV)、经济净现值率(ENPVR)和经济内部收益率(EIRR)等,以示与财务指标的区别。

2. 信息系统的费用/效益分析

对于信息系统项目的建设和应用来说,一方面,作为一个普通的工程项目,它在规划阶段进行经济可行性研究时,可以采用传统的财务分析方法为决策提供依据;另一方面,作为一个应用于管理领域的人-机系统,信息系统的投入/产出或费用/效益有着与普通工程项目不同的特征。例如,信息系统在开发中凝结着较一般项目要多的脑力劳动价值,这给开发成本的计量带来了困难;在应用中由于效益实现的间接性,即通过企业管理水平的提高来实现系统自身的价值,并且系统获得的效益较大程度地依赖于用户的应用水平,这就给系统的收益计算造成不便,等等。这些现象已经分别在信息系统的成本、信息系统的价格内容中做过讨论。

总之,信息系统项目的投入和产出难以用市场价格来准确反映,或者说部分不具有市场价格的特点,但是,信息系统在企业经营管理方面带来的间接效益确实存在而不能忽视,这就给传统的财务分析带来了困难,而费用/效益分析方法则可以在一定程度上弥补财务分析的不足。

费用/效益分析一般用于信息系统的事前评价,即运用于系统规划阶段的可行性研究中。当对多个系统开发方案进行费用/效益分析并作比较时,通常可根据具体情况采用下述3种方式之一:当效益相同时,比较各方案费用的多少,最少者为佳;当费用相同时,比较效益的高低,最高者为佳;在费用与效益相对变化的条件下,则需比较效益与费用的比率,比率高者为佳。

如前所述,信息系统的费用/效益分析和财务分析一般都采用现金流量折算方法,它在考虑费用和效益的同时,也考虑到时间因素和风险因素,其中最主要的评价依据(指标)如下。

(1) 净现值(NPV):把信息系统项目方案实施的费用及产生的效益都用一定的贴现率折算为现值来进行比较,效益与费用的差额即为净现值,计算公式为

$$NPV = \sum_{i=1}^{n} \frac{b_j}{(1+i)^j} - \sum_{j=0}^{n-1} \frac{c_j}{(1+i)^j} \tag{9-8}$$

其中,n 为信息系统生命期(以年为单位);b_j 为第 j 年的效益($j=1,2,\cdots,n$);c_j 为第 j 年的费用($j=1,2,\cdots,n-1$);i 为贴现率。

在式(9-8)中,通常当 $NPV>0$ 时,方案可以接受,否则应拒绝。在没有其他条件限制时,NPV 值越大越好,使用该判据的关键是必须有一个适当的贴现率。贴现率不同,将导致诸方案的排列顺序有较大差别,甚至得到完全相反的结论。对于信息系统这样一类收益期较长的项目来说。高贴现率对它的应用和发展是不利的。

(2) 内部收益率(IRR):它是指在信息系统项目方案的生命周期内,当效益现值和费用现值相等,即净现值为零时的折现率。内部收益率是用以反映项目获利能力的动态评价指标。具体应用时可令式(9-8)的计算结果等于零,由此采用试算、插值方法求出 i 值,此即该项目在整个生命周期内的实际内部收益率,通常当它大于社会平均利率或事先确定的利率时,则该项目是可行的。当有多种待选方案时,内部收益的大小顺序可反映出相应方案的优劣程度。

(3) 净现值率(NPVR)：即信息系统净现值(NPV)与总投资现值(Present Value of Investment,PVI)的比值。由于净现值是一个绝对数,并不能体现投资规模的大小,而净现值率则克服该缺陷,它是能同时反映项目投入与产出情况的一个相对数,因此可用在投资有限情况下对多个项目方案作粗略的排序比较。

9.4.4 信息系统的综合评价

1. 综合评价基本概念

信息系统经济效益的评价或预测,一直是信息系统经济研究中的重要问题,世界各国采用了多种方法,从各个角度对此进行研究。例如,日本企业曾运用第三利润的概念评价管理信息系统经济效益;前苏联把投资经济效益系数作为衡量信息系统经济效益的基本指标,认为其效益主要来自系统运行后的企业利润增加额;美国企业则注重于劳动力费用的节省,采用传统的项目评价方法,即利润成本比和投资回收期指标来计算信息系统的经济效益。

但是,人们所面对的信息系统是一个复杂的社会系统,它所追求的不仅仅是单一的经济性目标。除了从费用、经济效益和财务方面的考虑外,它还涉及技术先进性、可靠性、适用性、易维护性和用户界面友善性等技术性能方面的要求,以及改善员工劳动强度和企业经营环境,增强市场竞争力等社会效益或企业文化方面的目标。上述目标的多重性产生了对信息系统进行多指标综合评价的必要性。

多指标综合评价的理论和方法研究是一个正在发展的领域,有关它在信息系统评价中的应用研究则更有待人们的努力。这里所谓的信息系统多指标综合评价,是指对信息系统所进行的一种全方位的考核或判断,它具备以下特征：①它的评价包含了多个独立指标。②这些指标分别体现着信息系统的不同方面,通常具有不同的量纲。③综合评价的目的是对信息系统作出一个整体性的判断,并用一个总评价值来反映信息系统的一般水平。

一般来说,信息系统多指标综合评价工作主要包括3方面的内容：一是综合评价指标体系及其评价标准的建立,这是整个评价工作的前提;二是用定性或定量的方法确定各指标的具体数值,即指标评价值;三是各评价值的综合,包括综合算法和权重的确定、总评价值的计算等。

2. 综合评价指标体系的基本框架

所谓信息系统综合评价体系,是指一套能够反映所评价信息系统的总体目标和特征,并且具有内在联系、起互补作用的指标群体,它是信息系统整体状况的客观反映。一个合理、完善的指标体系,是对信息系统进行全面评价和分析的先决条件。信息系统与其他系统相比,既具有一般系统的共性又有其特性,在综合评价指标体系的构成原则上可表现为以下几点。

(1) 整体性原则。信息系统是一个完整的人-机系统,系统各组成部分需协同运动才能发挥作用,指标体系应能全面地反映所评价系统的综合情况。从管理信息的采集、加工、传输子系统、相应的业务部门组织环节到系统直接操作人员等各个组成部分,都应该客观地加以考察;信息系统对于管理所产生的直接和间接效果,也必须全面加以考虑。

（2）可测性原则。指标的含义必须明确，数据资料应收集方便、计算简单。同时，指标体系内部及外部的同类指标之间要能够比较，同一指标要具有历史可比性，这样才能从历史和现实的角度综合评价信息系统的现状和发展。

（3）动态性原则。在信息系统发展的不同时期，对于信息系统的不同类型，都应能在评价指标体系中得到体现，根据需要可作相应的调整和改变。同时，指标设置要有重点，对于非重要方面的指标可以适当设置得粗些，以简化评价过程。

（4）层次性。这里的层次性包含多重意义，首先是指标结构自身的多重性，即一个指标由若干其他指标所决定而构成树型结构，这将为衡量信息系统项目的效益和确定指标的权重带来方便；其次是信息系统所属部门的层次，如对于宏观信息系统而言，国家经济信息系统是国家、省、(市)地、县4层结构，要求指标体系能客观反映信息系统的这一特征，各层的子系统都应有相应的评价指标；再有是系统技术特征上的层次性。例如，对于微观信息系统即企业信息系统来说，EDPS扩展后构成高一层次的MIS，MIS的评价指标体系就必须对EDPS具有包容能力。接口指标应当一致，并且能够有效地消除指标间的相关关系。

（5）各指标之间应尽可能避免显见的包容关系。对隐含的相关关系，要设法以适当的方法消除。例如，在本章论述的APF组合评价法中的主成分分析（PCA）就能够有效地消除指标间的相关关系。

关于信息系统综合评价指标体系问题，国内已有不少学者对此进行了研究，如清华大学的侯炳辉教授等人在对35个国家级信息系统进行评价时，从3个角度出发建立评价指标体系：①从信息系统主体即信息系统的建立、运行、管理和维护者的角度评价，共10项指标。②从信息系统的客体即信息系统的直接用户（决策者）和基层用户（管理、操作者）的角度评价，也有10项指标。③从信息系统外部社会进行评价，共有6项指标。该指标体系是针对我国各级宏观经济信息系统的特点，即大多数信息系统的建造者、运行和维护者都是由信息中心一家承担这一特点来设计的。河北工学院的李浩志等人则分别从技术（4项指标）、经济（3项指标）和运行（3项指标）三方面建立指标体系，适合于微观信息系统即企业信息系统的综合评价。

在这里，根据信息系统的特点和综合评价指标体系的构成原则，作者试图给出一个较为完整的信息系统综合评价指标体系的理论框架，无论是宏观还是微观信息系统，EDPS，MIS，还是DSS都能从该框架中找到相应的指标集并将其具体化。事实上，理论框架建立过程的本身，就是一项综合评价工作，该框架的具体构成如图9-5所示。

图9-5是从以下3个方面出发，进行综合考虑而建立起指标体系理论框架的：①从信息系统的组成部分出发，信息系统是一个由人-机共同组成的系统，故可按人——运行质量、用户需求；机——系统质量、技术水平这两条线索构造指标。②从信息系统的评价对象出发，对于开发商来说，他们所关心的是系统质量和技术水平；对于用户而言，则关心用户需求和运行质量；系统外部环境则主要通过社会效益指标来反映。③从经济学角度出发，分别按系统成本、系统效益和财务指标等三条线索建立指标。

图9-5所列的7项二级指标已包含信息系统综合评价的主要方面，但是第三、四级指标则需根据待评价信息系统的目标和范围，进行有重点的细化，尤其是经济效益评价指标的设立，不仅与待评价系统的目标、特点和类型有关，也与系统所处的层次和看问题的角度有关，

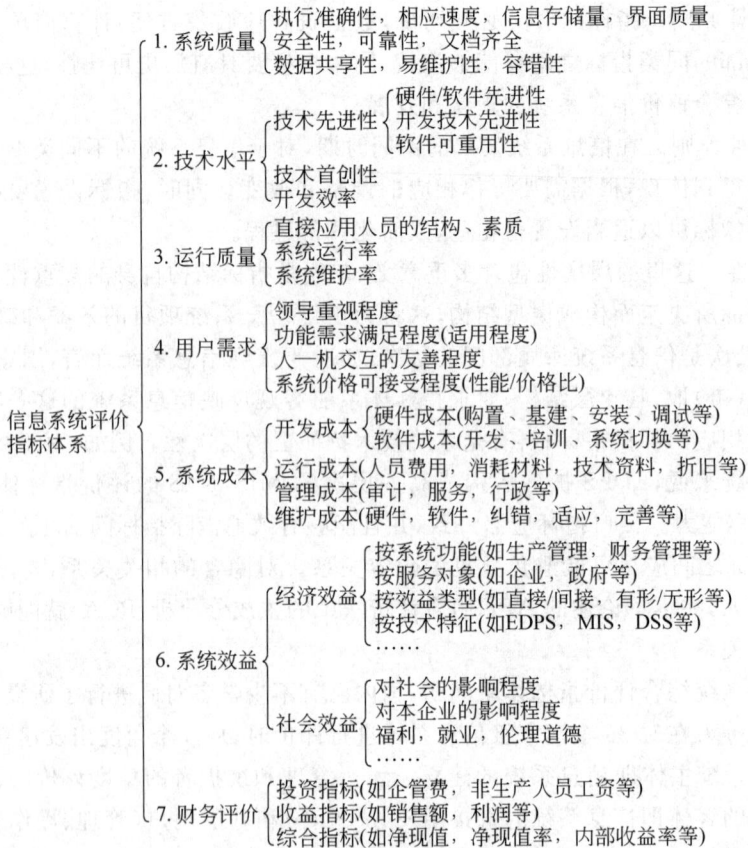

信息系统评价指标体系

- 1. 系统质量
  - 执行准确性，相应速度，信息存储量，界面质量
  - 安全性，可靠性，文档齐全
  - 数据共享性，易维护性，容错性
- 2. 技术水平
  - 技术先进性
    - 硬件/软件先进性
    - 开发技术先进性
    - 软件可重用性
  - 技术首创性
  - 开发效率
- 3. 运行质量
  - 直接应用人员的结构、素质
  - 系统运行率
  - 系统维护率
- 4. 用户需求
  - 领导重视程度
  - 功能需求满足程度(适用程度)
  - 人—机交互的友善程度
  - 系统价格可接受程度(性能/价格比)
- 5. 系统成本
  - 开发成本
    - 硬件成本(购置、基建、安装、调试等)
    - 软件成本(开发、培训、系统切换等)
  - 运行成本(人员费用，消耗材料，技术资料，折旧等)
  - 管理成本(审计，服务，行政等)
  - 维护成本(硬件，软件，纠错，适应，完善等)
- 6. 系统效益
  - 经济效益
    - 按系统功能(如生产管理，财务管理等)
    - 按服务对象(如企业，政府等)
    - 按效益类型(如直接/间接，有形/无形等)
    - 按技术特征(如EDPS，MIS，DSS等)
    - ……
  - 社会效益
    - 对社会的影响程度
    - 对本企业的影响程度
    - 福利，就业，伦理道德
    - ……
- 7. 财务评价
  - 投资指标(如企管费，非生产人员工资等)
  - 收益指标(如销售额，利润等)
  - 综合指标(如净现值，净现值率，内部收益率等)

图 9-5 信息系统综合评价指标体系

必须视具体情况而定。在这里，不可能也没有必要给出一个普适的指标集合。例如，就目前而言，国家经济信息系统是一个国家级的社会经济信息系统网络，它由为主要综合经济管理部门服务的主系统和为各专业经济管理部门服务的分系统组成。国家经济信息系统总体规划方案中指出它的目标，是及时为中央和地方各级领导机关及经济部门提供现代化的经济信息服务和辅助决策手段，以实现国家经济的科学管理和决策，提高社会经济活动的效益。简而言之，我国宏观经济信息系统的目标是宏观决策支持、微观信息导向、技术和业务服务。根据上述的系统目标，在构造国家经济信息系统的经济效益指标时，就可以将宏观决策支持效益、微观信息导向效益、技术/业务服务效益分别作为二级指标，而宏观决策支持效益又可进一步细化为国民经济发展预测效益(动态投入产出模型分析效益、景气预报效益等)、经济发展战略制订效益(工业、农业、商业、外贸发展战略制定效益等)、重大经济政策模拟效益(产业结构及政策、投资结构、地区布局、价格、财政、金融等方面的模拟效益等)各项指标。

9.5 信息系统的价值和营销

随着信息化进程的深入，一个一个地作为工程项目开发信息系统，已经不再是主流了。作为新一轮的、更加专业化的分工的表现之一，信息系统的商品化、服务化已经成为多数企业和单位的首选。反过来说，就是信息系统的服务外包。在这种情况下，信息系统的成本和效益问题就需要重新考虑，从营销价值（Marketing）的角度、从产品和服务的角度考察信息系统。这就是本节的讨论议题。

众所周知，所谓商品指的是用来交换、能满足人们的某种需求的劳动产品。一个信息系统首先是一个劳动产品，它凝结着与该系统开发有直接或间接关系的全体人员的劳动；其次，通过测试和鉴定保证该系统能满足用户对于特定信息管理工作的需要；最后，在社会经济环境中，如果系统开发方为了能够继续再生产并获得必要的利润，将该信息系统与其他产品通过货币的形式进行交换。这时就可以认为该信息系统是一件商品。所谓信息系统的价格，则是指系统开发方在为用户提供信息系统商品和服务的过程中，所得到的货币支付额度。

自古典经济学派的威廉·配弟提出劳动价值论的基本观点，经过亚当·斯密等人的研究，直到大卫·李嘉图进一步提出使用价值是交换价值的前提等论点以后，马克思首次把价值作为独立的商品经济的范畴确立起来，指出了商品具有价值和使用价值的二重性：商品作为有用之物，它具有使用价值，作为有用劳动的凝结，它具有价值；无差别的、抽象的劳动创造价值，具体的劳动创造使用价值。在此基础上发展起来的商品价值规律告诉人们：社会必要劳动时间决定各种商品的价值量，这是生产中价值决定的规律性；两种不同的商品交换时其价值量应当相等。这是流通领域的等价交换原则；价格是价值的货币表现形式，从内在的长期趋势看，价格等于价值是商品流通中价值实现的规律性。换言之，社会必要劳动时间是以时间为单位对商品价值进行评价的数量指标，而价格则是以货币为单位对商品价值进行评价的数量指标。

现在对于信息系统这个特定的商品，来分析一下它的特殊性。

9.5.1　作为商品和服务的信息系统

信息系统作为商品，它满足上面所说的商品的二重性：其使用价值是指信息系统对人们的有用性，即它能满足用户对于信息管理的需要；其价值是指凝结在商品中的人类劳动，无论信息系统是否作为商。进行交换，它的使用价值和价值总是存在的，并且必定同时存在，虽然信息系统使用价值的大小可能会因某种环境因素的变化而受到不同程度的影响。同时，信息系统商品也受一般物质商品的价值规律的制约，对于某个具体的信息系统而言，其价值是由开发该系统消耗的一般人类劳动所决定的，价格是该系统价值的货币表现。

信息系统作为商品，不仅具有一般物质商品和知识性商品的性质，还具有信息系统自身的特殊性质，在进行经济分析和价格制定时必须予以充分考虑。信息系统商品的特殊性质主要表现在以下几个方面。

1. 信息系统中凝结着更多的脑力劳动创造的价值

信息系统由硬件部分和软件部分组成，硬件包括计算机及其外部设备、网络与通信设备等，这些都是看得见摸得着的有形商品，它们的价值比较容易进行经济分析或定价；软件，包括系统软件以及建立在其上面的各种应用软件等，则比较难定价。它们往往是通过磁盘、磁带等载体，或者通过网络提供给用户使用的。软件的价值是信息系统价值与价格分析的难点和重点,需要加以深入探讨。

由于信息系统的开发是一项复杂的脑力劳动,从系统规划、分析、设计、编程到测试,需要抽象思维、技术和经验的综合运用。为提高开发人员的技能和素质,需付出较高的培养费用。根据价格学理论,价值实体并不在于抽象劳动是否凝结在某种物体中,而在于抽象劳动必然存在于某种具体的有用劳动之中。因此,研究信息系统商品的价值形成时,应该把耗费在该系统上的全部相关劳动时间计算在内,包括系统原型研制和相应的人员培养等方面的费用。

2. 信息系统价值的间接性

在企业或组织的管理中,信息系统的主要功能是根据企业运行的当前情况为管理者提供辅助决策的信息,它的价值,表现为支持或改善管理者进行决策。只有当管理者参照此信息对企业的生产和经营状况进行调整或控制,产生出一定的经济效益时,信息系统在经济方面的价值才能得到相应的体现。价值实现过程的这种间接性,使得人们对于信息系统使用价值的认识往往比较模糊,如何科学地测定信息系统的间接经济价值,则是一个十分困难的问题,至今尚未很好地解决。

3. 信息系统的使用价值与用户水平有直接关系

信息系统是一个涉及人、机和管理环境的复杂系统,它的质量高低和使用价值的大小不仅取决于系统开发人员的努力,还与操作人员的水平以及用户企业的科学管理基础有直接关系。计算机能将大批数据高速、准确地进行各种加工处理,产生对企业管理有用的信息,但是它的前提是输入的数据准确、完整,否则便成了"假数真算"而不可能得到对企业经营管理有用的信息。因此,即使一个好的信息系统,对于那些规章制度不全、基础数据残缺的企业来说,也毫无使用价值。

4. 软件的易复制性带来的影响

一般的物质产品,每多生产一件就要多增加一份劳动和生产原料。这两项耗费将占该产品价格的较大比例。从理论上说,它们遵循收益递减规律。但是软件则不同,易复制性使得生产第二件软件产品的成本几乎可以忽略不计。所以,每个信息系统项目开发阶段的平均投资将取决于未来用户的个数,从而信息系统产品的价格也应当随着预期用户的个数不同而有所区别。在计算机软件著作权保障法律体系尚不十分健全的今天,一些人通过违法复制软件进行剽窃,或者略加修饰后以低于市场的价格出售,给软件市场的价格体系造成巨大的冲击,这也是影响软件产业正常发展的主要原因之一。

5. 软件,包括信息系统在使用过程中需要大量的维护工作

一般的物质产品作为商品售出后,生产厂家对它的投资就基本结束。但是,信息系统作为商品售出并投入运行后,系统开发方仍然需要对此进行大量的维护工作,其中主要包括:①纠错性维护。由于信息系统产品的复杂性,加之目前对软件容错和正确性证明尚缺乏有效手段,因此,系统调试不可能发现一个大型信息系统中所有的潜在错误,用户在系统运行

期间难免会发现程序中的错误,这就需要进行相应的诊断和改正。②适应性维护。为了适应系统硬软件配置环境或数据环境的变化而对系统的修改。③完善性维护。为改善系统性能或增添新的功能而对系统的修改,系统维护所消耗费用通常要占整个信息系统生命期费用的很大一部分,而且一般来说,上述 3 类维护活动中的纠错性维护责无旁贷地应该由系统开发方承担。所以,在信息系统的价格制定时必须预先对系统维护费用各因素加以考虑。

总之,信息系统的营销价值是很难确切地度量的。作为复杂劳动的产物,一个信息系统经常是基于许多其他人的劳动之上的,具有继承性。例如,借鉴某些管理模型和算法,或者采用其他系统中的可重用模块等,就表明它已经包含了产品开发者以外的人的劳动,但包含程度却难以定量地计算。此外,由于系统开发者的技术和经验往往差异较大,所投入的劳动量多少与信息系统的质量高低并无简单的对应关系,不能说某信息系统产品包含的直接劳动越多,其价值肯定就越大。以上这些因素都给信息系统的价值确定带来了困难,从而也影响了信息系统价格的制定。

9.5.2　信息系统的价格

1. 价格构成及其与价值的关系

尽管有上述种种困难,实际工作是不会等待的。这一节将讨论信息系统产品的价格构成,并给出一个相应的定价模型。由于价值构成是价格构成的基础,因此首先研究信息系统的价值构成情况。

众所周知,产品价值是凝结在产品中的社会必要劳动时间,一切产品价值都是由生产(开发)过程中所消耗的物化劳动和活劳动构成的,物化劳动就是产品生产过程中对原材料、燃料、设备、厂房和运输工具等生产资料的消耗,这些生产资料是已经生产出来的,其价值是由其他劳动者在过去劳动中所支出并以物质形式存在的,所以也称为物化劳动。在产品生产中,这种价值的全部或部分将转移到新产品中,故也称这类价值为转移价值。活劳动就是在产品生产过程中,劳动者利用工具、设备对原材料进行加工所耗费的新的劳动量。活劳动新创造的价值又可分成为自己劳动所创造的价值和为社会劳动所创造的价值两部分。此外,产品在流通领域中耗费的部分劳动,如包装、储存、运输等,是产品生产过程在流通领域中的继续,该部分劳动也分成物化劳动的价值、劳动者为自己劳动所创造的价值和为社会劳动所创造的价值等,共同追加到产品的价值中去。

因此,信息系统作为一种商品,与普通的物质产品一样,其生产和流通过程中的劳动消耗以及由它决定的产品价值由 3 个部分组成:已消耗的生产资料的价值,即转移价值;活劳动消耗中劳动者为自己劳动所创造的价值;活劳动消耗中劳动者为社会劳动所创造的价值。其中生产资料和劳动者是从事产品生产和流通活动必须具备的两个基本要素,前者是进行劳动的客观条件和物质基础,后者则是运用生产资料的主观条件和决定因素。只有两者相结合,才能把生产资料中过去吸收的劳动转移到新产品上去并创造新的价值。

信息系统产品的价格构成是价值构成的货币表现,因此,上述价值的 3 个组成部分在货币形态上分别转化成为相应的价格构成:物质消耗的支出,即生产资料转移价值的货币表现;劳动报酬的支出,即劳动者为自己劳动创造价值的货币表现;盈利,即劳动者为社会创造价值的货币表现。

由于信息系统的价值主要在生产(开发)过程中创造,那些投放市场销售的信息系统产品其价值也在流通过程中得到追加。因此,为了符合通常的做法,按照生产和流通的过程,把信息系统的价格构成划分为成本、流通费用、税金和利润 4 个部分,其中成本相当于生产过程中的物质消耗支出和劳动报酬支出;流通费用是产品在流通过程中所消耗的物化劳动和活劳动价值的货币表现;税金和利润则是劳动者为社会劳动所创造价值的货币表现。

综上所述,信息系统价格构成及其与价值构成之间的关系如图 9-6 所示。这里需要指出的是,虽然作为社会商品的信息系统总价格与总价值是相等的,但是在现实的市场经济中,单个信息系统产品的价格并不完全与其价格一致,价格构成的四个部分也往往同形成它的基础的那部分价值相偏离。就国内而言,由于信息系统开发生产率的差异、市场供求情况的变化、货币价值的起落,以及国家有关政策的调整等诸多因素的影响,导致了信息系统的价格大都低于其价值,这就产生了价格与价值的偏离。

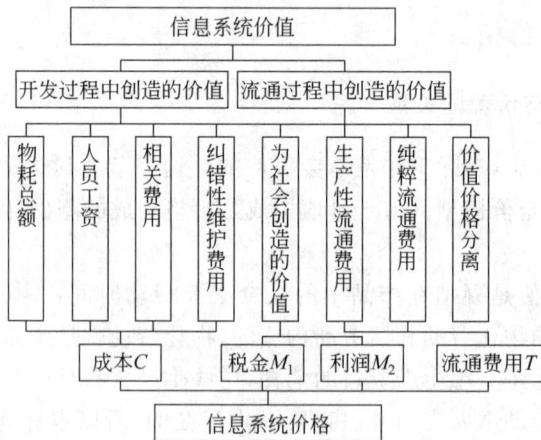

图 9-6 信息系统的价值和价格构成

如图 9-6 所示,信息系统的价格 P 可表示成
$$P = C + M_1 + M_2 + T + F(x_1, x_2, \cdots)$$
其中,C 代表信息系统的成本;M_1 和 M_2 分别代表税金和利润;T 为流通费用;$F(x_1, x_2, \cdots)$表示信息系统价格与价值的偏离值,它是一个多变量函数,其自变量主要包括货币价值,信息系统的市场供求、税收政策、工资标准、劳动生产率等诸多因素。由于 F 是一个十分复杂的函数,所以在具体的价格确定中人们往往不单独计算 F 的值,而将 F 中的诸多变量分别归入 C, M_1, M_2 和 T 中加以考虑。

成本 C 是信息系统价格构成中最主要和最基本的因素,也是制定信息系统价格的最低经济界限。成本应当包括以下部分:系统开发过程中的物质消耗总费用(C_1),其中,主要有信息系统硬件、系统软件的购置、开发所需的一般易耗品等项费用;各种形式的工资费用(C_2),包括直接开发人员工资、管理人员工资以及咨询费用等;相关费用(C_3),例如固定资产折旧、资料费、差旅费等;纠错性维护费用(C_4),这是一个受系统复杂度、软件质量以及软件规模等诸多因素制约的多元函数。在前面已经说过,信息系统的维护可以分成纠错性维护、适应性维护和完善性维护 3 类,作为一个信息系统产品,在运行期间程序出现的错误理应由开发方负责改正。因此,纠错性维护所需费用必须事先进行合理预计并计入成本。对于适应性和完善性维护工作,因涉及用户环境的变化和管理方式、水平的不同等多种因素,是一个几乎不可预计的过程,所以在定价中不可能加以考虑。当然,为了保证信息系统的正常运行,在签订系统开发或购买合同时,用户与开发方可以签订相应条款,要求由开发方负责系统今后的适应性维护和完善性维护工作,所需费用通常须另行计算。

信息系统开发成本项目的具体构成、影响信息系统成本的各种因素等,已经在前面作过分析,这里不再赘述。

税金(M_1)和利润(M_2)总称盈利,这是生产者为社会劳动所创造价值的货币表现,即商品价格超过生产成本和流通费用的差额。其中税金是指生产和经营部门按照国家税法规定应计入商品价格或服务收费标准中的纳税金额,利润则包括了平均利润和超额利润。信息系统的开发需投入大量的复杂劳动,它的价格不仅要使开发方补偿全部成本和获得平均利润,同时还应当获得超额利润,以便补充必要的资金和设备,不断提高科研和开发水平并充分调动有关人员和企业的积极性。信息系统价格中的超额利润,主要来源于使用该系统进行管理工作所产生的更高的劳动生产率。由此可见,税金和利润是信息系统价格构成中的重要因素,其水平高低直接影响信息系统价格,也关系到国家财政收入和系统开发、经营部门及其个人的经济利益。

流通费用(T)是信息系统作为商品在流通环节中所发生的劳动消费的货币表现,按其经济性质可划分成生产性流通费用(T_1)和纯粹流通费用(T_2)两部分。生产性流通费用是生产(开发)过程在流通领域的继续进行所发生的费用,例如信息系统产品的包装、储存和运输等,这部分劳动耗费追加到商品的价值中,能增加商品的价值量。纯粹流通费用是为实现商品价值而发生的非生产性开支,如采购、广告宣传。经营管理等项费用,该部分的劳动并不增加商品价值量,其耗费由劳动者为社会劳动创造的价值中的一部分予以补偿。信息系统价格构成中的流通费用只有少部分由系统开发部门支出,其余大部分则由经营部门支出。

2. 信息系统供求对价格的影响

在市场经济中,信息系统商品也和其他商品一样,它的价格将受到市场供求关系的直接或间接影响。

在现代市场经济理论中,商品的供求与价格之间的关系可以简单地归结为向上倾斜的供给曲线 S 和向下倾斜的需求曲线 D 以及由这两条曲线的交点所决定的均衡价格 P,此即市场供给量与需求量相等的点。根据商品的竞争特征,一般把市场分成完全竞争、垄断竞争、寡头垄断和完全垄断 4 种模式。尽管企业的经营都是以谋取利润最大化为目标,但是在不同的市场模式中,它们定价决策的性质却有相当大的不同。完全竞争市场是一种存在许多买主与卖主、产品同质无差异、资源完全自由流动并且市场信息十分畅通的市场状况,这是一种十分理想的、但现实中却不存在的市场状况。只有这时,市场经济的模式才能真正起作用,亚当·斯密提出的"看不见的手"对市场均衡进行调节的原理才有效。虽然完全竞争市场状况下,整个市场的供给和需求曲线还是如前所述的形状,即两条相交的倾斜曲线,但是,对于单个生产者或单个企业来说,所面临的则是一条价格为常数的水平需求曲线;对于单个消费者来说,其面临的则是一条价格为常数的水平供给曲线,因为这时单个生产者或单个消费者的任何行为都不能对市场价格产生影响。所以,在完全竞争市场中,整个市场的供求关系决定了市场价格,单个生产者和单个消费者都无权定价,他们是市场价格的接受者,生产者只能根据既定价格来寻求产量和利润的最优策略。

在垄断竞争市场中,尽管也有许多的卖者,但是他们的产品在质量或品种上都有一定差别,这是一种既有垄断又有竞争的市场类型。笔者认为,信息系统作为一种商品,它所面临的市场状况正是这种垄断竞争市场,可通过两个方面来证实这个观点。首先,信息系统的开发是一种涉及大量知识和技巧的复杂劳动,与开发人员的素质及经验有关。因此,即使同一类信息系统,如财务管理系统,在软件质量、用户界面和易维护性等方面肯定会存在差别,每一种有差别的信息系统产品都可以凭借自己的特色在一部分用户中形成垄断地位。但是,各种有差别的信息系统之间又存在替代性,例如不同软件公司开发的各种版本的通用财务管理系统都可以满足某一用户的财务管理业务需要,因此是可以互相替代的,有差别信息系统产品之间的这种替代性就引起了这些产品之间的竞争;其次,有差别的信息系统产品通常是由不同的企业(开发方)生产的,这些企业努力创造自己产品的特色,以形成垄断,同时这些产品之间又存在竞争,因而就使这些企业处于垄断竞争的市场之中。

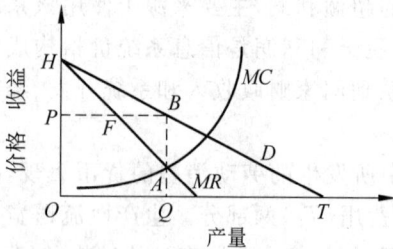

图 9-7 垄断竞争市场中信息系统价格的制定

图 9-7 表示垄断竞争市场中某个信息系统开发企业的情况。由于在垄断竞争市场中,企业能在一定程度上控制本企业产品的价格。换言之,当产品价格提高时,不至于一件产品也卖不出去。反之,降低价对需求的增加也是有限的,所以,这时企业面临着一条向右下倾斜的需求曲线 D,企业的边际收益曲线 MR 也向右下倾斜且位于需求曲线的下方。为了后面讨论的方便,这里假定它们均为线性,可以证明边际收益线 MR 平分需求 D 与价格轴 OP 之间的任一条水平线。事实上,当价格为 OP 时,总收益 TR 既可表达为矩形 $OQBP$ 的面积,也可表达为边际收益线 MR 下方在 OQ 范围内,即梯形 $OQAH$ 的面积,亦即 $S_{OQBP}=S_{OQAH}$,等式两边同时减去 S_{OQAFP},可得 $S_{\triangle ABF}=S_{\triangle HPF}$,又由于 $\angle ABP=\angle HPB$ 且 $\angle AFB=\angle HFP$,所以 $\triangle ABF\cong\triangle HPF$,从而 $PF=FB$。

在此基础上,可以推导出信息系统价格 P、边际收益 MR 和需求价格弹性 E 之间的关系。这里,边际收益指企业多生产或出售一个单位的产品所带来的总收益的增加量,它在数值上等于总收益增量与产品增量的比值;需求价格弹性反映的是产品需求量对于价格变动的适应度,它在数值上等于产品价格变化 1% 所引起需求量变化的百分数。

在图中,可以推得 B 点的需求价格弹性的绝对值 $|E|=BT/BH$,由于 $\triangle HBP\backsim\triangle BTQ$,所以有 $|E|=BT/BH=BQ/HP$。

又因为 $\triangle ABF\cong\triangle HPF$,即有 $HP=BA$,代入前式,就可以得到

$$|E|=BQ/HP=BQ/BA=BQ/(BQ-AQ)$$

也就是 $|E|=P/(P-MR)$ 或 $P=[\,|E|/(|E|-1)\,]\times MR$。

该式反映了信息系统价格 P、需求价格弹性 E 及边际收益 MR 三者之间的关系。

在图 9-7 中,MC 是企业的边际成本曲线,它表示企业每增加一个单位的产量所增加的总成本值。根据经济学理论中的利润最大化原则:企业在边际收益(MR)和边际成本(MC)相等的价格与产量水平上利润为最大,因此可以由曲线 MR 和 MC 的交点 A 定出产量 Q,然后根据 AQ 与需求曲线 D 的交点 B,即可确定出信息系统产品的价格 P。

9.5.3 信息系统的定价策略

1. 系统开发方式与成本加成定价策略

信息系统产品价格的确定与系统的开发方式有着密切关系。从产品定价特征的角度看,目前用于管理领域的信息系统,可分为为特定用户开发的专用系统和面向市场的通用系统两种基本类型。

为特定用户开发的专用信息系统,也称用户定制的信息系统,通常是针对特定用户的具体管理方式、生产或经营的规模,以及一些专门的功能需求而开发的。开发时可以由专业开发部门全部承包,或者与用户方合作共同开发,也有用户自行完成的。双方合作开发方式的主要优点是充分发挥开发部门与用户各自的优势,扬长避短,也调动了用户参与和配合的积极性,而用户的密切配合对系统的质量和运行效果都有良好的影响。即使由于各种原因,今后系统需要向其他用户出售或推广时,参加开发的单位也可获得相应的利益分成,这就有益于它们主动地协助信息系统的推广工作。然而,因为上述专用系统的产品批量小,甚至只需开发一件,所以在价格制定时通常采用以投资为基础的策略,开发方在将系统交付给第一批用户时就应当收回全部开发成本并获得相应的利润。

面向市场的通用的信息系统,通常指在管理领域内使用的通用型的系统、工具软件以及应用软件。例如 MIS 生成工具、通用财务软件等。这类系统的特点是系统的商品化程度较高,应用面广、产品的批量较大。但市场竞争也更激烈,因此制定价格时往往在进行详尽的成本核算基础上,更多地考虑市场竞争因素,即按照当前市场上同类产品的性能价格、市场欢迎程度、市场占有率,并考虑市场前景等各种因素,综合地给出一个较合适的价格。

据资料显示,目前国外信息系统,尤其是用户定制的系统,开发方在价格制定时采用所谓"Cost-Plus"策略的比较多,这就是通常所说的"成本加成定价"策略,即在计算出产品的平均总成本 ATC 以后,再加上一个按其百分比计算的加成值而确定该产品的价格水平。对于用户定制的批量仅为一件的信息系统而言,ATC 即为并发所用的总成本。加成部分就是信息系统产品的贡献利润。

Cost-Plus 定价的计算方法有许多种,其中较为典型的是:估计开发和销售信息系统产品的平均变动成本,加上间接费用,再加上一定百分数的加成作为利润(即利润提成率)。这里的变动成本是指随信息系统的复杂程度、规模及其产量而变动的并发成本,诸如系统中的硬件设备与原材料费用、直接开发人员的工资、用户培训费用等。间接费用则一般是把总固定费用根据产品的平均变动成本分摊到各个产品上去。

从表面上看,似乎这种策略仅仅考虑成本这个因素。事实并非如此,因为加价的大小程度与开发方所面临的产品需求状况有很大关系,在实际的定价过程中,信息系统标价的高低较多地取决于市场所能承受的程度,以及市场竞争的状况。因此可以认为,Cost-Plus 策略中的加成百分数的确定,既是依据成本的,又是依据需求的。事实上,在理论上也不难证明,Cost-Plus 定价与经济学中按利润最大化原则要求的边际定价实际上是一致的。

本章前面已经详细讨论了价格 P、需求价格弹性 E,以及边际收益 MR 三者之间的内在关系。按利润最大化原则的要求,边际收益 MR 和边际成本 MC 两者应当相等。在企业的实际经营中,产品的边际成本在一定的产量范围内变化很小,因此 MC 与平均总成本 ATC 是比较接近的。这说明,对于边际定价所要求的企业最大利润,必然存在一个加成百分数,而该加成百分数的大小与需求价格弹性的绝对值成反比。产品需求的价格弹性(绝对值)越大,为使按此价格出售达到企业最大利润所要求的加成百分数就越低。

由此可见,就其对不同需求条件的反应而论,Cost-Plus 定价策略与边际定价是一致的。因而在一定的条件下,利用 Cost-Plus 策略定价是可以近似地得到最佳定价决策的。

最后还需要讨论一下信息系统的利润问题。利润通常也称为纯收益,是指企业销售信息系统产品或提供与之有关劳务的收入扣除成本和税金后的余额,它是商品价格构成中的一个重要组成部分,直接影响产品价格的科学性与合理性。我国长期以来,由于计划经济模式的影响,使人们对利润的实质认识不清,甚至将此视为不合法的获利手段,这也助长了市场上的侵占或剽窃他人信息系统产品的行为的发生,在一定程度上影响了我国信息系统的建设和发展。为此,有必要从理论上阐明信息系统产品利润的特点。

2. 利润包含了对投资风险的报酬

信息系统是一种高科技产品。按照通常的分类原则,高科技产品可分为生产投入型和消费型两大类型。前者作为生产资料,起着再生产作用,后者则直接用于改善和提高人民生活水平。由于信息系统是应用于企业或组织中管理领域的,因此,它是一种生产投入型的高科技产品。与通常的生产投入型高科技产品一样,无论是系统开发,还是用户对信息系统的投资,其收益都面临着一定程度上的不确定性。在系统开发期间,新开发信息系统的质量优劣,既取决于开发人员的能力与经验,也取决于用户中相关人员的支持与配合程度;在系统运行期间信息系统能否发挥应有的效益,既与该系统的自身质量有关,也与用户企业的管理水平有关。这一切都不能在系统开发的早期被完全确定或预计,因而在信息系统产品的利润中需包含对投资收益不确定性因素的报酬。正如经济学家弗兰克·奈特所指出的:一切真正的利润都与不确定性或不完全信息有关。

用于管理的信息系统,其投资收益的高低还与用户企业自身的经济效益密切相关,即使对于两家多年来一直具有相同的平均净收益的企业,也可能一家企业的收益十分稳定而另一家企业的收益则高度波动。因此,为了保护投资者的利润并鼓励信息系统的推广应用,在信息系统产品利润中应当包含对以上各种风险的报酬。

3. 利润包含了对技术创新的报酬

作为一种生产投入型的高科技产品,信息系统只有不断进行技术创新才能具有旺盛的生命力。这里所说的创新,既包括信息系统自身在功能、质量上的创新,如在系统中采用新的管理数学模型,改进系统的硬件设备,改善用户接口等;也包括系统开发、维护的技术方面的创新,如采用计算机辅助软件工程(CASE)技术、面向对象的技术等。在计算机和软件产业迅猛发展的今天,创新能力低下的信息系统开发企业将很快会被市场淘汰,该种优胜劣汰的机制可以用这样一句话来描述:不创新无疑等于慢性自杀。

然而,技术创新的风险是明显存在的,在信息系统开发领域也不例外,这是由于创新的投资不可逆、创新不一定马上成功,一旦失败,便会带来经济损失。因此,在信息系统投资的利润中理所当然地要包含对于技术创新的报酬。可以把该部分利润看成是创新者个人或企业暂时获得的超额利润。从经济学角度看,每当一次成功的创新出现时,一个暂时的垄断性组织得以形成,它们可获得创新利润。但这只是暂时的,很快会被对手和仿效者的竞争所消除。然而,当一个创新利润的来源消失后,又将出现另一种创新,换言之,创新利润将会一直存在。

4. 利润包含了系统开发的技术准备费用

信息系统的开发工作是一项高度复杂的脑力劳动,需要理论和实践的融合和发挥。为此,系统开发人员需要有一个专业知识汲取、更新、提高和开发经验积累的过程,国外把该过程中所耗费的投资称为"技术准备费"。例如,日本信息服务产业协会认为,技术准备费就是"过去累积的无形(如技术、专门知识)成本"。在信息系统的价格中,除了包含系统开发所需的有形成本外,还应当偿还技术准备费这个无形的成本,考虑到实际定价过程中无形成本计算的具体困难,可以在利润中包含对技术准备费的偿还。

5. 利润应包含对机会成本的偿还

此外,还可以从机会成本的角度,进一步理解前面所述的信息系统开发成本中的技术准备费用问题。

机会成本(Opportunity Cost)是经济学理论中一个十分重要的概念。在现实世界里,由于资源的供给是有限的,人们不可能用有限的资源无限制地生产所有产品,也就是说,把一定的资源用于生产某种产品就要放弃另一种产品的生产。为生产某种产品获得收益而放弃另一种产品所带来的收益,就是这种产品的机会成本。在经营决策中,机会成本是以诸项未被选择方案中所丧失的最高收益为尺度,来评价被选择方案的一种假定性成本。但由于机会成本或机会成本损失在实际的会计账目中并不存在,所以,人们往往未能对此给予应有的重视。

与从事一般物质产品的生产活动一样,在信息系统产品的生产和使用中,也会产生机会成本和机会成本损失的情况。这里存在着真实经济成本与财务成本两个不同的概念:信息系统的开发者,在使用同样的人力资源和时间里,可以替某一个特定用户开发,也可以为其他用户承担系统开发工作,那么,当确定为这个特定用户开发系统时,其真实的经济成本就应该包括失去其他选择的机会成本因素在内。不幸的是,这种合情合理的成本,目前却不能在财务成本中得到反映。因此,把由上述原因造成的机会成本损失放在信息系统产品利润中加以考虑,通过超额利润的形式对机会成本加以偿还,不失为一种变通方法。为了改变软件价格不合理的不正常现象,在制定信息系统价格时,应该考虑对机会成本进行补偿,合理提高信息系统的价格。要做到这一点,必须打破那种仅仅以"实际"开发人力的投入多少来确定信息系统软件产品价格的陈旧观念,尽可能地根据信息系统的价值来确定其价格。

总之,和前面讨论的信息经济学的其他理论难题一样,信息系统的成本、效益、估价、利润等问题,也具有一系列不同于传统经济、传统商品的特点,需要人们重新认识、认真对待。

小　结

信息系统是对信息进行收集、存储、检索、加工和传递，使其得到利用的人-机系统。信息系统的成本可以有不同的测算思路和测算指标，既可以按信息系统的生命周期阶段来划分，也可以按信息系统的成本项目来确定。信息系统测算方法之间存在不同的优点和缺点，对这些优点和缺点应有明确的认识。

信息系统的经济效益难以确切把握，但是，通过不同方面考察和分析，人们还是可以在一定程度上确定信息系统的一般的或宏观的经济效益。当然，这需要借助专家评价法、经济模型法、运筹学方法，以及其他数学方法，也可以将以上方法结合起来形成组合模型法等。

信息系统的综合评价是一项复杂的技能和知识，需要对信息系统的发展和社会效益有全局的认识，这涉及许多非计算机技术和经济学的知识，特别是在评价信息系统的总体价值时。

信息系统价值的特殊性主要表现为，它一般比普通商品凝结着更多的脑力劳动价值，具有现实的间接性，其使用价值与用户水平有着直接关系，以及其他的特征。一般地说，确定信息系统的价值存在许多困难，因而信息系统的价值与价格之间往往存在一定的背离。

信息系统的价格可以粗略地表述为信息系统成本、税金与利润、流通费用，以及价格与价值之间的背离值之和。市场供求关系对信息系统的价格也存在一定的影响，但是，这种影响不如对普通商品的影响那样明显和直接。本书在微观信息经济学部分已经对此做了介绍。

在确定信息系统价格时，应充分考虑信息系统的预期效用，采用成本加成定价策略时，应注意一定的可操作性问题，特别是注意信息系统产品利润的投资风险、技术创新、技术储备和对机会成本的回报等因素。

复习思考题

1. 信息系统的构成与特征是什么？
2. 信息系统的成本是如何构成的？它们分别具有什么特征？
3. 如何计算信息系统的成本？
4. 如何判断信息系统的经济效益？
5. 信息系统经济效益评价方法及其分类的内容？
6. 如何应用生产函数法计算或分析信息系统的经济效益？
7. 什么是信息系统的贡献程度？
8. 信息系统综合评价体系及其指标有什么特征？如何应用这个评价体系分析实际信息系统的总体效益？此外，该体系有什么优点和不足？
9. 信息系统价值与价格之间的背离是如何形成的？人们如何合理评价信息系统价值与价格之间的背离值？
10. 信息系统价格构成要素是什么？
11. 信息系统产品利润有什么特点？这些特点是如何形成的？

参 考 文 献

[1] 乌家培,等.信息经济学.北京：高等教育出版社,2002.

[2] 乌家培.信息社会与网络经济.长春：长春出版社,2002.

[3] 乌家培.信息经济与知识经济.北京：经济科学出版社,1999.

[4] 曼斯费尔德.微观经济学.北京：中国人民大学出版社,1999.

[5] 谢康,乌家培.阿克洛夫、斯彭斯和斯蒂格利茨论文精选.北京：商务印书馆,2002.

[6] 卡尔·夏皮罗,哈尔·瓦里安.信息规则.北京：中国人民大学出版社,2000.

[7] 谢康.信息经济学原理.长沙：中南工业大学出版社,1998.

[8] 王则柯,何洁.信息经济学浅说.北京：中国经济出版社,1999.

[9] 谢识予.经济博弈论.上海：复旦大学出版社,2002.

[10] 张维迎.博弈论与信息经济学.上海：上海三联书店,上海人民出版社,1996.

[11] 谢康.电子商务经学.北京：电子工业出版社,2003.

[12] 保罗·克鲁格曼.萧条经济学的回归.北京：中国人民大学出版社,1999.

[13] 张维迎.企业的企业家——契约理论.上海：上海三联书店,上海人民出版社,2001.

[14] 马费成,等.信息资源管理.武汉：武汉大学出版社,1997.

[15] 赖茂生.信息资源管理教程.北京：清华大学出版社,2001.

[16] 孟广均,霍国庆,等.信息资源管理导论.北京：科学出版社,2003.

[17] 赖茂生,杨秀丹.信息资源开发利用基本理论研究[J].情报理论与实践,2004.27(3).

[18] 陈禹,谢康.知识经济思想的由来与发展.北京：中国人民大学出版社,1998.

[19] 谢康,陈禹.知识经济的测度理论与方法.北京：中国人民大学出版社,1998.

[20] 胡元生.信息资源会计研究.北京：经济科学出版社,2005.

高等院校信息管理与信息系统专业系列教材